金融瞭望
译丛

"十二五"国家重点图书出版规划项目
2011年度国家出版基金资助项目

Hedge Funds
An Analytic Perspective

Andrew W. Lo

寇文红 译

对冲基金
一个分析的视角

（美）罗闻全 著

世界公认的金融学家　金融工程学界领袖
对冲基金研究泰斗和生物金融学的创始人
华人金融学家第一人
与保罗·萨缪尔森等诺贝尔经济学奖得主相提并论的金融学大师

东北财经大学出版社　大连
Northeast University of Finance & Economics Press

ⓒ 东北财经大学出版社　2011

图书在版编目（CIP）数据

对冲基金：一个分析的视角／（美）罗闻全著；寇文红译.—大连：东北
财经大学出版社，2011.7
（金融瞭望译丛）
书名原文：Hedge Funds：An Analytic Perspective
ISBN 978-7-5654-0257-9

Ⅰ．对…　Ⅱ.①罗…②寇…　Ⅲ.对冲基金－研究－美国　Ⅳ.F837.125

中国版本图书馆 CIP 数据核字（2011）第 043305 号

辽宁省版权局著作权合同登记号：图字 06－2010－465

Andrew W. Lo：Hedge Funds：An Analytic Perspective
Copyright ⓒ 2008 by Princeton University Press

东北财经大学出版社出版
（大连市黑石礁尖山街 217 号　邮政编码　116025）
教学支持：（0411）84710309
营 销 部：（0411）84710711
总 编 室：（0411）84710523
网　　址：http：//www.dufep.cn
读者信箱：dufep@dufe.edu.cn
大连图腾彩色印刷有限公司印刷　　　东北财经大学出版社发行

幅面尺寸：170mm×240mm　　字数：398 千字　　印张：26 1/4　　插页：5
2011 年 7 月第 1 版　　　　　　　　　　　　2011 年 7 月第 1 次印刷

责任编辑：李　季　王　玲　李翠梅　王兆勇　　责任校对：文　心
封面设计：冀贵收　　　　　　　　　　　　版式设计：钟福建

ISBN 978-7-5654-0257-9
定价：58.00 元

献给我的母亲 Julia Yao Lo

致　　谢

　　这部专著是从我大约 10 年前启动的一个关于对冲基金的研究项目中脱胎而来的，其中一些章节取自我和我以前的一些学生合写的论文。我选取了一些合适的段落，根据上下文和文章结构对某些段落进行了修改，并且为了保持行文的连续性而没有详细地注明引文的来源和引号。不过，在此我希望明确地列出这些引文的来源：第 2.3 节摘自 Getmansky，Lo and Mei（2004）；第 3 章摘自 Getmansky，Lo and Makarov（2004）；第 4 章摘自 Lo，Petrov and Wierzbicki（2003）；第 5 章摘自 Hasanhodzic and Lo（2007）；第 6 章摘自 Lo（2007）[①]；第 7 章摘自 Chan et al.（2006）；第 9.3 节摘自 Lo（2004）；第 9.4 节摘自 Getmansky，Lo and Mei（2004）；第 10 章摘自 Khandani and Lo（2007）。感谢 Nicholas Chan、Mila Getmansky、Shane Haas、Jasmina Hasanhodzic、Amir Khandani、Igor Makarov、Shauna Mei、Constantin Petrov 和 Martin Wierzbicki 等允许我将上述论文纳入本书，还感谢他们多年来的精诚协作。我对 Jasmina Hasanhodzic 尤其心怀感激，她更新了本书中的许多表格和图形。虽然我已经在麻省理工学院（MIT）任教 20 余年，但那些与我分享研究乐趣和成果的学生们的素质仍然常常让我感到惊喜。

　　实际上，除了 MIT 和金融工程实验室（Laboratory for Financial Engineering）以外，我实在想不出还有什么地方的环境更有利于从事本书所描述的这种研究，我诚挚地感谢这个令人赞叹的机构，以及我的同事们

---

　　① 在本书后面的参考文献中，并没有列出 Lo（2007）这篇论文。这一论文是：Andrew W. Lo（2007），*Where Do Alphas Come From？：A New Measure of the Value of Active Investment Management*，登录网站 http：//web. mit. edu/alo/www/Papers/active3. pdf 可以下载本文于 2007 年 5 月 8 日的最终稿——译者注。

致　谢

——尤其是 Dimitris Bertsimas、Johan Cox、Jerry Hausman、已故的 Franco Modigliani、Whitney Newey、潘军（Jun Pan）、Tommy Poggio、Steve Ross、Paul Samuelson、Tom Stoker 和王江（Jiang Wang）——我每天都从他们身上学到新的东西。在上述人物中，还必须加上 Bob Merton，虽然他现在已经不在 MIT 了，但是他的智慧至今仍影响着斯隆管理学院（Sloan School）。多年来，在他邀请我共进的无数次午餐中，我从他那里学到的知识使我受益匪浅。

我要感谢方志行（Gifford Fong）、Mark Kritzman 和注册金融分析师学院（CFA Institute），正是他们提供的一笔研究基金会的经费促使我开始撰写本书——我用这笔钱写出了本书的前身《对冲基金行业动态》（*The Dynamics of the Hedge Funds Industry*）。我还要感谢普林斯顿大学出版社（Princeton University Press）的 Peter Dougherty，感谢他对出版本书的热情，以及在过去几年内所给予的帮助和友谊，另外还要感谢在 Peter 被调走后接替他出任本书编辑的 Seth Ditchik。此外，感谢 Lucy Day Werts Hobor 对本书出版的鼎力支持，感谢 Carol Dean 为本书排版，以及 Richard Comfort 博士为本书编写索引。

我由衷地感谢 Alpha Simplex Group，LLC① 及它的投资者和商业伙伴们，感谢他们提供了一个真实的实验室，使我可以研究和实施定量化投资过程。虽然我从来不曾怀疑学术研究可以为投资管理活动做出重要的贡献，但是我当初确实没敢奢望能从投资管理活动中获得这么多崭新的、具有重要意义的学术思想。在别的论著中，我曾经写道，对冲基金行业是经济体中的加拉帕戈斯群岛（Galapagos Islands）②，因为这个行业发展的速

---

① Alpha Simplex Group，LLC 是设在麻省理工学院所在地马萨诸塞州的剑桥（Cambridge）的一个对冲基金，本书作者罗闻全教授是它的创立者和合伙人之一。前文提到的 Nicholas Chan 和 Shane Haas 等也是它的工作人员。——译者注。

② 加拉帕戈斯群岛（Galapagos Islands），正式名称是哥伦布群岛（Archipielago de Colon），横跨太平洋东部赤道两侧，位于北纬 1 分 40 秒到南纬 1 分 25 秒、西经 89 分 14 秒到 92 分 01 秒之间，由 19 个岛及附属小岛和岩礁组成，陆地总面积约 7 994 平方公里，散布在约 59 500 平方公里的海面上，是厄瓜多尔共和国的一个省。这个群岛上生活着许多珍稀动物，包括 700 多种地面动物，80 多种鸟类和许多昆虫，其中以巨龟和大蜥蜴闻名世界。海狮、海豹、企鹅等寒带动物也常在这里出现，其中有些动物的种属在全球绝无仅有，因此该岛被称为"独特的、活的生物进化博物馆和陈列室"。1835 年，达尔文曾经在这里花了一个多月的时间采集标本，岛上一些物种的差异和特异现象引起了他的强烈兴趣，使他百思不解，促使他于 1859 年发表了《物种起源》。该书使加拉帕戈斯群岛成为生物学家必去的"圣地"。1978 年，联合国教科文组织宣布该岛为"人类文化与自然遗产保护区"。——译者注。

度异乎寻常，路径特别清晰；而且还因为我相信从对冲基金的研究中最终将诞生一门新的经济动态学理论。我要感谢 Arnout Eikeboom、Doyne Farmer、方志行、Jacob Goldfield、Charles Harris、Jim Hodge、Steve Solomon、Jonathan Spring、Andre Stern、Donald Sussman 和 Phil Vasan 在提高我对商业领域的理解方面所给予的帮助。

　　最后，我还要感谢我的家人——Nancy、Derek 和 Wesley——在过去几年内，在我同时忙于不同的研究项目时（有时候进行得并不完美）付出的耐心和支持，感谢 Barbara Jansen、Svetlana Sussman 和 Sara Salem 为我有效地安排生活和时间。我把这本书献给我的母亲 Julia Yao Lo，她一直坚持不懈地激励着我启发着我；我能从事当前的职业，而没有被关在雷克岛①上吃牢饭，主要归功于她的教导。

---

　　① 雷克岛（Riker's Island）是纽约市的一个小岛。从 1935 年起，纽约市监狱一直设在此岛上，上面有监狱、教养院、安娜·克劳斯中心（Anna Kross Center）、青少年拘留中心和雷克岛医院等——译者注。

译 者 序

2008 年 11 月 18 日中午，我站在浦东一座写字楼的走廊里，望着陆家嘴灰蒙蒙的天空发呆。这时接到了东北财经大学出版社李季博士的电话，问我是否愿意翻译一本关于对冲基金的书。

我不禁暗暗佩服，觉得她真有眼光，10 月 5 日证监会才宣布启动融资融券试点，并刚刚组织有关券商参与融资融券联网测试，她就盯上对冲基金了。"我把原著给你寄去，你先看一看"，她说。

几天之后，我收到了原著。翻开一看，满书都是流动性、序列相关性、因子模型等熟悉的术语、各种各样的公式、一望即知是用 Matlab 或 Excel 绘制的彩图，以及二三十页参考文献，书后还附了一段 Matlab 程序，我当即就有了把它敲进电脑运行一遍的冲动。这书恐怕是有学术价值的，我边想边去看书名和作者名字，当 Andrew W. Lo 这个名字跃进我双眼的时候，我不禁心中一动，连忙拿起手机给她发了短信："这书的作者是罗闻全啊！罗闻全！你放心吧，我一定会认真对待的！"

一、罗闻全及其学术成就

在西方金融学界，罗闻全（Andrew Wen-chuan Lo，缩写 Andrew W. Lo）是赫赫有名的金融学家（个人主页 http：//web. mit. edu/alo/www）。然而，对于我国高等院校金融专业的大多数师生来说，这个名字却是相当陌生的，例如其著作《金融市场计量经济学》 （*The Econometrics of Financial Markets*）的中文版居然将其名字译为"安德鲁·W. 罗"，即便是在 7 年之后的 2010 年，一本关于对冲基金的书上仍将其译为"安德鲁·罗"，因此这里有必要详细介绍一下罗闻全。

罗闻全于 1960 年 4 月 18 日出生于中国香港，此后曾在中国台湾地区居住。5 岁那年，罗闻全全家从台湾移民到纽约。他的母亲 Julia Yao Lo

（约 1927—）是一位伟大的女性，在她的悉心教导下，罗闻全的姐姐和哥哥先后获得了有"少年诺贝尔奖"之称的"西屋科学天才少年奖"①。后来，老三罗闻全从 8 年级跳级进入著名的 Bronx 科学高中，经过刻苦学习，也获得了这一奖项。真可谓天才之家，一时传为佳话。后来三人又都获得了世界性的学术声誉，这与其母亲的教育是分不开的。

关于罗闻全的姐姐和哥哥，我们知之甚少。在 Peter L. Bernstein 所著的《投资新革命》（*Capital Ideas Evolving*）中，称他的姐姐是一个分子生物学家，哥哥是火箭科学家。译者推测他的姐姐是 Cecilia Wen-ya Lo（缩写 Cecilia W. Lo，音译罗闻雅，约 1951—），她也是一位伟大的女性。她于 1974 年获麻省理工学院理学学士学位，1979 年获洛克菲勒大学细胞与发育生物学博士学位。1980 年，她在哈佛大学药学院从事博士后研究，此后历任宾夕法尼亚大学生物系教授，美国国立卫生研究院心、肺和血液研究所（NHLBI）发育生物学实验室主任，遗传学与发育生物学中心主任。她现任匹兹堡大学药学院发育生物学系教授，是著名的分子生物学家和先天性心脏病学家。她的丈夫段崇智（Rocky S. Tuan）是世界著名的肝细胞生物学家和组织工程学家，有着与她相似的游历和教育经历。二人于 1976 年结婚，2009 年夏天一同前往匹兹堡大学执教。

译者推测罗闻全的哥哥是罗闻宇（Martin Wen-yu Lo，缩写 Martin W. Lo，约 1953—），他于 1981 年获康奈尔大学数学博士学位，后任职于由西奥多·冯·卡门（Theodore von Karman）和钱学森等人创建的美国国家航空航天局帕萨迪纳喷射推进实验室（Pasadena Jet Propulsion Laboratory），并于 2001 年提出了举世闻名的"星际高速公路"（Interplanetary Superhighway）技术②。

1977 年，罗闻全从 Bronx 科学高中毕业，考入耶鲁大学，打算学习数学、物理和生物化学，因为这些学科看起来很"酷"，同时这也是他的姐

---

① 西屋科学天才少年奖（The Westinghouse Science Talent Search）是美国科学与公众学会（Society for Science & the Public）与西屋电气公司（Westinghouse Electric Corporation）于 1942 年开始合作创办的一项科学竞赛，参赛者主要是高中生，其不同于一般的竞赛，注重创新，有"少年诺贝尔奖"之称。1998 年，英特尔公司加入并成为比赛的资助者，因此现在称为"英特尔科学天才少年奖"（The Intel Science Talent Search, Intel STS）。——译者注。

② 2005 年，罗闻宇曾经在科幻电影《浩淼的蓝色远方》（*The Wild Blue Yonder*）中客串演员，对这一技术做了大约 4 分钟的解释——译者注。

姐和哥哥学过的专业。但是在第一学期期末，他邂逅了一位在麻省理工学院（MIT）学习经济学的高中同窗，在她的建议下，他去麻省理工学院选修了默顿（Robert C. Merton，1994—，1997 年诺贝尔经济学奖得主）主讲的金融学，从此经济学和金融学引起了他的兴趣。

他在 Bronx 科学高中时，曾经阅读过科幻小说家 Isaac Asimov 的《基地》三部曲（*Foundation Trilogy*），其中讲到有个数学家创立了一种叫做心理历史学（psychohistory）的人类行为理论。根据该理论，心理历史学家在获取有关人类情感倾向的大量数据后，便能根据这些数据精确地预测未来。罗闻全认为 Asimov 的描述完全可行，而且他想成为那个实现它的人；而经济学，特别是博弈论和数理经济学看上去都是做这个研究的最好的出发点。① 于是，他致力于研究经济学，于 1980 年获耶鲁大学经济学学士学位，1984 年获哈佛大学经济学博士学位。1985 年至 1989 年期间任美国国家经济研究局（NBER）研究员等职，其中 1987 年至 1988 年在宾夕法尼亚大学沃顿商学院任 W. P. Carey 财务学讲座副教授。1990 年，29岁的罗闻全成为麻省理工学院的终身教授。从那时起至今，他一直留在麻省理工学院，并在斯隆管理学院创建了 MIT 金融工程实验室（MIT Laboratory for Financial Engineering）。目前，该实验室汇集了一大批著名的金融学家，因此其代表着美国金融工程的最高水平。2004 年，罗闻全当选为台湾地区"中央研究院"最年轻的院士。

罗闻全被公认为金融学家、金融工程学界领袖、对冲基金研究领域泰斗和生物金融学的创始人，是华人金融学家的第一人。1998 年，美国《商业周刊》将他评为金融学术界最有前途的三颗新星之一。在 Peter L. Bernstein 的《投资新革命》中，依次讲述了萨缪尔森（Paul Sameulson，1915 年 5 月 15 日至 2009 年 12 月 13 日，1970 年诺贝尔经济学奖得主）、默顿、罗闻全、希勒（Robert Shiller）、夏普（Willam Sharpe，1934—，1990 年诺贝尔奖得主）、马克维茨（Harry Markowitz，1927—，1990 年诺贝尔奖得主）和斯科尔斯（Myron Scholes，1941—，1997 年诺贝尔奖得主）的投资思想——罗闻全赫然跻身世界金融学大师的行列。这样看来，

---

① （美）Peter L. Bernstein：《投资新革命》，高小红、迟云、钟雄鹰译，北京，机械工业出版社，2008——译者注。

未来罗闻全和希勒获得诺贝尔经济学奖也并非不可能的事。

罗闻全的研究领域覆盖了金融理论、金融信息技术、风险管理、投资组合管理、对冲基金和金融计量经济学。他雄心勃勃地希望能够像 Asimov 描述的那样建立一套能够预测人们在金融市场中的行为的理论。他最著名的贡献包括：于 1988 年提出方差比检验，并实证地指出股价即使对于广义的随机游走假设来说也是不满足的；指出金融学中的经典教条——有效市场假说（Efficient Market Hypothesis，EMH）是不成立的，并提出了用于替代 EMH 的适应性市场假说（Adaptive Market Hypothesis，AMH）；开创了生物金融学；发展了金融学中经典的 Markowitz 的均值—方差分析框架，提出了均值—方差—流动性分析框架；等等。与恩师默顿等人一样，罗闻全的研究与实践密切相关，他是研究对冲基金的泰斗，同时也是对冲基金 Alpha Simplex Group 的创立者和合伙人。

罗闻全发表了大量一流的论文和著作（见 http：//web. mit. edu/alo/www），可谓著作等身。其与 John Y. Campbell 和 A. Craig MacKinlay 合著的《金融市场计量经济学》获 1997 年度保罗·萨缪尔森奖，并成为金融计量学的经典教材。2004 年 9 月，我在北京大学攻读博士学位时所上的第一节课就是这门课。我至今还清楚地记得，刚上课时教室里挤满了想选这门课的学生，但是这门课实在太难，王一鸣教授在讲台上讲得如行云流水一般，大家却如闻天书，第一节下课时就逃走了一半，到第三节课下课时，已经只剩大约 10 个人了。我每每竖着耳朵，战战兢兢，生怕漏掉一句，侥幸坚持到了最后，中间还阅读了罗闻全写的有关论文，从此把他当成了偶像。

读者现在阅读的这本书的原著是 2008 年出版的，全书共 10 章，由罗闻全教授等发表的一系列高端的学术论文组成。作者从世界一流金融学家的角度，对美国对冲基金的业绩、投资模式、风险管理、系统性风险、监管方法等各方面都进行了严谨的论述，全面而又细致，理论与实践兼具，具有非常高的学术价值，一经出版，就获得了崇高的学术声誉。阅读本书，不仅可以深入了解美国对冲基金行业，而且还可以对罗闻全教授的研究方法、学术思想有所了解。然而不幸的是，由于各方面原因，我一再拖延交稿日期，居然拖到了现在。

二、对冲基金及其对中国的影响

融资融券和股指期货已经来了，对冲基金还会远吗？

在美国，对冲基金已经有 60 多年的历史。在 1998 年金融危机、2007 年以来的国际金融危机中，对冲基金对金融市场造成了巨大的冲击，标志着对冲基金已经成为金融市场上的一支新兴力量和一个新的系统性风险来源，美国政府为了将对冲基金"这头巨兽关进铁笼"，也做了不懈的努力（见本书第 7、9、10 章）。

当前我国资本市场上的机构投资者，主要包括 60 多家公募证券基金管理公司发行的上千个公募证券投资基金和专户理财产品，证券公司的资产管理部门发行的集合理财产品和专户理财产品，商业银行发行的理财产品，商业银行的债券投资部门、证券公司的自营部门、信托公司、保险公司持有的保险基金，合格的境外机构投资者（QFII）以及数千个私募证券基金公司发行的私募证券投资基金等。这些机构投资者可以被统称为"基金"。在 2010 年 4 月之前，A 股市场上的机构投资者都是只能做多、不能做空的，虽然部分机构会参与一些固定收益套利型、事件驱动型、濒危证券型、基金的基金型或可转换套利型策略，但是规模和深度都有限，无法进行典型的"对冲"业务，没有任务一个公募机构把自己定位为对冲基金，也极少有私募基金宣称自己是对冲基金。

2010 年 1 月 8 日，国务院原则上批准证券公司开展融资融券业务试点和推出股指期货品种，并于 3 月 19 日宣布在光大证券、国泰君安证券、广发证券、中信证券、海通证券和国信证券等 6 家证券公司率先试点融资融券，3 月 31 日正式启动试点交易。此后 2010 年 6 月 8 日、12 月 25 日两次扩大试点范围，使试点券商增加到 25 家，约占全国券商总数的 1/4。2010 年 4 月 16 日沪深 300 股指期货正式上市。如果不出意外，转融通业务将于 2011 年推出，这将扩大对冲业务。

融资融券和股指期货的推出，是中国证券市场基础设施建设中具有划时代意义的大事，标志着 A 股市场从此摆脱了只能做多、难以采用杠杆的限制，可以进行多空双向交易。更重要的是，这还意味着中国将迎来对冲基金大发展的时代，只要政策允许，越来越多的私募基金甚至公募基金公司将发行对冲基金，包括做多/做空股票对冲型、偏向卖空型、管理期货型等类型。

2010年4月23日，中国证监会发布了《证券投资基金从事股指期货交易指引》和《证券公司参与股指期货交易指引》，对基金投资股指期货的投资策略、参与程序、比例限制、信息披露、风险管理、内控制度等提出了具体要求，对证券公司证券自营业务、证券资产管理业务参与股指期货交易的有关问题作出了明确规定。2010年7月7日，证监会宣布，基金专户理财业务可以参与股指期货交易，并且"考虑到专户理财为非公募产品，其投资人均为具有较强风险识别和风险承受以及自我保护能力的投资者，因此，专户理财业务参与股指期货交易的总体原则应以当事人自治为主，监管机构不再对专户理财业务参与股指期货交易的投资目的、投资比例、信息披露等内容进行规定"。2011年3月，证监会下发了《信托公司参与股指期货的交易指引（征求意见稿）》，阳光私募证券投资基金将由此获准参与股指期货交易，而这意味着它将开展"对冲基金业务"。

实际上，2010年4月之后，沪深300股指期货和沪深300指数剧烈的日内波动、融资融券规模的日益增长，都表明可能有越来越多的机构在从事对冲业务。2010年年中，译者就了解到不少大型公募基金公司正在研究对冲基金业务，一旦政策放开，就将申请成立做多/做空股票对冲型、管理期货型等对冲基金。2010年12月中旬，国投瑞银基金管理公司成立了一只采用期指套利策略的"一对多"专户理财产品，其实属于对冲基金。2010年年底，中国证监会出具了《关于核准上海国泰君安证券资产管理有限公司设立国泰君安君享量化限额特定集合资产管理计划的批复》（监许可〔2010〕1937号文），允许该公司发行集合理财产品"君享量化"。该产品的投资策略是"采用市场中性策略，在尽量降低对冲市场系统性风险的基础上（将投资组合的Beta值控制在−0.3至0.3之间），在运用数量化选股及指数套利等策略，获取长期稳定的绝对回报。"2011年3月7日，"君享量化"正式发行，受到投资者追捧，一天之间内募集资金就达5亿元。这是2011年1月25日《证券投资基金股指期货投资会计核算业务细则（试行）》出台后严格按照该细则设计的第一只对冲类产品，被公认为中国第一个正式的对冲基金，2011年由此成为中国"对冲基金元年"。几乎同时，易方达基金管理有限公司也推出了采用对冲策略的"一对多"理财产品。预期一两年内对冲基金将如雨后春笋般纷纷涌现。

中国对冲基金的产生和蓬勃发展，将至少对资本市场的三方参与者产生深远的影响：

第一，它将促进各个机构投资者的投资策略、投资理念、研究方法和风险管理的改变，并将加剧机构投资者之间的竞争，从而大大提高中国资本市场的效率，降低期望收益率，因此缺乏竞争力的机构将被逐渐淘汰，甚至还可能改变基金的组织形式——这类似于罗闻全所提出的适应性市场假说和生物金融学：以前，在中国金融市场上，散户、公募基金、私募基金等多个"物种"在为相当充裕的资源而竞争，因此市场效率较低；以后，增加了对冲基金这一蓬勃发展的新物种，"随着竞争越来越激烈，资源最终会锐减，这转而会导致生物数目减少，从而降低了竞争的水平，并最终导致循环重新开始。有时，循环会收敛到角点解，即某些物种灭绝、食物资源完全耗尽或者环境条件发生剧烈的变化"（见本书第9章）。未来机构投资者竞争业态的变化也将加快，具有竞争力的机构将更快地崛起，缺乏竞争力的机构投资者将更快地衰落乃至退出市场。投资经理们面临着更大的生存压力，因为他们必须具有更高的专业水平。对冲基金还将成为新的系统性风险来源，一次偶发的事件足以对很多投资能力并不差的机构投资者造成毁灭性的打击（参见本书第7、10章）。在这个充满变革的时代，能最快地适应变革的"潮人"才能生存下来。这些都是值得基金从业者关注的问题。

第二，它将给专门向机构投资者提供咨询服务的证券分析师们（主要在证券公司的研究部门工作）带来新的挑战。在机构投资者为资源——收益率——进行残酷竞争的同时，证券分析师们也在为自己的资源——机构投资者的佣金和评价——进行着残酷的竞争。从2003年至今，每年10月进行的"新财富"全国"最佳证券分析师"排名，一直是分析师和证券公司研究部门争夺的主要阵地，全国排名前20位的证券公司研究部门大多根据"新财富"排名来确定分析师的薪酬。而分析师的"新财富"排名越靠前，市场影响力越大，他为所在的研究部门赚取的佣金也就越多。但分析师的研究属于商业化的研究，并非严谨的学术研究。作

为基金公司的投资策略分析师，详者深知分析师行业"20%靠研究，80%靠忽悠"的说法并非完全是戏谑。从长期来看，这种竞争业态将逐渐改变，而对冲基金的发展将推进、加快这种变革。未来分析师必须具有更宽广的视野、更全面的知识、更高的研究能力、更深厚的数理知识和建模水平、更好的选股择时能力，要求他们不仅能在适当的时机给出买入建议，还要在适当的时机给出卖空的建议。缺乏数理知识和建模能力、缺乏扎实的专业知识、主要靠"忽悠"混迹市场的分析师将难以立足。对于由分析师所组成的证券公司研究部门而言，也是同样的道理。而且，系统性风险的加大将对证券公司研究部门能够获取的佣金额带来影响，并加大佣金额的波动性，甚至影响到整个证券公司的业绩（虽然目前咨询业务的佣金收入在证券公司的全部利润中占比普遍很小）。

第三，作为资本市场监管部门，中国证监会必须考虑如何才能对对冲基金进行有效的监管。根据国际经验，在特定的情况下，对冲基金的行为可能会给金融市场造成猛烈的冲击，因此如何对对冲基金进行监管一直是学术界和管理层讨论的热点，美国到目前为止也没能建立起对对冲基金进行监管的法律框架和机构（参见本书第9.4节）。我国的私募基金行业与美国的对冲基金一样，多年来一直是"超出三界外，不在五行中"，没有专门的监管法律，而它们可能正是未来对冲基金的主体。

不过，加强监管毕竟是国际趋势，我国也不例外。2011年1月中旬，《证券投资基金法（修正草案）》正式公布。其中第二条规定："公开或非公开募集资金，运用所募集资金设立证券投资基金，由基金管理人管理，为基金份额持有人的利益进行证券投资活动，适用本法。""前款所称证券，包括买卖未上市交易的股票或股权、上市交易的股票、债券等证券及衍生品，以及国务院监督管理部门规定的其他投资交易品种。"这样就把资本市场上各种机构投资者全部纳入监管范围。并且《修订草案》的第10章"非公开募集基金的特别规定"，明确地把私募基金纳入监管范围。显然，尚处于婴儿时期的另类投资也将被纳入该法的监管范围，这无疑符合对对冲基金加强监管的国际趋势。与我国的对冲基金一样，我国对对冲基金的监管也将在发展中不断摸索前行。

总之，对冲基金的发展将对资本市场上所有的个人参与者、机构参与者、监管部门产生巨大的影响。此外，它还将促进学术界和理论界的研究工作。虽然目前国内已经翻译出版了三四部关于对冲基金的著作，但是学术价值有限。作为一本系统地介绍对冲基金投资的、具有深厚学术价值的著作，本书填补了这方面的空白。而且，由于难以获取专门的数据，目前国内学者对于对冲基金的研究大多侧重于定性分析。中国对冲基金的蓬勃发展，必将催生类似 CS/Tremont 和 Lipper TASS 这样的对冲基金专门数据库，催生类似对冲基金研究公司（HFR）这样的对冲基金专门研究机构，并促进国内研究水平的提高。译者大胆猜测，不久的将来，对冲基金类课程将成为高等院校金融专业学生的必修课。

基于上述原因，资本市场上的从业者们不妨通过阅读本书来思考一下中国资本市场将面临的变革，以及自己如何才能在这种变革中生存下去，并发展壮大；监管部门的工作人员可以将它作为指导自己工作的一本参考书；国内金融学专业的师生则可以将其作为一本金融学辅助教材和从事研究工作的基础教材。

三、本书的翻译过程与致谢

多年以来，我国僵化的学术体制、个人所得税制度和学者们面临的巨大的生存、生活压力导致有能力的、严谨的学者不愿意从事翻译，而部分浮躁的译者——其中不乏名校教授——则趁机大行其道，置学术道德于不顾，把翻译当做沽名钓誉的手段，导致大量国际一流的学术著作被低劣的译者糟蹋了，让无数学子痛心不已，我在求学期间就对此深有感触。久而久之，大家宁愿直接阅读英文原版，而对中文译本敬而远之。然而，并非人人都有能力、时间和精力去获取并阅读英文文献，而这导致国外的优秀作品迟迟不为国人所了解，像罗闻全这样的世界顶尖学者的名字在国内居然鲜有人知，就是一个例子。

当初出于对罗闻全教授的崇敬，我下决心把这本书翻译好，甚至一度计划将他 1998 年出版的著作《华尔街非随机漫步》（*A Non-Random Walk Down Wall Street*）也译为中文。但是做到好的翻译何其难也！翻译之艰辛，不亲身经历，永远无法体会。一个合格的翻译者不仅必须具有优秀的中英文功底、深厚的专业知识、涉猎广泛，而且更重要的是还要心态平和，无欲无求，坐得了冷板凳，吃得了苦，绝不能把它当做沽名钓誉的手段，否则只会糟蹋原著（这种恶例不胜枚举）。本书原著只有300多页，我却花了一两千个小时来翻译——工作之余，就把自己关在租来的斗室里，将业余时间几乎全部花在上面，成了一个名副其实的"宅男"，这样无非是想做到无愧于心。

专业文献的翻译尤其推崇一个"信"字，必须把原作者的意思准确无误地传达给中文读者，因此翻译时决不能不懂装懂，胡乱猜测。在"信"的基础上，尽量做到"达"。无奈"求其信已大难矣"，"达"字更难，至于"雅"字，则是我辈不敢妄称的。为了自己这些一直坚持的信念，我花去大量的时间查找资料，力求准确地理解作者的原意。

此外，为了便于读者理解，并能获取更多的信息，我还在书中撰写了将近120条译者注。这些注释大致分为三类：第一类是指出原著中的错误，大约占10%；第二类是对原著的意思进行解释和补充，以便读者能够更加透彻地理解正文，占将近90%；第三类是对专业术语的译法进行说明，大约只有几条。有时为了写好一个注释，就要花去七八个小时查找资料。而且为了保证质量，我不敢寻找合作伙伴，因为通常英文好的专业基础未必好，专业基础也好的未必有严谨的态度——根据我的经验，凡是由一个老师带着一堆学生翻译的书籍，往往比较容易出错。因此，本书从头到尾都是我一人翻译、校对的，并对书中部分数据做了计算验证，还用书中提供的数据和程序绘制了一部分图形。这种执着严重地损害了我的健康，常常因为伏案过久而周身不泰，中间有数次觉得自己撑不下去了，后悔当初不该一时冲动接下这个差事，想放弃了事。后来支持我完成的，居然是这样一个想法：翻译完这本书，就再也不涉足这类工作了！

不过翻译也并非全无好处，它迫使我透彻地阅读本书，并有助于扭转我工作之后难以静下心来读书的恶习。1918年4月，爱因斯坦在柏林物理学会为普朗克（Max Planck）60岁生日举办的庆祝会上演讲说："首先我同意叔本华所说的，把人们引向艺术和科学的最强烈的动机之一，是要逃避日常生活中令人厌恶的粗俗和使人绝望的沉闷，是要摆脱人们自由、变化不定的欲望的桎梏。一个修养有素的人总是渴望逃避个人生活而进入客观知觉和思维的世界"，于我心有戚戚焉。

本书的初稿是2010年6月10日完成的，此后一周回家探望父母，每天陪着年逾古稀的父亲在医院打点滴，并在其病榻前修改出了第二稿。最终交给编辑的是第五稿。我常常想，倘若我从小没有那么强烈的求知欲，没有阅读那么多书籍，从而没有被中国传统知识分子那种"以天下为己任"的思想所蛊惑，没有梦想着修齐治平，没有养成耿直严谨的坏毛病，而是安于平凡，处事圆滑，抛弃理想，追求金钱，我就不会读这么多年书，走这么多弯路，就可以早日赚钱赡养父母，他们或许就可以免于疾病之苦、安度晚年了。然而往者不可谏，唯有叹息！

在翻译的过程中，我的导师、北京大学经济学院教师、全国政协常委兼国务院参事李庆云教授，湖南科技大学党委书记田银华教授及师母，北京大学经济学院副教授宋芳秀博士，国务院发展研究中心办公厅的来有为博士给予了亲切的帮助和指导。北京大学经济学院副教授赵留彦博士、复旦大学经济学院讲师张卫平博士、中国人民银行金融稳定局的李敏波博士等人阅读了部分稿件，并提出一些修改建议。几年来，光大证券的副总裁刘剑、西部矿业集团董事长汪海涛博士、副总裁潘希宏博士对我的生活和工作给予了亲切的关心和照顾，光大证券的副总裁杨赤忠将我引入资本投资领域，在此对他们一并表示衷心的感谢。最后，特别感谢东北财经大学出版社的李季博士和编辑王玲女士的辛勤劳动和热心帮助。至于书中的不足之处，概由本人负责。读者发现不足之后请务必致函 kouwenhong@hotmail.com 赐教，以便我能在未来修订时更正之。

寇文红
2010 年 9 月 6 日于上海隆安公寓
2011 年 5 月 15 日修改于上海虹桥路

目　录

表　目　录

图 目 录

彩 图 目 录

1

导　言

对冲基金或称另类投资（alternative-investments）部门是金融服务行业中发展最快的部门之一。据估计，目前全球对冲基金的资产已超过1万亿美元。我们对它们感兴趣的主要原因之一是它们的业绩特点：它们通常以"高回报"投资而闻名于世，许多对冲基金为其投资者赚取高达两位数的收益率，并且在很多时候，这种业绩似乎与一般的市场波动无关，而且具有相对较低的波动率（volatility）。大多数对冲基金是通过同时持有证券的多头和空头头寸——这正是"对冲"基金这个称呼的由来——来实现这一点的，这种做法原则上可以使投资者有机会同时从正面信息和负面信息上牟取利润，并且同时持有多头头寸和空头头寸提供了一定程度的"市场中性（market neutrality）"。长期以来，另类投资一直是基金会、家庭理财室、拥有大量净资产的投资者的领地，现在它也吸引了主要的机构投资者，例如大规模的州和公司养老金、保险公司和大学捐赠基金；并且目前正在通过采用比较传统的共同基金投资工具，来努力使个人投资者也可以进行对冲基金投资。

　　然而，许多机构投资者还不相信另类投资已经形成了一个与众不同的资产族（assets class），即一类具有相同特点且这些特点在时间上具有稳定性的投资。像股票、固定收益工具和房地产这样的资产族，每一类都用一套相同的法律、制度和统计特性来进行定义；与它们不同，另类投资是一个混合的资产族，其中包括了私募股权、风险套利（risk arbitrage）、商品期货、可转换债券套利（convertible bond arbitrage）、新兴市场股票、统计套利（statistical arbitrage）、外汇投机以及其他诸多投资策略、证券和风格。因此，从来没有像现在这样迫切需要为另类投资专门设计一套投资组合分析方法和风险管理规则。

　　机构投资者与对冲基金经理之间之所以存在鸿沟，部分是因为两者的投资委托书、监督管理和商业文化之间存在差异，导致他们对什么才是好的投资过程观点迥异。例如，一个对冲基金经理的典型观点可以表征如下：

　　●基金经理是投资组合的恰当的风险/回报权衡的最佳裁判，在做出投资决策方面应该被委以广泛的裁量权。

　　●交易策略具有高度的专利性，因此必须严加保守，以防被其他人反向破解（reverse-engineered）或复制。

　　●终极目标是获取收益，并且在大多数情况下是唯一的目标。

　　●风险管理并非一个对冲基金成功的核心要素。

　　●监管约束和合规问题通常会拖累业绩，对冲基金的关键是要规避这些问题。

　　●基金中很少涉及到知识产权，普通合伙人就是基金本身。①

　　与此相反，下面是一个典型的机构投资者的特点：

　　●作为受托人，在进行投资之前，机构需要先了解投资过程。

　　●机构必须充分地了解每个经理的风险敞口（risk exposure），并且有时候还必须为经理的投资策略划出界线，以便与机构的总体投资目标和约

---

① 当然，许多知识产权法方面的专家会理所当然地把交易策略、算法和他们的软件界面划为知识产权，有时候这些东西是可以获得专利的。然而，今天的大多数对冲基金经理（以及大多数投资者）并没有选择通过申请专利来保护这些知识产权，而是把它们作为"交易机密"守口如瓶，刻意限制别人接触，即使在他们自身的组织内部也是如此。结果，一个对冲基金的关键人物一旦离开基金，即可能导致该基金寿终正寝。

束相一致。

● 业绩并不仅仅用收益来衡量，还包括其他因素，例如风险调整、相对于某一基准的跟踪误差（tracking error）以及同行比较等。

● 风险管理和风险透明是基本的要求。

● 机构投资者在一个高度监管的环境中运行，必须符合联邦和州的一系列法律，这些法律规定了养老金计划发起人和其他受托人的权利、责任和义务。

● 机构投资者希望遵循界定良好的、制度化的投资过程，具有一定的结构、稳定性和一致性——而不依赖于任何个人。

当然，以上只是对两类投资者相当粗略的概括，为了阐述清楚而有点过于极端，但的确指出了对冲基金经理和机构投资者之间现存鸿沟的本质。不过，虽然存在这些差异，但是如果对冲基金经理和机构投资者能够更好地了解对方的观点，显然可以受益匪浅；并且他们的确拥有相同的目标，即为客户赚取优异的投资业绩。本书的目的之一，就是通过构建估计另类投资的风险与收益的新的定量模型与方法，帮助在对冲基金经理和投资者之间建立更多的共同点。

这个任务看似容易，因为有关投资和定量化投资组合管理的文献已经汗牛充栋。其实并非如此。不过，最近的几项实证研究对估算对冲基金的风险与收益的标准方法的适用性提出了质疑，认为这些方法往往极具误导性。例如，Asness, Krail and Liew（2001）表明，在一些对冲基金声称自己是市场中性（即基金拥有相对较小的市场贝塔）的案例中，如果把市场收益率的当期项和滞后项都作为解释变量，再把所得到的系数相加，得到的市场敞口（market exposure）就会明显偏高。Getmansky, Lo and Makarov（2004）认为，这是因为某些对冲基金的收益率中存在着显著的序列相关，这种序列相关可能是粘滞性（illiquidity）和经平滑的收益率（smoothed returns）引起的。这种相关性会导致方差、贝塔、夏普比率（Sharpe ratios）和其他业绩统计量产生严重的偏差。例如，在推导一个由共同基金和对冲基金组成的样本的夏普比率的统计估计量时，Lo（2002）

表明，基于月度均值和标准差（standard deviation）① 计算年度夏普比率的正确方法会导致所得到的点估计值偏离简单的（naive）夏普比率估计值大约70%之多。

这些实证证据意味着对冲基金和其他另类投资具有独特的性质，因而需要采用新的工具来恰当地表征它们的风险与期望收益率。在本书中，我们描述了这些独特性质中的一部分，并且提出了几种新的数量化方法对它们进行建模。

对冲基金投资的一个特征是其通常具有昂贵的佣金结构，收取高佣金的一个理由是这些基金雇佣技术高超的投资组合经理来实施积极型投资策略（active strategies）。而且，众所周知，最有才华的基金经理总是首先被吸引到对冲基金行业中，因为该行业缺乏监管约束，从而使他们得以充分施展自己的投资才华。在追求投资业绩的过程中，对冲基金的经理们享有巨大的灵活性和相机裁量权。在任一交易日，他们都可以根据自己的意愿自由地决定交易多少、以不同程度的杠杆做多或做空任何数量的股票、在很短的时间内迅速改变投资策略。但是，动态的投资策略意味着动态的风险敞口，虽然现代金融经济学已经对静态投资（static investments）的风险做了深入的研究——在这种情况下，使用市场贝塔就足够了——但是迄今为止，对动态投资策略的风险尚无单一的衡量指标。②

这些挑战对于基金经理和投资者都有重要的意义，因为双方都正试图对投资的风险/回报权衡进行管理。例如，考虑当前构建均值—方差意义上的最优投资组合的标准方法：

$$\max_{\{\omega_i\}} E[\,U(\,W_1\,)\,] \tag{1.1}$$

服从于：$W_1 = W_0(1 + R_p)$ （1.2a）

$$R_p \equiv \sum_{i=1}^n \omega_i R_i, 1 = \sum_{i=1}^n \omega_i \tag{1.2b}$$

其中：R_i 是证券 i 在本期和下期之间的收益率；W_1 是个人在下期的财

---

① 在本译本中，凡是"标准差"所对应的都是原著中的"standard deviation"（有时被缩写为 SD 或 S. D.）；凡是"标准误差"所对应的都是原著中的"standard error"。这两个概念是有严格区别的，但是常常被混淆——译者注。

② 因为这个原因，常常使用多个统计量来概括对冲基金的跟踪记录，如均值、标准差、夏普比率、市场贝塔、索丁诺比率（Sortino ratio）、最大跌幅（maximum drawdown）和最差月份等。

富，它由 $\{R_i\}$ 和投资组合的权重 $\{\omega_i\}$ 的乘积所决定；$U(\cdot)$ 是个人的效用函数。

通过假设 $U(\cdot)$ 是二次函数，或者假设单个证券的收益率 R_i 是正态分布的随机变量，可以证明，最小化个人的期望效用等价于构建一个均值——方差最优投资组合 $\boldsymbol{\omega}^*$。[1]

现代金融学最伟大的理论之一，就是均值——方差最优化过程可以通过分散化来获取好处，即对于一个给定的期望收益率，可以通过把不完全相关的证券组合在一起来降低波动性。但是如果这些证券是对冲基金，并且它们的相关性会随着时间的变化而变化，就像对冲基金所表现出来的那样（第 1.2 节），那么结果又会如何呢？[2]表 1—1 表明，对于均值分别为不变的 5% 和 30%、标准差分别是不变的 20% 和 30% 的两种资产（基金）来说，当它们之间的相关系数从 −90% 变到 90% 时，最优投资组合的权重——以及最优投资组合的特性——变化很大。例如，当两个基金之间的相关系数是 −30% 时，最优投资组合是用 38.6% 的资金持有第一个基金，61.4% 的资金持有第二个基金，这时得到的夏普比率是 1.01。但是如果相关系数变为 10%，那么最优权重将会变为配置 5.2% 的资金在第一个基金上，98.4% 的资金在第二个基金上，虽然此时新的投资组合的夏普比率 0.92 和前一个投资组合的夏普比率实质上是相等的。图 1—1 绘制了当两个基金之间的相关系数取不同值时的均值——方差——有效前沿（mean-variance-efficient frontiers），显然，最优投资组合严重地依赖于标的资产的相关系数结构。正如我们将在第 1.2 节中所讲到的那样，由于对冲基金的动态本质，它们的相关系数随着时间和市场条件的变化而特别不稳定，从 −30% 变到 30% 并不鲜见。

表 1—1 表明，随着两种资产之间相关系数的逐渐增大，资产 1 的最优权重最后变成了负值。虽然对于对冲基金投资[3]和其他不能卖空的资产

---

① 例如，参见 Ingersoll（1987）。
② 有几个作者针对对冲基金资产配置的决定研究了均值——方差最优化技术，得到了不同程度的成功，也受到了不同程度的质疑。请特别参见 Amenc and Martinelli（2002）；Amin and Kat（2003c）；Terhaar, Staub and Singer（2003）；以及 Cremers, Kritzman and Page（2004）。
③ 原文即此，怀疑这里的"对冲基金投资"应当是"共同基金投资"——译者注。

表 1—1 　　　　　　　两资产情况下的均值—方差最优投资组合 *

ρ	E[R^*]	SD[R^*]	夏普比率	ω_1^*	ω_2^*
−90	15.5	5.5	2.36	58.1	41.9
−80	16.0	8.0	1.70	55.9	44.1
−70	16.7	10.0	1.41	53.4	46.6
−60	17.4	11.9	1.25	50.5	49.5
−50	18.2	13.8	1.14	47.2	52.8
−40	19.2	15.7	1.06	43.3	56.7
−30	20.3	17.7	1.01	38.6	61.4
−20	21.8	19.9	0.97	32.9	67.1
−10	23.5	22.3	0.94	25.9	74.1
0	25.8	25.1	0.93	17.0	83.0
10	28.7	28.6	0.92	5.2	94.8
20	32.7	32.9	0.92	−10.9	110.9
30	38.6	38.8	0.93	−34.4	134.4
40	48.0	47.7	0.95	−71.9	171.9
50	65.3	63.2	0.99	−141.2	241.2
60	108.1	99.6	1.06	−312.2	412.2
70	387.7	329.9	1.17	−1 430.8	1 530.8
8†	−208.0	−154.0	1.37	952.2	−852.2
90†	−76.8	−42.9	1.85	427.1	−327.1

注：* 两资产情况下的均值—方差最优投资组合权重，两资产为（ μ_1,σ_1 ）=（5%，20%），（ μ_2,σ_2 ）=（30%，30%）以及 $R_f = 2.5\%$ ，具有固定不变的均值和方差，相关系数从 −90% 变到 90%。

† 这些相关系数意味着两种资产有非正定的协方差矩阵。

来说,这样做是不现实的,但是从对冲的角度来看,这在直觉上说得过去。请注意,当相关系数大于等于80%时,最优化方法得不到有良好定义的解,因为此时在我们为两种资产假设的参数数值下,均值—方差—有效切点投资组合并不存在。不过,在这种情况下,采用数值最优化步骤,还是可以得到一个特定的投资组合(即一个位于均值—方差抛物线下半枝的投资组合),虽然它并非最优的。这个例子表明,在解释市场条件和统计方法的变动时,以一种前后一致的方式为均值、标准差和相关系数建模是多么重要,否则就会出现退化"解"或无意义的"解"。

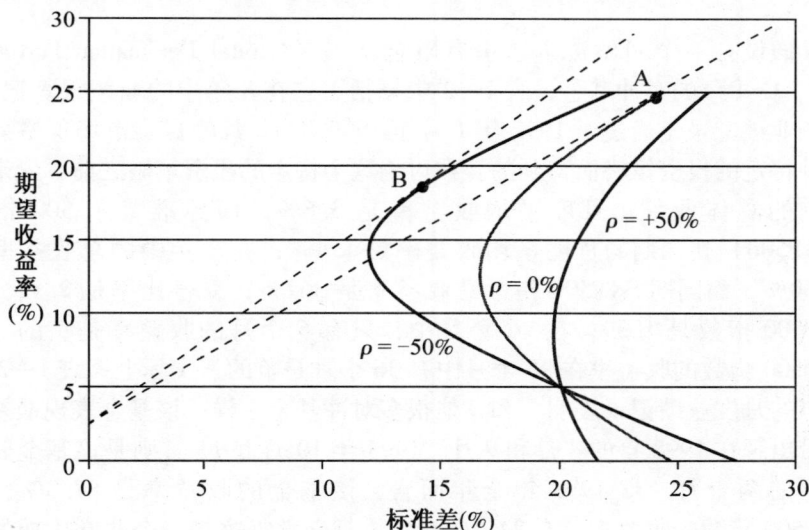

图1—1　两资产情况下的均值—方差有效前沿(参数是$(\mu_1,\sigma_1)=(5\%,20\%)$,$(\mu_2,\sigma_2)=(30\%,30\%)$,相关系数$\rho=-50\%,0,50\%$)

　　为了说明在为对冲基金的风险敞口建模时所面临的挑战和机遇,我们在本章中给出了3个扩展的例子。在第1.1节,我们给出了一个假想的对冲基金投资策略,它以看似微不足道的风险获得了非同寻常的收益;然而,仔细研究一下就会发现,其实完全不是这么回事。在第1.2节,我们证明了,用相关系数和市场贝塔来衡量对冲基金的风险敞口有时是不完整的,并且这些衡量方法会随着时间的变化而变化,有时甚至变化迅速且毫无预兆。在第 1.3 节，我们描述了许多对冲基金收益率最为突出的实证特性之一——大的、正的序列相关——并且指出，序列相关可以作为流动性风险（liquidity risk）的一个非常有用的代理变量。这些例子将为第 3 章～第 8 章更加复杂的定量化分析提供一个导言，并且还是探究一种另类投资的分析方法的动因。在第 1.4 节，我们对如雨后春笋般涌现的有关对冲基金的文献进行了简要的综述，作为第 1 章的总结。

1.1 尾部风险

假设有一个叫做资本杀手有限合伙人（Capital Decimation Partners, LP., CDP）的对冲基金，表 1—2 中概括了它在 8 年中的业绩跟踪记录。这个业绩记录是通过对 1992 年 1 月至 1999 年 12 月的真实市场价格采取一种特定的投资策略而得到的。在讨论这个特定的投资策略之前，先来看看它的总体业绩：月度平均收益率是 3.6%，而标准普尔 500 指数（S&P500）在同期的月度平均收益率是 1.4%；在 8 年中的总收益率是 2 560%，而同期 S&P500 指数总收益率是 367%；夏普比率是 2.15，而 S&P500 指数是 1.39；在 96 个月中，只有 6 个月的收益率是负的，而 S&P500 指数的收益率在 96 个月中有 36 个月是负的。实际上，表 1—3 中列出的月度业绩记录表明，和其他很多对冲基金一样，该基金表现最差的月份出现在 1998 年的 8 月和 9 月。1998 年 10 月和 11 月则是该基金表现最好的两个月。就 1998 年全年而言，该基金的收益率是 87.3%，而 S&P500 指数的收益率只有 24.5%！人人都会觉得这是一个非常成功的对冲基金，其业绩足以让大多数基金经理眼红。[1]然而，秘密何在？

表 1—2 和表 1—3 中概括的投资策略是：在每个月的到期日，卖空执行价格处于大约 7% 的价外状态、[2]期限小于等于 3 个月的 S&P500 价外看跌期权。根据 Lo（2001）的研究，每个月卖出的合约数目由以下因素共同

---

[1] 实际上，作为检查你自己的风险偏好的一个心理训练，你可以仔细地观察表 1—3 中的月度收益，然后问一下自己是否愿意投资于这样一个基金。

[2] 是指看跌期权的市场价格高出执行价格大约 7%，此时看跌期权处于价外状态（out of the money，又称虚值状态）——译者注。

表 1—2　资本杀手有限合伙人的业绩概况（1992 年 1 月至 1999 年 12 月）*

	标准 & 普尔 500	CDP
月度均值	1.4%	3.6%
月度标准差	3.6%	5.8%
最大月度收益	−8.9%	−18.3%
最小月度收益	14.0%	27.0%
年度夏普比率	1.39	2.15
收益率为负的月数	36	6
与标准 & 普尔 500 的相关系数	100%	61%
从开始至今 1 美元的增长额（单位：美元）	4	26

注：* 一个模拟的卖空看跌期权的投资策略的业绩概况。该投资策略是卖空执行价格大约处于 7% 的价外状态、到期日小于等于 3 个月的 S&P500 价外看跌期权。决定：（1）芝加哥期权交易所的保证金要求（margin requirements）；①（2）假设要求该基金支付保证金的 66% 作为抵押；②（3）1 000 万美元的初始风险资本。为了更具说服力，表 1—4 列出了这一策略在 1992 年的头寸和利润/损失表。

这一策略的实质是提供保险。CDP 从卖空的每一份期权合约上收取期权费（option premia），并且只要期权合约到期时仍然处于价外状态，它就不需要支付任何款项。因而，只有当 CDP 卖空的看跌期权处于价内状态时，也就是说，只有当 S&P 500 指数在某个期权的存续期内下跌超过 7% 时，CDP 才会遭受损失。从这一角度来看，CDP 傲人的收益率似乎更加合乎情理——在 S&P500 下跌时，CDP 向期权买方提供保护，作为交换，CDP 获得了一个风险升水，这与保险公司向被保险人提供地震保险或飓风保险并定期收取保险费如出一辙。

鉴于其所基于的策略比较简单，因此表 1—2 和表 1—3 中列出的业绩跟踪记录似乎并不能给人留下深刻印象，很少有投资者会为这样一个基金支付像对冲基金那样昂贵的基金费。然而，由于大多数对冲基金的投资策

①　假设每个合约的保证金要求等于 100 ×（15% × SPX 指数的当前水平 − 看跌期权权价外值），其中期权的价外值（amount out of the money）等于标准普尔 500 指数（SPX）的当前水平减去看跌期权的执行价格。
②　这一数字因经纪人的不同而有所不同，对于一个以前没有业绩跟踪记录的、刚刚启动的、资产为 1 000 万美元的对冲基金来说，66% 是一个比较保守的估计。

略笼罩着神秘气息，并且通常的对冲基金发行备忘录都赋予基金经理们广泛的裁量权，因此如果投资者不借助更为复杂的、能够捕捉到动态风险敞口的风险分析方法，就难以确定这种行为是否发生过。

可能有人会说，这个例子证明了头寸透明度的必要性——毕竟表1—1所列的头寸清楚地表明资本杀手合伙人的经理只提供了很少的增加值（value-added），或者压根就没有提供增加值。然而，实施这一投资策略的方法有很多，这些方法并不都是如此透明的，甚至有些在头寸完全封闭的情况下也可以实施。例如，表1—5列出了第二个假想的基金——资本杀手合伙人Ⅱ——在6个月内每周所持有的500种证券中的1种的头寸。对这一证券的头寸进行不定期检查的结果似乎表明采用的是反向交易策略（contrarian trading strategy）：当证券XYZ的价格下跌时，就增加XYZ的头寸；当其价格上涨时，就减少它的头寸。如果对表1—5中列出的股票头寸、现金头寸和不断变化的杠杆率进行更为细致的分析，则可以发现，这些交易组成了一个delta对冲策略（delta-hedging strategy），该策略被设计为综合地复制如下策略：即持有一个两年期的、执行价格是25美元、标的资产是1 000万股XYZ股票的欧式看跌期权的空头头寸（回想一下，XYZ股票的初始价格是40美元，因此这是一个严重价外的看跌期权）。

卖空严重价外的看跌期权，是肆无忌惮的对冲基金经理们惯用的、一个能迅速构建起令人赞叹的业绩跟踪记录的、众所周知的伎俩，大多数精明的投资者都能够避免受骗。但是，想象一下，当一个投资者面前被呈上一份类似表1—5的、但不仅仅是一只股票而是500只股票的头寸报告，以及相应的、比资本杀手有限合伙人更加辉煌的业绩跟踪记录的时候，①如果没有更多的分析可以对表1—5所描述的动态交易策略进行明确的解释，投资者就难以充分地评估这一基金中所隐含的风险。

特别是，像传统的均值—方差分析这样的静态分析方法，刻画不出（例如资本杀手合伙人采用的）动态交易策略中的风险（注意表1—2中令人吃惊的夏普比率）。在卖空标准普尔500指数的价外看跌期权策略中，在大多数情况下，收益率是正的，很少出现损失，但是一旦出现损

---

① 一个由期权组成的投资组合，比一个投资组合的期权更有价值；因此卖空标准普尔500指数的500个成分股的500个看跌期权，比卖空该指数本身的看跌期权能得到更高的收益率。

表1—3　　资本杀手有限合伙人每月业绩记录（1992 年 1 月至 1999 年 12 月）*

月度	1992 SPX	1992 CDP	1993 SPX	1993 CDP	1994 SPX	1994 CDP	1995 SPX	1995 CDP	1996 SPX	1996 CDP	1997 SPX	1997 CDP	1998 SPX	1998 CDP	1999 SPX	1999 CDP
1 月	8.2	8.1	-1.2	1.8	1.8	2.3	1.3	3.7	-0.7	1.0	3.6	4.4	1.6	15.3	5.5	10.1
2 月	-1.8	4.8	-0.4	1.0	-1.5	0.7	3.9	0.7	5.9	1.2	3.3	6.0	7.6	11.7	-0.3	16.6
3 月	0.0	2.3	3.7	3.6	0.7	2.2	2.7	1.9	-1.0	0.6	-2.2	3.0	6.3	6.7	4.8	10.0
4 月	1.2	3.4	-0.3	1.6	-5.3	-0.1	2.6	2.4	0.6	3.0	-2.3	2.8	2.1	3.5	1.5	7.2
5 月	-1.4	1.4	-0.7	1.3	2.0	5.5	2.1	1.6	3.7	4.0	8.3	5.7	-1.2	5.8	0.9	7.2
6 月	-1.6	0.6	-0.5	1.7	0.8	1.5	5.0	1.8	-0.3	2.0	8.3	4.9	-0.7	3.9	0.9	8.6
7 月	3.0	2.0	0.5	1.9	-0.9	0.4	1.5	1.6	-4.2	0.3	1.8	5.5	7.8	7.5	5.7	6.1
8 月	-0.2	1.8	2.3	1.4	2.1	2.9	1.0	1.2	4.1	3.2	-1.6	2.6	-8.9	-18.3	-5.8	-3.1
9 月	1.9	2.1	0.6	0.8	1.6	0.8	4.3	1.3	3.3	3.4	5.5	11.5	-5.7	-16.2	-0.1	8.3
10 月	-2.6	-3.0	2.3	3.0	-1.3	0.9	0.3	1.1	3.5	2.2	-0.7	5.6	3.6	27.0	-6.6	-10.7
11 月	3.6	8.5	-1.5	0.6	-0.7	2.7	2.6	1.4	3.8	3.0	2.0	4.6	10.1	22.8	14.0	14.5
12 月	3.4	1.3	0.8	2.9	-0.6	10.0	2.7	1.5	1.5	2.0	-1.7	6.7	1.3	4.3	-0.1	2.4
年度	14	38.2	5.7	23.7	-1.6	33.6	34.3	22.1	21.5	28.9	26.4	84.8	24.5	87.3	20.6	105.7

注：* 一个模拟的卖空看跌期权的投资策略的月度收益率。该投资策略是卖空执行价格大约处于 7% 的价外状态，到期日小于等于 3 个月的 S&P500（SPX）价外看跌期权。

表 1—4　　资本杀手有限合伙人 1992 年持有的头寸和利润/损失

金额单位:美元*

S&P500		看跌期权的数目	执行价格	价格	到期日	保证金要求	利润	初始资本金+累计利润	可供投资的资本	收益率
1991-12-20 387.04	新的	2 300	360	4.625	1992-03	6 069 930				
1992-01-17 418.86	盯市	2 300	360	1.125	1992-03	654 120	805 000	10 805 000	6 509 036	8.1%
418.86	新的	1 950	390	3.250	1992-03	5 990 205				
	总保证金					6 644 325				
1992-02-21 411.46	盯市	2 300	360	0.250	1992-03	2 302 070	201 250	11 323 125	6 821 160	4.8%
411.46	盯市	1 950	390	1.625	1992-03	7 533 630	316 875	11 323 125	6 821 160	
411.46	清算	1 950	390	1.625	1992-03	0	0			
411.46	新的	1 170	390	1.625	1992-03	4 520 178				
	总保证金					6 822 248				
1992-03-20 411.30	到期的	2 300	360	0.000	1992-03	0	57 500			
411.30	到期的	1 246	390	0.000	1992-03	0	202 475			
411.30	新的	2 650	380	2.000	1992-05	7 524 675		11 583 100	6 977 771	2.3%
	总保证金					7 524 675				
1992-04-19 416.05	盯市	2 650	380	0.500	1992-05	6 852 238	397 500	11 980 600	7 217 229	3.4%
416.05	新的	340	385	2.438	1992-06	983 280				
	总保证金					7 835 518				
1992-05-15 410.09	到期的	2 650	380	0.000	1992-05	0	132 500			
410.09	盯市	340	385	1.500	1992-06	1 187 399	31 875	12 144 975	7 316 250	1.4%
410.09	新的	2 200	380	1.250	1992-07	6 638 170				
	总保证金					7 825 569				

S&P500		看跌期权的数目	执行价格	价格	到期日	保证金要求	利润	初始资本金 + 累计利润	可供投资的资本	收益率
1992-06-19 403.67	到期的	340	385	0.000	1992-06	0	51 000			
403.67	盯市	2 200	380	1.125	1992-07	7 866 210	27 500	12 223 475	7 363 539	0.6%
					总保证金	7 866 210				
1992-07-17 415.62	到期的	2 200	380	0.000	1992-07	0	247 500			
415.62	新的	2 700	385	1.813	1992-09	8 075 835		12 470 975	7 512 636	2.0%
					总保证金	8 075 835				
1992-08-21 414.85	盯市	2 700	385	1.000	1992-09	8 471 925	219 375	12 690 350	7 644 789	1.8%
					总保证金	8 471 925				
1992-09-18 422.92	到期的	2 700	385	0.000	1992-09	0	270 000			
422.92	新的	2 370	400	5.375	1992-12	8 328 891		12 960 350	7 807 440	2.1%
					总保证金	8 328 891				
1992-10-16 411.73	盯市	2 370	400	7.000	1992-12	10 197 992	-385 125	12 575 225	7 575 437	-3.0%
411.73	清算	2 370	400	7.000	1992-12	7 577 495	0			
411.73	新的	1 761	400	7.000	1992-12	7 577 495				
					总保证金	7 577 495				
1992-11-20 426.65	盯市	1 761	400	0.938	1992-12	6 411 801	1 067 606	13 642 831	8 218 573	8.5%
426.65	新的	496	400	0.938	1992-12	1 805 936				
					总保证金	8 217 737				
1992-12-18 441.20	到期的	1 873	400	0.000	1992-12	0	175 594	13 818 425	8 324 352	1.3%
								1992 年总收益:		38.2%

注: *为一个交易策略模拟的 1992 年的头寸和利润/损失表,该策略是每月卖空一次 S&P500 价外看跌期权。

· 13 ·

表 1—5   资本杀手有限合伙人 II 每周持有证券 XYZ 的头寸*

周 t	P_t（单位：美元）	头寸（单位：股数）	金额（单位：美元）	融资额（单位：美元）
0	40.000	7 057	282 281	−296 974
1	39.875	7 240	288 712	−304 585
2	40.250	5 850	235 456	−248 918
3	36.500	33 013	1 204 981	−1 240 629
4	36.875	27 128	1 000 356	−1 024 865
5	36.500	31 510	1 150 101	−1 185 809
6	37.000	24 320	899 841	−920 981
7	39.875	5 843	232 970	−185 111
8	39.875	5 621	224 153	−176 479
9	40.125	4 762	191 062	−142 159
10	39.500	6 280	248 065	−202 280
11	41.250	2 441	100 711	−44 138
12	40.625	3 230	131 205	−76 202
13	39.875	4 572	182 300	−129 796
14	39.375	5 690	224 035	−173 947
15	39.625	4 774	189 170	−137 834
16	39.750	4 267	169 609	−117 814
17	39.250	5 333	209 312	−159 768
18	39.500	4 447	175 657	−124 940
19	39.750	3 692	146 777	−95 073
20	39.750	3 510	139 526	−87 917
21	39.875	3 106	123 832	−71 872
22	39.625	3 392	134 408	−83 296
23	39.875	2 783	110 986	−59 109
24	40.000	2 445	97 782	−45 617
25	40.125	2 140	85 870	−33 445

注：* 为一个特定的交易策略模拟的、在 6 个月内每周持有证券 XYZ 的头寸。

失，数额就会很大。这就是诸如标准差这样的静态分析方法所不能很好地概括的那种非常特别的风险特征。实际上，这类策略的标准差估计值通常相当低，因此简单地使用均值—方差分析，例如风险预算（risk budgeting）方法——这种方法是在单位风险的基础上进行资产配置，正被越来越多的机构广泛使用——会导致将非常大的资产配置到像资本杀手合伙人这样的基金上去。总体的头寸透明度并不意味着风险透明度，这一事实使我们更有理由感到担忧。

这并不是说，所有的投资者都不适合承担卖空价外看跌期权的风险；的确，蓬勃发展的巨灾保险行业正好为这种类型的风险——通常被称为"尾部风险"——形成了一个市场。然而，巨灾保险公司之所以这样做，是因为它们充分了解每种巨大灾难的损失状况和概率，并已据此设定自己的资本准备和风险预算。对于对冲基金中的机构投资者来说，同样的原则应该也是成立的，但是目前该行业的标准工具书和辞典对这种风险的特征的描述是不完整的。因此，现在亟需一套专门针对对冲基金投资的、新的动态风险分析方法。

1.2 非线性风险

投资于对冲基金最令人心动的原因之一，是它们的收益率似乎与S&P500这样的市场指数的收益率无关，并且，即便是最顽固地怀疑分散投资的好处的人，也已经被现代投资组合理论说服了。例如，表1—6列示了 Credit Suisse/Tremont 编制的对冲基金指数①的收益率之间的相关系数

---

① Credit Suisse/Tremont 指数团队在其中文网站（繁体）http：//www.hedgeindex.com/hedgeindex/zh/default.aspx？cy=USD 上将自己的名称译为"瑞士信貸/Tremont 對沖基金指數"，并按香港的学术习惯将其编制的各个指数分别译为：可换股套戲（Convertible Arbitrage）、股票放空（Dedicated Short Bias）、新興市場（Emerging Markets）、股票市場中立（Equity Market Neutral）、事件導向（Event Driven）、財困證券（Distressed）、多重策略（Multi-Strategy）、風險套戲（Risk Arbitrage）、固定收益套戲（Fixed Income Arbitrage）、全球宏觀（Global Macro）、股票對沖（Long/Short Equity）、管理期貨（Managed Futures）、多重策略（Multi-Strategy）。这与内地通用的译法不同。本译本采用自己的译法，具体见附录 A.2 及相应的注释。为了方便，本译本把"Credit Suisse/Tremont Hedge Fund Indexes"译为"CS/Tremont 对冲基金指数"。另外，2010 年 6 月 22 日，瑞士信贷集团（Credit Suisse Group）和道琼斯指数公司签署了一项协议，约定双方在对冲基金指数计算领域进行合作，并把"瑞信/Tremont 对冲基金指数"改成了"道琼斯瑞信对冲基金指数（Dow Jones Credit Suisse Hedge Fund Indexes）"——译者注。

表1—6　CS/Tremont 对冲基金指数收益率的相关系数矩阵（1994年1月至2007年7月）*†

指数	对冲基金指数	可转换套利型	偏向卖空型	新兴市场型	股票市场中性型	事件驱动型	固定收益套利型	全球宏观型	做多/做空股票型	管理期货型	多重策略型	事件驱动多重策略型	瀕危证券型	风险套利型	大公司股票	小公司股票	长期公司债券	长期政府债券
对冲基金指数	100.0	41.1	-48.8	65.2	33.3	67.4	44.2	85.4	79.3	16.1	23.0	68.6	58.6	39.8	48.6	57.7	18.4	11.7
可转换套利型	41.1	100.0	-25.7	30.1	33.9	56.5	53.7	29.1	28.7	-11.2	39.8	56.4	49.5	40.2	14.1	27.6	7.6	2.7
偏向卖空型	-48.8	-25.7	100.0	-54.5	-31.8	-62.6	-9.9	-13.5	-71.9	8.6	-12.3	-54.0	-62.0	-49.8	-75.6	-78.4	-0.9	10.9
新兴市场型	65.2	30.1	-54.5	100.0	22.1	67.2	27.1	41.5	59.7	-6.9	2.6	66.7	58.9	42.2	48.2	54.9	1.4	-8.9
股票市场中性型	33.3	33.9	-31.8	22.1	100.0	35.1	13.1	21.9	34.8	12.4	23.1	32.0	33.4	30.7	36.5	24.2	7.2	4.4
事件驱动型	67.4	56.5	-62.6	67.2	35.1	100.0	38.3	37.9	66.7	-11.3	24.6	93.5	92.9	66.0	56.1	65.4	5.6	-8.1
固定收益套利型	44.2	53.7	-9.9	27.1	13.1	38.3	100.0	44.2	21.7	-3.9	30.2	40.8	32.2	15.0	3.4	12.4	11.9	8.3
全球宏观型	85.4	29.1	-13.5	41.5	21.9	37.9	44.2	100.0	43.0	24.7	14.3	41.9	31.4	13.9	23.5	23.3	23.7	21.4
做多/做空股票型	79.3	28.7	-71.9	59.7	34.8	66.7	21.7	43.0	100.0	3.4	22.1	64.5	59.0	51.3	59.2	76.4	10.6	2.4
管理期货型	16.1	-11.2	8.6	-6.9	12.4	-11.3	-3.9	24.7	3.4	100.0	6.8	-12.7	-8.0	-13.7	-13.8	-10.6	18.1	24.0
多策略型	23.0	39.8	-12.3	2.6	23.1	24.6	30.2	14.3	22.1	6.8	100.0	28.7	17.0	12.0	10.2	24.0	2.8	-1.8
事件驱动多重策略型	68.6	56.4	-54.0	66.7	32.0	93.5	40.8	41.9	64.5	-12.7	28.7	100.0	74.3	63.0	48.9	62.0	1.6	-9.8
瀕危证券型	58.6	49.5	-62.0	58.9	33.4	92.9	32.2	31.4	59.0	-8.0	17.0	74.3	100.0	55.0	54.8	59.9	9.3	-4.7
风险套利型	39.8	40.2	-49.8	42.2	30.7	66.0	15.0	13.9	51.3	-13.7	12.0	63.0	55.0	100.0	44.5	56.7	1.8	-8.9
大公司股票	48.6	14.1	-75.6	48.2	36.5	56.1	3.4	23.5	59.2	-13.8	10.2	48.9	54.8	44.5	100.0	61.2	8.0	-5.1
小公司股票	57.7	27.6	-78.4	54.9	24.2	65.4	12.4	23.3	76.4	-10.6	24.0	62.0	59.9	56.7	61.2	100.0	-0.1	-14.0
长期公司债券	18.4	7.6	-0.9	1.4	7.2	5.6	11.9	23.7	10.6	18.1	2.8	1.6	9.3	1.8	8.0	-0.1	100.0	94.3
长期政府债券	11.7	2.7	10.9	-8.9	4.4	-8.1	8.3	21.4	2.4	24.0	-1.8	-9.8	-4.7	-8.9	-5.1	-14.0	94.3	100.0

注：*表中的所有数值都是基于月度数据计算出来的百分点数。多策略型数据期间是1994年4月至2007年7月；大公司股票型、小公司股票型，长期公司债券和长期政府债券的数据期间则是1994年1月至2006年12月。

†表格中的两条虚线是译者为了便于读者阅读，根据正文添加上去的——译者注。

矩阵，其中每个对冲基金指数代表一种特定风格的对冲基金，例如货币型、新兴市场型、相对价值型等。最后四行则列示了所有这些对冲基金指数收益率与比较传统的投资方式——S&P500 指数、小盘股指数、长期政府债券指数和长期公司债券指数——的收益率之间的相关系数。这些相关系数表明，许多风格的对冲基金指数与宽基（broad-based）市场指数收益率之间具有较低的、有时候甚至是负的相关系数，而且还展示出很大的差异性，从做多/做空股票型与偏向卖空型之间的 −71.9%，到事件驱动型与濒危证券型之间的 92.9% 不等。

然而，相关系数会随着时间的变化而变化。例如，考虑 1999 年 3 月至 2007 年 7 月期间的 CS/Tremont 多重策略型①指数与 S&P500 指数之间的 60 个月滚动相关系数（rolling 60-month correlation），将其绘制在图 1—2 中。在样本的开始时点，即 1999 年 3 月，相关系数是 −13.0%，一年后降到了 −17.8%，到 2004 年 1 月又上升到 30.3%。滚动相关系数估计量的这种变化虽然部分地是由估计误差引起的，②但是在这一案例中，对相关系数的这种正的趋势的另一个可能的解释是：在过去 5 年内，有巨额资金流向了多重策略型对冲基金和基金型对冲基金。对于基金经理来说，随着所管理资产规模的增长，他很快就会越来越难以实施与 S&P500 这样的宽基指数完全无关的投资策略。而且，图 1—2 表明，多重策略型指数收益率与 S&P500 收益率的滞后项之间的相关系数在过去一年中也上升了，这意味着这种投资风格的粘滞性敞口上升了（Getmansky, Lo and Makarov, 2004，第 3 章）。这与大量资金向对冲基金部门的流动也是一致的。

正如表 1—7 所表明的那样，对冲基金各风格类型之间的相关性也会随着时间的变化而变化。在 1994 年 4 月到 2007 年 7 月这段样本期间内，可转换套利型指数与新兴市场型指数收益率之间的相关系数是 30.1%。但是与此同时，表 1—7 还表明，在该样本的前半部分（1994 年 4 月至 1999 年 12 月），这一相关系数是 45.7%；在该样本的后半部分（2000 年

---

① CS/Tremont 编制的对冲基金指数中有两个"多重策略型"指数，其中一个与风险套利型和濒危证券型一起被包括在事件驱动型中，因此严格地说应将其称为"事件驱动多重策略型"，但是本书原文在几处也将其称为"多重策略型"。具体参见附录 A.2 及有关注释——译者注。

② 在"不存在相关性"的零假设下，相关系数的近似标准误差是 $1/\sqrt{60} = 13\%$。

1 月至 2007 年 7 月），这一相关系数则是 3.0%。表 1—7 中的第三部分列
示了两个子样本期间的相关系数矩阵之差，它意味着对冲基金指数的相关
系数在时间上不是很稳定。

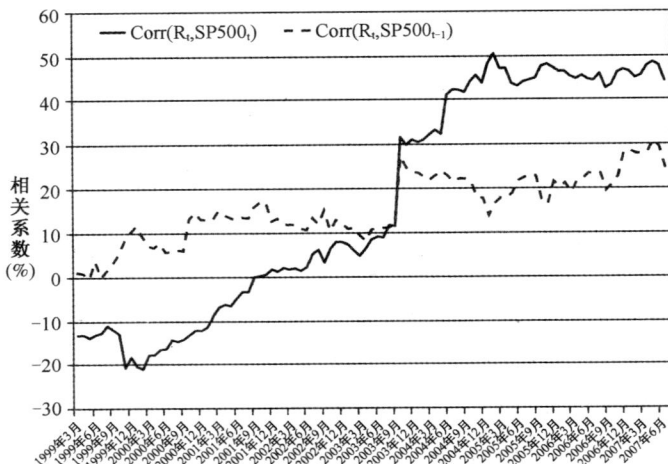

**图 1—2　CS/Tremont 多重策略型指数收益率与 S&P500 指数收益率的当期项、滞后项
之间的 60 个月滚动相关系数（1999 年 3 月至 2007 年 7 月）**

　　注：在"不存在相关性"的零假设下，相关系数的近似标准误差是 $1/\sqrt{60} = 13\%$。因此，样本前半部分的相关系数与后半部分的相关系数之差在 1% 的显著性水
平上是统计显著的。

　　从 1999 年 1 月到 2007 年 7 月期间的可转换套利型指数与新兴市场型
指数收益率之间的 60 个月滚动相关系数图为探寻这种不稳定性的源泉提
供了一个线索：图 1—3 表明，2003 年 9 月的相关系数突然下降。在这个
月，1998 年 8 月——也就是长期资本管理公司（Long Term Capital
Management，LTCM）开始出事的那个月——的数据点第一次没有被包括
在 60 个月滚动窗口里。在这一时期，俄罗斯政府债务违约引发了一场全
球资金的"避险抽逃"（flight to quality）。显然，这种抽逃在短短数日之
内就使很多相关系数从 0 变到了 1。表 1—8 表明，在 1998 年 8 月，可转
换套利型指数和新兴市场型指数的收益率分别是 −4.64% 和 −23.03%。
实际上，1998 年 8 月，13 种风格类型指数中有 10 个的收益率是负的，其中
许多相对于整个样本时期而言是极端异常值。因此，如果滚动窗口包含了

表 1—7　7 种 CS/Tremont 对冲基金指数收益率的相关系数矩阵（1994 年 4 月至 2007 年 7 月）*

	对冲基金指数	可转换套利型	新兴市场型	股票市场中性型	濒危证券型	做多/做空股票型	多重策略型
1994 年 4 月至 1999 年 12 月							
对冲基金指数	100.0	52.8	65.5	38.3	58.1	70.9	8.8
可转换套利型	52.8	100.0	45.7	31.3	62.1	37.9	29.5
新兴市场型	65.5	45.7	100.0	26.8	60.1	59.2	-11.7
股票市场中性型	38.3	31.3	26.8	100.0	48.0	44.9	17.4
濒危证券型	58.1	62.1	60.1	48.0	100.0	64.3	1.5
做多/做空股票型	70.9	37.9	59.2	44.9	64.3	100.0	4.4
多重策略型	8.8	29.5	-11.7	17.4	1.5	4.4	100.0
2000 年 1 月至 2000 年 7 月							
对冲基金指数	100.0	23.7	74.2	11.8	57.3	97.0	60.5
可转换套利型	23.7	100.0	3.0	39.2	32.7	16.9	57.7
新兴市场型	74.2	3.0	100.0	18.9	52.8	72.5	45.4
股票市场中性型	11.8	39.2	18.9	100.0	0.8	9.0	36.9
濒危证券型	57.3	32.7	52.8	0.8	100.0	47.9	53.5
做多/做空股票型	97.0	16.9	72.5	9.0	47.9	100.0	56.1
多重策略型	60.5	57.7	45.4	36.9	53.5	56.1	100.0
两个相关系数矩阵之差							
对冲基金指数	0.0	29.0	-8.7	26.5	0.8	-26.1	-51.7
可转换套利型	29.0	0.0	42.7	-7.9	29.4	21.0	-28.2
新兴市场型	-8.7	42.7	0.0	7.9	7.3	-13.4	-57.1
股票市场中性型	26.5	-7.9	7.9	0.0	47.2	36.0	-19.4
濒危证券型	0.8	29.4	7.3	47.2	0.0	16.4	-52.0
做多/做空股票型	-26.1	21.0	-13.4	36.0	16.4	0.0	-51.7
多重策略型	-51.7	-28.2	-57.1	-19.4	-52.0	-51.7	0.0

注：* 表中所有数值都是基于月度数据计算出来的百分比。

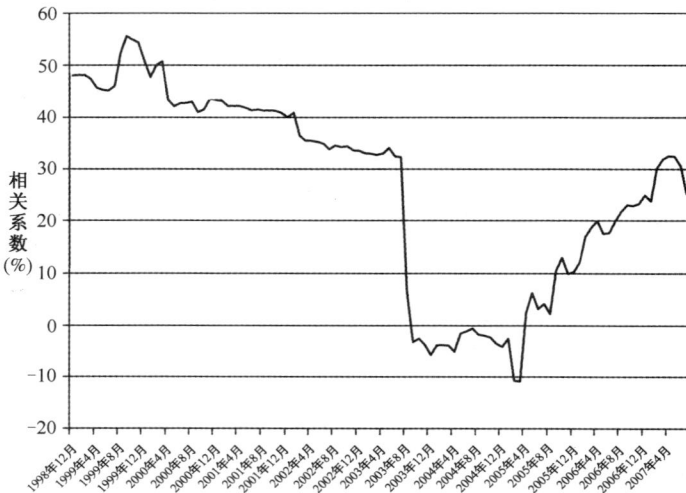

图1—3 CS／Tremont 可转换套利型指数收益率与新兴市场型指数收益率之间的 60 个月滚动相关系数（1999 年 1 月至 2007 年 7 月）

注：2003 年 9 月的相关系数之所以突然下降，是因为在这个月，1998 年 8 月的观测值第一次没有被包括在 60 个月滚动窗口里。

这个月，则得到的相关系数与没有包含这个月的滚动窗口所得到的相关系数迥然不同。

在物理学和自然科学里，从低相关系数到高相关系数的这种突然变动是状态锁定行为（phase-locking behavior）的例子。状态锁定指的是这样一种情况，即原本互不相关的行为突然变得同步了。[1]当然，市场条件能够造成状态锁定行为并不是什么新鲜事——从有组织的金融市场的产生伊始，市场崩溃就一直伴随在我们的左右——但是在 1998 年之前，几乎没有对冲基金投资者和基金经理以任何系统性的方式将这种可能性纳入自己的投资过程之中。

刻画状态锁定效应的一个办法是为收益率估计一个风险模型。在这一模型中，明确地允许发生这种状态锁定事件。例如，假设收益率是由如下

---

① 状态锁定行为最引人注目的例子是东南亚萤火虫闪烁的同步性。参见 Strogatz（1994）对这种非同寻常的现象的描述，以及对生物系统中的状态锁定行为的一个绝妙的回顾。

表 1—8　　　CS/Tremont 对冲基金指数和市场指数的收益率

(1998 年 8 月至 1998 年 10 月) *

	1998 年 8 月（%）	1998 年 9 月（%）	1998 年 10 月（%）
指数			
总指数	−7.55	−2.31	−4.57
可转换套利型	−4.64	−3.23	−4.68
偏向卖空型	22.71	−4.98	−8.69
新兴市场型	−23.03	−7.40	1.68
股票市场中性型	−0.85	0.95	2.48
事件驱动型	−11.77	−2.96	0.66
濒危证券型	−12.45	−1.43	0.89
事件驱动多重策略型	−11.52	−4.74	0.26
风险套利型	−6.15	−0.65	2.41
固定收益套利型	−1.46	−3.74	−6.96
全球宏观型	−4.84	−5.12	−11.55
做多/做空股票型	−11.43	3.47	1.74
管理期货型	9.95	6.87	1.21
多重策略型	1.15	0.57	−4.76
Ibbotson S&P500 指数（Ibbotson S&P500）	−14.46	6.41	8.13
Ibbotson 小盘指数（Ibbotson Small Cap）	−20.10	3.69	3.56
Ibbotson 长期公司债券指数	0.89	4.13	−1.90
Ibbotson 长期政府债券指数	4.65	3.95	−2.18

注：* CS/Tremont 对冲基金指数和 Ibbotson 股票指数、债券指数的月度收益率。

数据来源：AlphaSimplex Group.

的两因子模型生成的：

$$R_{it} = \alpha_i + \beta_i\Lambda_t + I_t Z_t + \epsilon_{it} \tag{1.3}$$

假设 Λ_t、I_t、Z_t 和 ϵ_{it} 互为独立同分布（IID）的随机变量，并且具有如下的矩：

$$E[\Lambda_t] = \mu_\lambda, \quad Var[\Lambda_t] = \sigma_\lambda^2$$
$$E[Z_t] = 0, \quad\quad Var[Z_t] = \sigma_z^2 \tag{1.4}$$
$$E[\epsilon_{it}] = 0, \quad\quad Var[\epsilon_{it}] = \sigma_{\epsilon_i}^2$$

并将状态锁定事件指示变量 I_t 定义如下：

$$I_t = \begin{cases} 1 & \text{概率是 } p \\ 0 & \text{概率是 } 1-p \end{cases} \tag{1.5}$$

根据式（1.3），期望收益率是下列三个组成部分之和：基金的阿尔法 α_i；一个"市场"成分 Λ_t，对于它，每个基金都有自己的敏感系数 β_i；以及一个在所有时刻对所有基金都相同的状态锁定成分，它只能取两个值，要么取 0（概率是 p），要么取 1（概率是 $1-p$）。如果假设 p 很小，比如是 0.001，那么在大多数情况下，基金 i 的期望收益率由 $\alpha_i + \beta_i\Lambda_t$ 决定，但是每过一段时间就会有另一个项 Z_t 出现。如果 Z_t 的波动率 σ_z 比市场因子 Λ_t 和特质风险（idiosyncratic risk）ε_{it} 的波动率大很多，那么当 $I_t = 1$，也就是状态锁定行为发生时，公共因子 Z_t 将决定所有股票的期望收益率。

更加正式地考虑两个基金 i 和 j 之间的条件相关系数（conditional correlation coefficient），将其定义为在 $I_t = 0$ 的条件下，用这两个基金的条件协方差除以条件方差之积的平方根所得到的比率：

$$Corr[R_{it}, R_{jt} | I_t = 0] = \frac{\beta_i\beta_j\sigma_\lambda^2}{\sqrt{\beta_i^2\sigma_\lambda^2 + \sigma_{\epsilon_i}^2}\sqrt{\beta_j^2\sigma_\lambda^2 + \sigma_{\epsilon_j}^2}} \tag{1.6}$$
$$\approx 0 \quad \text{对于 } \beta_i \approx \beta_j \approx 0 \tag{1.7}$$

其中，我们假设 $\beta_i \approx \beta_j \approx 0$，以便刻画出许多对冲基金投资者希望达到的市场中性特征。

现在考虑 $I_t = 1$ 时的条件相关系数：

$$Corr[R_{it}, R_{jt} | I_t = 1] = \frac{\beta_i\beta_j\sigma_\lambda^2 + \sigma_z^2}{\sqrt{\beta_i^2\sigma_\lambda^2 + \sigma_z^2 + \sigma_{\epsilon_i}^2}\sqrt{\beta_j^2\sigma_\lambda^2 + \sigma_z^2 + \sigma_{\epsilon_j}^2}} \tag{1.8}$$
$$\approx \frac{1}{\sqrt{1 + \sigma_{\epsilon_i}^2/\sigma_z^2}\sqrt{1 + \sigma_{\epsilon_j}^2/\sigma_z^2}} \quad \text{对于 } \beta_i \approx \beta_j \approx 0 \tag{1.9}$$

如果 σ_z^2 相对于 $\sigma_{\epsilon_i}^2$ 和 $\sigma_{\epsilon_j}^2$ 较大，也就是说，如果股灾部分的可变性（variability）① 比两个基金的残差的可变性大——从股灾的定义来看，这个条件是可以成立的——则式（1.9）将约等于1！在发生状态锁定现象时，基金 i 和 j 之间的相关系数会无限地接近于1，而在正常情况下则接近于0。

式（1.3）有一个隐含的特点，即它隐含着无条件相关系数（unconditional correlation）是一个非常小的值。在风险报告、在险价值（Value-at-risk）计算和投资组合决策中通常估计得到的和使用最多的就是这么小的量。为了说明为什么会这样，回忆一下，无条件相关系数就是无条件协方差除以无条件方差的平方根之积：

$$\text{Corr}[R_{it}, R_{jt}] \equiv \frac{\text{Cov}[R_{it}, R_{jt}]}{\sqrt{\text{Var}[R_{it}]}\sqrt{\text{Var}[R_{jt}]}} \tag{1.10}$$

$$\text{Corr}[R_{it}, R_{jt}] = \beta_i\beta_j\sigma_\lambda^2 + \text{Var}[I_t Z_t] = \beta_i\beta_j\sigma_\lambda^2 + p\sigma_z^2 \tag{1.11}$$

$$\text{Var}[R_{it}] = \beta_i^2\sigma_\lambda^2 + \text{Var}[I_t Z_t] + \sigma_{\epsilon_i}^2 = \beta_i^2\sigma_\lambda^2 + p\sigma_z^2 + \sigma_{\epsilon_i}^2 \tag{1.12}$$

把这些式子合并，就会得到式（1.3）下的无条件相关系数：

$$\text{Corr}[R_{it}, R_{jt}] = \frac{\beta_i\beta_j\sigma_\lambda^2 + p\sigma_z^2}{\sqrt{\beta_i^2\sigma_\lambda^2 + p\sigma_z^2 + \sigma_{\epsilon_i}^2}\sqrt{\beta_j^2\sigma_\lambda^2 + p\sigma_z^2 + \sigma_{\epsilon_j}^2}} \tag{1.13}$$

$$\approx \frac{p}{\sqrt{p + \sigma_{\epsilon_i}^2/\sigma_z^2}\sqrt{p + \sigma_{\epsilon_j}^2/\sigma_z^2}} \qquad \text{对于 } \beta_i \approx \beta_j \approx 0 \tag{1.14}$$

如果我们令 $p = 0.001$，并且假设状态锁定部分的可变性是残差 ϵ_i 和 ϵ_j 的可变性的 10 倍，则这意味着无条件相关系数是：

$$\text{Corr}[R_{it}, R_{jt}] \approx \frac{p}{\sqrt{p + 0.1}\sqrt{p + 0.1}} = \frac{0.001}{0.101} = 0.0099$$

或者小于1%。随着状态锁定成分的方差 σ_z^2 的增大，式（1.14）表示的无条件相关系数也将随之增大，因此最终 Z_t 的存在会造成冲击。然而，为了得到比如说10%的无条件相关系数，σ_z^2 必须是 σ_ϵ^2 的 100 倍左右。如果不借助于诸如式（1.3）这样的显性的风险模型，则实际上不可能从标准的相关系数中探测到状态锁定成分的存在。

---

① 这里的"variability（可变性）"指的就是"波动性"（volatility）——译者注。

对冲基金的收益率还展示出一些用诸如相关系数和线性因子模型这样的线性方法刻画不出来的非线性特征。简单的非线性的一个例子是，它们对 S&P500 指数收益率的敏感性是非对称的，也就是说，在股市下跌期间和上涨期间具有不同的贝塔系数。特别地，考虑如下的回归：

$$R_{it} = \alpha_i + \beta_i^+ \Lambda_t^+ + \beta_i^- \Lambda_t^- + \epsilon_{it} \tag{1.15}$$

而且，$\Lambda_t^+ = \begin{cases} \Lambda_t & 若 \Lambda_t > 0 \\ 0 & 其他 \end{cases}$ $\qquad \Lambda_t^- = \begin{cases} \Lambda_t & 若 \Lambda_t \leqslant 0 \\ 0 & 其他 \end{cases}$ $\tag{1.16}$

其中，Λ_t 是 S&P500 指数的收益率。

鉴于 $\Lambda_t = \Lambda_t^+ + \Lambda_t^-$，因此，那种设定基金 i 的市场贝塔在股市上涨期间和下跌期间相同的标准线性模型是更加一般的设定（1.15）式的一个特例，即 $\beta_i^+ = \beta_i^-$。然而，表 1—9 中报告的、对表 1—6 中的对冲基金指数收益率进行估计得到的结果表明，对于某些对冲基金类型来说，这种贝塔的非对称性是相当显著的。例如，濒危证券型指数在股市上涨期间的贝塔值是 0.08——表面看来似乎是市场中性的——然而，它在市场下跌期间的市场贝塔是 0.41！对于管理期货型指数来说，这种非对称性更加显著：两个市场贝塔的符号是相反的，在股市上涨期间的市场贝塔是 0.14，在股市下跌期间的市场贝塔是 −0.34。对于一些特定的非线性投资策略，尤其是那些具有类似期权的特点的投资策略——例如，资本杀手合伙人卖空看跌期权的策略（见第 1.1 节）——来说，可以预期到会发生这种非对称性。这种非线性从分散化中得到的好处甚至比那些较为传统的资产族更大一些——例如，管理期货型似能在 S&P500 下跌时提供保护，而在上涨时几乎没有敞口——但是投资者若想利用这种特定的非线性，就必须首先弄清楚它们。

这种实证结果暗示，需要有一种更复杂的分析方法来分析对冲基金的收益率，这种方法要能够解释因子敞口（factor exposures）中的非对称性、状态锁定行为、跳跃风险（jump risk）、非平稳性以及高收益的积极型投资策略所特有的其他非线性。具体来说，必须为对冲基金所交易的各种类型的证券（例如股票、固定收益工具、外汇、商品和衍生品）开发非线性风险模型。而且，对于每一种证券来说，风险模型应该包括如下一般因素组合：

表1—9　用CS/Tremont对冲基金指数的月收益率对S&P500指数月收益率进行回归，以及对正的、负的S&P500指数月收益率进行回归的结果（1994年1月至2007年7月）*

类型	α	t(α)	β	t(β)	调整的 R^2(%)	R^2(%)	F统计量的p值(%)	α	t(α)	β^+	t(β^+)	β^-	t(β^-)	调整的 R^2(%)	R^2(%)	F统计量的p值(%)
对冲基金	0.66	4.34	0.26	7.12	23.5	23.9	0.0	0.94	3.77	0.18	2.58	0.35	4.87	23.9	24.9	0.0
可转换套利型	0.68	6.49	0.05	1.90	1.6	2.2	5.9	0.73	4.20	0.03	0.71	0.06	1.27	1.0	2.3	15.9
偏向卖空型	0.79	3.10	-0.90	-14.69	57.0	57.3	0.0	0.50	1.20	-0.82	-7.05	-0.99	-8.24	56.9	57.5	0.0
新兴市场型	0.39	1.21	0.53	6.86	22.1	22.6	0.0	1.29	2.47	0.26	1.84	0.81	5.41	23.9	24.8	0.0
股票市场中性型	0.73	11.93	0.07	5.00	12.9	13.4	0.0	0.64	6.29	0.10	3.67	0.04	1.53	13.1	14.2	0.0
事件驱动型	0.77	7.29	0.22	8.52	30.6	31.1	0.0	1.26	7.53	0.07	1.56	0.37	7.69	35.7	36.5	0.0
固定收益套利型	0.51	5.94	0.01	0.60	-0.4	0.2	54.7	0.72	5.21	-0.05	-1.36	0.08	2.01	1.4	2.6	12.1
全球宏观型	0.95	4.00	0.18	3.08	5.0	5.6	0.2	1.13	2.87	0.12	1.14	0.23	2.06	4.6	5.7	0.9
做多/做空股票型	0.62	3.35	0.42	9.38	35.0	35.4	0.0	0.82	2.71	0.36	4.24	0.48	5.53	34.8	35.6	0.0
管理期货型	0.66	2.40	-0.09	-1.39	0.6	1.2	16.6	-0.15	-0.32	0.14	1.17	-0.34	-2.66	3.1	4.2	3.1
事件驱动多重策略型	0.73	6.04	0.20	6.97	22.7	23.2	0.0	1.20	6.16	0.06	1.21	0.35	6.26	26.4	27.3	0.0†
濒危证券型	0.87	7.26	0.24	8.35	29.8	30.2	0.0	1.42	7.50	0.08	1.47	0.41	7.60	34.9	35.7	0.0
风险套利型	0.52	6.07	0.13	6.26	19.1	19.6	0.0	0.71	5.10	0.07	1.85	0.19	4.73	20.1	21.1	0.0
多重策略型	0.77	7.74	0.03	1.44	0.7	1.3	15.3	0.83	5.08	0.02	0.38	0.05	1.13	0.2	1.4	32.5

注：* 多重策略型指数的数据期同是1994年4月至2007年7月。

† 原文"事件驱动多重策略型"那一行的最后一格中的数据是0.0，有误；此处已改为"0.0"。——译者注。

- 价格因素。
- 部门。
- 投资风格。
- 波动性。
- 信贷。
- 流动性。
- 宏观经济因素。
- 情绪（sentiment）。
- 非线性交互作用。

最后一类因素涉及到之前各组因素之间的相关性，其中有一些在本质上是非线性的。例如，在经济增长放缓的时期，信贷因素和市场因素之间的相关性较高，在其他时期却是互不相关的。这些类型的相关性通常难以用实证方法探测到，更多地是通过经济直觉和实践经验察觉到的。在构建风险模型时，不应该将这些相关性忽略掉。

最后，虽然上面列出的公共因子可被视做构建对冲基金风险敞口的定量模型的一个有用起点，但是仍应强调的是，还需要在一定程度上因类型而异，来量体裁衣（customization）。为了说明原因，请考虑下面列出的、一个典型的做多/做空股票型对冲基金的关键组成部分：

- 投资风格（价值型、成长型等）。
- 基本面分析（盈利、分析师的预测、会计数据）。
- 因子敞口（S&P500 指数、行业、部门、特征变量[①]）。
- 投资组合最优化（均值—方差分析、市场中性）。
- 融券（难以借到的证券、轧空头（short squeezes））。
- 执行成本（价格冲击、佣金、借贷利率、做空回扣（short rebate））。
- 基准组合和跟踪误差（国库券利率 vs. S&P500）。

---

① 本译本将"characteristics"统一译为"特征变量"，以便与一般所说的"特点"或"特征"相区别。基金/证券的特征变量主要是指其收益率的矩，包括均值、最大值、最小值、中位数、方差、标准差、协方差、相关系数、峰度、偏度、流动性（流动性这一特征变量是本书作者提出的，见第4章），以及基金所管理资产的规模、年限、流入资金量、法律和运营架构（见第7章）等——译者注。

然后，把这些部分与一个典型的固定收益型对冲基金的类似列表相互比较：

- 收益率曲线模型（均衡模型 vs. 套利模型）。
- 提前偿付模型（对于抵押贷款支持证券而言）。
- 选择权（看涨期权、可转换证券以及看跌期权的特征）。
- 信用风险（违约风险、评级调整风险等）。
- 通货膨胀压力、中央银行的动向。
- 其他宏观经济因素和事件。

两者之间重叠的部分少得惊人。虽然这些差异在传统的机构资产投资经理之间也存在，但是其差异程度不像对冲基金经理在其投资行为中表现出来的那么大。因而，对于传统的投资经理来说，与对冲基金经理相比，这些差异并不那么重要。因此，独特的对冲基金风险模型的数目，应该与实践中对冲基金风格类型的数目相匹配。

1.3　粘滞性与序列相关

除了第 1.1 和 1.2 节描述的动态风险敞口和非线性风险敞口之外，许多对冲基金展示出与比较传统的投资不同的第三个特征：信贷和流动性风险。虽然对于对冲基金及其投资者来说，流动性和信贷是风险敞口的不同来源———一种可以不依赖另一种而独立存在———但是鉴于长期资本管理公司和其他许多固定收益相对价值型对冲基金在 1998 年八九月间所遇到的问题，因此在大多数投资者心中，这两者混淆不清。由于许多对冲基金依赖于杠杆，因此持有的头寸规模比支持这些头寸的抵押品的数量要大得多。杠杆起到了放大镜的作用，能把小的盈利机会放大，但同时也能把小的损失放大。而且，一旦市场价格的反向变动降低了抵押品的市场价值，信贷就会迅速抽逃，随后基金也会被迫在短时间内大量减仓①，而这会导

---

① "liquidation" 一般是指"清算"、"清盘"。在本书中，其有时（主要在第 10 章）表示"减仓"，例如"被动减仓"（forced liquidation），表示由于客观原因迫使基金忍痛降价抛售所持有的投资组合头寸——译者注。

致广泛的金融恐慌，正如 1998 年俄罗斯政府债务违约之后发生过的一样。[①] 与一个全球化的金融系统所带来的诸多好处如影随形的是其相应的成本，即一国爆发的金融危机能够比较容易地传播到其他国家。

大多数对冲基金经理和投资者对驱动流动性和信贷的基本机制已经了然于胸，最近的文献在对信贷和流动性风险两者建模方面也已经取得了很大的进步。[②] 然而，债权人/债务人关系、循环信贷协议以及其他财务关系所形成的复杂网络大多尚未被梳理清楚。也许我们可以采用数理网络理论方面最新发展起来的一些技术，为流动性、信贷敞口以及全球金融体系对特质性冲击（idiosyncratic shock）的稳健性构建系统性的衡量方法。Watts and Strogatz（1998）和 Watts（1999）所考虑的"小世界"网络似乎是一个特别有前途的起点。

估计一个给定的对冲基金的流动性风险敞口的更加直接的方法，是研究该基金的月度收益率的自相关系数 ρ_k，其中 $\rho_k \equiv \mathrm{Cov}[R_t, R_{t-k}]/\mathrm{Var}[R_t]$ 是 $\{R_t\}$ 的 k 阶自相关系数，[③] 它用来衡量第 t 个月的收益率和第 $t-k$ 个月[④]的收益率之间的相关系数。为了搞清楚为什么自相关系数可被视做流动性敞口的有用指标，回忆一下，最早出现的金融资产定价模型之一是鞅模型（Martingale model）。在这一模型中，资产收益率是序列不相关的（即对于所有的 $k \neq 0$，$\rho_k = 0$）。的确，Samuelson（1965）富有创意的论文——《被恰当预期的价格将服从随机波动之证明》——的标题简洁地概括了鞅的性质的成因：在一个信息有效的市场上，如果价格的变动已经被恰当地预期，即如果所有市场参与者的预期和信息都已经充分地反映在价格的变动中，则价格变动必定是不可预测的。

现在，人们已经认识到市场有效性的这种极端版本是一种理想状态，

① 注意，在第 1.1 节的资本杀手合伙人的例子里，如果没有大量资金注入的话，该基金在 1998 年 8 月和 9 月的收益率 -18.3% 和 -16.2% 将会使它无法存续下去。它十有八九已经和这段多灾多难的岁月里的其他许多对冲基金一样关门大吉了，从而再也赚不到它一旦挺过了 8、9 月份的损失之后所能赚到的那些超额收益（见表 1—3）。

② 例如，参见 Bookstaber（1999，2000）和 Kao（1999），以及他们所引用的文献。

③ 一个时间序列 $\{R_t\}$ 的 k 阶自相关系数被定义为 R_t 和 R_{t-k} 之间的相关系数，也就是 R_t 和 R_{t-k} 的协方差除以 R_t 和 R_{t-k} 的方差的积的平方根。但是，由于在平稳性假设下，R_t 和 R_{t-k} 的方差是一样的，因此自相关系数的分母也就是 R_t 的方差。

④ 原文这里是"第 $t+k$ 个月"，显然是作者的笔误——译者注。

在实践中是不可能成立的。① 尤其是存在像交易成本、融资约束、收集和处理信息的成本、对机构卖空的限制以及其他交易实践等市场摩擦，它们都会导致资产收益率中存在序列相关性。恰恰因为这些市场摩擦的存在，这种序列相关性不能很容易地被"套补掉"。从这个角度来看，一个资产收益率中的序列相关的严重程度，可以被视为市场摩擦的严重程度的一个代理变量，而粘滞性是这种摩擦最常见的形式之一。例如，众所周知，居民房地产投资的历史收益率比同期的 S&P500 指数收益率具有更大的自相关性。类似地，S&P500 期货的收益率的序列相关性，比该指数本身的收益率的序列相关性要小。在这两个例子中，流动性较大的投资工具具有较小的序列相关性，而且经济理性是 Samuelson（1965）的观点的一个修正的版本——资产收益率中的可预测性只能在市场摩擦允许的程度上被利用和消除。虽然投资于居民房地产的收益率是很容易预测的，但是由于在房地产交易中存在着高昂的交易成本、不能卖空房地产以及其他摩擦②，因此人们无法充分利用这种可预测性。

有一种与此密切相关的现象，即"不同时交易"效应（"nonsynchronous trading"effect），可以对对冲基金收益率的序列相关性的这种解释提供支持。在不同时交易效应中，一个证券的收益率会出现自相关性，这是因为这些收益率是用收盘价计算出来的，而收盘价未必是在每天的同一个时刻决定的（例如，参见 Campbell, Lo and MacKinlay, 1997，第 3 章）。早前，对场内交易的股票市场上的不同时交易的研究不能纯粹从无交易（non-trading）中实证地计算出序列相关系数的大小（例如，Lo and MacKinlay, 1988, 1990a 和 Kadlec and Patterson, 1999）；与此相反，Getmansky, Lo and Makarov（2004）证明，把粘滞性与"业绩平滑（performance smoothing）"相结合，可以解释对冲基金收益率中显著较高的序列相关性，不同时交易则是这种方法的一个特例。然而，即便价格是同时记录的（就像大多数对冲基金所做的那样，因为在每个月末都会对

---

① 例如，参见 Farmer and Lo（2000）；Lo（2004）和第9.3节的讨论。
② 这些摩擦导致房地产投资信托（real-estate investment trusts, REITs）应运而生，这种证券——它们的流动性比标的资产要大得多——所展示出的序列自相关性要小得多。

投资组合"盯市"①），粘滞性敞口也能通过几个渠道把序列相关性引入到
对冲基金报告的收益率之中，这些渠道包括：诸如线性外推或"矩阵定
价"经验推断法②（"matrix pricing" heuristics）等计算粘滞性证券价值的
简单方法，以及刻意进行的"业绩平滑"。我们在第 3 章再更深入地研究
这些可能性。

　　为了得到自相关系数的总体统计显著性的一个总括性衡量指标，
Ljung and Box（1978）建议采用如下统计量：

$$Q = T(T+2) \sum_{k=1}^{p} \hat{\rho}_k^2 / (T-k) \qquad (1.17)$$

在"不存在自相关"的零假设下，该统计量渐近地服从 χ_p^2 分布。③ 这个 Q
统计量通过计算自相关系数的平方和，来反映 $\hat{\rho}_k$ 的绝对数值的大小，而
不考虑其符号，因此那些收益率具有大的正自相关系数或大的负自相关系
数的基金，具有较大的 Q 统计量。

　　为了说明自相关系数和 Q 统计量在衡量流动性风险方面的潜在价值，
我们估计出 10 个最大的（以 2001 年 2 月 11 日为准）共同基金从各种起
始日期一直到 2000 年 6 月底的月度历史总收益率的自相关系数，以及 12
个对冲基金从各种起始日期到 2001 年 1 月④的月度历史总收益率的自相
关系数。 共同基金的月度总收益率是从芝加哥大学证券价格研究中心

---

①　所谓"盯市"（mark-to-market）是指在期货交易中，在每个交易日结束后，交易所结算
部门根据当日成交情况计算出当日结算价，据此计算每个会员持仓的浮动盈亏，调整会员保证金
账户的可动用余额。若调整后的保证金余额小于维持保证金，便发出追加保证金的通知，要求会
员在下一交易日开市之前追加保证金，否则交易所有权强行平仓；而会员单位对其开户投资者则
采取同样的结算步骤。这一制度被称为"逐日盯市制度"或"每日无负债结算制度"。本书中的
"盯市"并不仅仅指期货交易里的盯市，也不仅仅指按结算价格计算投资组合的价值，而是泛指
采用市场价格（或公允价格）来计算投资组合（可能包含股票、债券、期权、期货等各种工具）
的市场价值（或公允价值）——译者注。
②　矩阵定价法是一种主要用于计算债券公允价值的方法。计算资产公允价值的方法有很多
种，分别是：（1）市场法，即运用相同或类似资产在活跃市场上的价格或其他相关信息，来计
算资产的价值。该方法就包括矩阵定价法，即主要利用所涉及债券与其他基准证券公开报价之间
的关系，来估算债券的价值。（2）收益法，即运用估计技术，将未来金额（盈利或现金流量）
转换为单一的现值。具体方法包括现值技术、期权定价模型、累积超额盈利模型（multiperiod excess
earnings model）等。（3）成本法，即以重置一项资产的服务能力所需要的金额来估算资产的公允
价值。"经验推断法"（heuristics）则是行为经济学中一个极为重要的术语，其含义可参见第 8 章
第 7 个注释——译者注。
③　有关细节请参见 Kendall, Stuart and Ord（1983，第 50.13 节）。
④　关于这 12 个对冲基金的样本期间，作者在这里说是"从各种起始日期到 2001 年 1 月
（from various inception dates to January 2001）"。这是英文中常用的表达方法，通常是包括 2001 年 1
月的。但是，在表 1—10 下面的注释中又用了"从各种起始日期一直到 2000 年 12 月底（from
various start dates through December 2000）"。两者看起来是矛盾的。这里应该理解为样本是到 2000
年 12 月底为止，不包括 2001 年 1 月——译者注。

（Center for Research in Securities Prices，CRSP）得到的。这 12 个对冲基金则是从 Altvest 数据库中挑选的，以便得到数值分散的（从 1 到 5）年度夏普比率——年度夏普比率是用标准方法（$\sqrt{12}\,\widehat{SR}$，其中 $\widehat{SR}$ 是适用于月度收益率的夏普比率估计量）计算的，另外还要求这些对冲基金至少具有 5 年的历史收益率。为了尊重它们的隐私，我们省去这些对冲基金的名字，而只用它们声称的投资风格来指代它们，如相对价值型、风险套利型等。

表 1—10 中列示了这个由共同基金和对冲基金组成的样本的均值、标准差、$\hat{\rho}_1$ 到 $\hat{\rho}_6$，以及使用前 6 个自相关系数计算得到的 Q 统计量的 p 值。该表的第一个子板块表明，这 10 个共同基金的收益率的序列相关性非常小，一阶自相关系数介于 $-3.99\%\sim12.37\%$ 之间，相应的 Q 统计量的 p 值介于 $10.95\%\sim80.96\%$ 之间，这意味着这些 Q 统计量没有一个在 5% 的显著性水平上是显著的。[①] 这 10 个共同基金的收益率中缺乏序列相关性并不奇怪。由于它们规模巨大，主要是由高流动性的证券组成的，因此在计算这些投资组合的价值时几乎没有裁量权。而且，美国证券交易委员会（SEC）用来监管共同基金行业的很多规定（例如详细的募资说明书、每天计算净资产价值、每季度发布公告等）就是为了防范随意计算市值、操纵价格以及其他臭名昭著的投资行为而专门制定的。

那 12 个对冲基金收益率的计算结果则截然不同。与共同基金样本相反，对冲基金样本展示出严重的序列自相关性，一阶自相关系数介于 $-20.17\%\sim49.01\%$ 之间。在 12 个对冲基金中，有 8 个对冲基金的 Q 统计量的 p 值小于 5%，有 10 个对冲基金的 Q 统计量的 p 值小于 10%。仅有的两个其 p 值在 5% 或 10% 的显著性水平上不显著的基金是风险套利型基金 A 和风险套利型基金 B，其 p 值分别是 74.10% 和 93.42%。这和可以将序列相关看做流动性风险的代理变量的思路是一致的，因为在这个样本

---

① 一个统计量的 p 值被定义为基于该统计量的值能够拒绝零假设的最小显著性水平。例如，华盛顿共同投资者基金（Washington Mutual Investors）的 Q 统计量的 p 值是 16.73%，意味着可以在 16.73% 的显著性水平上拒绝零假设"没有序列相关性"——在任何更小的显著性水平上，比如 5%，都不能拒绝这个零假设。因此，较小的 p 值意味着有较有力的反对零假设的证据，较大的 p 值则意味着有较有力的支持零假设的证据。通常报出的是 p 值而不是检验统计量，因为它们更容易解释（要解释一个检验统计量，你必须将其与适当的分布下的临界值相比较；这种比较是在计算 p 值时进行的）。例如，可以参见 Bickel and Doksum（1977，第 5.2B 节）对 p 值及其含义的进一步讨论。

表1—10　共同基金收益率和对冲基金收益率的自相关系数*

	起始日期	T	$\hat{\mu}$ (%)	$\hat{\sigma}$ (%)	$\hat{\rho}_1$ (%)	$\hat{\rho}_2$ (%)	$\hat{\rho}_3$ (%)	$\hat{\rho}_4$ (%)	$\hat{\rho}_5$ (%)	$\hat{\rho}_6$ (%)	Q_6的p值(%)
共同基金											
先锋500指数(Vanguard 500 Index)	1976年10月	286	1.30	4.27	-3.99	-6.60	-4.94	-6.38	10.14	-3.63	31.85
富达麦哲伦基金(Fidelity Magellan)	1967年1月	402	1.73	6.23	12.37	-2.31	-0.35	0.65	7.13	3.14	17.81
美国投资公司(Investment Company of America)	1963年1月	450	1.17	4.01	1.84	-3.23	-4.48	-1.61	6.25	-5.60	55.88
杰纳斯(Janus)	1970年3月	364	1.52	4.75	10.49	-0.04	-3.74	-8.16	2.12	-0.60	30.32
富达反向基金(Fidelity Contrafund)	1967年5月	397	1.29	4.97	7.37	-2.46	-6.81	-3.88	2.73	-4.47	42.32
华盛顿共同投资者(Washington Mutual Investors)	1963年1月	450	1.13	4.09	-0.10	-7.22	-2.64	0.65	11.55	-2.61	16.73
杰纳斯全球基金(Janus Worldwide)	1992年1月	102	1.81	4.36	11.37	3.43	-3.82	-15.42	-21.36	-10.33	10.95
富达成长与收益(Fidelity Growth and Income)	1986年1月	174	1.54	4.13	5.09	-1.60	-8.20	-15.58	2.10	-7.29	30.91
美国世纪至上基金(American Century Ultra)	1981年12月	223	1.72	7.11	2.32	3.35	1.36	-3.65	-7.92	-5.98	80.96
美国成长基金(Growth Fund of America)	1964年7月	431	1.18	5.35	8.52	-2.65	-4.11	-3.17	3.43	0.34	52.45
对冲基金											
可转换/期权套利型	1992年5月	104	1.63	0.97	42.59	28.97	21.35	2.91	-5.89	-9.72	0.00
相对价值型(Relative Value)	1992年12月	97	0.66	0.21	25.90	19.23	-2.13	-16.39	-6.24	1.36	3.32
抵押贷款支持证券型	1993年1月	96	1.33	0.79	42.04	22.11	16.73	22.58	6.58	-1.96	0.00
高收益债务型(High Yield Debt)	1994年6月	79	1.30	0.87	33.73	21.84	13.13	-0.84	13.84	4.00	1.11
风险套利型基金A(Risk Arbitrage A)	1993年7月	90	1.06	0.69	-4.85	-10.80	6.92	-8.52	9.92	3.06	74.10
做多/做空股票型(Long/Short Equities)	1989年7月	138	1.18	0.83	-20.17	24.62	8.74	11.23	13.53	16.94	0.05
多重策略型基金A(Multi-Strategy A)	1995年1月	72	1.08	0.75	48.88	23.38	3.35	0.79	-2.31	-12.82	0.06
风险套利型基金B(Risk Arbitrage B)	1994年11月	74	0.90	0.77	-4.87	2.45	-8.29	-5.70	0.60	9.81	93.42
可转换套利型基金A(Convertible Arbitrage A)	1992年9月	100	1.38	1.60	33.75	30.76	7.88	-9.40	3.64	-4.36	0.06
可转换套利型基金B(Convertible Arbitrage B)	1994年7月	78	0.78	0.62	32.36	9.73	-4.46	6.50	-6.33	-10.55	8.56
多重策略型基金B(Multi-Strategy B)	1989年6月	139	1.34	1.63	49.01	24.60	10.60	8.85	7.81	7.45	0.00
基金的基金(Fund of Funds)	1994年10月	75	1.68	2.29	29.67	21.15	0.89	-0.90	-12.38	3.01	6.75

注：＊共同基金和对冲基金的月度总收益率的均值、标准差和自相关系数。共同基金样本从各种起始日期一直到计量日期一直到2000年6月底，对冲基金样本从各种起始日期一直到2000年12月底。"$\hat{\rho}_k$"表示第k阶自相关系数；"Q_6的p值"表示Ljung-Box(1978)的Q统计量$T(T+2)\sum_{k=1}^{6}\rho_k^2/(T-k)$的显著性水平，且在"不存在序列相关性"的零假设条件下，该统计量渐近地服从从χ_6^2分布。该表使用的各种样本期间的数据都是月度数据。

数据来源：AlphaSimplex Group.

的各种类型的基金中，风险套利型的流动性可能是最大的。因为根据定义，这种基金投资于场内交易证券，并且由于其投资是基于即将发生的并购事件，因此交易量会比一般的交易要大得多。

当然，流动性还有另外几个方面是序列相关性反映不了的，并且有些投资策略即使投资于高流动性的证券，也会产生序列相关性。诸如投资风格、所买卖证券的种类以及市场环境的其他方面等条件变量都应该被考虑在内，或许还要借助第 1.2 节提出的那种风险模型。然而，作为衡量和比较各种对冲基金投资的流动性敞口的第一种方法，自相关系数和 Q 统计量用一种方便的方式为我们提供了大量的洞见和信息。Getmansky，Lo and Makarov（2004）对对冲基金收益率的序列相关性进行了更加详细的分析，并且概括在本书的第 3 章中。

1.4　文献回顾

在过去几年里，对冲基金行业呈爆炸式增长，促使学术界专家和从业人员撰写了包括书籍、通讯和行业性杂志在内的大量文献，发表了数百篇论文，并且还发行了一本专门针对该行业的期刊——《另类投资期刊》（*Journal of Alternative Investments*）。许多实证研究借助从 Altvest、CISDM、HedgeFund. net、HFR[①] 和 Lipper TASS 等渠道获取的对冲基金收益率数据，揭示了对冲基金投资特有的风险/回报样态（risk/reward profiles）。例如，Ackermann，McEnally and Ravenscraft（1999）；Fung and Hsieh（1999，2000，2001）；Liang（1999，2000，2001）；Agarwal and Naik（2000b，c）；Edwards and Caglayan（2001）；Kao（2002）以及 Amin and Kat（2003a）使用各种对冲基金数据库，对对冲基金的历史业绩进行了综合的实证研究。Brown，Goetzmann and Park（2000，2001a，b）；Fung and Hsieh（1997a，b）；Brown，Goetzmann and Ibbotson（1999）；Agarwal and Naik（2000a，d）；Brown and Goetzmann（2003）以及 Lochoff（2002）对对冲基金进行了比较详细的业绩归因（performance attribution）和风格

---

① HFR 是"对冲基金研究公司"（Hedge Fund Research, Inc）的缩写，网址是 https://www. hedgefundresearch. com/——译者注。

分析。

　　最近进行的几个实证研究对对冲基金收益率与市场指数收益率之间缺乏相关性的观点提出了挑战，认为估算它们的风险与回报的标准方法可能是误导性的。例如，Asness，Krail and Liew（2001）表明，在一些对冲基金声称自己是市场中性（即基金拥有相对较小的市场贝塔）的案例中，把市场收益率的当期项和滞后项都作为解释变量，而且把得到的系数相加，所得到的市场敞口显著较高。而且，Lo（2002）在推导一个由共同基金和对冲基金组成的样本的夏普比率的统计估计量时，提出了一种更好的、基于月度均值和标准差计算年度夏普比率的方法。在他的实证应用中，得到的夏普比率的点估计偏离简单的夏普比率估计量大约70%之多。Getmansky，Lo and Makarov（2004）直接关注对冲基金收益率中异常高的序列相关性，认为粘滞性敞口和经平滑的收益率是这种序列相关性最常见的来源。他们还提出了用于估计收益率平滑程度的方法，以及在考虑了序列相关性之后，对夏普比率这样的业绩统计量进行调整的方法。

　　还有几位作者研究了对冲基金的业绩在不同时间段上的持续性。这种持续性可以间接地与序列相关联系起来。例如，业绩的持续性通常意味着收益率存在正的自相关性。Agarwal and Naik（2000c）通过分析在连续两个、三个和更多个时间段内跑赢和跑输基准组合①的序列，研究了对冲基金业绩在季度、半年度和年度时间段上的持续性。他们使用净收益率（net-of-fee returns）②进行分析，发现在季度时间段上，业绩的持续性最高；而当换为年度时间段时，这种持续性就下降了。这两位作者还发现，无论何时出现的业绩持续性，都与对冲基金投资策略的类型无关。Brown，Goetzmann,Ibbotson and Ross（1992）；Ackermann，McEnally and Ravenscraft（1999）；Baquero，Horst and Verbeek（2004）证明，幸存者偏差（survivorship bias）——大多数对冲基金数据库中不包括不成功的和

　　① "基准组合"这四个字是译者自己加的——译者注。
　　② 净收益率（net-of-fee returns），即扣除基金管理费和业绩提成费（incentive fees）之后的收益率。其中，管理费占所管理资产规模的一个固定比例；业绩提成费则是指将基金某年的单位净值与净值的历史最高业绩记录（high-water marks）之差按一定比例提成，作为对基金管理者的绩效奖励，它会随着业绩的波动而波动。从基金管理者的角度来看，它是一种绩效奖励；而从对冲基金投资者的角度来看，它是在固定的管理费之外额外支付给基金管理者的一种费用。"历史最高业绩记录"的含义参见第3章第4个脚注——译者注。

倒闭的基金——会影响收益率的一阶矩、二阶矩和交叉矩，并且当基金经理总体中存在风险扩散（dispersion of risk）时，会产生虚假的业绩持续性。然而，Brown，Goetzmann and Ibbotson（1999）对 1989 年到 1995 年间已不复存在的和当时仍在经营的离岸对冲基金的年度收益率进行研究，发现在原始收益率（raw returns）或经风险调整的收益率（risk-adjusted returns）中，实际上并没有有关业绩持续性的证据，即便在根据其收益所基于的风格类型将基金进行分类之后也是如此。

Agarwal，Daniel and Naik（2004）和 Getmansky（2004）研究了对冲基金行业的资金流动，结果不出所料，收益率较高的基金倾向于有较大的净资金流入，业绩较差的基金则遭受赎回和最终清算，这与共同基金和私募股权行业颇为类似。[①] Agarwal，Daniel and Naik（2004）；Goetzmann，Ingersoll and Ross（2003）以及 Getmansky（2004）都在自己的对冲基金样本中发现了规模收益递减的现象。这意味着对每个基金来说，所管理的资产存在着一个最优规模，这与 Pérold and Salomon（1991）对共同基金的研究结果以及 Kaplan and Schoar（2004）对私募股权行业的研究结果有相似之处。Brown，Goetzmann and Ibbotson（1999）；Fung and Hsieh（2000）；Liang（2000，2001）；Bares，Gibson and Gyger（2003）；Brown，Goetzmann and Park（2001b）；Gregoriou（2002）以及 Amin and Kat（2003b）对对冲基金的幸存率（survival rates）进行了研究。Baquero，Horst and Verbeek（2004）估计了对冲基金被清算的概率，发现它们严重依赖于过去的业绩。

Brown，Goetzmann and Ibbotson（1999）；Fung and Hsieh（2000）；Liang（2000，2001）；Brown，Goetzmann and Park（2001a，b）；Gregoriou（2002）；Amin and Kat（2003b）；Bares，Gibson and Gyger（2003）以及 Getmansky，Lo and Mei（2004）估计了对冲基金的幸存率。[②] Brown，Goetzmann and Park（2001b）证明，对冲基金被清算的概率随着风险的增大而增大，并且连续两

---

① 例如，参见 Ippolito（1992）；Chevalier and Ellison（1997）；Goetzmann and Peles（1997）；Gruber（1996）；Sirri and Tufano（1998）；Zheng（1999）和 Berk and Green（2004）对共同基金资金流动的研究，以及 Kaplan and Schoar（2004）对私募股权的资金流动的研究。
② 注意，这句话和上一段的倒数第二句是重复的，原文即如此——译者注。

年获得负收益率的对冲基金倒闭的风险较大。Liang（2000）使用 Lipper TASS 数据库的数据，发现 1994—1998 年的样本期间内，对冲基金的年度淘汰率（attrition rate）是 8.3%，Baquero，Horst and Verbeek（2004）对 1994—2000 年的样本期间进行分析，得到了一个略大的淘汰率，即 8.6%。Baquero，Horst and Verbeek（2004）还发现，"生存"下来的基金比没能"生存"下来的基金每年的业绩高出大约 2.1%，这与 Fung and Hsieh（2000，2002b）；Liang（2000）的研究结果相类似，并且投资风格、规模和过去的业绩都是解释幸存率的显著因素。上述情况中的很多在 Liang（2000）；Boyson（2002）以及 Getmansky，Lo and Mei（2004）中也曾有过论述。特别地，Getmansky，Lo and Mei（2004）发现，在 Lipper TASS 数据库中，1994 年到 2004 年的淘汰率因投资风格的不同而存在显著差异，从最低的每年平均 5.2%（可转换套利型基金）到最高的每年平均 14.4%（管理期货型基金）都有。他们还把一系列因素与淘汰率联系起来，其中包括过去的业绩、波动率和投资风格。他们还论述了积极型基金与被清算的基金在粘滞性风险方面的差异。Getmansky（2004）在分析对冲基金的生命周期时发现，单个基金被清算的概率依赖于基金特有的特征变量（例如过去的收益率、流入基金的资金量、基金的寿命和所管理资产的规模等）和基金所属类型特有的变量（例如行业内的竞争状况和喜好的头寸等）。

Brown，Goetzmann and Park（2001b）发现，Lipper TASS 数据库中的基金的半衰期正好是 30 个月；而 Brooks and Kat（2002）估计，在新设立的对冲基金中大约有 30% 因为业绩太差而撑不过 36 个月。在 Amin and Kat（2003b）研究的对冲基金中，有 40% 活不到第五年。Howell（2001）发现，对冲基金在第一年倒闭的概率是 7.4%，在第二年就上升到了 20.3%。业绩较差的、"比较年轻的"基金从数据库中被剔除的速度"比较老的"基金要快（Getmansky，2004；Jen，Heasman and Boyatt，2001），这可能是因为"比较年轻的"基金为了获取良好的业绩以吸引新的投资者，而更可能去承担额外的风险；而"生存"下来的"较老的"基金已经具有了业绩跟踪记录，可以用这些业绩来吸引和维持客户资金。

最近出版了一些关于对冲基金清算的案例研究方面的书籍，毫无疑问，它们是在迄今为止对冲基金行业最为著名的清算——长期资本管理公司的

清算——的刺激下产生的。有关长期资本管理公司的文献多如牛毛，包括
一系列书籍、期刊论文和新闻报道；其中，有代表性的文献包括 Greenspan
(1998)；McDonough (1998)；Pérold (1999)；Mackenzie (2003) 以及总统
金融市场工作小组（the President's Working Group on Financial Markets，
1999）。Ineichen (2001) 挑选了一些对冲基金并将其排列成表，然后分析
了它们被清算的原因。Kramer (2001) 关注了欺诈问题，对历史上最为
臭名昭著的六桩案例进行了详细的论述。虽然实际上不可能获取关于被清
算的对冲基金中发生欺诈的频率的硬数据，[①] 但是 Feffer and Kundro
(2003) 在对过去 20 年内被清算的 100 多家对冲基金进行的一项研究里总
结说"在所有倒闭的基金中，有一半都可以完全归咎于运营风险"，欺诈
就是运营风险的一个例子。实际上，他们注意到，与对冲基金的损失有关
的、最常见的运营问题一直是：对基金投资的不实陈述、对投资者资金的
滥用、未经授权而进行交易，以及资源不足（Feffer and Kundro, 2003,
p.5）。[②] 当然，这些问题中的最后一个与欺诈无关，但是 Feffer and
Kundro (2003，图 2) 报告指出，在他们的样本中，只有 6% 的倒闭基金
与资源不足有关，而有 41% 涉及到对投资的不实陈述，30% 涉及到滥用
资金，14% 涉及到未经授权的交易。这些结果意味着，在对冲基金的清算
中，运营问题确实是一个重要的因素，值得投资者和基金经理予以重视。

　　总体来说，这些研究表明，对冲基金的动态特征与那些比较传统的投
资相当不同，本书以下各章将为这一观点提供更加有力的支持。

---

① 大多数对冲基金缺乏透明度，并且处于不受监管的状态，这对任何系统性的数据收集工作而言都是一个显著的障碍，因此难以对行业规范进行推断。

② 为了便于理解，下面给出这部分所涉及的各个概念的含义。Feffer and Kundro (2003) 把他们研究的样本中的 100 多个对冲基金倒闭的原因分别归咎于如下三种风险中的至少一个：A. 投资风险（investment risks），即与基金总体或者一个特定的头寸有关的市场风险或有关风险；B. 商业风险（business risks），即基金面临的、与市场的波动不直接相关的风险，例如基金所管理资产的规模没能达到一个基本的水平，或者基金的管理发生了变动；C. 运营风险（operational risk），即与支撑基金运营的环境有关的风险。运营环境包括基金的中、后台（middle and back office）功能，例如交易的处理、会计、管理、价值评估和报告。引文中涉及的另外几个概念分别是：A. 对投资的不实陈述（misrepresentation），指造成或导致报告或评估中存在错误信息或误导性信息的行为；B. 对资金的滥用/一般性欺诈（misappropriation of funds /general fraud），投资经理为了私人目的——要么纯粹是为了盗窃，要么是为了弥补此前既有的交易损失——蓄意地从基金中挪用资金的行为；C. 未经授权进行交易和违反投资风格（unauthorized trading & style breaches），指在基金所声称的投资策略之外进行投资，或者未经投资者许可而改变基金的投资风格；D. 资源不足（inadequate resources for fund strategy），即资金、技术、财产或人员不足，不能正常地处理投资类型或投资规模，以及其他业务活动。上述内容摘译自 Feffer and Kundro (2003)。我们在第 8 章还会遇到这些概念——译者注。

2

对冲基金收益率的基本特性

从第一章可以清楚地知道，对冲基金具有独特的、动态的特征变量，值得进行更深入的研究。幸运的是，今天，通过诸如 Altvest、CISDM、HedgeFund. net、HFR 和 Lipper TASS 等诸多商业数据库，可以获得许多单个对冲基金的收益率。在本书的实证分析中，我们使用的数据主要有两个来源：（1）一组来自 CS/Tremont 的对冲基金总指数①收益率；（2）Lipper TASS 的对冲基金数据库，它包括 1977 年 2 月到 2007 年 8 月之间的7 924个（截至 2007 年 9 月）单个的对冲基金的月度收益率和相关信息。②

CS/Tremont 的对冲基金指数是为基金编制的资产加权指数，这些基金所管理的资产（assets under management，AUM）至少在 1 000 万美元以

---

① CS/Tremont 对冲基金指数包括：（1）对全部符合条件的对冲基金编制的一个总指数（aggregate index）；（2）对 13 个策略类型编制的对冲基金指数（具体见附录 A. 2），下文将其称为"子指数"。正文此处的"总指数"（aggregate hedge-fund-index）其实是指这 14 个指数，而不单单是对全部基金编制的总指数——译者注。

② 关于这些数据的进一步的信息可以参见 http：//www. hedgeindex. com（CS/Tremont 指数）和 http：//www. lipperweb. com（Lipper TASS）。我们还使用了来自 Altvest、芝加哥大学证券价格研究中心和雅虎财经（Yahoo! Finance）的数据。

上，至少有 1 年的业绩跟踪记录，并且当前有经过审计的财务报表。对所有满足这些条件的基金计算出一个总指数，另外还使用类似的计算方法按投资风格计算出 10 个子指数（subindexes）①。这些指数每个月计算并调整一次，基金空间则每个季度修正一次。

Lipper TASS 数据库包括从 1977 年 2 月到 2007 年 8 月的 7 924 个基金的月度收益率、所管理资产的规模以及各基金所特有的其他信息。该数据库被分为两部分：活基金（Live funds）和死基金（Graveyard funds）。截至 2007 年 8 月 31 日仍然处于活跃状态的对冲基金被放在活基金数据库（Live database）里。② 截至 2007 年 9 月，活对冲基金数据库和死对冲基金数据库一起组成的合并数据库中，一共包含 7 924 个至少有 1 个月度收益率观测值的对冲基金。在这 7 924 个基金中，有 4 266 个位于活基金数据库中，3 658 个位于死基金数据库中。从这两个数据库中可以获得的最早数据是 1977 年 2 月份的。由于 Lipper TASS 从 1994 年开始跟踪死基金，因此它从 1994 年才开始将基金从活基金数据库转移到死基金数据库。1994 年之前从活基金数据库中淘汰掉的基金并没有被包括在死基金数据库中，这会在一定程度上导致幸存者偏差。③

这 7 924 个基金中的大部分按月报告扣除管理费和业绩提成费（management and incentive fees）之后的美元名义收益率，④ 我们从中剔除

① CS/Tremont 对 13 个策略类型都编制了指数。其中，风险套利型、濒危证券型、事件驱动多重策略型等三个类型包括在事件驱动型下面，因此如果不算这 3 个，就只有 10 个子指数——译者注。
② 一旦一个对冲基金决定不再报告其业绩或者被清算，或者不再进行新的投资，或者被重组，或者被并入其他对冲基金，则该基金就会被转移到死基金数据库（Graveyard database）中去。一个对冲基金只有在被列入活基金数据库之后，才能被列入死基金数据库之中。由于 Lipper TASS 数据库充分地披露了活基金和死基金的收益率与资产信息，因此幸存者偏差被最小化了。然而，这个数据库仍然受到回补偏差（back-fill bias）的影响，即当一个基金决定被包括在数据库中时，Lipper TASS 把该基金加入活基金数据库，并且把可以得到的该基金的所有历史业绩都包括在内。对冲基金并不需要满足任何特别的要求，就可以被包括在 Lipper TASS 数据库中。鉴于存在报告延迟以及在与对冲基金联系时存在时滞，有的死基金可能会在一段时间内被错误地包括在活基金数据库中。不过，Lipper TASS 已经采取了一项政策，即如果一个基金超过 8～10 个月不报告自己的数据，就把它从活基金数据库转移到死基金数据库中。
③ 关于试图量化幸存者偏差的大小和影响的研究，可以参见 Baquero, Horst and Verbeek (2004)；Brown, Goetzmann, Ibbotson and Ross (1992)；Brown, Goetzmann and Ibbotson (1999)；Brown, Goetzmann and Park (2001a)；Carpenter and Lynch (1999)；Fung and Hsieh (1997b, 2000)；Horst, Nijman and Verbeek (2001)；Hendricks, Patel and Zeckhauser (1997) 以及 Schneeweis and Spurgin (1996)。
④ Lipper TASS 把收益率定义为在一个月内净资产价值的变动幅度（假定在基金的再投资日所分配的任何红利都被用于再投资）除以月初的净资产价值，再扣除了管理费、业绩提成费和基金的其他支出。因此，这些报告出的收益率应该近似等于投资者实现的收益率。Lipper TASS 还使用适当的汇率将所有以外币计算的收益换算成以美元计算的收益。

了 1 735 个不是用美元报告净值的基金，这样合并数据库中一共剩下了 6 189 个基金（其中，有 3 088 个在活基金数据库中，3 101 个在死基金数据库中）。然后，我们从中剔除 57 个只报告毛收益率（gross return）的基金，则合并数据库中只剩下 6 132 个基金（其中，有 3 068 个在活基金数据库中，3 064 个在死基金数据库中）。我们再从中剔除那些按季度而不是按月度报告收益率的基金，这样合并数据库中就剩下了 6 107 个基金（其中，有 3 065 个在活基金数据库中，3 042 个在死基金数据库中）。最后，我们剔除那些没有报告所管理资产的规模或者只报告了所管理资产的一部分的基金，这样合并数据库中只剩下 5 617 个基金，其中 2 701 个在活基金数据库中，2 916 个在死基金数据库中。为了在第 3.1 节进行实证分析，我们施加了另一个过滤条件，要求这些基金具有至少连续 5 年没有缺失值的收益率。显然，这样做会在剩下的基金样本中引起额外的幸存者偏差，但是，鉴于我们的主要目的是估计粘滞性敞口，而不是对总体业绩进行推断，因此这个过滤条件所引起的问题并没有想象的那么严重。[①]

表 2—1　Lipper TASS 对冲基金的活数据库、死数据库和合并数据库
中的基金数目（1977 年 2 月至 2007 年 8 月）

类型	定义	Lipper TASS 基金的数目		
		活数据库	死数据库	合并数据库
1	可转换套利型	75	101	176
2	偏向卖空型	17	20	37
3	新兴市场型	175	174	349
4	股票市场中性型	149	182	331
5	事件驱动型	257	247	504
6	固定收益套利型	134	125	259
7	全球宏观型	111	178	289
8	做多/做空股票对冲型	771	947	1 718
9	管理期货型	173	356	529
10	多重策略型	135	95	230
11	基金的基金型	704	491	1 195
	合计	2 701	2 916	5 617

---

① 参见本章第 3 个脚注的参考文献。

Lipper TASS 数据库还把基金划分成 11 种不同的投资风格，这些类型被列在表 2—1 中，且在附录中也有所描述，其中有 10 类恰好和 CS/Tremont的子指数的定义相对应。[①] 表 2—1 还列示了在活数据库、死数

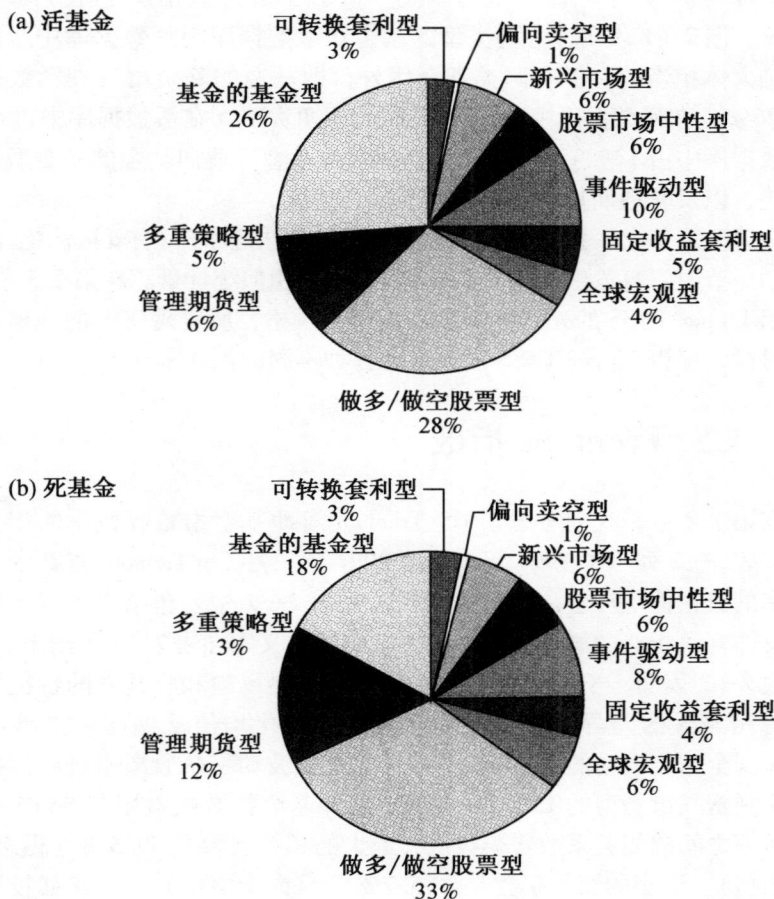

图 2—1　Lipper TASS 活基金和死基金按类型分类

[①]　这一点并非巧合——CS/Tremont 指数是 Tremont 资本管理公司（Tremont Capital Management）在和瑞士信贷集团（Credit Suisse）合伙期间创立的。后来，TASS 被出售给了 Lipper。

据库和合并数据库中每种类型的基金的数目。从这些数据上来看，基金的投资风格并不是均匀分布的，而是集中于 4 种类型：做多/做空股票型（1 718 个）、基金的基金型（1 195 个）、管理期货型（529 个）和事件驱动型（504 个）。这 4 种类型的基金一共占了合并数据库中基金总数的 70.3%。图 2—1 表明，各种类型的基金在活数据库与死数据库中所占的比例是大体相当的，但有两类基金例外，即基金的基金型（在活数据库中占 26%，在死数据库中占 18%）和管理期货型（在活数据库中占 6%，在死数据库中占 12%）。这反映了当前对冲基金行业向基金的基金型发展的趋势，以及管理期货型基金稍慢的增长速度。

在第 2.1 节中，我们将给出 CS/Tremont 的指数的一些概括性统计量。在第 2.2 节中，将给出 Lipper TASS 数据库的相似统计量。在第 2.3 节中，将使用 Lipper TASS 的死数据库，并按投资风格、所管理资产的规模以及不同时段，报告 Lipper TASS 对冲基金各种不同的淘汰率。

2.1 CS/Tremont 指数

在第 1.2 节，我们考虑了 CS/Tremont 对冲基金指数收益率的相关性特征。表 2—2 列示了 1994 年 1 月至 2007 年 7 月 CS/Tremont 指数的月度收益率的概括性统计量。为便于比较，在表 2—2 中还包括了市场条件的一些总体衡量指标的概括性统计量，它们的定义则在表 2—3 中给出。

表 2—2 表明，不同类型的对冲基金的历史风险和收益率的特征变量存在着相当大的差异。例如，收益率的年度化均值从偏向卖空型的 -0.60% 到全球宏观型的 13.39% 不等，年度化波动率从股票市场中性型的 2.83% 到新兴市场型的 15.66% 不等。对冲基金指数收益率与 S&P500 指数收益率之间的相关系数普遍很低，最大的相关系数是 59.5%（做多/做空股票型），最小的相关系数是 -75.7%（偏向卖空型）——正如投资者已经发现的，对冲基金提供的分散化的好处比许多传统的资产族要大一些。然而，正如我们在第 1.2 节中所展示的，这些相关系数会随着时间的变动而变动。

表 2—2　CS/Tremont 对冲基金指数的月度收益率和各种对冲基金风险因子的概括性估计量 *

	样本容量	年度化均值(%)	年度化标准差(%)	与S&P500的相关系数(%)	最小值	中位数	最大值	偏度	峰度	ρ_1	ρ_2	ρ_3	Ljung-Box的Q统计量的p值(%)
对冲基金	163	10.87	7.52	48.90	-7.55	0.85	8.53	0.08	5.52	12.1	3.4	-1.4	42.2
可转换套利型	163	8.71	4.56	14.80	-4.68	1.03	3.57	-1.36	6.32	56.3	37.8	14.1	0.0
偏向卖空型	163	-0.60	16.75	-75.70	-8.69	-0.41	22.71	0.83	5.08	11.9	-4.7	-3.8	35.1
新兴市场型	163	10.59	15.66	47.60	-23.03	1.56	16.42	-0.73	8.03	29.0	1.9	-1.0	0.9
股票市场中性型	163	9.61	2.83	36.70	-1.15	0.79	3.26	0.34	3.46	29.5	17.6	10.1	0.0
事件驱动型	163	11.68	5.47	55.70	-11.77	1.07	3.68	-3.44	27.76	32.8	14.2	2.1	0.6
固定收益套利型	163	6.20	3.65	4.80	-6.96	0.72	2.05	-3.00	18.80	37.7	5.9	0.8	0.1
全球宏观型	163	13.39	10.52	23.60	-11.55	1.17	10.60	0.03	6.25	5.7	3.7	8.6	1.6
做多/做空股票型	163	12.09	9.86	59.50	-11.44	0.91	13.01	0.20	7.07	16.7	5.0	-5.6	1.5
管理期货型	163	6.90	11.91	-10.90	-9.35	0.37	9.95	0.01	3.23	5.5	-12.6	-7.8	23.1
多重策略型	163	9.62	4.24	11.40	-4.76	0.85	3.61	-1.21	6.32	4.2	5.5	12.2	75.5
事件驱动多重策略型	163	11.03	5.93	48.10	-11.52	0.93	4.66	-2.49	19.49	31.5	15.5	4.8	1.4
濒危证券型	163	13.09	6.14	55.00	-12.45	1.21	4.10	-2.96	22.81	28.5	12.9	1.0	1.3
风险套利型	163	7.63	4.07	44.20	-6.15	0.58	3.81	-1.17	9.48	25.5	-2.6	-9.9	1.2
S&P500	163	11.22	14.09	100.00	-14.46	1.34	9.78	-0.60	3.80	-0.6	-3.0	4.9	75.4
银行	156	18.57	11.15	58.49	-17.47	1.71	10.70	-1.19	9.93	27.7	8.9	4.2	6.4
LIBOR	163	0.13	0.72	-0.09	-0.94	0.01	0.63	-0.80	7.53	52.4	35.7	31.3	0.0
美元	163	-1.07	7.28	4.66	-5.35	-0.12	5.58	0.03	3.02	8.7	-3.3	4.9	45.1
石油	163	17.04	30.16	-5.00	-21.63	1.54	36.40	0.18	3.90	-5.2	-14.9	9.6	1.2
黄金	163	4.73	12.97	-4.26	-9.31	-0.12	16.85	0.89	4.98	-9.3	-12.4	17.0	11.7
雷曼债券(Lehman bond)	163	5.99	3.98	3.15	-2.71	0.49	3.50	0.00	2.94	20.8	-6.4	6.7	7.7
大盘股减小盘股	163	-2.10	11.98	1.69	-14.60	-0.31	9.81	-0.24	4.61	2.0	3.0	5.2	25.5
价值型减成长型	163	1.13	15.19	-44.58	-15.74	-0.04	15.50	0.07	6.07	3.0	7.4	1.7	38.0
信贷息差(Credit spread)	163	4.03	1.36	-7.47	2.09	3.44	8.24	1.02	3.13	94.5	88.6	84.1	0.0
期限价差(Term spread)	163	1.47	1.18	-12.03	-0.40	1.19	3.97	0.50	1.99	97.0	93.3	89.9	0.0
VIX 指数	163	0.08	4.03	-70.28	-15.38	-0.05	22.06	0.67	8.67	-7.4	-20.6	-11.5	6.7

注: * 所有对冲基金指数和风险因子的数据都是 1994 年 1 月至 2007 年 7 月的,只有多重策略型指数(1994 年 4 月至 2007 年 7 月)和银行风险因子(1994 年 1 月至 2006 年 12 月)例外。

表 2—3　　　　　　　　**市场条件和风险因子的总体衡量指标的定义**

变量	定义
S&P500	S&P500 指数（包括红利）的月度收益率
银行	芝加哥大学证券价格研究中心（CRSP）的银行股（SIC 代码是 6000-6199 和 6710）组成的等权重投资组合的月度收益率
LIBOR	美元的 6 个月期伦敦同业拆借利率的月度数据的一阶差分
美元	即期美元指数（U. S. Dollar Spot Index）的月度收益率
原油	纽约商品期货交易所的原油即月（front-month）期货合约的月度收益率
黄金	黄金即期价格指数的月度收益率
雷曼债券	道·琼斯/雷曼债券指数（Dow Jones/Lehman Bond Index）的月度收益率
大盘股减小盘股	道·琼斯大盘股指数和小盘股指数的月度收益率之差
价值型减成长型	道·琼斯价值型股票指数和成长型股票指数的月度收益率之差
信贷息差（Credit spread）	每月初的 KDP 高收益率日度指数（KDP High Yield Daily Index）与美国 10 年期收益率（U. S. 10-year yield）之差
期限价差（Term spread）	每月初的 10 年期美元掉期率（10-year U. S. dollar swap rate）减去 6 个月期美元 Libor 之差
VIX 指数	VIX 隐含波动率指数（VIX implied volatility index）的月度数据的一阶差分

　　虽然存在这些差异，但是确实有几个指数具有共同的特征——负的偏度。可转换套利型、新兴市场型、事件驱动型、濒危证券型、事件驱动多重策略型、风险套利型、固定收益套利型和多重策略型的偏度系数均小于0，有几个还小很多。与资本杀手合伙人的例子一样（第1.1节），这一特性暗示着存在尾部风险敞口，且与这些类型的基金所采取的投资策略的本质是一致的。例如，固定收益套利型投资策略以能够产生相当一致的利润而著称，偶然会发生极端的损失，因此出现－3.00的偏度系数并不奇怪。一个可以更加直接地衡量尾部风险或者"厚尾"的指标是峰度——正态分布的峰度是3.00，因此如果峰度大于这个值，就表示其尾部比正态分布的尾部要厚。毫不奇怪，具有最负的偏度的两种类型——事件驱动型（－3.44）和固定收益套利型（－3.00）——也具有最大的峰度，分别是27.76和18.80。

　　从前三阶自相关系数 $\hat{\rho}_1$、$\hat{\rho}_2$、$\hat{\rho}_3$ 和 Ljung-Box 的 Q 统计量来看，有几个指数的收益率还具有高的、正的序列相关性。与 S&P500 指数收益率（其一阶自相关系数是－0.60%）相比，对冲基金指数收益率的自相关系数非常高，其中可转换套利型是56.3%，固定收益套利型是37.7%，事件驱动型是32.8%。正如我们曾在第1.3节中讨论过的，序列相关可作为粘滞性风险敞口的一个征兆。在第3章，我们将更加深入地讨论这个问题。

　　表2—4显示了对冲基金收益率的一个重要特性——它们相当分散的相关模式。虽然有些指数的收益率的相关程度相当高（例如事件驱动型与濒危证券型），但是其他一些指数的收益率却显示出强烈的负相关（例如事件驱动型与偏向卖空型），这意味着分散化的好处可能是很显著的。

表2—4　CS/Tremont 对冲基金指数收益率的相关系数矩阵（1994年1月至2007年7月）*

	对冲基金	可转换套利型	偏向卖空型	新兴市场型	股票市场中性型	事件驱动型	固定收益套利型	全球宏观型	做多/做空股票型	管理期货型	多重策略型	事件驱动多重策略型	濒危证券型	风险套利型
对冲基金	100.0													
可转换套利型	41.1	100.0												
偏向卖空型	-48.8	-25.7	100.0											
新兴市场型	65.2	30.1	-54.5	100.0										
股票市场中性型	33.3	33.9	-31.8	22.1	100.0									
事件驱动型	67.4	56.5	-62.6	67.2	35.1	100.0								
固定收益套利型	44.2	53.7	-9.9	27.1	13.1	38.3	100.0							
全球宏观型	85.4	29.1	-13.5	41.5	21.9	37.9	44.2	100.0						
做多/做空股票型	79.3	28.7	-71.9	59.7	34.8	66.7	21.7	43.0	100.0					
管理期货型	16.1	-11.2	8.6	-6.9	12.4	-11.3	-3.9	24.7	3.4	100.0				
多重策略型	23.0	39.8	-12.3	2.6	23.1	24.6	30.2	14.3	22.1	6.8	100.0			
事件驱动多重策略型	68.6	56.4	-54.0	66.7	32.0	93.5	40.8	41.9	64.5	-12.7	28.7	100.0		
濒危证券型	58.6	49.5	-62.0	58.9	33.4	92.9	32.2	31.4	59.0	-8.0	17.0	74.3	100.0	
风险套利型	39.8	40.2	-49.8	42.2	30.7	66.0	15.0	13.9	51.3	-13.7	12.0	63.0	55.0	100.0

注：* 所有数据都是基于月度数据计算出来的百分点数。

2.2 Lipper TASS 数据

为了了解 Lipper TASS 数据库的动态变动情况，我们在表 2—5 中列示了在每年年初该数据库中的基金数目、该年进入数据库的基金数目、该年退出数据库的基金数目、该年内进入又退出数据库的基金数目。该表表明，虽然该数据库从 1977 年 2 月开始就有基金了，但是在 1990s 之前，数目一直相对较少。新基金数目增加最多的年份是 2004 年，退出数据库的基金数目最多的年份是 2006 年。表 2—5 中列示的淘汰率被定义为某年退出数据库的基金数目除以该年初既存基金数目所得的比率。Lipper TASS 数据库从 1994 年才开始跟踪基金的退出情况，因此无法为 1994 年之前的年份计算淘汰率。对于未经过滤的、包含全部基金的样本，1994 年至 1999 年间的淘汰率平均是 7.18%，与 Liang（2001）用同期数据计算的 8.54% 的淘汰率很接近。

表 2—6 列出了 Lipper TASS 的活数据库、死数据库和合并数据库中的基金收益率的基本概括性统计量。毫不奇怪，无论是在各个类型之间，各个数据库之间，还是在各类型内部和数据库内部，收益率的均值和波动率都有很大的差异。例如，活数据库里的 257 个事件驱动型基金的收益率均值平均是 13.06%，标准差平均值是 6.72%，但是死数据库中的 247 个事件驱动型基金的收益率均值是 9.83%，标准差平均值则高得多，是 9.29%。毫不奇怪，死数据库中的基金的平均波动率都比活数据库高，这是因为收益率的波动率较高的基金更有可能被淘汰。[①]

在合并数据库里，不同基金类型的序列相关系数的均值也变化很大，但是有 6 种类型特别显著：可转换套利型（31.3%）、基金的基金型（15.9%）、事件驱动型（17.7%）、新兴市场型（12.0%）、固定收益套利型（15.3%）和多重策略型（11.5%）。给定 Lipper TASS 对这些类型

---

① 这种效应在收益率分布的两端都会发生——非常成功的基金也比一般的基金更可能退出数据库，因为它们不太需要宣传自身的业绩。"死数据库中也包括成功的基金"这一判断受到如下事实的支持，即对某些风格类型来说，死数据库中基金的收益率均值的平均值等于或高于活数据库，例如可转换套利型、股票市场中性型和偏向卖空型即是。

的描述（见附录 A.1）以及关于这些投资策略的特定常识（这些类型包括一些流动性最小的证券），序列相关系数似乎是粘滞性和经平滑的收益率的一个合理的代理变量（参见 Lo，2001；Getmansky，Lo and Makarov，2004；以及本书第 3 章）。另外，由于股票和期货是对冲基金所投资的证券中流动性最大的，因此毫不奇怪，股票市场中性型、做多/做空股票型和管理期货型的一阶序列相关系数的平均值分别是 3.2%、5.9% 和 0.1%。偏向卖空型基金的一阶自相关系数的平均值也比较低，是 1.6%，这和卖空者通常具有的特征——高流动性——是一致的（按照定义，能够卖空一个证券，就意味着具有一定程度的流动性）。

这些概括性统计量暗示我们，粘滞性和经平滑的收益率可能是对冲基金收益率的重要来源，在一定程度上，可以用第 3 章的序列相关系数和时间序列平滑模型来刻画。

最后，表 2—7 列示了 1977 年至 2007 年间，Lipper TASS 合并数据库的 11 个类型中，每一个类型中的基金在年底所管理资产的规模；相对比例则被绘制在彩图 1 中。表 2—7 表明，Lipper TASS 合并数据库中的基金所管理的总资产大约是 6 540 亿美元，在今天对冲基金行业总资产（据估计是 10 000 亿美元）中占了——虽然不是百分之百——相当大的百分比。① 在最近几年，资产规模最大的两个类型是做多/做空股票型（1 685 亿美元）和基金的基金型（1 466 亿美元），但是图 2—2 表明，随着时间的推移，各类型的基金所管理资产规模的相对比例的变化很大（关于对冲基金行业中的资金流动的更详细分析，请参见 Getmansky，2004）。

① 当然，这 6 540 亿美元中有一部分是死基金的资产，因此当前 Lipper TASS 数据库所代表的对冲基金资产所占的比例要小一点。

表 2—5a　　每年进入和退出 Lipper TASS 对冲基金合并数据库的
基金数目（1977 年 2 月至 2007 年 8 月）*

年份	年初既存的 基金数	当年新 进入的基金数	当年新退出的 基金数[†]	当年进入又 退出的基金数[†]	基金总数	淘汰率（%）
1977	0	2	—	—	2	—
1978	2	1	—	—	3	—
1979	3	1	—	—	4	—
1980	4	2	—	—	6	—
1981	6	1	—	—	7	—
1982	7	3	—	—	10	—
1983	10	4	—	—	14	—
1984	14	8	—	—	22	—
1985	22	5	—	—	27	—
1986	27	15	—	—	42	—
1987	42	22	—	—	64	—
1988	64	12	—	—	76	—
1989	76	37	—	—	113	—
1990	113	62	—	—	175	—
1991	175	58	—	—	233	—
1992	233	99	—	—	332	—
1993	332	205	—	—	537	—
1994	537	229	7	14	759	1.3
1995	759	269	51	8	977	6.7
1996	977	301	100	10	1 178	10.2
1997	1 178	341	93	7	1 426	7.9
1998	1 426	309	120	12	1 615	8.4
1999	1 615	408	164	16	1 859	10.2
2000	1 859	388	199	11	2 048	10.7
2001	2 048	415	244	6	2 219	11.9
2002	2 219	443	243	11	2 419	11.0
2003	2 419	522	230	15	2 711	9.5
2004	2 711	526	295	16	2 942	10.9
2005	2 942	422	413	18	2 951	14.0
2006	2 951	232	471	11	2 712	16.0
2007	2 712	118	129	2	2 701	4.8

注：* 该表是使用经过过滤的数据编制的，对每一个基金都没有施加最小样本容量滤子（minimum-sample-size filter）。

　　[†] 在原文中，1977 年至 1993 年间"当年新退出的基金数"和"当年进入又退出的基金数"都是 0。从正文可知，Lipper TASS 数据库从 1994 年才开始跟踪退出数据库的基金，因此 1993 年前的退出数据其实不是 0，而是缺失数据。为了避免误解，这里把表中第 4、5 列 1977—1993 年的"0"全部改成"—"，以表示数据缺失——译者注。

表 2—5b　　每年进入和退出 Lipper TASS 对冲基金合并数据库的
基金数目（1977 年 2 月至 2007 年 8 月）*

年份	年初既存的 基金数	当年新 进入的基金数	当年新退出的 基金数†	当年进入又 退出的基金数†	基金总数	淘汰率（%）
1977	0	4	—	—	4	—
1978	4	2	—	—	6	—
1979	6	2	—	—	8	—
1980	8	4	—	—	12	—
1981	12	3	—	—	15	—
1982	15	6	—	—	21	—
1983	21	9	—	—	30	—
1984	30	15	—	—	45	—
1985	45	8	—	—	53	—
1986	53	23	—	—	76	—
1987	76	33	—	—	109	—
1988	109	34	—	—	143	—
1989	143	46	—	—	189	—
1990	189	116	—	—	305	—
1991	305	112	—	—	417	—
1992	417	161	—	—	578	—
1993	578	260	—	—	838	—
1994	838	273	19	2	1 092	2.3
1995	1 092	314	69	1	1 337	6.3
1996	1 337	352	124	5	1 565	9.3
1997	1 565	384	107	6	1 842	6.8
1998	1 842	383	169	9	2 056	9.2
1999	2 056	469	189	5	2 336	9.2
2000	2 336	490	228	6	2 598	9.8
2001	2 598	644	244	4	2 998	9.4
2002	2 998	684	280	7	3 402	9.3
2003	3 402	819	267	9	3 954	7.8
2004	3 954	926	342	11	4 538	8.6
2005	4 538	727	522	17	4 743	11.5
2006	4 743	433	673	9	4 503	14.2
2007	4 503	96	333	1	4 266	7.4

注：* 在 1994 年之前不存在 Lipper TASS 死数据库，因此只能计算出 1994—2007 年间的淘汰率。该表是使用经过过滤的数据编制的。

† 在原文中，1977 年至 1993 年间"当年新退出的基金数"和"当年进入又退出的基金数"都是 0。从正文可知，Lipper TASS 数据库从 1994 年才开始跟踪退出数据库的基金，因此 1993 年前的退出数据其实不是 0，而是缺失数据。为了避免误解，这里把表中第 4、5 列 1977—1993 年的"0"全部改成"—"，以表示数据缺失——译者注。

表2—6 Lipper TASS 对冲基金活数据库、死数据库和合并数据库中的对冲基金收益率的基本概括性统计量的均值和标准差（1977 年 2 月至 2007 年 8 月）*

类型	样本容量	年度化均值(%)		年度化标准差(%)		ρ_1(%)		年度化夏普比率		年度化经调整的夏普比率		Ljung-Box 的 Q_{12} 统计量的 p 值(%)	
		均值	标准差	均值	标准差	均值	标准差	均值	标准差	均值	标准差	均值	标准差
活基金													
可转换套利型	75	8.80	4.96	6.22	7.04	38.8	20.7	2.66	3.82	1.50	1.59	12.9	23.5
偏向卖空型	17	-1.58	6.71	19.70	10.40	0.1	13.7	-0.18	0.43	-0.23	0.58	55.4	31.1
新兴市场型	175	20.31	21.69	16.45	13.25	12.7	18.5	1.80	1.76	1.93	2.19	36.4	30.7
股票市场中性型	149	7.82	9.48	6.46	4.84	3.0	23.1	1.85	1.98	1.98	1.55	45.5	34.0
事件驱动型	257	13.06	11.13	6.72	4.74	20.7	19.1	3.15	6.18	2.54	3.78	31.3	31.6
固定收益套利型	134	8.13	7.59	5.29	3.35	16.0	25.8	2.52	4.23	2.27	2.26	42.3	34.8
全球宏观型	111	10.51	10.36	12.25	7.31	3.2	18.3	0.97	0.88	1.21	1.16	44.6	28.7
做多/做空股票对冲型	771	14.90	10.73	13.68	8.41	8.1	18.7	1.26	1.01	1.32	0.89	39.8	30.9
管理期货型	173	11.71	17.12	18.26	10.97	3.5	17.9	0.82	0.98	0.85	0.61	43.5	31.5
多重策略型	135	12.74	14.52	8.54	11.17	15.1	22.9	2.58	3.37	2.40	3.35	34.6	32.1
基金的基金型	704	10.23	7.76	6.08	4.30	17.8	18.4	2.12	1.70	2.04	1.63	35.3	28.4
所有基金	2 701	12.36	11.99	10.21	8.79	12.9	20.8	1.85	2.74	1.76	1.99	37.5	31.0
所有基金(除基金的基金型之外)	1 997	13.12	13.08	11.67	9.49	11.2	21.3	1.76	3.01	1.66	2.09	38.3	31.9
死基金													
可转换套利型	101	6.65	6.49	6.32	5.21	25.7	25.4	1.83	4.28	1.55	2.62	27.9	32.0
偏向卖空型	20	3.30	10.33	24.69	18.62	2.9	17.2	0.36	0.87	0.20	0.41	50.8	30.4
新兴市场型	174	5.71	31.94	25.35	20.37	11.4	19.4	0.60	1.26	0.73	1.42	45.8	31.0
股票市场中性型	182	7.33	21.66	9.49	10.84	3.4	24.1	0.85	1.34	0.82	1.23	41.5	30.1
事件驱动型	247	9.83	12.29	9.29	9.59	14.6	22.9	1.78	3.25	1.46	1.81	34.3	31.9
固定收益套利型	125	6.20	13.06	6.93	6.69	14.5	23.5	2.54	5.13	2.22	4.62	43.0	34.0
全球宏观型	178	7.78	43.65	16.86	18.75	0.6	22.8	0.41	1.00	0.47	1.06	47.2	31.9
做多/做空股票对冲型	947	9.84	19.96	18.37	15.18	4.0	22.0	-0.08	22.74	0.78	1.18	43.8	30.4

续表

类型	样本容量	年度化均值(%)		年度化标准差(%)		ρ₁ (%)		年度化夏普比率		年度化经调整的夏普比率		Ljung-Box 的 Q₁₂ 统计量的 p 值(%)	
		均值	标准差	均值	标准差	均值	标准差	均值	标准差	均值	标准差	均值	标准差
管理期货型	356	4.87	25.56	19.53	19.59	−1.6	18.7	0.30	1.28	0.36	1.13	47.6	29.9
多重策略型	95	5.12	18.93	11.97	15.23	6.2	26.0	1.22	3.46	1.43	4.29	45.0	34.3
基金的基金型	491	5.36	9.83	9.63	9.48	13.2	21.6	1.10	1.58	1.07	1.24	40.9	31.3
所有基金	2 916	7.49	21.65	14.97	15.46	7.2	22.9	0.68	13.13	0.92	1.82	42.6	31.4
所有基金(除基金的基金型之外)	2 425	7.92	23.30	16.05	16.19	6.0	23.0	0.59	14.39	0.89	1.92	42.9	31.4
合并后的基金													
可转换套利型	176	7.57	5.97	6.27	6.04	31.3	24.3	2.19	4.10	1.53	2.22	21.4	29.5
偏向卖空型	37	1.06	9.07	22.40	15.41	1.6	15.6	0.11	0.75	0.00	0.53	53.0	30.4
新兴市场型	349	13.03	28.21	20.89	17.72	12.0	18.9	1.21	1.64	1.33	1.94	41.1	31.2
股票市场中性型	331	7.55	17.25	8.13	8.79	3.2	23.6	1.30	1.73	1.34	1.50	43.3	31.9
事件驱动型	504	11.48	11.81	7.98	7.62	17.7	21.2	2.47	5.00	2.03	3.06	32.7	31.8
固定收益套利型	259	7.20	10.61	6.08	5.29	15.3	24.7	2.53	4.67	2.25	3.58	42.6	34.4
全球宏观型	289	8.83	34.84	15.09	15.54	1.6	21.2	0.63	0.99	0.76	1.15	46.1	30.6
做多/做空股票对冲型	1 718	12.11	16.66	16.27	12.81	5.9	20.7	0.53	16.86	1.03	1.09	41.9	30.7
管理期货型	529	7.10	23.55	19.11	17.25	0.1	18.5	0.47	1.21	0.52	1.01	46.2	30.5
多重策略型	230	9.60	16.87	9.96	13.08	11.5	24.5	2.03	3.46	2.02	3.76	38.6	33.3
基金的基金型	1 195	8.23	8.99	7.54	7.13	15.9	19.9	1.70	1.72	1.65	1.56	37.5	29.7
所有基金	5 617	9.83	17.84	12.68	12.92	10.0	22.1	1.25	9.64	1.33	1.95	40.0	31.3
所有基金(除基金的基金型之外)	4 422	10.26	19.53	14.07	13.75	8.4	22.4	1.12	10.83	1.25	2.04	40.8	31.7

注：*这些列中所包含的各个基金的 Ljung-Box 的 Q 统计量的 p 值的均值和标准差，是使用各个基金收益率的前 11 阶自相关系数的 Q 统计量的 p 值来计算的。

表2—7 Lipper TASS 对冲基金合并数据库中的11个类型中每一个类型在年末所管理资产的规模(1977年至2007年)*

年份	可转换套利型	偏向卖空型	新兴市场型	股票市场中性型	事件驱动型	固定收益套利型	全球宏观型	做多/做空股票对冲型	管理期货型	多重策略型	基金的基金型	合计
1977					2.0				5.4			7.4
1978					3.7				18.0			21.7
1979					6.0				44.3			50.3
1980					12.0				55.0			67.0
1981					19.4				62.3			81.7
1982					27.7	13.5			72.1		65.7	179.1
1983					59.3	20.4		6.4	62.4		96.7	245.2
1984					112.2	21.7	5.7	12.9	60.2		126.3	339.1
1985					163.2	16.5	4.2	45.8	112.9		212.3	554.9
1986					239.2	63.2	70.6	115.6	209.6		256.2	954.4
1987					271.3	94.4	84.3	228.8	582.9	1 830.0	396.1	3 487.8
1988	3.8				621.8	92.4	167.9	405.1	843.0	1 813.7	708.4	4 656.1
1989	54.2		133.8	41.8	769.1	135.0	343.4	924.3	926.2	2 120.9	850.3	6 299.0
1990	82.8	63.4	202.8	38.5	684.2	268.2	782.5	1 544.2	1 122.3	2 581.0	1 127.2	8 497.1
1991	196.0	57.3	478.5	61.0	1 105.4	582.1	1 533.1	2 817.1	1 373.3	3 157.9	1 884.7	13 246.5
1992	417.7	61.5	968.1	115.2	1 810.4	821.1	5 036.4	4 824.9	1 508.1	3 895.5	2 782.9	22 241.9
1993	917.5	79.3	2 952.5	338.6	3 215.0	1 516.5	13 626.6	8 345.1	2 646.8	5 483.3	6 243.1	45 364.2
1994	914.6	160.4	5 154.9	527.5	4 192.0	2 107.5	11 341.5	10 645.5	3 141.1	4 572.0	6 884.7	49 641.6
1995	973.9	171.5	5 229.8	751.2	5 349.1	3 155.3	12 599.3	13 782.7	2 897.4	6 605.2	9 898.2	61 413.4
1996	1 634.1	253.8	7 431.5	1 577.4	7 578.9	5 321.2	15 856.9	18 895.9	2 833.4	7 523.8	13 395.4	82 302.5
1997	3 154.7	428.1	12 123.3	3 214.6	12 066.5	9 306.7	24 960.7	28 531.4	2 273.7	10 686.2	20 742.3	127 488.2
1998	3 693.0	622.3	6 935.1	5 407.6	16 353.7	8 955.3	22 979.7	31 028.1	3 689.2	9 980.5	22 172.2	131 816.5
1999	4 292.0	691.5	9 003.7	8 142.9	18 716.2	7 936.3	16 118.8	49 537.7	4 314.8	11 396.4	25 943.3	156 093.5
2000	5 849.5	928.7	7 325.1	11 809.6	24 515.9	7 677.8	5 743.4	66 909.9	4 265.8	11 324.8	30 961.0	177 311.7
2001	14 698.5	914.0	7 369.5	16 748.1	31 908.0	10 243.2	4 351.1	70 907.3	5 999.3	15 220.2	40 694.9	219 053.9
2002	17 830.7	520.4	9 276.7	17 511.2	34 093.0	15 528.3	6 090.3	66 612.0	8 894.0	17 048.8	51 109.0	244 514.4
2003	24 093.8	360.9	18 412.9	19 444.5	48 820.2	20 283.6	14 667.8	80 901.4	17 025.6	26 598.6	76 751.7	347 313.7
2004	27 170.0	329.3	28 116.2	21 717.0	71 209.0	29 282.7	21 207.2	103 535.7	23 720.1	37 720.4	115 384.1	479 391.6
2005	16 678.0	353.6	38 820.8	20 067.6	86 698.6	31 021.8	22 965.2	126 980.6	24 797.1	45 440.8	124 325.4	538 149.6
2006	18 966.6	664.2	52 089.7	20 572.5	94 952.7	31 678.0	30 113.8	153 131.4	29 661.6	47 612.0	139 596.3	621 038.8
2007	9 717.4	566.8	58 449.2	22 766.8	92 379.0	33 723.6	31 413.9	168 535.0	29 142.4	60 522.2	146 626.9	653 843.2

注:*衡量资产规模的单位是百万美元。

2.3 淘汰率

自从 1998 年长期资本管理公司（LTCM）倒闭以来，人们越来越清楚地认识到，对冲基金的清算可能会对全球金融体系产生很大的影响。在本节中，我们将简要回顾 Getmansky，Lo and Mei（2004）所阐述的对冲基金淘汰率。

鉴于各基金本质上是自愿被纳入 Lipper TASS 数据库的，因此死数据库中并不单单包括被清算的基金。对于每一个被纳入死数据库的基金，Lipper TASS 都将其按 7 个不同的原因进行归类，见表2—8。把我们的注意力集中在被死数据库归类为被清算的基金（状态代码是 1），或者把不再进行新的投资的基金（状态代码是 4）从我们的样本中剔除掉，似乎是合理的。不过，鉴于我们的目的是要对对冲基金行业的动态变化有一个比较宽泛的认识，因此我们觉得使用整个死数据库也许能提供更多的信息。例如，如果剔除那些对新的投资者封闭的死基金，则在计算剩下的基金的业绩统计量时就会产生向下的偏差（downward bias）。[①] 由于我们不具备关于每个基金的详细信息，因此难以确定任一特定的选择标准会如何影响剩下的基金的统计特性。因此在我们的分析中，选择把全部死基金都包括在内；但是，需要提醒读者注意的是，在解读我们的实证结果时，要牢记该样本的组成情况。

表2—8　　　　Lipper TASS 为死数据库中的基金分配的状态代码

状态代码	定　　义
1	被清算的基金
2	不再报告财务数据的基金
3	无法取得联系的基金
4	不再进行新的投资的基金
5	被其他经济实体兼并的基金
7	休眠基金（fund dormant）
9	情况不明的基金*

注：* 在死数据库的 2 916 个基金中，有 80 个没有分配状态代码，因此我们用代码"9"（"情况不明"）来指代它们。

———————

① 即低估——译者注。

　　为了更加具体地加以说明，表2—9列示了死基金数据库中每个状态代码和风格类型中的基金数目，以及在基金被转到死数据库时所管理资产的规模。① 这些数据表明，全部2 916个死基金中的2 644个，或者说91%，属于前三种状态代码，即可以大致被认为是被清算的状态；并且在这三种状态的每一种里，属于不同风格类型的基金的相对数目大体上是相当的，其中做多/做空股票型最多，偏向卖空型最少。在剩下272个属于状态代码4~9的基金中，只有状态代码4——对新的投资者封闭的基金——的特点与其他状态代码截然不同。属于这种状态的只有6个基金，并且它们都可能是"成功的基金"，这就抵消了死基金数据库中许多被清算的基金。当然，这并不是说6/2 916就是对冲基金行业中成功率的合理估计，因为在进行计算时，并未包括任何活基金。不过，死数据库中的这6个基金为如下事实提供了支持，即对冲基金数据中存在着各种偏差，这些偏差并不总是指向同一个方向；并且我们倾向于把它们留在样本里面，以便反映这种自然发生的偏差，而不是将其剔除掉，从而导致新的人为偏差。为了行文方便，在本章剩下的部分，我们将把Lipper TASS死数据库中的全部基金都看做被清算的基金。

　　图2—2为活数据库和死数据库中的基金的均值、标准差、夏普比率和一阶自相关系数 ρ_1 的平均值提供了一个直观的比较（表2—6中包含了Lipper TASS活数据库、死数据库、合并数据库中的基金收益率的基本概括性统计量）。毫不奇怪，无论是在不同风格类型之间，还是在不同数据库之间，收益率的均值和波动率都有很大的差异。例如，活数据库中的75个可转换套利型基金的收益率的均值平均是8.80%，标准差的平均值是6.22%；而死数据库中的101个可转换套利型基金的收益率的均值平均是6.65%，标准差的平均值是6.32%。不出所料，由于波动率较高的基金更有可能被淘汰，因此死数据库中各种风格类型的波动率的平均值都要比活数据库高。这种效应在收益率分布的两端都会发生——非常成功的基金也比一般的基金更可能退出数据库，因为它们不太有动力宣传自己的业绩。"死数据库中也包括成功的基金"这一判断受到如下事实的支持，

---

　　① 在死数据库的2 916个基金中，有80个没有被分配状态代码，因此我们用代码"9"（"情况不明"）来指代它们。

表2—9　Lipper TASS 死数据库中的基金数目和所管理资产的规模
（按风格类型和死数据库状态代码划分）*

数目	所有基金	可转换套利型	偏向卖空型	新兴市场型	股票市场中性型	事件驱动型	固定收益套利型	全球宏观型	做多/做空股票对冲型	管理期货型	多重策略型	基金的基金型
1	1 290	48	11	82	104	93	50	71	382	198	50	201
2	847	32	4	51	35	85	37	49	321	58	27	148
3	507	12	2	21	30	46	23	39	179	40	11	104
4	6	0	0	0	0	1	2	0	2	0	0	1
5	80	4	1	4	5	12	6	6	21	12	3	6
7	2	0	0	0	0	1	0	0	1	0	0	0
9	184	5	2	16	8	9	7	13	41	48	4	31
合计	2 916	101	20	174	182	247	125	178	947	356	95	491
所管理资产的规模†												
1	47 134	3 596	100	2 379	2 581	4 974	3 733	10 377	9 345	1 726	2 768	5 554
2	83 302	10 985	339	1 939	1 704	20 081	3 455	2 220	24 770	1 489	1 190	15 130
3	44 790	600	61	4 224	1 750	3 165	1 492	552	10 625	814	331	21 176
4	462	0	0	0	0	100	33	0	223	0	0	106
5	4 247	38	31	124	131	969	498	1 775	497	67	97	21
7	8	0	0	0	6	6	0	0	2	0	0	0
9	15 215	137	18	1 818	126	5 534	488	115	2 496	1 790	111	2 582
合计	195 157	15 356	549	10 485	6 293	34 830	9 699	15 039	47 958	5 886	4 497	44 568

注：*"所管理资产规模"的单位是百万美元。

†"所管理资产规模"是基金被转入死数据库时的视角。

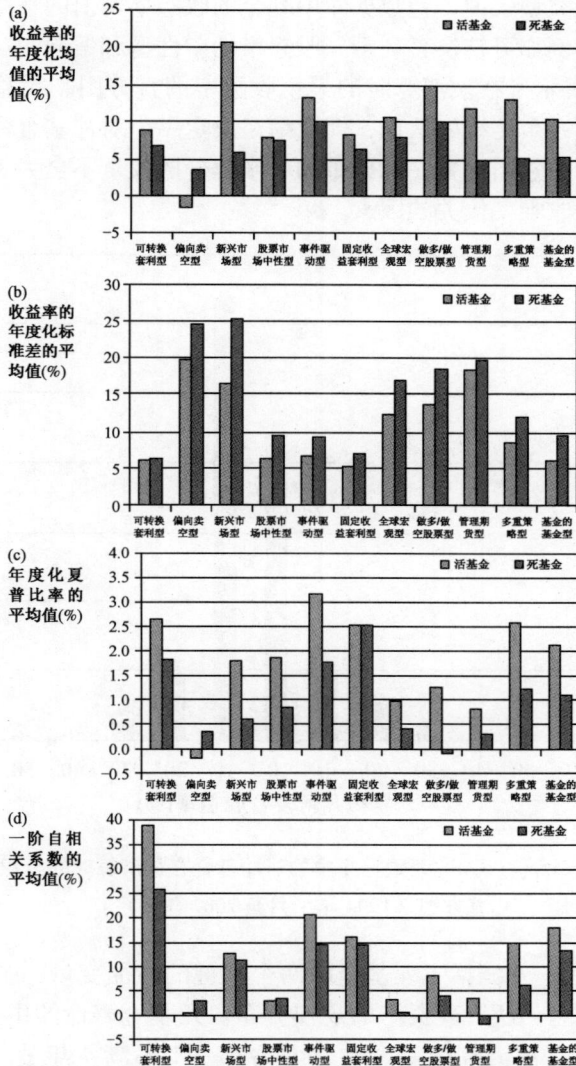

图 2—2　Lipper TASS 活数据库和死数据库中不同风格类型的基金收益率
的均值、标准差、夏普比率和一阶自相关系数的平均值的
比较（1994 年 1 月至 2007 年 8 月）

即对某些风格类型来说，死数据库中基金的收益率均值的平均值等于或高于活数据库，例如可转换套利型、股票市场中性型和偏向卖空型即是。

图 2—3 展示了在被清算时的累积收益率的直方图。收益率分布向左偏的现象，与一个传统的认识，即业绩是决定一个对冲基金命运的主要因素，是一致的。然而，要注意分布的右半部分的权重不全为零，这意味着最新的业绩并非唯一攸关的因素。

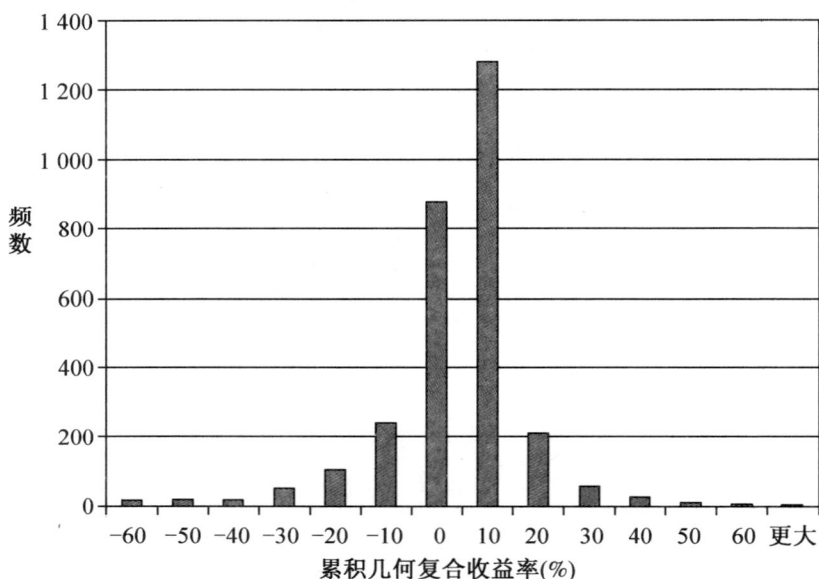

图 2—3　Lipper TASS 死数据库中的对冲基金在被清算时的累积收益率直方图（1994 年 1 月至 2007 年 8 月）

最后，图 2—4 概括了死基金的两个关键的特征变量：基金被清算时的寿命分布和它们所管理资产的规模分布。死基金寿命的中位数是 36 个月，因此在所有被清算的基金中，大约有一半不满 4 年就"一命呜呼"了。该寿命分布的众数是 23 个月。死数据库中的基金所管理资产的规模的中位数是 1 050 万美元，对于一个刚刚启动的对冲基金来说，这样的规模并不少见。

为了了解 Lipper TASS 数据库的动态变化，以及过去 10 年间对冲基金的出生率和死亡率，① 我们在表 2—10 中列示了每年年初该数据库中的基金数目、该年进入活数据库的基金数目、该年退出活数据库转入死数据库的基金数目以及该年进入死数据库后又退出的基金数目。标着"全部基金"的那一块包含了所有基金的数目，其他 11 个小块则包含了每种风格类型的相同统计量。表 2—10 中还包括了淘汰率（它被定义为在某年退出数据库的基金数目与在年初数据库中的基金数目之比）和该风格类型的业绩（用该风格类型所对应的 CS/Tremont 指数的年度复合收益率来衡量）。

对于 1994 年至 2006 年间 Lipper TASS 数据库中的所有基金的经过过滤的样本来说，淘汰率平均是 9.9%，② 这与 Liang（2001）用 1994—1999 年的样本得到的 8.5% 的淘汰率相接近。1998 年，总淘汰率上升了，这部分地归咎于长期资本管理公司的倒闭及随后一连串不幸事件所引起的混乱。2001 年，淘汰率上升到 11.9% 的峰值，这主要是做多/做空股票对冲型的淘汰率上升引起的——推测这是科技股泡沫破裂导致的结果。

虽然 9.9% 是整个 Lipper TASS 数据库的平均淘汰率，但是不同风格类型之间的平均淘汰率有着较大的差别。对 1994 年至 2006 年间每个类型的年度淘汰率进行平均可以得到：

可转换套利型	9.6%	全球宏观型	14.5%
偏向卖空型	8.8%	做多/做空股票对冲型	9.4%
新兴市场型	8.3%	管理期货型	13.7%
股票市场中性型	9.7%	多重策略型	8.9%
事件驱动型	7.6%	基金的基金型	7.9%
固定收益套利型	10.0%		

---

① 回忆一下，Lipper TASS 在 1994 年开始建立它的死数据库，因此 1994 年就是表 2—10 所使用的样本的开始时点。

② 在计算平均淘汰率时，我们并未考虑 2007 年的数据，这是因为 Lipper TASS 在将一个不报告财务数据的基金从活数据库转移到死数据库之前，通常要等待 8 到 10 个月。鉴于目前 2007 年尚未过完，活数据库中的很多不再报告财务数据的基金还没有被转移到死数据库，因此 2007 年的淘汰率是严重偏低的（downward-biased）。对冲基金通常要经历一个"潜伏期"，在此期间，基金经理利用有限的资源进行交易，以便建立起业绩跟踪记录。如果这种交易能够成功，基金经理就会向 Lipper TASS 这样的数据库开发商提供收益率序列数据，而开发商通常会将全部跟踪记录都输入到数据库中，这就为该基金提供了一段"临时构建的历史"（instant history）。根据 Fung and Hsieh（2000）的研究，潜伏期——从一个基金设立到它进入 Lipper TASS 数据库——的平均长度是 1 年（上文的"有限的资源"主要是指处于"潜伏期"的基金只能用有限的资金进行交易。若能取得好的业绩，基金经理就会向数据库开发商提出加入数据库，以便推销自己的基金，吸引投资者参与。而数据库开发商则将该基金过去的业绩数据回补到数据库中，这就是所谓的"临时构建的历史"偏差，也就是本章第二个注释曾经提到的"回补偏差"——译者注）。

　　这些平均值展示了这 11 种投资风格中每一种所面临的不同风险。事件驱动型具有最低的平均淘汰率，即 7.6%，这并不奇怪，因为它的收益率的波动率是 7.98%，属于波动率最低的类型之一（见表 2—6）。平均淘汰率最高的是全球宏观型，是 14.5%，这与其收益率 15.09% 的平均波动率也是一致的，这一波动率在全部 11 个类型中也是最高的。

　　在每个类型内部，各年的淘汰率具有不同的模式，这可以部分地归因于各类型的相对业绩。例如，1998 年，新兴市场型的淘汰率是 16.7%，这无疑是 1997 年和 1998 年各新兴市场的动荡局面所造成的；CS/Tremont 新兴市场指数在 1998 年的收益率是 −37.7%，也反映了这一点。相反的模式也有——在业绩非常好的时期，淘汰率是下降的，例如从 1995 年到 2000 年，做多/做空股票对冲型的淘汰率分别是 3.5%、5.7%、7.2%、6.5%、7.3% 和 8.7%。当然，在科技股泡沫破裂之后的 3 年——2001 年至 2003 年——里，做多/做空股票对冲型的淘汰率迅速上扬到 13.3%、13.0% 和 12.0%。这些模式和对冲基金行业的基本经济原则是一致的：优秀的业绩会引致更多的资产、更大的财务杠杆和抵抗力；而较差的业绩则会将基金送到死数据库。

　　为了更好地理解不同类型的淘汰率的大小，表 2—11 和彩图 2a 按照类型对淘汰率进行了分解，其中每个类型的淘汰率都被重新正规化（renormalized）。这样一来，某一年份各个类型的淘汰率之和等于该年的总淘汰率。从这些经过重新正规化的数字来看，我们会发现，从 2001 年开始，做多/做空股票型在总淘汰率中所占的比例有所上升。实际上，表 2—11 表明，在 2001 年至 2003 年的总淘汰率 11.9%、11.0% 和 9.5% 中，做多/做空股票型分别贡献了 4.8、4.6 和 4.0 个百分点。虽然从 1994 年到 2006 年，做多/做空股票型的平均淘汰率只有 9.4%，但是这一类型中的基金增加了，因此对总淘汰率贡献更大了。彩图 2b 通过将 Lipper TASS 数据库中的基金所管理资产的总规模和每个类型所管理资产规模的相对比例绘制在一起，提供了一种衡量淘汰率对对冲基金行业的影响的方法。的确，做多/做空股票型基金是该行业的一个重要组成部分，因此近年来它的淘汰率的上升引起了一定的关注。Chan，Getmansky，Haas and Lo（2005）使用 Logit 分析方法，对对冲基金被清算的概率进行了更加详细的研究，发现有一些因

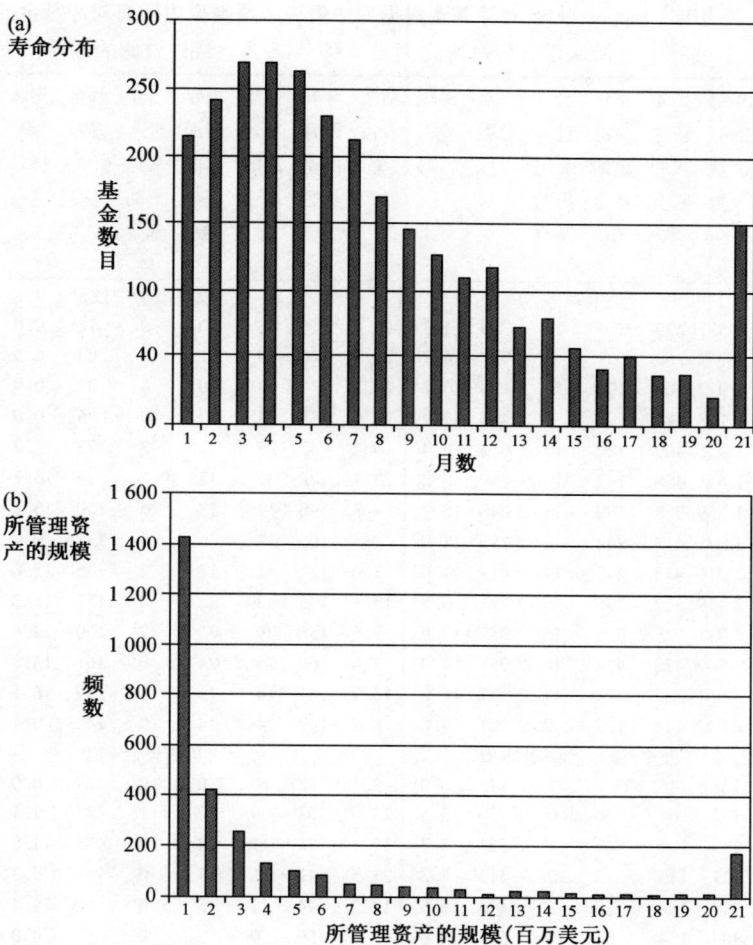

图 2—4　Lipper TASS 死数据库中的基金在被清算时的寿命分布和所管理资产
规模的直方图（1994 年 1 月至 2007 年 8 月）

素——包括过去的业绩、所管理资产的规模、流入基金的资金量和基金的
寿命——会影响一个对冲基金被清算的概率。考虑这些因素之后，他们的
估计隐含着：在 2004 年末的市场条件下，所有基金在 2004 年被清算的平均
概率大于 11%，这比历史上的无条件淘汰率 9.9% 要大一些。

表2—10a　Lipper TASS 对冲基金数据库中每种风格类型内所有对冲基金的
淘汰率（1994年7月至2007年8月，经过过滤的数据）

年份	年初既存的基金数	当年新进入的基金数	当年新退出的基金数	当年进入又退出的基金数	基金总数	淘汰率（%）	指数收益率（%）	年初既存的基金数	当年新进入的基金数	当年新退出的基金数	当年进入又退出的基金数	基金总数	淘汰率（%）	指数收益率（%）
	所有基金							股票市场中性型						
1994	537	229	7	14	759	1.3	-4.4	10	6	0	0	16	0.0	-2.0
1995	759	269	51	8	977	6.7	21.7	16	9	1	0	24	6.3	11.0
1996	977	301	100	10	1 178	10.2	22.2	24	7	0	0	31	0.0	16.6
1997	1 178	341	93	7	1 426	7.9	25.9	31	14	0	0	45	0.0	14.8
1998	1 426	309	120	2	1 615	8.4	-0.4	45	28	1	2	72	2.2	13.3
1999	1 615	408	164	16	1 859	10.2	23.4	72	36	12	2	96	16.7	15.3
2000	1 859	388	199	11	2 048	10.7	4.8	96	17	13	0	100	13.5	15.0
2001	2 048	415	244	6	2 219	11.9	4.4	100	37	6	0	131	6.0	9.3
2002	2 219	443	243	11	2 419	11.0	3.0	131	31	17	2	145	13.0	7.4
2003	2 419	522	230	15	2 711	9.5	15.4	145	33	22	2	156	15.2	7.1
2004	2 711	526	295	16	2 942	10.9	9.6	156	39	35	2	160	22.4	6.5
2005	2 942	422	413	18	2 951	14.0	7.6	160	25	24	0	161	15.0	6.1
2006	2 951	232	471	11	2 712	16.0	13.9	161	14	26	1	149	16.1	11.2
2007	2 712	118	129	2	2 701	4.8	8.7	149	14	14	0	149	9.4	5.6
	做多/做空股票对冲型							可转换套利型						
1994	126	46	0	2	172	0.0	-8.1	17	10	0	0	27	0.0	-8.1
1995	172	64	6	0	230	3.5	23.0	27	9	2	1	34	7.4	16.6
1996	230	104	13	1	321	5.7	17.1	34	11	4	0	41	11.8	17.9
1997	321	115	23	2	413	7.2	21.5	41	6	3	0	44	7.3	14.5
1998	413	108	27	3	494	6.5	17.2	44	11	5	0	50	11.4	-4.4
1999	494	154	36	9	612	7.3	47.2	50	9	2	0	57	4.0	16.0
2000	612	176	53	6	735	8.7	2.1	57	12	1	0	68	1.8	25.6
2001	735	147	98	2	784	13.3	-3.7	68	30	10	0	88	14.7	14.6
2002	784	127	102	6	809	13.0	-1.6	88	27	2	0	113	2.3	4.0
2003	809	139	97	5	851	12.0	17.3	113	17	10	0	120	8.8	12.9
2004	851	140	105	2	886	12.3	11.6	120	7	19	0	108	15.8	2.0
2005	886	135	138	2	883	15.6	9.7	108	6	23	0	91	21.3	-2.5
2006	883	61	148	2	796	16.8	14.4	91	2	17	0	76	18.7	14.3
2007	796	25	50	0	771	6.3	9.0	76	1	2	0	75	2.6	4.0

续表

年份	年初既存的基金数	当年新进入的基金数	当年新退出的基金数	当年进入又退出的基金数	基金总数	淘汰率（%）	指数收益率（%）	年初既存的基金数	当年新进入的基金数	当年新退出的基金数	当年进入又退出的基金数	基金总数	淘汰率（%）	指数收益率（%）
			事件驱动型								管理期货型			
1994	48	15	0	0	63	0.0	0.7	134	41	4	8	171	3.0	12.0
1995	63	26	0	0	89	0.0	18.3	171	35	18	2	188	10.5	−7.1
1996	89	26	3	0	112	3.4	23.1	188	32	41	3	179	21.8	12.0
1997	112	29	1	0	140	0.9	20.0	179	30	28	2	181	15.6	3.1
1998	140	25	4	1	161	2.9	−4.9	181	20	23	0	178	12.7	20.6
1999	161	25	17	1	169	10.6	22.3	178	35	34	2	179	19.1	−4.7
2000	169	43	13	0	199	7.7	7.3	179	17	26	0	170	14.5	4.2
2001	199	34	17	3	216	8.5	11.5	170	21	20	0	171	11.8	1.9
2002	216	51	25	2	242	11.6	0.2	171	15	29	0	157	17.0	18.3
2003	242	54	21	1	275	8.7	20.0	157	31	13	2	175	8.3	14.1
2004	275	50	31	0	294	11.3	14.5	175	43	15	2	203	8.6	6.0
2005	294	33	34	3	293	11.6	9.0	203	35	37	1	201	18.2	−0.1
2006	293	24	64	1	253	21.8	15.7	201	11	35	1	177	17.4	8.1
2007	253	9	5	0	257	2.0	11.9	177	6	10	0	173	5.6	2.2
			偏向卖空型								固定收益套利型			
1994	5	2	0	0	7	0.0	14.9	14	16	0	0	30	0.0	0.3
1995	7	1	1	1	7	14.3	−7.4	30	10	2	1	38	6.7	12.5
1996	7	4	1	0	10	14.3	−5.5	38	15	2	1	51	5.3	15.9
1997	10	4	0	0	14	0.0	0.4	51	14	3	2	62	5.9	9.3
1998	14	1	0	0	15	0.0	−6.0	62	14	13	0	63	21.0	−8.2
1999	15	5	1	0	19	6.7	−14.2	63	9	9	1	63	14.3	12.1
2000	19	4	0	0	23	0.0	15.8	63	8	8	0	63	12.7	6.3
2001	23	1	7	0	17	30.4	−3.6	63	18	5	1	76	7.9	8.0
2002	17	1	1	0	17	5.9	18.1	76	20	7	0	89	9.2	5.8
2003	17	5	1	0	21	5.9	−32.6	89	31	7	0	113	7.9	8.0
2004	21	0	4	0	17	19.0	−7.7	113	35	6	0	142	5.3	6.9
2005	17	2	2	0	17	11.8	17.0	142	22	24	0	140	16.9	0.6
2006	17	0	1	0	16	5.9	−6.6	140	14	24	0	130	17.1	8.7
2007	16	1	0	0	17	0.0	4.8	130	11	7	0	134	5.4	1.7

续表

年份	年初既存的基金数	当年新进入的基金数	当年新退出的基金数	当年进入又退出的基金数	基金总数	淘汰率（%）	指数收益率（%）	年初既存的基金数	当年新进入的基金数	当年新退出的基金数	当年进入又退出的基金数	基金总数	淘汰率（%）	指数收益率（%）
	多重策略型							新兴市场型						
1994	14	5	2	2	17	14.3	—	32	26	0	0	58	0.0	12.5
1995	17	10	1	0	26	5.9	11.9	58	30	2	0	86	3.4	-16.9
1996	26	13	1	0	38	3.8	14.1	86	23	4	0	105	4.7	34.5
1997	38	9	7	0	40	18.4	18.3	105	45	6	0	144	5.7	26.6
1998	40	9	3	1	46	7.5	7.7	144	27	24	3	147	16.7	-37.7
1999	46	12	1	0	57	2.2	9.4	147	29	13	0	163	8.8	44.8
2000	57	15	1	1	71	1.8	11.2	163	20	26	3	157	16.0	-5.5
2001	71	14	1	0	84	1.4	5.5	157	4	24	0	137	15.3	5.8
2002	84	17	5	0	96	6.0	6.3	137	8	11	0	134	8.0	7.4
2003	96	26	12	3	110	12.5	15.0	134	21	12	0	143	9.0	28.8
2004	110	21	13	2	118	11.8	7.5	143	19	9	0	153	6.3	12.5
2005	118	27	20	1	125	16.9	7.5	153	26	8	1	171	5.2	17.4
2006	125	21	16	0	130	12.8	14.5	171	23	14	0	180	7.8	20.5
2007	130	7	2	0	135	1.5	8.1	180	9	14	0	175	7.8	12.1
	全球宏观型							基金的基金型						
1994	40	14	1	1	53	2.5	-5.7	97	48	0	1	145	0.0	—
1995	53	17	7	0	63	13.2	30.7	145	58	11	3	192	7.6	—
1996	63	11	12	4	62	19.0	25.6	192	55	19	1	228	9.9	—
1997	62	18	7	0	73	11.3	37.1	228	57	15	1	270	6.6	—
1998	73	14	3	2	84	4.1	-3.6	270	52	17	0	305	6.3	—
1999	84	17	17	1	84	20.2	5.8	305	77	22	0	360	7.2	—
2000	84	10	28	0	66	33.3	11.7	360	66	30	1	396	8.3	—
2001	66	12	12	0	66	18.2	18.4	396	97	44	0	449	11.1	—
2002	66	33	5	0	94	7.6	14.7	449	113	39	1	523	8.7	—
2003	94	23	7	1	110	7.4	18.0	523	142	28	1	637	5.4	—
2004	110	24	10	0	124	9.1	8.5	637	148	48	5	737	7.5	—
2005	124	23	24	0	123	19.4	9.2	737	88	79	5	746	10.7	—
2006	123	15	29	0	109	23.6	13.5	746	47	97	3	696	13.0	—
2007	109	9	7	0	111	6.4	9.0	696	26	18	2	704	2.6	—

注：* 表中的"指数收益率"是 CS/Tremont 对冲基金指数的年度复合收益率。由于 Lipper TASS 在将一个不报告财务数据的基金从活数据库转移到死数据库之前，通常要等待 8 到 10 个月，因此，截至 2007 年 8 月，活数据库中的很多不再报告财务数据的基金尚未被转移到死数据库，故而 2007 年的淘汰率是被严重低估的。

表2—10b　Lipper TASS 对冲基金数据库中每种风格类型内所有对冲基金的淘汰率（1994年7月至2007年8月，未经过滤的数据）

年份	年初既存的基金数	当年新进入的基金数	当年新退出的基金数	当年进入又退出的基金数	基金总数	淘汰率(%)	指数收益率(%)	年初既存的基金数	当年新进入的基金数	当年新退出的基金数	当年进入又退出的基金数	基金总数	淘汰率(%)	指数收益率(%)
	所有基金							股票市场中性型						
1994	838	273	19	2	1 092	2.3	-4.4	14	9	1	0	22	7.1	-2.0
1995	1 092	314	69	1	1 337	6.3	21.7	22	10	1	0	31	4.5	11.0
1996	1 337	352	124	5	1 565	9.3	22.2	31	12	0	0	43	0.0	16.6
1997	1 565	384	107	6	1 842	6.8	25.9	43	16	0	0	59	0.0	14.8
1998	1 842	383	169	9	2 056	9.2	-0.4	59	31	2	1	88	3.4	13.3
1999	2 056	469	189	5	2 336	9.2	23.4	88	41	10	1	119	11.4	15.3
2000	2 336	490	228	6	2 598	9.8	4.8	119	19	17	0	121	14.3	15.0
2001	2 598	644	244	4	2 998	9.4	4.4	121	57	7	0	171	5.8	9.3
2002	2 998	684	280	7	3 402	9.3	3.0	171	62	17	1	216	9.9	7.4
2003	3 402	819	267	9	3 954	7.8	15.4	216	54	28	0	242	13.0	7.1
2004	3 954	926	342	11	4 538	8.6	9.6	242	48	37	0	253	15.3	6.5
2005	4 538	727	522	17	4 743	11.5	7.6	253	48	37	0	264	14.6	6.1
2006	4 743	433	673	9	4 503	14.2	13.9	264	17	41	1	240	15.5	11.2
2007	4 503	96	333	1	4 266	7.4	8.7	240	7	37	0	210	15.4	5.6
	做多/做空股票对冲型							可转换套利型						
1994	198	58	3	0	253	1.5	-8.1	27	13	0	0	40	0.0	-8.1
1995	253	80	9	0	324	3.6	23.0	40	9	0	0	49	0.0	16.6
1996	324	121	21	0	424	6.5	17.1	49	13	8	0	54	16.3	17.9
1997	424	130	22	3	532	5.2	21.5	54	9	3	0	60	5.6	14.5
1998	532	132	31	2	633	5.8	17.2	60	15	6	0	69	10.0	-4.4
1999	633	178	47	3	764	7.4	47.2	69	11	3	0	77	4.3	16.0
2000	764	224	56	4	932	7.3	2.1	77	15	0	0	92	0.0	25.6
2001	932	225	99	2	1 058	10.6	-3.7	92	29	8	0	113	8.7	14.6
2002	1 058	179	118	4	1 119	11.2	-1.6	113	28	4	0	137	3.5	4.0
2003	1 119	212	110	3	1 221	9.8	17.3	137	17	11	0	143	8.0	12.9
2004	1 221	252	136	4	1 337	11.1	11.6	143	10	14	0	139	9.8	2.0
2005	1 337	221	166	4	1 392	12.4	9.7	139	12	34	0	117	24.5	-2.5
2006	1 392	143	207	3	1 328	14.9	14.4	117	4	18	0	103	15.4	14.3
2007	1 328	24	119	0	1 233	9.0	9.0	103	2	0	0	96	8.7	4.0

年份	年初既存的基金数	当年新进入的基金数	当年新退出的基金数	当年进入又退出的基金数	基金总数	淘汰率（%）	指数收益率（%）	年初既存的基金数	当年新进入的基金数	当年新退出的基金数	当年进入又退出的基金数	基金总数	淘汰率（%）	指数收益率（%）
	事件驱动型							管理期货型						
1994	66	17	0	0	83	0.0	0.7	194	55	8	1	241	4.1	12.0
1995	83	26	0	0	109	0.0	18.3	241	40	26	0	255	10.8	-7.1
1996	109	30	2	0	137	1.8	23.1	255	47	51	1	251	20.0	12.0
1997	137	30	2	0	165	1.5	20.0	251	38	35	1	254	13.9	3.1
1998	165	29	4	1	190	2.4	-4.9	254	26	40	0	240	15.7	20.6
1999	190	34	16	0	208	8.4	22.3	240	39	44	0	235	18.3	-4.7
2000	208	44	15	0	237	7.2	7.3	235	19	34	0	220	14.5	4.2
2001	237	51	17	2	271	7.2	11.5	220	24	21	0	223	9.5	1.9
2002	271	64	28	2	307	10.3	0.2	223	24	37	0	210	16.6	18.3
2003	307	64	25	1	346	8.1	20.0	210	42	19	1	233	9.0	14.1
2004	346	61	28	0	379	8.1	14.5	233	67	20	1	280	8.6	6.0
2005	379	43	36	2	386	9.5	9.0	280	42	41	0	281	14.6	-0.1
2006	386	35	69	1	352	17.9	15.7	281	23	46	3	258	16.4	8.1
2007	352	2	20	0	334	5.7	11.9	258	4	28	1	234	10.9	2.2
	偏向卖空型							固定收益套利型						
1994	11	3	0	0	14	0.0	14.9	23	16	0	0	39	0.0	0.3
1995	14	0	1	0	13	7.1	-7.4	39	12	5	0	46	12.8	12.5
1996	13	3	1	0	15	7.7	-5.5	46	16	4	0	58	8.7	15.9
1997	15	3	1	0	17	6.7	0.4	58	16	3	1	71	5.2	9.3
1998	17	1	0	0	18	0.0	-6.0	71	15	14	0	72	19.7	-8.2
1999	18	5	1	0	22	5.6	-14.2	72	13	8	0	77	11.1	12.1
2000	22	3	0	0	25	0.0	15.8	77	14	11	0	80	14.3	6.3
2001	25	1	7	0	19	28.0	-3.6	80	23	6	0	97	7.5	8.0
2002	19	1	1	0	19	5.3	18.1	97	29	7	0	119	7.2	5.8
2003	19	4	0	0	23	0.0	-32.6	119	57	6	0	170	5.0	8.0
2004	23	1	4	0	20	17.4	-7.7	170	53	10	0	213	5.9	6.9
2005	20	2	1	0	21	5.0	17.0	213	31	29	1	215	13.6	0.6
2006	21	0	3	0	18	14.3	-6.6	215	22	41	0	196	19.1	8.7
2007	18	1	0	0	19	0.0	4.8	196	7	10	0	193	5.1	1.7

年份	年初既存的基金数	当年新进入的基金数	当年新退出的基金数	当年进入又退出的基金数	基金总数	淘汰率（%）	指数收益率（%）	年初既存的基金数	当年新进入的基金数	当年新退出的基金数	当年进入又退出的基金数	基金总数	淘汰率（%）	指数收益率（%）
			多重策略型								新兴市场型			
1994	25	6	3	1	28	12.0	—	50	25	0	0	75	0.0	12.5
1995	28	12	7	0	33	25.0	11.9	75	34	0	0	109	0.0	-16.9
1996	33	15	1	0	47	3.0	14.1	109	26	5	0	130	4.6	34.5
1997	47	16	3	0	60	6.4	18.3	130	43	8	0	165	6.2	26.6
1998	60	13	5	1	68	8.3	7.7	165	27	30	2	162	18.2	-37.7
1999	68	14	2	0	80	2.9	9.4	162	31	13	0	180	8.0	44.8
2000	80	17	2	0	95	2.5	11.2	180	22	26	1	176	14.4	-5.5
2001	95	20	2	0	113	2.1	5.5	176	6	28	0	154	15.9	5.8
2002	113	29	5	0	137	4.4	6.3	154	14	14	0	154	9.1	7.4
2003	137	32	12	2	157	8.8	15.0	154	24	12	1	166	7.8	28.8
2004	157	32	13	2	176	8.3	7.5	166	39	9	0	196	5.4	12.5
2005	176	42	25	1	193	14.2	7.5	196	50	9	0	237	4.6	17.4
2006	193	31	26	0	198	13.5	14.5	237	35	26	0	246	11.0	20.5
2007	198	14	13	0	199	6.6	8.1	246	4	19	0	231	7.7	12.1
			全球宏观型								基金的基金型			
1994	56	12	3	0	65	5.4	-5.7	174	59	1	0	232	0.6	—
1995	65	21	6	0	80	9.2	30.7	232	70	14	1	288	6.0	—
1996	80	14	16	4	78	20.0	25.6	288	55	15	0	328	5.2	—
1997	78	20	7	1	91	9.0	37.1	328	63	23	0	368	7.0	—
1998	91	20	8	2	103	8.8	-3.6	368	74	29	0	413	7.9	—
1999	103	15	15	1	103	14.6	5.8	413	88	30	0	471	7.3	—
2000	103	18	32	0	89	31.1	11.7	471	95	35	1	531	7.4	—
2001	89	18	13	0	94	14.6	18.4	531	190	36	0	685	6.8	—
2002	94	38	7	0	125	7.4	14.7	685	216	42	0	859	6.1	—
2003	125	41	10	1	156	8.0	18.0	859	272	34	0	1 097	4.0	—
2004	156	37	10	0	183	6.4	8.5	1 097	326	61	3	1 362	5.6	—
2005	183	43	29	1	197	15.8	9.2	1 362	193	115	8	1 440	8.4	—
2006	197	22	39	0	180	19.8	13.5	1 440	101	157	1	1 384	10.9	—
2007	180	7	13	0	174	7.2	9.0	1 384	24	65	0	1 343	4.7	—

注：*表中的"指数收益率"是 CS/Tremont 对冲基金指数的年度复合收益率。由于 Lipper TASS 在将一个不报告财务数据的基金从活数据库转移到死数据库之前，通常要等待 8 到 10 个月，因此，截至 2007 年 8 月，活数据库中的很多不再报告财务数据的基金尚未被转移到死数据库，故而 2007 年的淘汰率是被严重低估的。

表2—11　Lipper TASS 对冲基金数据库中所有基金的淘汰率（1994年1月至2007年8月）按风格类型的分解、对应的 CS/Tremont 对冲基金指数收益率以及所管理资产的规模*

总淘汰率（%）按风格类型分解

年份	所有基金	可转换套利型	偏向卖空型	新兴市场型	股票市场中性型	事件驱动型	固定收益套利型	全球宏观型	做多/做空股票对冲型	管理期货型	多重策略型	基金的基金型
1994	1.3	0.0	0.0	0.0	0.0	0.0	0.0	0.2	0.0	0.7	0.4	0.0
1995	6.7	0.3	0.1	0.3	0.1	0.0	0.3	0.9	0.8	2.4	0.1	1.4
1996	10.2	0.4	0.1	0.4	0.0	0.3	0.2	1.2	1.3	4.2	0.1	1.9
1997	7.9	0.3	0.0	0.5	0.1	0.1	0.3	0.6	2.0	2.4	0.6	1.3
1998	8.4	0.4	0.0	1.7	0.1	0.3	0.9	0.2	1.9	1.6	0.2	1.2
1999	10.2	0.1	0.1	0.8	0.7	1.1	0.6	1.1	2.2	2.1	0.1	1.4
2000	10.7	0.1	0.0	1.4	0.7	1.1	0.4	1.5	2.9	1.4	0.1	1.6
2001	11.9	0.5	0.3	1.2	0.3	0.7	0.2	0.6	4.8	1.0	0.0	2.1
2002	11.0	0.1	0.1	0.5	0.8	0.8	0.3	0.2	4.6	1.3	0.2	1.8
2003	9.5	0.4	0.1	0.5	0.9	1.1	0.3	0.3	4.0	0.5	0.5	1.2
2004	10.9	0.7	0.1	0.3	1.3	1.1	0.2	0.4	3.9	0.6	0.5	1.8
2005	14.0	0.8	0.1	0.3	0.8	1.2	0.8	0.8	4.7	1.3	0.7	2.7
2006	16.0	0.6	0.0	0.5	0.9	2.2	0.8	1.0	5.0	1.2	0.5	3.3
2007	4.8	0.1	0.0	0.5	0.5	0.2	0.3	0.3	1.8	0.4	0.1	0.7
均值	9.9	0.3	0.1	0.6	0.5	0.7	0.4	0.7	2.9	1.6	0.3	1.7
标准差	3.5	0.2	0.1	0.5	0.5	0.6	0.3	0.4	1.7	1.0	0.2	0.8

各类型的 CS/Tremont 对冲基金指数收益率（%）

年份	所有基金	可转换套利型	偏向卖空型	新兴市场型	股票市场中性型	事件驱动型	固定收益套利型	全球宏观型	做多/做空股票对冲型	管理期货型	多重策略型	基金的基金型
1994	-4.4	-8.1	14.9	12.5	-2.0	0.7	0.3	-5.7	-8.1	12.0	—	—
1995	21.7	16.6	-7.4	-16.9	11.0	18.3	12.5	30.7	23.0	-7.1	11.9	—
1996	22.2	17.9	-5.5	34.5	16.6	23.1	15.9	25.6	17.1	12.0	14.1	—
1997	25.9	14.5	0.4	26.6	14.8	20.0	9.3	37.1	21.5	3.1	18.3	—
1998	-0.4	-4.4	-6.0	-37.7	13.3	-4.9	-8.2	-3.6	17.2	20.6	7.7	—
1999	23.4	16.0	-14.2	44.8	15.3	22.3	12.1	5.8	47.2	-4.7	9.4	—
2000	4.8	25.6	15.8	-5.5	15.0	7.3	6.3	11.7	2.1	4.2	11.2	—

年份	所有基金	可转换套利型	偏向卖空型	新兴市场型	股票市场中性型	事件驱动型	固定收益套利型	全球宏观型	做多/做空股票对冲型	管理期货型	多重策略型	基金的基金型
2001	4.4	14.6	-3.6	5.8	9.3	11.5	8.0	18.4	-3.7	1.9	5.5	—
2002	3.0	4.0	18.1	7.4	7.4	0.2	5.8	14.7	-1.6	18.3	6.3	—
2003	15.4	12.9	-32.6	28.8	7.1	20.0	8.0	18.0	17.3	14.1	15.0	—
2004	9.6	2.0	-7.7	12.5	6.5	14.5	6.9	8.5	11.6	6.0	7.5	—
2005	7.6	-2.5	17.0	17.4	6.1	9.0	0.6	9.2	9.7	-0.1	7.5	—
2006	13.9	14.3	-6.6	20.5	11.2	15.7	8.7	13.5	14.4	8.1	14.5	—
2007	8.7	4.0	4.8	12.1	5.6	11.9	1.7	9.0	9.0	2.2	8.1	—
均值	11.3	9.5	-1.3	11.6	10.1	12.1	6.6	14.1	12.9	6.8	10.7	—
标准差	9.9	10.2	14.6	22.1	5.2	5.2	6.2	12.3	14.3	8.4	4.1	—

管理资产总规模（百万美元）和各类型所占的百分比（%）

年份	所有基金	可转换套利型	偏向卖空型	新兴市场型	股票市场中性型	事件驱动型	固定收益套利型	全球宏观型	做多/做空股票对冲型	管理期货型	多重策略型	基金的基金型
1994	49 642.0	1.8	0.3	10.4	1.1	8.4	4.2	22.8	21.4	6.3	9.2	13.9
1995	61 413.0	1.6	0.3	8.5	1.2	8.7	5.1	20.5	22.4	4.7	10.8	16.1
1996	82 303.0	2.0	0.3	9.0	1.9	9.2	6.5	19.3	23.0	3.4	9.1	16.3
1997	127 488.0	2.5	0.3	9.5	2.5	9.5	7.3	19.6	22.4	1.8	8.4	16.3
1998	131 817.0	2.8	0.5	5.3	4.1	12.4	6.8	17.4	23.5	2.8	7.6	16.8
1999	156 093.0	2.7	0.4	5.8	5.2	12.0	5.1	10.3	31.7	2.8	7.3	16.6
2000	177 312.0	3.3	0.5	4.1	6.7	13.8	4.3	3.2	37.7	2.4	6.4	17.5
2001	219 054.0	6.7	0.4	3.4	7.6	14.6	4.7	2.0	32.4	2.7	6.9	18.6
2002	244 514.0	7.3	0.2	3.8	7.2	13.9	6.4	2.5	27.2	3.6	7.0	20.9
2003	347 314.0	6.9	0.1	5.3	5.6	14.1	5.8	4.2	23.3	4.9	7.7	22.1
2004	479 392.0	5.7	0.1	5.9	4.5	14.9	6.1	4.4	21.6	4.9	7.9	24.1
2005	538 150.0	3.1	0.1	7.2	3.7	16.1	5.8	4.3	23.6	4.6	8.4	23.1
2006	621 039.0	3.1	0.1	8.4	3.6	15.3	5.1	4.8	24.7	4.8	7.7	22.5
2007	653 843.0	1.5	0.3	8.9	3.5	14.1	5.2	4.8	25.8	4.5	9.3	22.4
均值	248 887.0	3.8	0.3	6.7	4.2	12.5	5.6	10.4	25.8	3.8	8.0	18.8
标准差	189 445.0	2.1	0.2	2.3	2.2	2.7	1.0	7.5	4.7	1.3	1.3	3.3

注：由于 Lipper TASS 在将一个不报告财务数据的基金从活数据库转移到死数据库之前，通常要等待 8 到 10 个月，因此，截至 2007 年 8 月，活数据库中的很多不再报告财务数据的基金还没有被转移到死数据库，故而 2007 年的淘汰率是被严重低估的。因此，表中的三个部分所列出的均值和标准差都是用 1994—2006 年间的数据计算的。

3

序列相关、经平滑的收益率和粘滞性

从第 2 章概述的对冲基金收益率的基本实证特性可以清楚地看出，对冲基金收益率最引人瞩目的特征变量是序列相关性。这多少有点令人惊讶，因为序列相关性常常是与市场的效率缺失（inefficiencies）联系在一起的（虽然这一观点并不正确），这隐含着对随机游走假说（Random Walk Hypothesis）的违背和收益率的可预测性。这与一个流行的观念，即对冲基金行业吸引了金融服务部门最优秀的、最聪明的基金经理，似乎是不一致的。尤其是，如果一个基金经理所实现的收益率是可以预测的，则意味着他的投资策略不是最优的。如果能够可靠地预测出他下个月能获得的收益率是正的，那么他本月就应该利用这种预测来提高仓位；如果预测结果相反，那么就应该进行相反的操作。通过利用这种可预测性，基金经理最终会消除这种可预测性，这与 Samuelson（1965）的原创性论文《被恰当预期的价格将服从随机波动之证明》是一致的。鉴于创造出可盈利的投资策略能给对冲基金经理们带来巨大的利益激励，因此市场上似乎不太可能存在显著的、未被利用的可盈利机会。

　　然而，Getmansky，Lo and Makarov（2004）认为，在大多数情况下，对冲基金收益率中的序列相关性不是未被利用的可盈利机会所导致的，而更可能是因为基金中包含着粘滞性证券——即交易不活跃、并不总是能够形成市场价格的证券。在这种情况下，持有粘滞性证券的基金所报告的收益率比真实的经济收益率——即充分反映了关于这些证券的所有可以获得的市场信息的收益率——显得平滑一些，这转而导致收益率方差的估计值中存在向下的偏差，并导致收益率具有正的序列相关性。在所报告的收益率中出现这种伪序列相关性和有偏的样本矩的现象并不新鲜。在关于不同时交易的文献中，这种现象已被大量地推导并实证研究过了。不同时交易指的是证券价格是在不同时间录得的，但是却被错误地当做是同时录得的。① 然而，这方面的文献一直只关注股票市场微观结构的影响，将其当做不同时性——在不同时刻设定的收盘价或者"过时的"价格（stale prices）——的来源，其中时间错置（temporal displacement）的程度是分钟、小时或者在极端的情况下是几天。② 对于对冲基金而言，我们为其收益率的序列相关性建模，将其作为粘滞性敞口的结果，而不同时交易则可能是粘滞性的一种表现或者副产品，但它并不是那种能影响对冲基金收益率的粘滞性的唯一方面。即便价格是被同时抽样的，但是如果证券交易不活跃，还是有可能得到高度序列相关的收益率。③ 因此，虽然粘滞性的这一正式计量经济学模型与不同时交易文献中的那些模型类似，但是其动机则要宽泛得多——交易不活跃的证券的价格的线性外推、被平滑的证券公司（broker-dealer）报价的使用、控制仓位和其他监管要求所导致的交易

① 例如，《华尔街日报》上报出的金融证券的日度价格通常是收盘价，即在前一交易日每个证券的最后一笔交易的价格。如果证券 A 的最后一笔交易发生在下午 2：00，证券 B 的最后一笔交易发生在下午 4：00，则证券 B 的收盘价中包含着在证券 A 的收盘价被确定时所得不到的信息。这会导致在资产收益率中出现伪序列相关性，这是因为经济系统的冲击总是首先反应在交易最活跃的证券的价格上，交易不太活跃的证券价格要经过一个时滞才会做出反应。即便证券 A 和证券 B 之间不存在统计关系，仅仅因为我们错误地假设它们的价格是同时测定的，也会导致它们所报告的收益率中出现序列相关性和交叉相关性。Fisher（1966）是最早认识到不同时报价可能带来影响的人之一。之后，Atchison，Butler and Simonds（1987）；Dimson（1979）；Cohen et al.（1983a，1983b）；Shanken（1987）；Cohen et al.（1978，1979，1986）；Kadlec and Patterson（1999）；Lo and MacKinlay（1988，1990a）以及 Scholes and Williams（1977）等人开发出越来越多显性的无交易模型（models of nontrading）。关于这方面文献的更详细综述，请参见 Campbell，Lo and MacKinlay（1997，第 3 章）。
② 对于这种应用，Lo and MacKinlay（1988，1990a）以及 Kadlec and Patterson（1999）证明，不同时交易无法解释过去 30 年美国股票的等权重投资组合与市值加权投资组合的月度收益率中的全部序列相关性。
③ 实际上，对于大多数对冲基金来说，收益率是按月计算的，因此为一个基金持有的证券定价或者"按市价计算市值"通常是在每月的最后一个交易日同时发生的。

约束、在某些情况下刻意采用的业绩平滑行为以及对参数估计值的相应解释——都必须相应地进行修正。

抛开对冲基金收益率被平滑和引入序列相关性的特定机制不谈，它们的共同主旨和背后的推动力都是粘滞性敞口；并且，虽然我们认为大多数对冲基金收益率的序列相关性的来源是虚假的，但是序列相关性的经济影响却可能是相当真实的。例如，伪序列相关性会导致我们得到误导性的业绩统计量，如波动率、夏普比率、相关系数以及市场贝塔估计值，而投资者通常使用这些统计量来决定是否投资于一个基金、在一个基金上配置多少资金、他们能够承受何种程度的风险敞口以及何时赎回自己的投资。另外，伪序列相关性会导致财富在新投资者、既存的投资者和正要离开的投资者之间转移，这种转移的方式，与使用单个证券的过时价格来计算共同基金的净资产价值会导致财富在买入并持有型投资者和日内交易者（day traders）之间转移是一样的（如参见 Boudoukh et al. 2002）。

在第3.1节中，我们将提出一个关于经平滑的收益率的明确的计量经济学模型；在第3.2节中，将讨论其对诸如均值、标准差和夏普比率等常用的业绩统计量的影响。我们发现，即使对于比较温和的平滑方式来说，所引入的序列相关性和对夏普比率的影响也可能是相当显著的；为了对其有进一步的理解，我们还给出了几种特定的平滑模式（smoothing profiles）。

3.1　经平滑的收益率的一个计量经济学模型

对于金融资产收益率的序列相关性，有几种可能的解释，如时变（time-varying）期望收益率、时变杠杆率以及根据历史最高业绩记录（high-water marks）[1] 计算的业绩提成费。然而，在详细考虑了这些可能

---

[1]　"历史最高业绩记录（high - water marks）"是很多对冲基金的重要特点之一。当一个对冲基金的单位净值在某年创下新高时，这个新高就是一个"历史最高业绩记录"。在以后的年份中，只有当净值超出这一历史最高业绩记录时，基金管理者才能收取业绩提成费（按新的净值与历史最高业绩记录之差的一个比例来收取），否则不能收取业绩提成费。例如，某对冲基金以每单位100元的价格接受投资者认购，在第一年单位净值升至140元，基金经理按（例如）20%的比例收取业绩提成费8元。次年资产净值降至120元，低于历史最高业绩记录（即140元），则不能收取业绩提成费。第三年净值增长到130元，仍低于历史最高业绩记录（140元），因此不能收取业绩提成费。第四年增长到170元，高出历史最高业绩记录30元，因此基金经理可以从中收取20%的业绩提成费，即6元。此后，170元就成为新的最高业绩记录。因此，如果基金经理没有信心在短期内超过历史最高业绩记录，就倾向于将基金清盘，从头再来——译者注。

的解释后，Getmansky，Lo and Makarov（2004）得出结论：对于对冲基金而言，最合理的解释是粘滞性和经平滑的收益率。虽然粘滞性和经平滑的收益率是两种截然不同的现象，但是将二者放在一起考虑是很重要的，因为它们能互相促进——理论和实证证据都表明，在不存在交易成本和其他市场摩擦的情况下，交易活跃的证券的收益率不可能是非常平滑的。

正如上文已讨论过的，不同时交易是对冲基金收益率中的序列相关性的一个合理的来源。Lo and MacKinlay（1988，1990a）以及 Kadlec and Patterson（1999）的研究结论认为，单单通过不同时交易效应，难以在美国股票投资组合的周度收益率中产生远大于 10% ~ 15% 的序列相关性。与他们的结论相反，我们认为，对于对冲基金而言，可以将粘滞性和经平滑的收益率结合起来，来解释那种明显较高的序列相关性，而不同时交易则是其中的一个特例。为了说明这是为什么，注意关于不同时交易的文献中涉及到的实证分析都只关注场内交易证券的收益率，而不关注对冲基金收益率，因此他们的结论与这里所讨论的情况无关。例如，Lo and MacKinlay（1990a）认为，若要引入 30% 的序列相关性，则平均起来，这些证券必须有几天不进行交易。他们认为，对于大多数场内交易的美国证券来说，这么长的无交易时间段是不现实的。然而，对于很多对冲基金持有的证券类型——例如新兴市场债务、房地产、受限证券、上市公司的受控头寸（control position）、资产支持证券以及其他新型的柜台衍生品——来说，这样的无交易时间段就现实得多。因此，这种程度的不同时交易也许能够解释所观测到的对冲基金收益率中的序列相关性。

但是，即便价格是被同时测定的——对许多基金来说正是这样，它们在月底盯市计算其投资组合的价值，以便得到一个净资产价值，投资者可以按这一净值买入或赎回基金——粘滞性敞口也可以通过另外几个渠道在所报告的对冲基金收益率中引入序列相关性。除了不同时交易效应外，用来确定粘滞性证券的公允价值或市值标记（marks）① 的简单方法也会给

① 当证券无法形成市场价格时（比如因重大资产重组停牌一段时间），基金为了计算其投资组合的净资产价值，必须计算出该证券的价值（本书中称为"盯市"），这时可以采取各种估值方法来确定其公允价值。正文中所举的例子是用线性外推确定一个价格，再计算出公允价值。由于公允价值并不是真实的市场价值，因此将这里的"marks"译为"市值标记"，以便与"市值"相区别——译者注。

收益率带来序列相关性。例如，计算粘滞性证券价值的一个办法是从最新的交易价格（对于新兴市场债务来说，这一最新的交易价格可能是数月之前产生的）进行线性外推，这样得到的价格路径是一条直线，或者充其量是一系列直线。与真实的经济收益率（即在交易充分活跃、所有可以获得的信息都能反映进证券价格的市场上，用市场价格（mark-to-market prices）计算得到的收益率）相比，根据这样的市值标记计算出来的收益率比较平滑，表现出较低的波动性和较高的序列相关性。当然，对于比较容易成交的证券和比较有深度的市场①来说，市场价格比较容易获得，就不必计算线性外推的市值标记了，因而序列相关性也不再是一个大问题。但是，对于交易不频繁的证券，或者在很长的时间内完全没有进行交易的证券来说，盯市计算它们的价值常常是一件费时费力的工作，难以频繁进行。② 因而，在本书中，我们认为序列相关性可被视做基金流动性敞口的一个代理变量。

即便一个对冲基金经理不使用任何形式的线性外推来计算其投资组合中证券的价值，但是只要他是从采取了这种外推方法的证券公司那里得到这些市值标记的，那么他还是可能会碰到经平滑的收益率。例如，考虑一个严谨的对冲基金经理的例子，他试图从三家独立的证券公司那里得到自己所持有的投资组合中每一只证券的买入/卖出报价，然后按照三个报价的中间价的平均值来计算每个证券的市值标记，这样在每月月底即可得到自己的投资组合的最精确的市值标记。在对报价的中间价进行平均时，该基金经理就在不经意间低估了价格的波动率；并且，如果任一证券公司在计算报价的时候采用了线性外推的方法（的确有很多证券公司是这么做的，这也是不得已而为之，因为对于最粘滞的证券来说，除这种方法之外，他们无计可施），或者如果它们因为成交清淡而没能更新报价，那么在报告的收益率中也会引入序列相关性。

最后，导致对冲基金所报告的收益率中出现序列相关性的一个更常见

---

① 有深度的市场（deep market），是指即使大量证券进行交易也不会影响价格的证券市场——译者注。

② Liang（2003）对对冲基金收益率的精确度进行了严谨的分析，该分析强调按市价计算投资组合的价值所带来的问题。

的渠道是"业绩平滑"（performance smoothing）。这是一种不道德的行为，即在获取正收益的月份里只报告收益的一部分，以便未来发生亏损时能部分地抵消掉亏损，从而降低波动率，并改善经风险调整之后的业绩衡量指标，例如夏普比率等。对于那些持有流动性高、易于按市价盯市计算市值的证券的基金来说，要进行业绩平滑是比较困难的，因此也不太受关注。的确，只有对于包含粘滞性证券的投资组合，基金经理和经纪人在盯市计算其所持头寸的价值时才拥有裁量权。各种证券法规和会计准则通常都禁止这种行为，在将经平滑的收益率解释为故意尝试操纵业绩统计量时，必须格外小心。别忘了，正如上文所讨论的，当存在粘滞性时，还有其他许多因素可导致序列相关性，其中没有一个因素是受欺诈驱使的。不过，基金经理在计算粘滞性证券——例如未经注册的私募基金和风险资本投资中的裁量性应计科目（discretionary accruals）——的价值时，确实拥有一定的自由度，并且 Chandar and Bricker（2002）总结认为，的确有一些封闭型共同基金的经理使用会计上的裁量权来操纵基金收益率，使之围绕一个消极的基准上下波动。因此，在对有关经平滑的收益率的任何实证分析结果进行解读时，必须牢牢记住：在监管较少的对冲基金行业里，有可能发生刻意平滑业绩的行为。

为了对序列相关性的所有这些可能来源的影响进行量化，记 R_t 为一个对冲基金在时期 t 内的真实经济收益率，且令 R_t 满足如下线性单因子模型：

$$R_t = \mu + \beta\Lambda_t + \epsilon_t, \quad \mathrm{E}[\Lambda_t] = \mathrm{E}[\epsilon_t] = 0 , \quad \epsilon_t, \Lambda_t \sim \mathrm{IID} \tag{3.1a}$$

$$\mathrm{Var}[R_t] \equiv \sigma^2 \tag{3.1b}$$

真实收益率代表了在一个无摩擦的市场上能够决定该基金所持有证券的均衡价值的信息流。然而，真实的经济收益率是观测不到的。我们代之以用 R_t^o 来表示在时期 t 内报告的或称观测到的收益率，且令：

$$R_t^o = \theta_0 R_t + \theta_1 R_{t-1} + \cdots + \theta_k R_{t-k} \tag{3.2}$$

$$\theta_j \in [0,1], \quad j = 0,\cdots,k \tag{3.3}$$

$$1 = \theta_0 + \theta_1 + \cdots + \theta_k \tag{3.4}$$

它是该对冲基金在最近 $k+1$ 期（包括当前这一期）的真实收益率的加权平均。

这个加权平均过程在几个方面反映出了经平滑的收益率的本质。从粘滞性驱动的平滑（illiquidity-driven smoothing）的角度来看，式（3.2）与关于不同时交易的文献中的几个模型是一致的。例如，Cohen et al（1986，第6.1章）建议对观测到的收益率采用一个相似的加权平均模型。[①] 另外，可以将式（3.2）看做是在无法获得市场价格时，采用购买价格的简单线性外推来计算投资组合的价值所得到的结果，或者看做是按模型计算的收益率（mark-to-model returns）。其中，定价模型是随着时间的推移缓慢变化的。另外，式（3.2）当然还反映了刻意的业绩平滑行为。

式（3.4）是一个约束条件，即权重之和等于1。它隐含着在第 t 期给基金带来业绩的信息最终将被充分地反映在所观测到的收益率之中，但是这个过程要花（$k+1$）期才能反映完毕（从该信息产生的时点算起）。[②] 对于对冲基金来说，这是一个合理的约束，原因有如下几个：首先[③]，即便最粘滞的证券最终也会交易，并且一旦交易发生，所有影响该证券的、累积起来的信息就会被充分地反映在它的交易价格之中。因此，应当选择合适的参数 k，以便与基金的粘滞性类型相匹配。例如，与一个私募股权基金相比，一个主要持有场内交易的美国股票的基金所要求的 k 值就要小得多。另外，在刻意平滑业绩的情况下，基金必须定期对业绩进行外部审

---

① 尤其是，他们对于观测到的收益率所设定的模型是：

$$r_{j,t}^o = \sum_{l=0}^{N} (\gamma_{j,t-l,l} r_{j,t-l} + \theta_{j,t-l})$$

其中，$r_{j,t-l}$ 是证券 j 在第 $t-l$ 期真实的但是观测不到的收益率。

假设系数 $\{\gamma_{j,t-l,l}\}$ 之和为1，$\theta_{j,t-l}$ 是一个随机变量，用来刻画"买入价/卖出价回弹"（bid/ask bounce）。作者这样描述他们对不同时交易采用这一设定的动机（p. 116）："换句话说，$\gamma_{j,t,0}$，$\gamma_{j,t,1}$，…，$\gamma_{j,t,N}$ 组成了一个滞后分布（delay distribution），它们表明了第 t 期产生的真实收益率是如何影响第 t 期和接下来 N 期的实际观测的收益率的。"换言之，不同时交易的本质特性是这样一个事实，即在时点 t 产生的信息可能直到若干期之后才能充分地反映进价格之中。

② 在 Lo and MacKinlay（1990a）的不同时交易模型中，他们建议采用一个随机的无交易时间段（nontrading horizon）。这样一来，观测到的收益率就是过去真实收益率的一个无穷阶移动平均，其系数是随机的。在这个模型框架中，等待信息充分反映进未来的收益率的时间可能是非常长的（但是概率也会越来越小）。

③ 这里的"如下"、"首先"都是译者根据上下文自己加的——译者注。

计的要求，对这种刻意的平滑行为所能持续的程度是一个作用有限的限制。[①]

3.2 对业绩统计量的影响

给定第 3.1 节中概述的平滑机制，对观测到的收益率的统计特性有如下影响：

命题 3.2.1（Getmansky，Lo and Makarov，2004）。在式（3.2）~（3.4）的条件下，观测到的收益率的统计特性可被表征如下：

$$E[R_t^o] = \mu \tag{3.5}$$

$$\text{Var}[R_t^o] = c_\sigma^2 \sigma^2 \leqslant \sigma^2 \tag{3.6}$$

$$\text{SR}^o \equiv \frac{E[R_t^o]}{\sqrt{\text{Var}[R_t^o]}} = c_s \text{SR} \geqslant \text{SR} \equiv \frac{E[R_t]}{\sqrt{\text{Var}[R_t]}} \tag{3.7}$$

$$\beta_m^o \equiv \frac{\text{Cov}[R_t^o, \Lambda_{t-m}]}{\text{Var}[\Lambda_{t-m}]} = \begin{cases} c_{\beta,m}\beta & \text{若 } 0 \leqslant m \leqslant k \\ 0 & \text{若 } m > k \end{cases} \tag{3.8}$$

$$\text{Cov}[R_t^o, R_{t-m}^o] = \begin{cases} \left(\sum_{j=0}^{k-m} \theta_j \theta_{j+m}\right)\sigma^2 & \text{若 } 0 \leqslant m \leqslant k \\ 0 & \text{若 } m > k \end{cases} \tag{3.9}$$

$$\text{Corr}[R_t^o, R_{t-m}^o] = \frac{\text{Cov}[R_t^o, R_{t-m}^o]}{\text{Var}[R_t^o]} = \begin{cases} \dfrac{\sum_{j=0}^{k-m} \theta_j \theta_{j+m}}{\sum_{j=0}^{k} \theta_j^2} & \text{若 } 0 \leqslant m \leqslant k \\ 0 & \text{若 } m > k \end{cases} \tag{3.10}$$

其中，$c_\mu \equiv \theta_0 + \theta_1 + \cdots + \theta_k$ (3.11)

$$c_\sigma^2 \equiv \theta_0^2 + \theta_1^2 + \cdots + \theta_k^2 \tag{3.12}$$

$$c_s \equiv 1/\sqrt{\theta_0^2 + \theta_1^2 + \cdots + \theta_k^2} \tag{3.13}$$

$$c_{\beta,m}\beta \equiv \theta_m \tag{3.14}$$

---

① 实际上，如果一个基金只允许投资者在事先设定的时间段内投资和赎回，而对这些时间段之间的时间间隔则进行锁定，并且外部审计也只能在这些事先设定的时间段内进行，则可能会有人认为业绩平滑是无关紧要的。例如，如果一个基金为了便于投资者赎回和吸引新的投资而每年提供一次赎回机会并进行一次外部审计（在审计中，其净资产价值由一个利益无关的第三方所决定），则没有投资者会因为投资它而蒙受损失。然而，至少还有两个值得关心的问题有待解决——历史的业绩跟踪记录还是受着经平滑的收益率的影响，并且基金流动性敞口的估计值也受到影响——在一个典型的对冲基金投资者的总体投资过程中，这两个问题都是重要的考虑因素。另外，还有一个问题，即第三方审计人是否确实是客观的，与基金之间没有任何利益关系。

命题3.2.1表明，以式（3.2）～（3.4）的形式给出的经过平滑的收益率不会影响 R_t^o 的期望值，但是会降低它的方差，因此也就把观测到的收益率的夏普比率放大了 c_s 倍。从式（3.8）可以看出，平滑行为也会影响观测到的收益率的同期市场贝塔 β_0^o，使它偏向 0，或者说偏向"市场中性"，并且在当期观测到的收益率与一直到滞后 k 阶的市场收益率之间引入相关性。这为 Asness，Krail and Liew（2001）的实证分析提供了一个正式的解释。他们在分析中发现很多对冲基金尽管具有相对较低的同期市场贝塔，但是也具有相当显著的滞后期市场敞口。

根据式（3.10），经平滑的收益率还展示出直到 k 阶的、正的序列相关性，并且这种效应的大小由权重 $\{\theta_j\}$ 的分配模式所决定。例如，如果权重不成比例地集中分配在少数几个滞后项上，则引入的序列相关性就相对很小。然而，如果这些权重被均匀地分配在许多滞后项上，就会引起较高的序列相关性。衡量权重集中程度的一个有用的概括性统计量是：

$$\xi \equiv \sum_{j=0}^{k} \theta_j^2 \in [0,1] \tag{3.15}$$

它也就是式（3.10）的分母。在关于产业组织的文献中，这一指标就是著名的赫芬达尔指数（Herfindahl index），用来衡量一个给定行业中企业的集中度，其中 θ_j 代表企业 j 所占的市场份额。由于 $\theta_j \in [0,1]$，因此 ξ 也被限定在 1 以内。当所有的 θ_j 都相等时，ξ 就被最小化了，且等于 $1/(k+1)$；当其中一个权重等于 1，其他的都等于 0 时，$\xi = 1$。对于经平滑的收益率而言，ξ 越小意味着越平滑，ξ 等于上限 1 则意味着没有平滑，因此我们将 ξ 称为平滑指数（smoothing index）。

在各个权重相等的特殊情况下，对于 $j = 0, \cdots, k$，$\theta_j = 1/(k+1)$，观测到的收益率的序列相关性具有如下特别简单的形式：

$$\text{Corr}[R_t^o, R_{t-m}^o] = 1 - \frac{m}{k+1}, \quad 1 \le m \le k \tag{3.16}$$

它随着 m 的增大而线性地下降。即便 k 的值较小，也可以得到很大的相关系数——例如，如果 $k = 2$，即平滑行为只发生在当前的季度（即本月和前两个月），则观测到的月度收益率的一阶自相关系数是 66.7%。

为了弄清楚在收益率平滑机制（3.2）～（3.4）下，观测到的收益率偏离真实收益率的程度，我们把 T 个持有期内的观测收益率的累积值与真实收益率的累积值之差记为 $\Delta(T)$，其中假设 $T > k$：

$$\Delta(T) \equiv (R_1^o + R_2^o + \cdots + R_T^o) - (R_1 + R_2 + \cdots + R_T) \tag{3.17}$$

$$= \sum_{j=0}^{k-1} (R_{-j} - R_{T-j})\left(1 - \sum_{i=0}^{j} \theta_i\right) \tag{3.18}$$

然后有如下命题：

命题 3.2.2（Getmansky，Lo and Makarov，2004）。在式（3.2）~（3.4）下，对于 $T > k$，有如下关系式：

$$E[\Delta(T)] = 0 \tag{3.19}$$

$$\mathrm{Var}[\Delta(T)] = 2\sigma^2 \sum_{j=0}^{k-1}\left(1 - \sum_{l=0}^{j} \theta_l\right)^2 = 2\sigma^2 \zeta \tag{3.20}$$

$$\zeta \equiv \sum_{j=0}^{k-1}\left(1 - \sum_{l=0}^{j} \theta_l\right)^2 \leqslant k \tag{3.21}$$

命题 3.2.2 表明，观测到的收益率与真实收益率的累积差值（cumulative difference）的期望值是 0，方差的上界是 $2k\sigma^2$。

为了更加深入地研究经平滑的收益率对观测到的收益率的影响，Getmansky，Lo and Makarov（2004）考虑了如下三组特定的权重 $\{\theta_j\}$ 或者平滑模式：①

$$\theta_j = \frac{1}{k+1} \text{（直线模式）} \tag{3.22a}$$

$$\theta_j = \frac{k+1-j}{(k+1)(k+2)/2} \text{（年数总和模式）} \tag{3.22b}$$

$$\theta_j = \frac{\delta^j(1-\delta)}{1-\delta^{k+1}}, \delta \in (0,1) \text{（几何模式）} \tag{3.22c}$$

直线平滑模式赋予每个收益率相等的权重。相反，年数总和模式和几何模式则赋予当期的收益率最大的权重，然后给滞后的收益率赋予单调递减的权重，其中年数总和模式的权重是线性递减的，几何模式的权重则递减得更快一些（如图 3—1 所示）。

关于这三种平滑模式更详细的信息可以参见表 3—1。该表的第一个

---

① 研究会计学的学者们会发现，这些平滑模式就是计算折旧的常用方法。事实上，采用这些折旧方案的动机与经平滑的收益率之间并不是完全没有关系的。

部分列示了平滑系数 $\{\theta_j\}$，常数 $c_{\beta,0}$，c_σ，c_s 和 ζ，以及 $k=0$，1，…，5
时采用直线模式观测到的收益率的前三阶自相关系数。考虑当 $k=2$ 时的
情况。虽然此时平滑期间只有相对较短的 3 个月，但是其影响却是很大
的：平滑行为使市场贝塔降低了 67%，使夏普比率升高了 73%，在观测
到的收益率中引入的一阶和二阶序列相关系数分别是 67% 和 33%。另外，
观测到的收益率与真实收益率的累积差值的方差 $2\sigma^2\zeta$ 仅仅略大于月度真
实收益率的方差 σ^2，这意味着即便随着时间的推移，要想确定这些经平
滑的收益率的类型也是困难的。

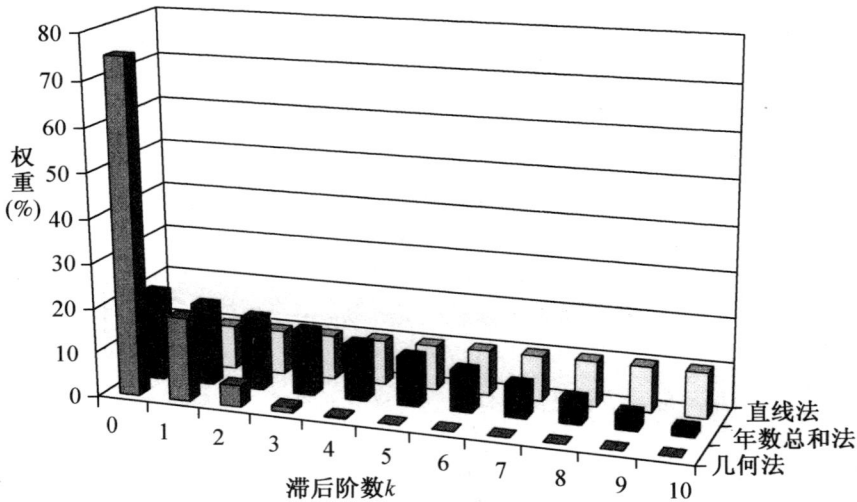

图 3—1　$k=10$ 时的直线法、年数总和法与几何法等平滑模式

随着 k 的增长，这种影响将变得越来越显著——当 $k=5$ 时，市场贝
塔降低了 83%，夏普比率提高了 145%，前三阶自相关系数分别是 83%、
67% 和 50%。然而，在这一极端例子中，真实收益率与观测到的收益率
的累积差值的方差大约是真实的月度收益率的方差的 3 倍，此时从已经实
现的收益率中识别出平滑行为就比较容易了。

对于相同的 k 值，年数总和平滑模式和直线模式的情况相似，不过没
有那么极端，因为此时当期的收益率被赋予了更大的权重。例如，即

表 3—1 业绩统计量的平滑模式的影响*

k	θ_0(%)	θ_1(%)	θ_2(%)	θ_3(%)	θ_4(%)	θ_5(%)	c_β	c_σ	c_s	ρ_1^q(%)	ρ_2^q(%)	ρ_3^q(%)	ρ_4^q(%)	ρ_5^q(%)	ζ(%)
						直线平滑模式									
0	100.0	—	—	—	—	—	1.00	1.00	1.00	0.0	0.0	0.0	0.0	0.0	—
1	50.0	50.0	—	—	—	—	0.50	0.71	1.41	50.0	0.0	0.0	0.0	0.0	25.0
2	33.3	33.3	33.3	—	—	—	0.33	0.58	1.73	66.7	33.3	0.0	0.0	0.0	55.6
3	25.0	25.0	25.0	25.0	—	—	0.25	0.50	2.00	75.0	50.0	25.0	0.0	0.0	87.5
4	20.0	20.0	20.0	20.0	20.0	—	0.20	0.45	2.24	80.0	60.0	40.0	20.0	0.0	120.0
5	16.7	16.7	16.7	16.7	16.7	16.7	0.17	0.41	2.45	83.3	66.7	50.0	33.3	16.7	152.8
						年数总和平滑模式									
0	100.0	—	—	—	—	—	1.00	1.00	1.00	0.0	0.0	0.0	0.0	0.0	—
1	66.7	33.3	—	—	—	—	0.67	0.75	1.34	40.0	0.0	0.0	0.0	0.0	11.1
2	50.0	33.3	16.7	—	—	—	0.50	0.62	1.60	57.1	21.4	0.0	0.0	0.0	27.8
3	40.0	30.0	20.0	10.0	—	—	0.40	0.55	1.83	66.7	36.7	13.3	0.0	0.0	46.0
4	33.3	26.7	20.0	13.3	6.7	—	0.33	0.49	2.02	72.7	47.3	25.5	9.1	0.0	64.9
5	28.6	23.8	19.0	14.3	9.5	4.8	0.29	0.45	2.20	76.9	54.9	35.2	18.7	6.6	84.1
						几何平滑模式($\delta = 0.25$)									
0	100.0	—	—	—	—	—	1.00	1.00	1.00	0.0	0.0	0.0	0.0	0.0	—
1	80.0	20.0	—	—	—	—	0.80	0.82	1.21	23.5	0.0	0.0	0.0	0.0	4.0
2	76.2	19.0	4.8	—	—	—	0.76	0.79	1.27	24.9	5.9	0.0	0.0	0.0	5.9
3	75.3	18.8	4.7	1.2	—	—	0.75	0.78	1.29	25.0	6.2	1.5	0.0	0.0	6.5
4	75.1	18.8	4.7	1.2	0.3	—	0.75	0.78	1.29	25.0	6.2	1.6	0.4	0.0	6.6
5	75.0	18.8	4.7	1.2	0.3	0.1	0.75	0.77	1.29	25.0	6.2	1.6	0.4	0.1	6.7
						几何平滑模式($\delta = 0.50$)									
0	100.0	—	—	—	—	—	1.00	1.00	1.00	0.0	0.0	0.0	0.0	0.0	—
1	66.7	33.3	—	—	—	—	0.67	0.75	1.34	40.0	0.0	0.0	0.0	0.0	11.1
2	57.1	28.6	14.3	—	—	—	0.57	0.65	1.53	47.6	19.0	0.0	0.0	0.0	20.4
3	53.3	26.7	13.3	6.7	—	—	0.53	0.61	1.63	49.4	23.5	9.4	0.0	0.0	26.2
4	51.6	25.8	12.9	6.5	3.2	—	0.52	0.60	1.68	49.9	24.6	11.7	4.7	0.0	29.6
5	50.8	25.4	12.7	6.3	3.2	1.6	0.51	0.59	1.71	49.9	24.9	12.3	5.9	2.3	31.4

注：*三种不同平滑模式对一个具有真实收益率为独立同分布(IID)的基金的市场贝塔、标准差、夏普比率的影响。直线平滑模式、年数总和平滑模式和几何平滑模式的收益率的贝塔和序列相关系数的影响。直线平滑模式由 $\theta_j = 1/(k+1)$ 给定；年数总和平滑模式由 $\theta_j = (k+1-j)/[(k+1)(k+2)/2]$ 给定；几间平滑模式由 $\theta_j = \delta^j(1-\delta)/(1-\delta^{k+1})$ 给定。c_β、c_σ 和 c_s 分别表示观测到的收益率的贝塔和夏普比率所对应的收益率的第 j 阶自相关系数；ρ_j^q 表示观测到的第 j 阶自相关系数；ζ 则表示真实收益率与观测到的收益率的累积差值的方差值成比例。

使在 $k = 5$ 的极端情况下，年数总和模式也只能将市场贝塔降低71%，将夏普比率提高120%，引入的前三阶自相关系数分别是77%、55%和35%。真实收益率与观测到的收益率的累积差值的方差大约是真实的月度收益率的方差的1.6倍。

　　表3—1的后两个部分列示了当 δ 取0.25和0.50时几何平滑模式的结果。当 $\delta = 0.25$ 时，对于 k 的任何取值，几何平滑模式对当期收益率赋予的权重均比前两种平滑模式大；因此，平滑的影响也就没那么大了。即使在 $k = 5$ 的极端情况下，观测到的收益率中也包含了当期真实收益率的75%，市场贝塔只被降低了25%，夏普比率只被提高了29%，前三阶自相关系数分别是25%、6%和1%。真实收益率与观测到的收益率的累积差值的方差大约是真实月度收益率的方差的13%。随着 δ 的增长，当期观测上被赋予的权重将越来越小，对业绩统计量的影响也会越来越显著。当 $\delta = 0.50$ 且 $k = 5$ 时，几何平滑模式可以使市场贝塔降低49%，夏普比率提高71%，引入的前三阶自相关系数分别是50%、25%和12%，且真实收益率与观测到的收益率的累积差值的方差大约是真实月度收益率的方差的63%。

　　表3—1中的结果表明，即便是简单的平滑模式，也可能导致很大的偏差。即便是很草率的实证分析也会发现，经过平滑的收益率可能是对冲基金收益率中的序列相关性的一个重要来源。为了直接研究这个问题，在第3.3和3.4节中，我们提出了一个用于对平滑模式进行估计并对业绩统计量进行相应调整的方法。

3.3　对平滑模式的估计

　　虽然用基金收益率的样本矩（如均值、方差和自相关系数）很容易估计出第3.2节式（3.22）中的三种平滑模式的参数，但是我们希望估计出更一般的平滑模式。因此，在本节中，我们建议采用两个估计方法——最大似然估计和线性回归，它们对基金的平滑模式所施加的约束比式（3.22）中的三个例子要少。我们首先对一个 MA（k）过程稍加修正，使之符合我们所讨论的问题和约束条件，并回顾该 MA（k）过程的最大似然估计法的步骤。为此，我们把经过去均值处理的、观测到的收益率过

程 X_t 定义为：

$$X_t = R_t^o - \mu \tag{3.23}$$

且注意到式（3.2）~（3.4）隐含着 X_t 具有如下性质：

$$X_t = \theta_0 \eta_t + \theta_1 \eta_{t-1} + \cdots + \theta_k \eta_{t-k} \tag{3.24}$$

$$1 = \theta_0 + \theta_1 + \cdots + \theta_k \tag{3.25}$$

$$\eta_k \sim \mathcal{N}(0, \sigma_\eta^2) \tag{3.26}$$

其中，为了能进行估计，我们对参数施加了一个假设（3.26），即 η_k 是服从正态分布的。从式（3.24）中可知，X_t 显然是一个 k 阶移动平均过程，或者记为 MA（k）。众所周知，一组给定的观测 $\mathbf{X} \equiv [X_1 \cdots X_T]'$ 的似然函数是：

$$\mathcal{L}(\theta, \sigma_\eta) = (2\pi)^{-T/2} (\det \Gamma)^{-1/2} \exp\left(-\frac{1}{2}\mathbf{X}' \Gamma^{-1} \mathbf{X}\right) \tag{3.27}$$

$$\Gamma \equiv E[\mathbf{XX}']$$

其中，$\theta \equiv [\theta_0 \cdots \theta_k]'$ 和协方差矩阵 Γ 是参数 θ 和 σ_η 的一个函数。可以证明，对于任意常数 κ：

$$\mathcal{L}(\kappa\theta, \sigma_\eta/\kappa) = \mathcal{L}(\theta, \sigma_\eta) \tag{3.28}$$

因此，另外还需要一个识别条件。时间序列文献中所施加的最常见的识别条件就是正规化条件 $\theta_0 \equiv 1$。不过，在我们的讨论中，已经施加了条件式（3.25），即 MA 过程的系数之和为 1——这是个经济意义上的约束条件，即平滑只发生在最近的（$k+1$）期——这已经足以识别参数 θ 和 η_k。然后，可以计算似然函数式（3.27），并借助 Brockwell and Davis（1991，第 8.3 章）[1] 所阐述的"新息算法"（innovations algorithm）进行最大化，[2] 估计量的性质则由下面的命题给出。

命题 3.3.1（Getmansky, Lo and Makarov, 2004）。在式（3.24）~（3.26）的设定下，X_t 在集合 $\{\theta : \theta_0 + \theta_1 + \theta_2 = 1, \theta_1 < 1/2, \theta_1 < 1 - 2\theta_2\}$ 上是可逆的，且最大似然估计量 $\hat{\theta}$ 满足如下性质：

$$1 = \hat{\theta}_0 + \hat{\theta}_1 + \hat{\theta}_2 \tag{3.29}$$

---

[1] 这本经典的时间序列教材有一个不错的中文版（（美）Peter J. Brockwell、Richard A. Davis：《时间序列的理论与方法》，第 2 版，田铮译，北京，高等教育出版社，2001）——译者注。

[2] 更多的细节请参见 Getmansky, Lo and Makarov（2004）。

$$\sqrt{T}\left(\begin{bmatrix}\hat{\theta}_1\\\hat{\theta}_2\end{bmatrix}-\begin{bmatrix}\theta_1\\\theta_2\end{bmatrix}\right)\overset{a}{\sim}\mathcal{N}(0,\mathbf{V}_\theta)\qquad(3.30)$$

$$\mathbf{V}_\theta=\begin{bmatrix}-(-1+\theta_1)(-1+2\theta_1)(-1+\theta_1+2\theta_2) & -\theta_2(-1+2\theta_1)(-1+\theta_1+2\theta_2)\\ -\theta_2(-1+2\theta_1)(-1+\theta_1+2\theta_2) & (-1+\theta_1-2(-1+\theta_2)\theta_2)(-1+\theta_1+2\theta_2)\end{bmatrix}$$
$$(3.31)$$

通过把上述估计过程应用于经过去均值处理的观测到的收益率，我们可以得到每个基金的平滑模式的估计值 $\hat{\boldsymbol{\theta}}$。[①] 鉴于 MA（$k$）过程的似然函数具有式（3.28）所示的标度特性（scaling property），因此在正规化条件（3.25）下得到平滑模型的估计值的一个简单方法，就是把用标准的估计 MA（k）的软件包——如 SAS 或 RATS 等——得到的估计值（$\check{\boldsymbol{\theta}},\check{\sigma}$）进行变换，变换方法是把每一个 $\check{\theta}_i$ 都除以 $1+\check{\theta}_1+\cdots+\check{\theta}_k$，同时把 $\check{\sigma}$ 乘以 $1+\check{\theta}_1+\cdots+\check{\theta}_k$。此时，似然函数将保持不变，但是变换后的平滑系数将满足式（3.25）。

现在，假设我们希望对真实收益率的收益率生成过程施加一个额外的结构，即假设真实收益率符合式（3.1）那样的线性单因子结构。在这种情况下，可以得到估计平滑模式的一个比较简单的方法。通过把式（3.1）代入（3.2），我们可以把观测到的收益率改写为：

$$R_t^o=\mu+\beta(\theta_0\Lambda_t+\theta_1\Lambda_{t-1}+\cdots+\theta_k\Lambda_{t-k})+u_t\qquad(3.32)$$

$$u_t=\theta_0\epsilon_t+\theta_1\epsilon_{t-1}+\cdots+\theta_k\epsilon_{t-k}\qquad(3.33)$$

假设我们像 Asness，Krail and Liew（2001）一样，估计下面的、观测到的收益率对市场收益率的同期项和滞后项的线性回归：

$$R_t^o=\mu+\gamma_0\Lambda_t+\gamma_1\Lambda_{t-1}+\cdots+\gamma_k\Lambda_{t-k}+u_t\qquad(3.34)$$

使用平滑模型中的正规化条件（3.4），可以轻而易举地得到 β 和 $\{\theta_j\}$ 的估计量：

$$\hat{\beta}=\hat{\gamma}_0+\hat{\gamma}_1+\cdots+\hat{\gamma}_k,\quad\hat{\theta}_j=\hat{\gamma}_j/\hat{\beta}\qquad(3.35)$$

另外，通过检验下面这一组等式是否成立，可以检验式（3.32）～（3.33）的设定是否正确：

---

① 回忆一下，从命题 3.2.1 可知，平滑过程（3.2）～（3.4）不会影响收益率的期望值。也就是说，观测到的收益率的样本均值是真实的期望收益率的一致估计量。因此，在估计过程中，我们可以用 $R_t^o-\hat{\mu}$ 来代替 X_t，而不至于引起最大似然估计量的渐近性质发生任何改变。

$$\beta = \frac{\gamma_0}{\theta_0} = \frac{\gamma_1}{\theta_1} = \cdots = \frac{\gamma_k}{\theta_k} \tag{3.36}$$

鉴于 u_t 中存在序列相关，因此用普通最小二乘法来估计式（3.35）得到的结果并不是有效的，并且常用的标准误差也是错误的。但是估计结果仍然是一致的，并且可被视做识别对冲基金收益率中的平滑模式的一个有用的首选近似值（first approximation）。[①]

线性单因子模型还有另外一个衍生版本可以帮助我们从收益率平滑中区分出粘滞性的影响。假设一个基金的真实经济收益率 R_t 满足：

$$R_t = \mu + \beta\Lambda_t + \epsilon_t, \ \epsilon_t \sim \text{IID}(0, \sigma_\epsilon^2) \tag{3.37}$$

但是，我们不再像在式（3.1）中那样假设公共因子 Λ_t 服从独立同分布，而是假设 Λ_t 是序列相关的。虽然这个变动看似只是对平滑模型（3.2）～（3.4）做了一个很小的改动，但在含义上却有着天壤之别。序列相关的 Λ_t 刻画了这样一个事实：即使在不存在任何像式（3.2）～（3.4）那样的平滑过程的情况下，一个基金的收益率也可能会因为一个粘滞性公共因子而出现自相关性。当然，这样做还是回避了一个问题，即公共因子中的序列相关性的终极来源是什么？但是通过将式（3.37）和平滑过程（3.2）～（3.4）相结合，可以把系统性平滑（systematic smoothing）与特质性平滑（idiosyncratic smoothing）区分开来。前者源自整个资产族，后者则源自单个基金所独有的特征。

为了说明为什么对于观测到的收益率来说，把式（3.37）和式（3.2）～（3.4）相结合会带来不同的含义，我们暂时假设不存在平滑行为；也就是说，在式（3.2）～（3.4）中，对于 $k > 0$，有 $\theta_0 = 1$ 且 $\theta_k = 0$。这样观测到的收益率就可以简单地被表示为：

$$R_t^o = \mu + \beta\Lambda_t + \epsilon_t, \ \epsilon_t \sim \text{IID}(0, \sigma_\epsilon^2) \tag{3.38}$$

其中，R_t^o 现在只是通过 Λ_t 而具有序列相关性。这一设定隐含着，对于所有具有相同公共因子的基金来说，观测到的收益率的自协方差的比率是相等的：

---

① 为了得到平滑系数的有效估计量，必须使用像第3.3节中的最大似然估计这样的估计方法。

$$\frac{\text{Cov}[R_t^o, R_{t-k}^o]}{\text{Cov}[R_t^o, R_{t-l}^o]} = \frac{\beta \text{Cov}[\Lambda_t, \Lambda_{t-k}]}{\beta \text{Cov}[\Lambda_t, \Lambda_{t-l}]} = \frac{\text{Cov}[\Lambda_t, \Lambda_{t-k}]}{\text{Cov}[\Lambda_t, \Lambda_{t-l}]} \tag{3.39}$$

另外，式（3.37）隐含着，在回归方程（3.34）中，因子收益率的滞后项的系数是0，且误差项不是序列相关的。

更加一般地，考虑将一个序列相关的公共因子（3.37）和经平滑的收益率（3.2）~（3.4）相结合所得到的模型。观测到的收益率的这一更为一般的计量经济学模型隐含着回归方程的恰当设定为：

$$R_t^o = \mu + \gamma_0 \Lambda_t + \gamma_1 \Lambda_{t-1} + \cdots + \gamma_k \Lambda_{t-k} + u_t \tag{3.40}$$

$$u_t = \theta_0 \epsilon_t + \theta_1 \epsilon_{t-1} + \cdots + \theta_k \epsilon_{t-k}, \quad \epsilon_t \sim \text{IID}(0, \sigma_\epsilon^2) \tag{3.41}$$

$$1 = \theta_0 + \theta_1 + \cdots + \theta_k \tag{3.42}$$

如果式（3.40）中的滞后项的系数估计值不是统计显著的，残差不是序列相关的，具有相同公共因子的基金的自协方差系数之比大体上是个常数，那么就认为 R_t^o 中的序列相关性主要是由公共因子解释了。如果式（3.40）中的滞后项的系数估计值是统计显著的，残差是序列相关的，对于所有的 $j \geqslant 0$，比率 $\hat{\gamma}_j / \hat{\theta}_j$ 大体相等，且是基金的真实经济收益率对因子 Λ_t 的因子载荷（factor loading）或称贝塔值的一个一致估计，那么就认为 R_t^o 中的序列相关性是来源于平滑过程（3.2）~（3.4）。

在估计式（3.40）~（3.42）时面临的最大的挑战也许就是正确地识别公共因子 Λ_t。与那种为了估计一个基金的收益率对一个宽基市场指数的敏感性而构建的市场模型回归式不同，通过式（3.40）将系统性的粘滞性与特质性的收益率平滑行为的影响区分开来的能力严重地依赖于对公共因子的正确设定。如果在式（3.40）中使用一个高度序列相关的、但是不适合给定基金的公共因子，得到的该基金的观测到的收益率中的平滑程度的估计值就可能是误导性的。因此，必须小心选择或构建公共因子 Λ_t，以便与该基金的特定风险敞口相匹配，并且，解释式（3.40）的参数估计值时必须谨慎，随时准备几个特定的备择假设。①

在最大似然估计和线性回归分析二者之间究竟选择哪一个，主要依赖于每种方法所要求的假设的可信度。最大似然估计量具有一些吸引人的统

---

① 参见 Getmansky，Lo and Makarov（2004，第6.4节）的一个实证例子，该例子说明了公共因子设定（3.40）~（3.42）中存在的陷阱和机会。

计特性，如一致性和在一定的正则条件（regularity condition）下具有的渐近正态性等；但是在小样本中，或者当真实收益率的基础分布不像假设的那样是正态分布时，最大似然估计效果不好。[①] 而且，即便正态性得到满足，并且可以得到足够大的样本容量，上文所建议采用的平滑模型（3.2）~（3.4）也可能并不适用于该样本中的某些基金。因此，Getmansky，Lo and Makarov（2004）提出了几个"设定检验"来评估最大似然估计方法的适用性。另一方面，线性回归分析也并非全无局限性，它最显著的局限性就是假设收益率生成过程服从一个线性因子模型。虽然这种模型是最流行的金融理念——资本资产定价模型（the Capital Asset Pricing Model，CAPM）和套利定价理论（Arbitrage Pricing Theory）——的基础，但是它们显然并不像第 1 章的例子所表明的那样简单地适用于对冲基金收益率。因此，这两种估计方法各有优缺点，必须具体问题具体分析，仔细权衡。在实践中，最好的办法是把两种估计方法都用一下，并比较所得到的两组结果，以此作为最后的稳健性检验。

3.4　经平滑行为调整的夏普比率

经平滑的收益率最主要的影响之一就是夏普比率出现上偏[②]，有时这种偏差还很大（命题 3.2.1）。[③] 之所以会发生这种偏差，是因为平滑过程能降低波动率。但是，当通过把月度夏普比率乘以 $\sqrt{12}$ 来进行年度化时，也会引入偏差。如果月度收益率是独立同分布的，那么这样计算是正确的；但是 Lo（2002）证明，对于非独立同分布的收益率，必须采用另一种计算方法，这种方法以一种非常特别的方式考虑了收益率中的序列相关

---

　　① 实际上，有大量的证据表明，金融资产的收益率并不服从正态分布，而是可以用偏度、峰度和其他非高斯分布的性质来表征（例如，可参见 Lo and MacKinlay，1999）。鉴于对冲基金投资策略的动态本质，它们的收益率更加不可能服从正态分布。
　　② 即高估——译者注。
　　③ 对于夏普比率在对冲基金分析中的使用和解读，存在其他一些令人关注的问题。参见 Agarwal and Naik（2000a，2004）；Goetzmann et al（2002）；Lo（2001）；Sharpe（1994）；Spurgin（2001）和 Weisman（2002）中所举的、关于夏普比率可能成为对冲基金投资策略的真实的、经风险调整的业绩的误导性指标的例子，以及其他构建对冲基金的最优投资组合的方法。

性。[①] 具体来说，把下面的 q 期收益率记为 $R_t(q)$：

$$R_t(q) \equiv R_t + R_{t-1} + \cdots + R_{t-q+1} \tag{3.43}$$

为了计算方便，其中忽略了复合（compounding）的影响。[②] 对于独立同分布的收益率，$R_t(q)$ 的方差与 q 成正比，因此夏普比率满足如下简单的关系式：

$$SR(q) = \frac{E[R_t(q)] - R_f(q)}{\sqrt{Var[R_t(q)]}} = \frac{q(\mu - R_f)}{\sqrt{q}\sigma} = \sqrt{q}\,SR \tag{3.44}$$

Lo（2002）使用 Hansen（1982）的广义矩（GMM）估计量，推导出 $\widehat{SR}(q)$ 的渐近分布为：

$$\sqrt{T}\,(\widehat{SR}(q) - \sqrt{q}\,SR) \overset{a}{\sim} \mathcal{N}(0, V_{\text{IID}}(q))$$

$$V_{\text{IID}}(q) = qV_{\text{IID}} = q\left(1 + \frac{1}{2}SR^2\right) \tag{3.45}$$

对于非独立同分布的收益率来说，SR 与 SR(q) 之间的关系要更加复杂一些，因为此时 $R_t(q)$ 的方差不再仅仅是各个组成部分的方差之和，而是还包括了所有的协方差。具体来说，在收益率 $\{R_t\}$ 是平稳过程的假设下：

$$Var[R_t(q)] = \sum_{i=0}^{q-1}\sum_{j=0}^{q-1} Cov[R_{t-i}, R_{t-j}] = q\sigma^2 + 2\sigma^2\sum_{k=1}^{q-1}(q-k)\rho_k \tag{3.46}$$

其中，$\rho_k \equiv Cov[R_t, R_{t-k}]/Var[R_t]$。

这样，就得到了 SR 和 SR(q) 的如下关系式：

$$SR(q) = \eta(q)SR, \quad \eta(q) \equiv \frac{q}{\sqrt{q + 2\sum_{k=1}^{q-1}(q-k)\rho_k}} \tag{3.47}$$

注意，如果像在收益率是独立同分布的情况下一样，自相关系数 $\{\rho_k\}$ 等于 0，那么式（3.47）就简化成了（3.44）。然而，对于非独立同

[①] 还可以参见 Jobson and Korkie（1981），他们也许是最先推导出夏普比率和特雷诺（Treynor）比率等业绩指标的严格统计性质的学者。

[②] 当然，精确的表达式是：

$$R_t(q) \equiv \prod_{j=0}^{q-1}(1 + R_{t-j}) - 1$$

对于大多数（但不是所有）应用来说，式（3.43）是一个优良的近似。换言之，如果 R_t 被定义为连续复合收益率（即 $R_t \equiv \log(P_t/P_{t-1})$），其中 P_t 是时间 t 的价格或净资产价值，则式（3.43）就是精确的表达式。

分布的收益率来说，时间加总（time-aggregated）的夏普比率的调整因子一般不是 $\sqrt{q}$，而是收益率的前（$q-1$）阶自相关系数的一个函数，从收益率的样本自相关系数中很容易就能将它估计出来；因此：

$$\widehat{SR}(q) = \hat{\eta}(q)\widehat{SR}, \quad \hat{\eta}(q) \equiv \frac{q}{\sqrt{q + 2\sum_{k=1}^{q-1}(q-k)\hat{\rho}_k}} \tag{3.48}$$

其中，$\hat{\rho}_k$ 是样本的第 k 阶自相关系数。

Lo（2002）还在对收益率过程所做的相当一般的假设（平稳性和遍历性）下，采用广义矩方法推导出了式（3.48）的渐近分布。然而，对于对冲基金收益率而言，由于其数据具有小样本容量的特征——在这个蓬勃发展的行业中，5 年的业绩跟踪记录，即 60 个月度的观测，就是相当长的了——因此常用的渐近近似可能不太令人满意。因而，Getmansky，Lo and Makarov（2004）使用 Richardson and Stock（1989）提出的连续记录的渐近方法（continuous-record asymptotics）推导出另一个渐近分布。具体来说，随着样本容量 T 无界地增大，令 q 随之增大，以至于它们的比率收敛于 0 和 1 之间的某个有限的数：

$$\lim_{q,T\to\infty} q/T = \tau \in (0,1) \tag{3.49}$$

这个条件是为了对小样本的情况——q 是 T 的一个显著比例——提供一个更加精确的渐近近似。例如，对于一个具有 5 年跟踪记录的基金来说，用月度数据计算年度夏普比率，对应的 q/T 比率是 0.2。

现在，随着 q 无界地增长，$SR(q)$ 也趋向于无穷大；因此，为了得到一个具有良好定义的渐近抽样理论（asymptotic sampling theory），我们必须对它进行重正规化（renormalize）。特别是，注意到：

$$SR(q) = \frac{E[R_t(q)] - R_f(q)}{\sqrt{Var[R_t(q)]}} = \frac{q(\mu - R_f)}{\sqrt{Var[R_t(q)]}} \tag{3.50}$$

$$\frac{SR(q)}{\sqrt{q}} = \frac{\mu - R_f}{\sqrt{Var[R_t(q)]/q}} \tag{3.51}$$

$$\lim_{q\to\infty} \frac{SR(q)}{\sqrt{q}} = \frac{\mu - R_f}{\bar{\sigma}} \tag{3.52}$$

其中，$\bar{\sigma}$ 可被视为一种长期平均收益率的标准差，它通常不等于月度收益率的无条件标准差 σ，只有在独立同分布的情况下[1]才相等。

为了估计 $\bar{\sigma}$，我们既可以遵循 Lo（2002）的方法，采用式（3.48）中的样本自相关系数来估计，也可以按照 Newey and West（1987）的方法，直接估计 $\bar{\sigma}$：

$$\hat{\sigma}_{NW}^2 \equiv \frac{1}{T}\sum_1^T (R_t - \hat{\mu})^2 + \frac{2}{T}\sum_{j=1}^m \left(1 - \frac{j}{m+1}\right)\sum_{t=j+1}^T (R_t - \hat{\mu})(R_{t-j} - \hat{\mu}) \tag{3.53}$$

其中，$\hat{\mu}$ 是 $\{R_t\}$ 的样本均值。

对于 $\bar{\sigma}$ 的这个估计量，我们有如下渐近结果：

命题 3.4.1（Getmansky, Lo and Makarov, 2004）。随着 m 和 T 无界地增大，以至于 $m/T \to \lambda \in (0,1)$，则 $\hat{\sigma}_{NW}^2$ 弱收敛[2]于定义在 $[0,1]$ 上的标准布朗运动的如下函数 $f(W)$：

$$\begin{aligned}
f(W) \equiv \frac{2\bar{\sigma}^2}{\lambda}\Big(&\int_0^1 W(r)[W(r) - W(\min(r+\lambda,1))]dr - \\
&W(1)\int_0^\lambda (\lambda - r)(W(1-r) - W(r))dr + \frac{\lambda(1 - \lambda^2/3)}{2}W^2(1)
\end{aligned} \tag{3.54}$$

从式（3.54）可以直接计算得到如下的期望：

$$E[\hat{\sigma}_{NW}^2] = 1 - \lambda + \frac{\lambda^2}{3}, \quad E\left[\frac{1}{\hat{\sigma}_{NW}}\right] \approx \sqrt{\frac{1+\lambda}{1 - \lambda + \lambda^2/3}} \tag{3.55}$$

因此，对于小样本的夏普比率，我们提出如下偏差修正估计量（bias-corrected estimator）：

$$\widehat{SR}(q) = \frac{\sqrt{q}(\hat{\mu} - R_f)}{\hat{\sigma}_{NW}}\sqrt{\frac{1 - \lambda + \lambda^3/2}{1+\lambda}} \tag{3.56}$$

另外，它的渐近分布由下面的命题给出：

命题 3.4.2（Getmansky, Lo and Makarov, 2004）。随着 m，q 和 T 无界地增大，以至于 $m/T \to \lambda \in (0,1)$ 且 $q/T \to \tau \in (0,1)$，则夏普比率估计量 $\widehat{SR}(q)$ 弱收敛于如下的随机变量：

$$\widehat{SR}(q) \Rightarrow \left(\frac{SR(q)}{f(W)} + \frac{\sqrt{\tau}W(1)}{f(W)}\right)\sqrt{\frac{1 - \lambda + \lambda^3/2}{1+\lambda}} \tag{3.57}$$

---

[1] 是指收益率是独立同分布的情况——译者注。
[2] 参见 Billingsley（1968）对弱收敛的定义，以及有关的结果。

其中，$f(W)$ 由式（3.54）给出，$SR(q)$ 由（3.50）式给出，$W(\cdot)$ 是定义在 $[0,1]$ 上的标准布朗运动。

蒙特卡洛模拟表明，当 $\tau \in (0,1/2]$ 时，式（3.57）的第二项并不能解释太多偏差；对于非独立同分布的收益率[①]而言，式（3.57）是夏普比率的小样本分布的一个优良的近似。

3.5 对平滑行为和粘滞性的实证分析

Getmansky，Lo and Makarov（2004）采用最大似然方法，通过估计观测到的收益率的一个 MA（k）过程（假设其误差项服从正态分布，并且施加了所有 MA 项的系数之和为 1 这个额外的约束条件[②]），对平滑模型（3.2）~（3.4）进行了估计。我们将同样的估计步骤应用于一个更新的、扩大的样本，它来自 1977 年 2 月至 2004 年 8 月之间的 Lipper TASS 对冲基金合并数据库。为了估计式（3.2），我们对数据施加了一个额外的过滤条件，剔除了那些连续无缺失值的月度收益率数据少于 5 年的基金。这样剩下的样本包含 1 840 个基金，我们为它们估计 MA（2）平滑模型。最大似然估计对这些基金中的 3 个不收敛，这意味着发生了某种形式的误设或者数据有误，因此最后只剩下 1 837 个基金。[③] 表 3—2 列示了用最大似然估计方法得到的平滑参数（$\theta_0, \theta_1, \theta_2$）和平滑指数 ξ 的概括性统计量，表 3—3 列示了 1 837 个基金中流动性最差的 50 个基金的平滑模型的最大似然估计值，且按 $\hat{\theta}_0$ 从小到大排列。

表 3—2 表明，有 3 种类型——可转换套利型（0.719）、事件驱动型（0.786）、固定收益套利型（0.775）——的 $\hat{\theta}_0$ 的平均值似乎比其他类型要小一些。特别是可转换套利型的 $\hat{\theta}_0$ 的均值只有 0.719。当然，这是该类型内全部 79 个基金的 $\hat{\theta}_0$ 的平均值，但是如果它是一个给定的基金的点估计，

---

① Getmansky，Lo and Makarov（2004）通过对 q、τ 和 λ 取不同值时的组合进行蒙特卡洛模拟，把式（3.57）的分布的百分位数（percentiles）编制成表，并且愿意向感兴趣的读者提供。
② 不过，我们没有施加 $\theta_i \in [0,1]$ 这个约束，这是为了使结果能够指示是否发生了错误设定，即估计值是否落在 $[0,1]$ 之外。参见 Getmansky，Lo and Makarov（2004，第 5.3 节）对他们的平滑模型进行的其他设定检验。
③ 没有得到最大似然估计的那 3 个基金的编号（reference numbers）分别是 1018、1405 和 4201。

表 3—2　MA(2)平滑过程 $R_t^o = \theta_0 R_t + \theta_1 R_{t-1} + \theta_2 R_{t-2}$ 的最大似然估计值的均值和标准差*

| 类型 | 基金数 | MA(2)的系数估计值 | | | | | | | | 零假设 $H:\theta_0=1$ 的检验统计量 $z(\theta_0)$ |
| | | θ_0 | | θ_1 | | θ_2 | | ξ | | |
		均值	标准差	均值	标准差	均值	标准差	均值	标准差	
可转换套利型	76	0.719	0.161	0.201	0.148	0.080	0.101	0.621	0.327	15.558
偏向卖空型	16	1.070	0.484	0.045	0.166	-0.115	0.331	1.508	2.254	-0.579
新兴市场型	136	0.836	0.145	0.146	0.098	0.018	0.106	0.762	0.285	13.179
股票市场中性型	65	0.891	0.203	0.047	0.189	0.062	0.138	0.895	0.396	4.326
事件驱动型	183	0.786	0.143	0.158	0.105	0.056	0.102	0.687	0.235	20.307
固定收益套利型	65	0.775	0.169	0.147	0.104	0.078	0.120	0.682	0.272	10.714
全球宏观型	88	0.999	0.202	0.047	0.161	-0.047	0.147	1.090	0.501	0.036
做多/做空股票对冲型	532	0.880	0.179	0.092	0.125	0.028	0.142	0.851	0.398	15.453
管理期货型	230	1.112	0.266	-0.032	0.193	-0.080	0.162	1.379	0.942	-6.406
多重策略型	47	0.805	0.157	0.113	0.128	0.082	0.076	0.713	0.270	8.503
基金的基金型	396	0.874	0.638	0.102	0.378	0.024	0.292	0.409	10.917	3.931
全部	1 837	0.890	0.357	0.092	0.223	0.017	0.188	1.014	5.096	

注：* 这一过程服从正规化条件 $1 = \theta_0 + \theta_1 + \theta_2$，其中 $\xi = \theta_0^2 + \theta_1^2 + \theta_2^2$。数据是为 Lipper TASS 合并数据库中 1977 年 2 月至 2004 年 8 月期间具有至少 5 年的历史收益率的 1 837 个对冲基金计算的。

表 3—3 Lipper TASS 对冲基金合并数据库中的 1 837 个基金按 $\hat{\theta}_0$ 从小到大的顺序排列的前 50 个基金 (1977 年 2 月至 2004 年 8 月)*

编号 (code)	类型	起始日期	终止日期	T	θ_0	$SE(\theta_0)$	θ_1	$SE(\theta_1)$	θ_2	$SE(\theta_2)$	x
1463	股票市场中性型	1995 年 1 月	2004 年 8 月	116	0.456	0.029	0.324	0.022	0.220	0.026	0.361
34563	股票市场中性型	1995 年 1 月	2004 年 8 月	116	0.456	0.029	0.330	0.022	0.214	0.026	0.363
4346	事件驱动型	1995 年 1 月	2000 年 11 月	71	0.468	0.041	0.336	0.029	0.196	0.037	0.370
180	做多/做空股票型	1989 年 6 月	1996 年 8 月	87	0.480	0.040	0.343	0.027	0.177	0.036	0.379
1201	可转换套利型	1994 年 9 月	2004 年 8 月	120	0.485	0.036	0.368	0.022	0.147	0.033	0.392
4273	固定收益套利型	1995 年 1 月	2001 年 6 月	78	0.495	0.033	0.187	0.034	0.318	0.029	0.381
518	固定收益套利型	1993 年 12 月	2000 年 5 月	78	0.506	0.032	0.144	0.035	0.350	0.028	0.399
971	可转换套利型	1994 年 9 月	2000 年 12 月	76	0.512	0.037	0.172	0.037	0.316	0.032	0.391
1997	可转换套利型	1998 年 1 月	2004 年 1 月	73	0.512	0.046	0.268	0.037	0.220	0.039	0.383
2142	新兴市场型	1998 年 8 月	2004 年 8 月	73	0.513	0.049	0.300	0.035	0.187	0.042	0.388
1204	可转换套利型	1995 年 10 月	2004 年 8 月	107	0.516	0.043	0.336	0.027	0.148	0.038	0.401
4529	事件驱动型	1999 年 1 月	2004 年 8 月	68	0.518	0.050	0.288	0.038	0.195	0.044	0.389
1234	基金中的基金型	1994 年 10 月	2001 年 3 月	78	0.526	0.059	0.442	0.020	0.032	0.056	0.473
1657	做多/做空股票型	1995 年 10 月	2004 年 8 月	107	0.528	0.046	0.352	0.027	0.120	0.041	0.417
4146	可转换套利型	1997 年 6 月	2004 年 8 月	87	0.532	0.050	0.321	0.033	0.146	0.044	0.408
1696	基金中的基金型	1995 年 1 月	2000 年 1 月	61	0.532	0.066	0.403	0.030	0.065	0.060	0.450
4459	基金中的基金型	1999 年 7 月	2004 年 8 月	62	0.534	0.061	0.336	0.038	0.129	0.054	0.415
3721	做多/做空股票型	1998 年 11 月	2004 年 8 月	70	0.536	0.055	0.302	0.038	0.162	0.048	0.405
1584	基金中的基金型	1996 年 1 月	2004 年 1 月	97	0.537	0.044	0.252	0.035	0.212	0.037	0.396
2315	做多/做空股票型	1999 年 2 月	2004 年 8 月	67	0.541	0.058	0.298	0.040	0.161	0.050	0.407
1827	固定收益套利型	1996 年 10 月	2003 年 12 月	87	0.541	0.046	0.226	0.039	0.232	0.038	0.398
2209	基金中的基金型	1997 年 4 月	2004 年 8 月	82	0.542	0.050	0.268	0.038	0.189	0.043	0.402
4153	事件驱动型	1999 年 3 月	2004 年 7 月	65	0.543	0.063	0.356	0.035	0.101	0.056	0.432
2774	股票市场中性型	1995 年 1 月	2000 年 6 月	66	0.544	0.056	0.266	0.043	0.190	0.048	0.403
4209	基金中的基金型	1999 年 3 月	2004 年 8 月	66	0.544	0.069	0.445	0.022	0.011	0.066	0.494

续表

编号(code)	类型	起始日期	终止日期	T	θ_0	$SE(\theta_0)$	θ_1	$SE(\theta_1)$	θ_2	$SE(\theta_2)$	x
120	固定收益套利型	1982年7月	1998年10月	196	0.545	0.031	0.238	0.026	0.218	0.027	0.401
4080	基金中的基金型	1999年1月	2004年7月	67	0.549	0.064	0.354	0.036	0.097	0.056	0.436
1907	基金中的基金型	1997年9月	2004年8月	84	0.550	0.048	0.222	0.041	0.229	0.040	0.404
3148	可转换套利型	1999年3月	2004年8月	66	0.551	0.060	0.285	0.042	0.163	0.051	0.412
3149	可转换套利型	1999年2月	2004年8月	67	0.554	0.060	0.288	0.042	0.158	0.051	0.415
2396	做多/做空股票型	1997年11月	2004年8月	82	0.554	0.047	0.192	0.043	0.254	0.040	0.409
1659	基金中的基金型	1997年1月	2003年9月	81	0.554	0.055	0.295	0.038	0.150	0.047	0.417
1920	固定收益套利型	1997年11月	2002年11月	61	0.555	0.067	0.336	0.040	0.110	0.058	0.432
2286	做多/做空股票型	1998年2月	2004年8月	79	0.555	0.051	0.226	0.042	0.218	0.043	0.407
4739	多重策略型	1999年8月	2004年8月	61	0.557	0.060	0.241	0.048	0.201	0.050	0.409
33846	基金中的基金型	1998年1月	2004年8月	80	0.558	0.055	0.266	0.040	0.175	0.046	0.413
3225	基金中的基金型	1999年1月	2004年7月	67	0.559	0.053	0.185	0.048	0.257	0.044	0.412
34189	基金中的基金型	1999年1月	2004年7月	67	0.559	0.062	0.290	0.043	0.151	0.053	0.419
2997	基金中的基金型	1999年6月	2004年8月	63	0.559	0.060	0.238	0.048	0.203	0.050	0.411
33876	事件驱动型	1997年12月	2004年8月	81	0.563	0.064	0.400	0.028	0.038	0.058	0.478
2755	做多/做空股票型	1992年3月	2004年6月	148	0.565	0.046	0.359	0.024	0.076	0.041	0.454
3114	事件驱动型	1991年12月	2004年8月	153	0.567	0.044	0.326	0.027	0.107	0.038	0.439
415	可转换套利型	1988年7月	1996年8月	98	0.567	0.054	0.307	0.035	0.125	0.046	0.432
4007	固定收益套利型	1999年3月	2004年8月	66	0.568	0.059	0.224	0.048	0.207	0.049	0.416
33845	基金中的基金型	1998年1月	2004年8月	80	0.569	0.058	0.279	0.041	0.152	0.049	0.424
4006	固定收益套利型	1999年3月	2004年8月	66	0.569	0.060	0.225	0.048	0.207	0.050	0.417
1633	事件驱动型	1993年4月	1999年1月	70	0.571	0.065	0.312	0.041	0.118	0.056	0.437
1471	做多/做空股票型	1996年10月	2004年8月	95	0.575	0.048	0.177	0.043	0.248	0.039	0.424
35997	基金中的基金型	1995年10月	2004年7月	106	0.576	0.049	0.238	0.038	0.187	0.041	0.423
37321	多重策略型	1994年10月	2004年8月	119	0.579	0.048	0.249	0.036	0.172	0.040	0.427

注：* 这些基金具有至少连续 5 年的历史收益率，按照对 MA(2) 平滑过程 $R_t^o = \theta_0 R_t + \theta_1 R_{t-1} + \theta_2 R_{t-2}$ 进行估计得到的平滑参数 $\hat{\theta}_0$ 从小到大排列，这个 MA(2) 过程服从正规化条件 $1 = \theta_0 + \theta_1 + \theta_2$，采用最大似然方法进行估计。

那么它意味着该基金只报告了本期真实月度收益率的 71.9%，剩下的 28.1% 则被分配在下两个月里（回忆一下约束条件 $\hat{\theta}_0 + \hat{\theta}_1 + \hat{\theta}_2 = 1$）。估计值 $\hat{\theta}_1$ 为 0.201、$\hat{\theta}_2$ 为 0.080 意味着，平均来说本期所报告的收益率还包含了上个月真实收益率的 20%，以及上上个月真实收益率的 8%。[1]

为了从统计角度正式地、更深入地理解 $\hat{\theta}_0$ 的这些平均值的含义，我们可以为零假设"$\hat{\theta}_0$ 的期望值等于 1"计算一个 z 统计量，方法是用 1 与每个 $\hat{\theta}_0$ 均值之差除以它所对应的标准误差，而标准误差则可以在假设 $\hat{\theta}_0$ 在横截面上独立同分布[2]的前提下，用其横截面标准差除以参与平均的基金数目的平方根来近似。在"不存在平滑行为"的零假设下，z 统计量渐近地服从标准正态分布。表 3—2 的最后一列列示了上述 z 统计量，它们确认了"$\hat{\theta}_0$ 的平均值最小的那些类型的 $\hat{\theta}_0$ 的平均值显著地异于 1"的直觉（回忆一下，标准正态分布的 99% 分位数所对应的临界值是 2.33）。总体上看，表 3—2 中的概括性统计量大体上与我们对这些类型的策略的本质，以及这些类型的基金涉及到的证券的通常直觉是一致的。这些类型的基金包含了最粘滞的证券，因而最有可能具有经平滑的收益率和序列相关性。

表 3—3 中包含了按 $\hat{\theta}_0$ 从小到大排列得到的前 50 个基金的平滑参数估计值，它们为粘滞性和经平滑的收益率提供了一个更加直观的视角。与表 3—2 中 $\hat{\theta}_0$ 的平均值相反，这 50 个基金的 θ_0 的参数估计值介于 0.456 与 0.579 之间，意味着本期的月度真实收益率只有一半到 2/3 被反映在观测到的收益率之中。估计得到的渐近标准误差一般都很小，介于 0.029 与 0.069 之间；因此，平滑参数似乎可以估计得相当精确。

表 3—3 中的基金主要属于 5 种类型：基金的基金型（15 个）、可转换套利型（8 个）、做多/做空股票型（8 个）、固定收益套利型（7 个）和事件驱动型（6 个）。在表 3—3 的 50 个基金中，这 5 种类型一共占了 44 个。图 3—2 更加全面地概括了平滑参数估计值在不同基金类型之间的分布，它按照类型为平滑系数 $\hat{\theta}_0$ 绘制了一张图；在这 1 837 个基金中有 9

---

[1] 由于圆整所带来的误差，这些平均值之和并不总是严格地等于 1。
[2] 在横截面上独立同分布的假设几乎肯定是不成立的（别忘了，各风格类型就是根据一定的共同特征来划分的），但是各类型的 z 统计量的相对排序仍然包含了一些有用的信息。

个基金的 $\hat{\theta}_0$ 大于 2.0，为了使图像看起来更清晰，我们将它们省略了。

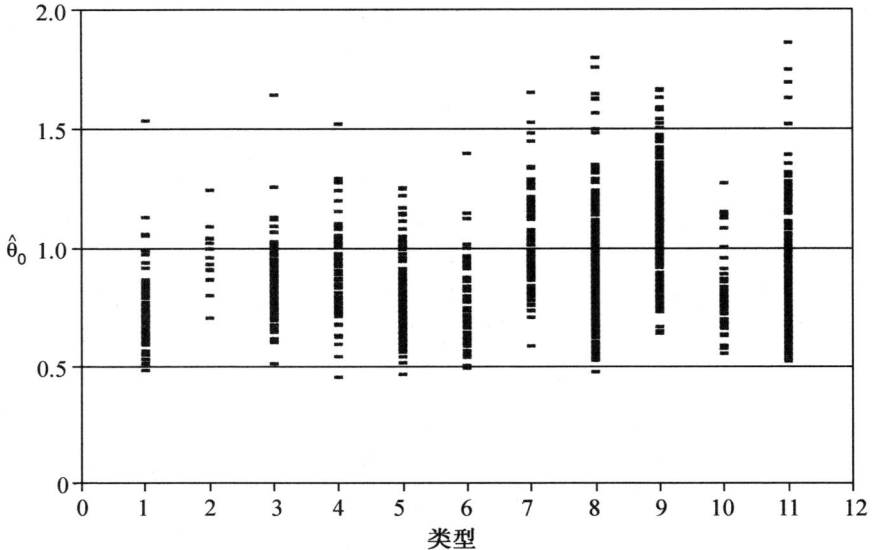

图3—2 Lipper TASS 对冲基金数据库中的1 837个具有至少5年收益率（1977年2月至2004年8月）的基金的平滑系数估计值 $\hat{\theta}_0$ 在区间 [0，2] 上的分布

注：把样本所包含的1 837个基金按照类型1到类型11排列，其中只有9个基金的 $\hat{\theta}_0$ 大于2，为了使图像看起来更清晰而被省略了。各类型的定义是：1＝可转换套利型，2＝偏向卖空型，3＝新兴市场型，4＝股票市场中性型，5＝事件驱动型，6＝固定收益套利型，7＝全球宏观型，8＝做多/做空股票型，9＝管理期货型，10＝多重策略型，11＝基金的基金型。

图3—2表明，虽然每个类型内的基金的 $\hat{\theta}_0$ 存在相当大的差异，但是各个类型之间还是表现出了明显的差别。例如，第1、3、5、6和第10种类型（分别是可转换套利型、新兴市场型、事件驱动型、固定收益套利型、多重策略型）的 $\hat{\theta}_0$ 最集中的取值明显地小于1，并且也小于其他类型，这意味着它们是流动性较差的基金，具有比较平滑的收益率。另一方面，第2、7和第9种类型（分别是偏向卖空型、全球宏观型和管理期货型）的基金的 $\hat{\theta}_0$ 最集中的取值在1附近或大于1，含义与前者正好相反——这些类型的基金具有较大的流动性和较少的平滑行为。

为了对平滑模型（3.2）~（3.4）以及平滑参数估计值的可能解释有更深入的了解，我们把 Getmansky，Lo and Makarov（2004）的分析结果复制了过来。[①] 在这篇文献中，他们对 Ibbotson 股票指数、Ibbotson 债券指数、美林可转换证券指数、[②] CS/Tremont 对冲基金指数，以及两个共同基金——高流动性的先锋 500 指数基金（Vanguard 500 Index Fund）[③] 和流动性低得多的美国快速超额收益基金（American Express Extra Income Fund）[④] ——的收益率实施了相同的估计步骤。表 3—4 中列示了这些指数和共同基金的收益率的概括性统计量、市场贝塔（其中的市场收益率采用的是 S&P500 指数的总收益率）、与 Asness、Krail and Liew（2001）的研究相似的收益率同期项和滞后项的市场贝塔，以及平滑系数估计值。[⑤]

我们将 $\hat{\theta}_0$ 解释为流动性的一个指标，与此相一致，表 3—4 第一个部分中流动性最大的投资组合——Ibbotson 大公司指数（Ibbotson Large Company Index）、先锋 500 指数基金（除了样本期间和跟踪误差之外，它与 Ibbotson 大公司指数实质上几乎相同）以及 Ibbotson 长期政府债券指数（Ibbotson Long-Term Government Bond Index）——的收益率的平滑参数估计值接近于 1：Ibbotson 大公司指数收益率的平滑参数估计值 $\hat{\theta}_0$ 是 0.92，

[①] 本章内容来自 Getmansky，Lo and Makarov（2004），这其实是麻省理工学院（MIT）的 Mila Getmansky 在罗闻全（Andrew W. Lo）等人的指导下于 2004 年 5 月完成的博士毕业论文——译者注。

[②] 美林（Merrill Lynch）对该指数的描述是，它是一个"市值加权指数，跟踪日度价格、公司可转换证券（包括美国国内债券、欧洲债券、优先股和流动收益期权票据（Liquid Yield Option Notes））的收益和总收益率。"

[③] 这里给出的名称是"先锋 500 指数基金（Vanguard 500 Index Fund）"，表 3—4 及表下的注释中给出的则是"先锋 500 指数信托（Vanguard 500 Index Trust）"——译者注。

[④] 2003 年 1 月 31 日，雅虎财经（http：//finance. yahoo. com/）报出的先锋 500 指数基金（代码：VFINX）和美国快速超额收益基金（AXP Extra Income Fund，代码：INEAX）分别是 597 亿美元和 15 亿美元。对两个基金的描述分别如下：

先锋 500 指数基金追求与 S&P500 指数的价格和收益率相对应的投资成果。该基金采取一种消极型管理策略，来追踪 S&P500 指数的收益率，而 S&P500 指数的收益率是由美国最大的公司的股票决定的。它试图通过将自己的全部或绝大部分资产投资于 S&P500 指数的成分股，来复制该目标指数。

美国快速超额收益基金追求在当期获取高收益，资本的升值则是第二位的。该基金通常投资于长期的、收益高、评级低的公司债券。这些债券可能是美国和外国的公司与政府发行的。该基金还可能投资于其他金融工具，如货币市场证券、可转换证券、优先股、衍生品（如期货、期权和远期合约）以及普通股。

[⑤] 市场贝塔是通过把收益率对一个常数项和 S&P500 指数的总收益率进行回归而得到的，同期项和滞后项的市场贝塔是通过把收益率对一个常数项、S&P500 指数总收益率的同期项和前两阶滞后项进行回归而得到的。

先锋 500 指数基金收益率的 $\hat{\theta}_0$ 是 1.12，而 Ibbotson 长期政府债券指数收益率的 $\hat{\theta}_0$ 则是 0.92。一阶自相关系数和滞后项的市场贝塔也表明它们缺乏序列相关性：Ibbotson 大公司指数收益率的一阶自相关系数是 9.8%，先锋 500 指数基金收益率的一阶自相关系数是 −2.3%，Ibbotson 长期政府债券指数的一阶自相关系数是 6.7%，滞后项的市场贝塔在统计上都不异于 0。然而，那些流动性较差的投资组合的 $\hat{\theta}_0$ 小于 1.00：Ibbotson 小公司指数（Ibbotson Small Company Index）的收益率的 $\hat{\theta}_0$ 是 0.82，Ibbotson 长期公司债券指数（Ibbotson Long-Term Corporate Bond Index）是 0.84，美林可转换证券指数（Merrill Lynch Convertible Securities Index）是 0.82，美国快速超额收益基金则是 0.67；它们的一阶序列相关系数则分别是 15.6%、15.6%、6.4% 和 35.4%，除了美林可转换证券指数外，都比那些流动性较大的投资组合的一阶序列相关系数要高得多。① 另外，它们的滞后项的市场贝塔在 5% 的显著性水平上是统计显著的：Ibbotson 小公司指数的 β_1 的 t 统计量是 5.41，Ibbotson 长期政府债券指数的 β_1 的 t 统计量是 −2.30，美林可转换证券指数的 β_1 的 t 统计量是 3.33，美国快速超额收益基金的 β_1 的 t 统计量是 4.64。

　　表 3—4 第二个部分中的 CS/Tremont 对冲基金指数的结果与表 3—2 和 3—3 中的实证结果也是一致的——那些持有流动性较差的证券的对冲基金投资策略相应的指数一般具有较小的 $\hat{\theta}_0$。例如，可转换套利型、新兴市场型和固定收益套利型指数的平滑参数估计值 $\hat{\theta}_0$ 分别是 0.49、0.75 和 0.63。一阶序列相关系数分别是 56.6%、29.4% 和 39.6%。相反，流动性较大的对冲基金投资策略，如偏向卖空型和管理期货型的平滑参数估计值分别是 0.99 和 1.04，一阶序列相关系数分别是 7.8% 和 3.2%。

　　虽然这些实证结果大体上都与表 3—2 和表 3—3 中的结果相一致，但是应该注意，任何时间序列的加总（aggregation）过程都能改变统计行为。例如，Granger（1980，1988）发现，将大量平稳自回归过程加总，能得到一个具有长期记忆（long-term memory）的时间序列，其特征是序列相关系

---

① 　不过，注意美林可转换证券指数的二阶自相关系数是 12.0%，在绝对值上只小于美国快速超额收益基金而屈居第二，比 Ibbotson 债券指数的二阶自相关系数大了两个数量级，比 Ibbotson 股票指数的二阶自相关系数大了一个数量级。

数衰减得非常缓慢（其序列相关系数以双曲线的速度衰减，这与平稳
ARMA 过程的序列相关系数按几何速度衰减相反）。因此，虽然将一组粘滞
性基金的收益率加总，一般会得到一个具有平滑收益率的指数，[①] 但是反过
来未必就是对的——平滑的指数收益率未必意味着构成该指数的所有基金
都是粘滞的。只有在具备关于该指数中的基金之间的统计关系（即协方差
以及其他可能的更高阶矩）的额外信息——本质上就是识别约束——或者
存在驱动基金收益率的公共因子时，才能做出后面这个推断。

有趣的是，注意在各个 CS/Tremont 指数中，只有 3 种类型的一阶滞
后项的市场贝塔 β_1 在 5% 的显著性水平上是统计显著的（可转换套利型、
事件驱动型和管理期货型），但是二阶滞后项的市场贝塔 β_2 则有 5 种类型
是统计显著的（总指数、可转换套利型、固定收益套利型、全球宏观型、
做多/做空股票型）。显然，对于某些特定的风格类型（如新兴市场型）
来说，S&P500 指数可能是不恰当的。[②] 这些多少不太一致的结果暗示我
们，使用一个滞后项的市场贝塔调整也许不能完全解释粘滞性和经平滑的
收益率所带来的影响。

总体上来看，表 3—4 中展示的模式证实了我们关于平滑系数和序列
相关性是流动性的代理变量的阐释，并启发我们，经平滑的收益率的这一
模型对于其他投资策略和资产族可能会有更加广泛的应用。

为了展示序列相关性对夏普比率这样的业绩统计量可能产生的影响，
我们把第 3.4 节中经过序列相关性调整的夏普比率统计量（3.48）应用
于表 1—10 中的共同基金和对冲基金收益率数据。表 3—5 表明，这 10 个
共同基金的收益率具有非常小的序列相关性，其 Q 统计量的 p 值介于
13.2% 与 80.2% 之间。的确，在这 10 个共同基金中，自相关系数的绝对
值最大的是富达麦哲伦基金（Fidelity Magellan Fund），其一阶自相关系数
是 12.4%。如果每月的无风险收益率 R_f 是 5%/12，则这 10 个共同基金
的月度夏普比率介于 0.14（美国成长基金）与 0.32（杰纳斯全球基金）

① 当然，下面这种情况是可能的，即有些基金的平滑系数正好抵消了其他基金的平滑系数，
结果降低了它们的总指数（aggregate index）的平滑程度。不过，如果构成总指数的基金都具有高度
的平滑性，则这种可能性是非常小的，不太可能出现。
② 是指对某些类型来说，在估计时采用 S&P500 指数总收益率来充当市场收益率可能是不
恰当的——译者注。

表3—4　各种指数和共同基金的收益率的概括性统计量与平滑性参数估计计值*

序列	样本期间	T	均值(%)	标准差(%)	$\hat{\rho}_1$(%)	$\hat{\rho}_2$(%)	$\hat{\rho}_3$(%)	市场模型 $\hat{\beta}$	$SE(\hat{\beta})$	R^2(%)
Ibbotson 小公司指数	1926年1月—2001年12月	912	1.35	8.63	15.6	1.7	-10.6	1.27	0.03	66.9
Ibbotson 长期政府债券指数	1926年1月—2001年12月	912	0.46	2.22	6.7	0.3	-8.3	0.07	0.01	2.8
Ibbotson 长期公司债券指数	1926年1月—2001年12月	912	0.49	1.96	15.6	0.3	-6.0	0.08	0.01	5.2
Ibbotson 大公司指数	1926年1月—2001年12月	912	1.03	5.57	9.8	-3.2	-10.7	1.00	0.00	100.0
美林可转换证券指数	1994年1月—2002年10月	168	0.99	3.43	6.4	12.0	5.1	0.59	0.05	48.6
美国快速超额收益基金(INEAX)	1984年1月—2001年12月	216	0.67	2.04	35.4	13.1	2.5	0.21	0.03	20.7
先锋500指数信托(VFINX)	1976年9月—2001年12月	304	1.16	4.36	-2.3	-6.8	-3.2	1.00	0.00	100.0
CS/Tremont 指数:										
对冲基金总指数	1994年1月—2002年10月	106	0.87	2.58	11.2	4.1	-0.4	0.31	0.05	24.9
可转换套利型	1994年1月—2002年10月	106	0.81	1.40	56.6	42.6	15.6	0.03	0.03	1.1
偏向卖空型	1994年1月—2002年10月	106	0.22	5.29	7.8	-6.3	-5.0	-0.94	0.08	58.6
新兴市场型	1994年1月—2002年10月	106	0.54	5.38	29.4	1.2	-2.1	0.62	0.11	24.0
股票市场中性型	1994年1月—2002年10月	106	0.89	0.92	29.4	18.1	8.4	0.10	0.02	21.1
事件驱动型	1994年1月—2002年10月	106	0.83	1.81	34.8	14.7	3.8	0.23	0.04	30.2
固定收益套利型	1994年1月—2002年10月	106	0.55	1.18	39.6	10.8	5.4	0.02	0.03	0.7
全球宏观型	1994年1月—2002年10月	106	1.17	3.69	5.6	4.6	8.3	0.24	0.09	7.5
做多/做空股票对冲型	1994年1月—2002年10月	106	0.98	3.34	15.9	5.9	-4.6	0.48	0.06	36.7
管理期货型	1994年1月—2002年10月	106	0.55	3.44	3.2	-6.3	0.7	-0.12	0.08	2.5

续表

序列	样本期间	T	含同期项和滞后项的市场模型						
			$\hat{\beta}_0$	$SE(\hat{\beta}_0)$	$\hat{\beta}_1$	$SE(\hat{\beta}_1)$	$\hat{\beta}_2$	$SE(\hat{\beta}_2)$	$R^2(\%)$
Ibbotson 小公司指数	1926年1月—2001年12月	912	1.25	0.03	0.16	0.03	0.03	0.03	68.0
Ibbotson 长期政府债券指数	1926年1月—2001年12月	912	0.07	0.01	-0.03	0.01	-0.02	0.01	3.6
Ibbotson 长期公司债券指数	1926年1月—2001年12月	912	0.08	0.01	-0.01	0.01	-0.01	0.01	5.3
Ibbotson 大公司指数	1926年1月—2001年12月	912	1.00	0.00	0.00	0.00	0.00	0.00	100.0
美林可转换证券指数	1994年1月—2002年10月	168	0.60	0.05	0.15	0.05	0.07	0.04	52.2
美国快速超额收益基金(INEAX)	1984年1月—2001年12月	216	0.21	0.03	0.12	0.03	0.04	0.03	28.7
先锋500指数信托(VFINX)	1976年9月—2001年12月	304	1.00	0.00	0.00	0.00	0.00	0.00	100.0
CS/Tremont 指数：									
对冲基金总指数	1994年1月—2002年10月	106	0.32	0.05	0.06	0.05	0.16	0.05	32.1
可转换套利型	1994年1月—2002年10月	106	0.04	0.03	0.09	0.03	0.06	0.03	12.0
偏向卖空型	1994年1月—2002年10月	106	-0.93	0.08	-0.06	0.08	0.08	0.08	59.3
新兴市场型	1994年1月—2002年10月	106	0.63	0.11	0.19	0.11	0.03	0.12	26.2
股票市场中性型	1994年1月—2002年10月	106	0.10	0.02	0.02	0.02	0.00	0.02	22.1
事件驱动型	1994年1月—2002年10月	106	0.23	0.03	0.11	0.03	0.04	0.03	38.2
固定收益套利型	1994年1月—2002年10月	106	0.03	0.03	0.05	0.03	0.09	0.03	12.9
全球宏观型	1994年1月—2002年10月	106	0.26	0.09	-0.01	0.09	0.23	0.09	14.1
做多/做空股票对冲型	1994年1月—2002年10月	106	0.49	0.06	0.06	0.06	0.15	0.06	40.7
管理期货型	1994年1月—2002年10月	106	-0.13	0.08	-0.17	0.08	0.02	0.08	7.8

续表

序列	样本期间	T	$\hat{\theta}_0$	$SE(\hat{\theta}_0)$	$\hat{\theta}_1$	$SE(\hat{\theta}_1)$	$\hat{\theta}_2$	$SE(\hat{\theta}_2)$	$\hat{\xi}$
Ibbotson 小公司指数	1926年1月—2001年12月	912	0.82	0.03	0.13	0.02	0.04	0.03	0.69
Ibbotson 长期政府债券指数	1926年1月—2001年12月	912	0.92	0.05	0.06	0.03	0.01	0.03	0.86
Ibbotson 长期公司债券指数	1926年1月—2001年12月	912	0.84	0.04	0.14	0.02	0.02	0.03	0.73
Ibbotson 大公司指数	1926年1月—2001年12月	912	0.92	0.05	0.09	0.03	-0.01	0.03	0.85
美林可转换证券指数	1994年1月—2002年10月	168	0.82	0.07	0.02	0.06	0.16	0.05	0.70
美国快速超额收益基金 (INEAX)	1984年1月—2001年12月	216	0.67	0.03	0.24	0.03	0.09	0.04	0.51
先锋 500 指数信托 (VFINX)	1976年9月—2001年12月	304	1.12	0.17	-0.03	0.07	-0.09	0.07	1.26
CS/Tremont 指数：									
对冲基金总指数	1994年1月—2002年10月	106	0.86	0.12	0.09	0.08	0.04	0.08	0.76
可转换套利型	1994年1月—2002年10月	106	0.49	0.01	0.26	0.03	0.25	0.03	0.37
偏向卖空型	1994年1月—2002年10月	106	0.99	0.20	0.08	0.09	-0.07	0.10	0.99
新兴市场型	1994年1月—2002年10月	106	0.75	0.08	0.24	0.05	0.01	0.07	0.62
股票市场中性型	1994年1月—2002年10月	106	0.71	0.06	0.18	0.05	0.12	0.06	0.54
事件驱动型	1994年1月—2002年10月	106	0.68	0.05	0.23	0.05	0.09	0.06	0.52
固定收益套利型	1994年1月—2002年10月	106	0.63	0.04	0.28	0.04	0.08	0.05	0.49
全球宏观型	1994年1月—2002年10月	106	0.91	0.14	0.04	0.08	0.05	0.08	0.84
做多/做空股票对冲型	1994年1月—2002年10月	106	0.82	0.10	0.13	0.07	0.06	0.07	0.68
管理期货型	1994年1月—2002年10月	106	1.04	0.23	0.04	0.10	-0.08	0.11	1.08

注：* 各种指数和两个共同基金的收益率的概括性统计量和 MA(2) 平滑过程 $R_t^o = \theta_0 R_t + \theta_1 R_{t-1} + \theta_2 R_{t-2}$，$\xi = \theta_0^2 + \theta_1^2 + \theta_2^2$ 最大似然估计值。该过程屈服从于正规化条件 1 $= \theta_0 + \theta_1 + \theta_2$。这两个共同基金分别是先锋 500 指数信托（Vanguard 500 Index Trust，它跟踪 S&P500 指数）和美国快速超额收益基金（它关注的是当期获取联邦所得税豁免的、投资于长期的、收益高、评级低的公司债券）。在两个市场模型中都使用 S&P500 指数总收益率充当市场收益率。

表3—5　共同基金和对冲基金的原始夏普比率与经调整的夏普比率*

基金	起始日	T	$\hat{\mu}$(%)	$\hat{\sigma}$(%)	$\hat{\rho}_1$(%)	$\hat{\rho}_2$(%)	$\hat{\rho}_3$(%)	Q_{11}的p值(%)	月度 SR	月度 SE_3	$\sqrt{12}SR$	年度 $\overline{SR}(12)$	年度 $SE_3(12)$	年度 $SE_6(12)$
共同基金														
先锋500指数	1976年10月	286	1.30	4.27	-4.0	-6.6	-4.9	64.5	0.21	0.06	0.72	0.85	0.26	0.25
富达麦哲伦基金	1967年1月	402	1.73	6.23	12.4	-2.3	-0.4	28.6	0.21	0.06	0.73	0.66	0.20	0.21
美国投资公司	1963年1月	450	1.17	4.01	1.8	-3.2	-4.5	80.2	0.19	0.05	0.65	0.71	0.22	0.22
杰纳斯	1970年3月	364	1.52	4.75	10.5	0.0	-3.7	58.1	0.23	0.06	0.81	0.80	0.17	0.17
富达反向基金	1967年5月	397	1.29	4.97	7.4	-2.5	-6.8	58.2	0.18	0.05	0.61	0.67	0.23	0.23
华盛顿共同投资者	1963年1月	450	1.13	4.09	-0.1	-7.2	-2.6	22.8	0.17	0.05	0.60	0.65	0.20	0.20
杰纳斯全球基金	1992年1月	102	1.81	4.36	11.4	3.4	-3.8	13.2	0.32	0.11	1.12	1.29	0.46	0.37
富达成长与收益	1986年1月	174	1.54	4.13	5.1	-1.6	-8.2	60.9	0.27	0.09	0.95	1.18	0.47	0.40
美国世纪至上基金	1981年12月	223	1.72	7.11	2.3	3.4	1.4	54.5	0.18	0.07	0.64	0.71	0.27	0.25
美国成长基金	1964年7月	431	1.18	5.35	8.5	-2.7	-4.1	45.4	0.14	0.05	0.50	0.49	0.19	0.20
对冲基金														
可转换/抵押权套利型	1992年5月	104	1.63	0.97	42.6	29.0	21.4	0.0	1.26	0.28	4.35	2.99	1.04	1.11
相对价值型	1992年12月	97	0.66	0.21	25.9	19.2	-2.1	4.5	1.17	0.17	4.06	3.38	1.16	1.07
振押贷款支持证券型	1993年1月	96	1.33	0.79	42.0	22.1	16.7	0.1	1.16	0.24	4.03	2.44	0.53	0.54
高收益债务型	1994年6月	79	1.30	0.87	33.7	21.8	13.1	5.2	1.02	0.27	3.54	2.25	0.74	0.72

续表

起始日	T	$\hat{\mu}$ (%)	$\hat{\sigma}$ (%)	$\hat{\rho}_1$ (%)	$\hat{\rho}_2$ (%)	$\hat{\rho}_3$ (%)	Q_{11} 的 p 值(%)	月度 SR	月度 SE₃	$\sqrt{12}$ SR	年度 SR(12)	年度 SE₃(12)	年度 SE₆(12)
风险套利型基金 A	1993年7月	90	1.06	0.69	-4.9	-10.8	6.9	30.6	0.94	0.20	3.25	3.83	0.87	0.85
做多/做空股票型	1989年7月	138	1.18	0.83	-20.2	24.6	8.7	0.1	0.92	0.06	3.19	2.32	0.35	0.37
多重策略型基金 A	1995年1月	72	1.08	0.75	48.9	23.4	3.3	0.3	0.89	0.40	3.09	2.18	1.14	1.19
风险套利型基金 B	1994年11月	74	0.90	0.77	-4.9	2.5	-8.3	96.1	0.63	0.14	2.17	2.47	0.79	0.77
可转换套利型基金 A	1992年9月	100	1.38	1.60	33.8	30.8	7.9	0.8	0.60	0.18	2.08	1.43	0.44	0.45
可转换套利型基金 B	1994年7月	78	0.78	0.62	32.4	9.7	-4.5	23.4	0.60	0.18	2.06	1.67	0.68	0.62
多重策略型基金 B	1989年06月	139	1.34	1.63	49.0	24.6	10.6	0.0	0.57	0.16	1.96	1.17	0.25	0.25
基金的基金	1994年10月	75	1.68	2.29	29.7	21.1	0.9	23.4	0.56	0.19	1.93	1.39	0.67	0.70

注：* 为一个由共同基金和对冲基金组成的样本估计的月度和年度夏普比率。估计是基于这些基金的月度总收益率数。共同基金样本从各种起始日期开始到 2000 年 6 月底为止，对冲基金样本从各种起始日期开始到 2000 年 12 月底为止。在不存在系列相关的零假设条件下，统计量渐近地服从从 χ^2_{11} 分布。Q_{11} 表示 Ljung - Box (1978) 的 Q 统计量 $T(T+2)\sum_{k=1}^{11}\rho_k^2/(T-k)$，其中假设 R_f 等于每月 5.0% / 12，使用的是 Newey and West (1987) 提出的估计步骤，其中标有 "SE₃(12)" 和 "SE₆(12)" 的那两列的截断滞后阶数 $m = 6$。$\hat{\rho}_k$ 表示第 k 阶自相关系数。SR 表示基于月度数据估计的夏普比率，常用的夏普比率统计量 $(\hat{\mu} - R_f)/\hat{\sigma}$ 表示基于月度的夏普比率的估计。SR(12) 表示在考虑了月收益率的序列相关性以后的年度夏普比率的估计，其中标有 "SE₃" 和 "SE₃(12)" 的那两列的截断滞后阶数 $m = 3$，标有 "SE₆" 和 "SE₆(12)" 的那两列的截断滞后阶数 $m = 6$。所有的标准误差都是基于义矩估计量的估计，标有 "SE₃(12)" 的那两列是基于年度夏普比率估计的。

之间，稳健标准误差（robust standard errors）分别是 0.05 和 0.11。由于这些共同基金的月度收益率缺乏序列相关性，因此年度夏普比率的 IID 估计量 $\sqrt{q}\,\widehat{SR}$ 与考虑了序列相关性之后的稳健估计量 $\widehat{SR}(12)$ 之间几乎没有差别。例如，即使对于富达麦哲伦基金而言，虽然它的一阶自相关系数在 10 个共同基金中是最高的，但是它的 $\sqrt{q}\,\widehat{SR}=0.73$ 与 $\widehat{SR}(12)=0.66$ 之间的差别也不大（当然也不是统计显著的）。注意，麦哲伦基金的稳健估计值比 IID 估计值略小，表明其月度收益率中存在正的序列相关性。相反，对华盛顿共同投资者基金（Washington Mutual Investors）来说，其年度夏普比率的 IID 估计值是 $\sqrt{q}\,\widehat{SR}=0.60$，但是稳健估计值 $\widehat{SR}(12)=0.65$，更大一点，这是因为该基金的月度收益率中存在负的序列相关性（回忆一下，负的序列相关性意味着 12 个月收益率之和的方差小于月度收益率的方差的 12 倍）。

当 $m=3$ 时，$\widehat{SR}(12)$ 的稳健标准误差 $SE_3(12)$ 介于 0.17（杰纳斯基金）与 0.47（富达成长与收益基金）之间；在 $m=6$ 时的取值也差不多，意味着稳健估计量对这个数据集表现得相当好。对这 10 个共同基金中的任何一个来说，用年度夏普比率的标准误差得到的 95% 的置信区间都不包括 0。如先锋 500 指数基金的 95% 置信区间是 0.85 ± （1.96×0.26），即 [0.33，1.36]。这些结果意味着，这 10 个共同基金的夏普比率在 95% 的置信水平上都是显著地异于 0 的。

与共同基金相比，表 3—5 中的那 12 个对冲基金的结果则有一些差异。它们的收益率均值更高，标准差更低，这意味着对冲基金的夏普比率估计值比共同基金高得多。那 10 个共同基金的月度夏普比率估计值 $\widehat{SR}$ 介于 0.14 ~ 0.32 之间；与此相反，对冲基金的月度夏普比率估计值 $\widehat{SR}$ 介于 0.60（可转换套利型基金 A 和 B）和 1.26（可转换/期权套利型）之间。不过，对冲基金收益率的序列相关性也比共同基金要高得多。例如，这 12 个对冲基金的一阶自相关系数介于 −20.2% ~ 49.0% 之间，而那 10 个共同基金中一阶自相关系数最大的才等于 12.4%。p 值为序列相关的存在性提供了更加全面的概括——12 个对冲基金除了 4 个之外，其他的 p 值全部都小于 5%，有几个的 p 值甚至还小于 1%。

序列相关性对对冲基金的年度夏普比率的影响是很大的。当使用 IID 估计量 $\sqrt{12}\ \widehat{SR}$ 来估计年度夏普比率时，估计得到可转换/期权套利型基金的夏普比率是 4.35；但是当使用正确地考虑了序列相关性之后的估计量 $\widehat{SR}(12)$ 时，估计值就降低至 2.99，这意味着 IID 估计量将年度夏普比率高估了 45%。在考虑了序列相关性之后，抵押贷款支持证券型基金（Mortgage-Backed Securities Fund）的年度夏普比率估计值从 4.03 下降到 2.44，意味着 IID 估计量将年度夏普比率高估了 65%。不过，由于风险套利型基金 A 的月度收益率具有负的序列相关性，因此在考虑了序列相关性之后，它的年度夏普比率估计值从 3.25 上升至 3.83。

年度夏普比率的 IID 估计值和稳健估计值之间的巨大差异，表明在分析对冲基金的业绩时正确地把序列相关性考虑在内的重要性。表 3—5 从大到小地列出了简单地估计所得到的年度夏普比率（即把 $\widehat{SR}$ 乘以 $\sqrt{12}$）。但是，一旦考虑了序列相关性，这个顺序就变成了 3、2、5、7、1、6、8、4、10、9、12、11。

这 12 个对冲基金的年度稳健夏普比率估计值的稳健标准误差介于 0.25 和 1.14 之间，虽然比共同基金的稳健标准误差要大一些，但是隐含的 95% 置信区间也都是不包括 0 的。例如，即便对于稳健夏普比率估计值最小（1.17）的多重策略型基金 B 来说，它的 95% 置信区间是 1.17 ± （1.96 × 0.25），即 [0.68，1.66]，也是不包括 0 的。这与以前的研究文献记载的一个事实——对冲基金确实具有在统计上显著的超额收益率[①]——也是一致的。对于对冲基金样本来说，当 $m=3$ 和 $m=6$ 时标准误差取值范围的相似性隐含着，尽管月度收益率中存在显著的序列相关性，但是稳健估计量对该数据集表现得也很好。

本节中的实证例子展示了序列相关性对夏普比率这样的业绩衡量指标可能产生的影响，以及把对标准的独立同分布分析框架的偏离正确地考虑在内的重要性。尤其是，稳健夏普比率估计量还包含了关于对冲基金的风险/回报权衡的重要信息，应该用它来代替比较传统的衡量指标。

---

① 例如，可以参见 Ackermann, McEnally and Ravenscraft（1999）；Brown, Goetzmann and Ibbotson（1999）；Brown, Goetzmann and Park（2001a）；Fung and Hsieh（1997a, b, 2000）以及 Liang（1999, 2000, 2001）。

4

最优的流动性

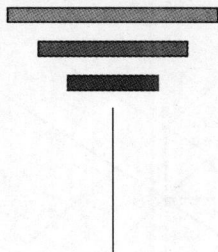

从第 3 章可以清楚地看出，流动性是对冲基金的一个重要风险因素。学术期刊与更具应用性的论坛上的很多研究已经在界定流动性、衡量即时

性成本（cost of immediacy）[①] 和价格冲击、在存在交易成本的情况下推导最优投资组合准则、探究流动性与套利之间的关系、在各种局部均衡和一

　　[①]　即时性成本这个概念是 Harold Demsetz 于 1968 年在其经典论文《交易成本》中最早提出的。鉴于这个概念涉及买卖价差（bid/ask spread），在此对其进行详细的说明。Demsetz 认为，"通过思考'即时性（immediacy）'这个被忽略的问题，能够最深入地理解为什么要把买卖价差包括在交易成本之中。"以下图为例。

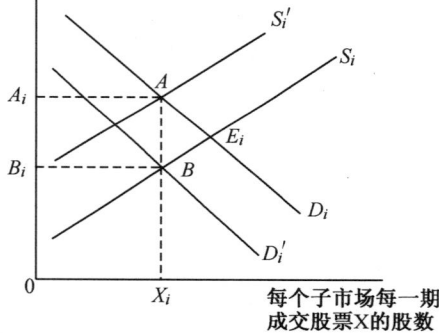

股票X每股价格

每个子市场每一期
成交股票X的股数

在图中，曲线 D_i 表示在单位时间内，要求立即买入 X_i 股股票 X 的需求方的需求曲线，S_i 表示要求立即卖出 X_i 股股票 X 的供给方的供给曲线。供求双方都希望自己的交易指令能够立即得到执行。交点 E_i 就是传统的供求均衡价格。假设 E_i 实际上是股票 X 过去成交的平均价格，也是未来将会成交的平均价格。但是，当有人准备以 E_i 的价格卖出 X_i 股股票时，未必正好有买方出现，因此也许他要等上几分钟、几个小时甚至几个交易日，才能遇上有人发出以 E_i 的价格买入 X_i 的指令。反之反是。现在假设有人专门提供一种服务，即随时准备以自己报出的卖出价立卖出股票，以自己报出的买入价立即买入股票。这样就为买卖双方提供了便利，节约了等待成本，活跃了市场。但是为了弥补自己的成本，这些人希望以略低于 E_i 的价格买入股票，以略高于 E_i 的价格卖出股票。表现在图上，即 S_i 是希望立即卖出者的供给曲线，D_i 表示希望立即买入者的需求曲线。S_i' 表示那些报出了自己的卖出价，随时准备着、等待着向那些要求立即买入股票的需求者卖出股票的人的供给曲线，D_i' 表示那些报出了自己的买入价，随时准备着、等待着从那些要求立即卖出股票的供给者那里买入股票的人的需求曲线。S_i' 和 D_i 的交点 A 所对应的价格 A_i 就是均衡的卖出价格，D_i' 与 S_i 的交点 B 对应的价格 B_i 就是均衡的买入价格。因此，存在两个而不是一个均衡价格——均衡的立即卖出价格 A_i 和均衡的立即卖出价格 B_i，二者之差则衡量了在一次轧平交易（即买卖股票各一次）中，"立即（immediacy）"或译"即时性"这一"商品"的价格。从投资者的角度来看，买卖价差是投资者付出的成本，因此称为"立即成本（cost of immediacy）"或译"即时性成本"。有的文献以偏概全地将其译为"交易成本"，是不恰当的。Huang and Stoll（1996）指出，在纽约股票交易所里，即时性是由特许交易商（specialists）、证券公司（securities firms）和公共交易商（public traders）提供的。特许交易商为自己的账户报出买入价和/或卖出价，证券公司为自己的账户报出价格，公共交易商则发出限价指令（limit orders）。上述内容可以参见 Demsetz（1968）和 Huang, Roger D. and Hans R. Stoll（1996），*Revenues of Immediacy Suppliers Versus Execution Costs of Investors: Evidence from the NYSE*, Working Paper, Vanderbilt University——译者注。

般均衡资产定价模型中估计流动性风险升水等方面取得了相当大的进步。[1] 然而，对于将流动性直接整合进投资组合的构建过程这一更具实践意义的问题，则关注得相对较少。[2]

在本节中，我们给出 Lo、Petrov and Wierzbicki（2003）的研究结果。他们在研究中使用诸如交易量（trading volume）[3] 和买卖价差百分比（percentage bid/offer spreads）等简单的衡量指标来为流动性建模，然后把这些衡量指标引入到标准的均值—方差投资组合最优化过程中，以便得到最优的均值—方差—流动性投资组合（mean-variance-liquidity portfolios）。他们首先提出几个用于衡量某一单个证券流动性 ℓ_i 的指标，然后由此出发，把一个投资组合 $\boldsymbol{\omega}_p \equiv [\omega_{p1}\omega_{p2}\cdots\omega_{pn}]'$ 的流动性 ℓ_p 定义为单个证券的流动性的加权平均 $\sum_i \ell_i\omega_{pi}$。他们使用这些流动性衡量指标构建了 3 种流动性最优化投资组合（liquidity-optimized portfolios）：（1）一个服从于一个流动性滤子（liquidity-filter）的均值—方差—有效投资组合，该流动性滤子要求投资组合中的每个证券的流动性至少是 ℓ_o；（2）一个服从于一个约束条件的均值—方差—有效投资组合，该约束条件是：投资组合的流动性水平至少是 ℓ_o；（3）一个均值—方差—流动性—有效投资组合，

① 例如，可以参见 Acharya and Pedersen（2002）；Aiyagari and Gertler（1991）；Atkinson and Wilmott（1995）；Amihud and Mendelson（1986b）；Bertsimas and Lo（1998）；Boyle and Vorst（1992）；Chordia, Roll and Subrahmanyam（2000, 2001, 2002）；Chordia, Subrahmanyam and Anshuman（2001）；Cohen et al.（1981）；Constantinides（1986）；Davis and Norman（1991）；Dumas and Luciano（1991）；Epps（1976）；Garman and Ohlson（1981）；Gromb and Vayanos（2002）；Grossman and Laroque（1990）；Grossman and Vila（1992）；Heaton and Lucas（1994、1995）；Hodges and Neuberger（1989）；Holmstrom and Tirole（2001）；Huang（2003）；Litzenberger and Rolfo（1984）；Leland（1985）；Liu and Longstaff（2000）；Lo, Mamaysky and Wang（2004）；Magill and Constantinides（1976）；Morton and Pliska（1995）；Pastor and Stambaugh（2003）；Sadka（2003）；Shleifer and Vishny（1997）；Tuckman and Vila（1992）；Vayanos（1998）；Vayanos and Vila（1995）以及 Willard and Dybvig（1999）。
② 当然，有许多研究已经考虑了投资管理中的交易成本或"延误（slippage）"在实践中的重要性，如 Arnott and Wagner（1990）；Bertsimas and Lo（1998）；Bodurtha and Quinn（1990）；Brinson, Hood and Beebower（1986）；Brinson, Singer and Beebower（1991）；Chan and Lakonishok（1993、1995）；Collins and Fabozzi（1991）；Cuneo and Wagner（1975）；Gammill and Pérold（1989）；Hasbrouck and Schwartz（1988）；Keim and Madhavan（1997）；Leinweber（1993、1994）；Loeb（1983）；Pérold（1988）；Schwartz and Whitcomb（1988）；Stoll（1993）；Treynor（1981）；Wagner and Banks（1992）；Wagner and Edwards（1993）以及 Sherrerd（1993）中的论文。这些研究都没有直接关注期望收益率、风险和流动性之间的权衡关系。不过，Michaud（1989）注意到标准的均值—方差投资组合最优化没有把流动性考虑在内，并且在 Michaud（1998，第 12 章）中，在一个均值—方差框架下提出了流动性约束和二次惩罚函数（quadratic penalty functions）。
③ 本书把"trading volume"译为"交易量"，把"trade size"译为"交易规模"，以示区别——译者注。

其最优化问题的目标函数有3项：均值、方差和流动性。他们使用3种不同的流动性定义——换手率（turnover）、买卖价差百分比（percentage bid/ask spreads），以及市值和交易规模（trade size）的一个非线性函数——实证地表明流动性最优化投资组合具有一些非常吸引人的特性，并且即便是流动性最优化的简单形式也可以在降低一个投资组合的流动性风险敞口方面具有显著的效果，而不必太多地牺牲单位风险的期望收益率。

　　在第4.1节，我们将他们衡量流动性的简单指标，并且提出另外一个对对冲基金投资而言特别重要的衡量指标——一阶序列相关系数。在第4.2节，我们使用这些流动性衡量指标定义了3种流动性最优化投资组合，然后在第4.3节中回顾了一些关于流动性最优化投资组合的实证例子。在第4.4节，我们讨论了模型的拓展和一些悬而未决的问题。

4.1　流动性标尺

　　任何把流动性整合进投资组合的最优化过程的尝试的自然的起点，都是提出一个定量地衡量流动性的指标，即一个流动性标尺（liquidity metric）。流动性是一个复杂的概念，至少涉及到交易过程的3个不同的属性——价格、时间和交易规模——因此，流动性高的证券，就是可以迅速地、大量地成交，并且几乎不产生价格冲击的证券。事实上，我们不可能找到能够概括所有这些属性的、单一的统计量。为了表征这些不同的属性，Lo、Petrov and Wierzbicki（2003）从下面5个量出发，在此基础上构建了他们的流动性标尺：

交易量 ≡ 在时间 t 成交的总股数　　　　　　　　　　　　　　　　　　（4.1）

交易量的对数 ≡ log（交易量）　　　　　　　　　　　　　　　　　　　（4.2）

换手率 ≡ 交易量／发行在外的证券的总股数　　　　　　　　　　　　　（4.3）

买卖价差百分比 ≡（卖出价 - 买入价）／（（卖出价 + 买入价）／2）　　（4.4）

Loeb 价格冲击函数 ≡ f（交易规模，市值）　　　　　　　　　　　　　（4.5）

其中，前 3 个变量衡量的是成交的数量，后两个变量衡量的是成本。①

　　衡量一个证券的流动性的最常用指标，也许就是它的交易量。如果一个证券成交比较频繁，并且是以较大的量成交，那么就说该证券的流动性较高，这几乎是同义反复。交易量和换手率都刻画了流动性的这个方面，并且由于这两个变量高度相关（如参见 Lo and Wang，2000），因此在我们的实证分析中，将只使用交易活动的 3 个衡量指标（4.1）～（4.3）中的一个。鉴于 Lo and Wang（2000）在研究资本资产定价模型和套利定价理论等现代资产定价模型时使用换手率的动机，我们也采用换手率（4.3）作为交易活动的衡量指标。

　　衡量证券流动性的另一个流行方法是采用买方或卖方的交易成本，因而买入价/卖出价价差就是自然而然的候选方法。买卖价差较小，意味着交易成本较低；若买卖价差较大，则部分是因为做市商为粘滞证券做市，要求得到一个流动性升水。②

　　市值——即发行在外的全部证券的总市场价值——也是人们提出的、流动性的一个重要的代理变量。发行在外的证券数量越大，则其交易市场越大，交易往往也就越频繁，成本也就越低。当然，即使已发行的股票数量巨大，也可能被少数大股东集中持有，从而导致该股票流动性偏低，但是这种情况属于例外，而不是常态。我们采用 Loeb（1983）提出的设定方法，他对轧平交易的总交易成本百分比③进行了估计，这一总交易成本包括：（1）做市商的价差；（2）价格折让（price concession）；以及（3）支付给经纪人的佣金。总交易成本是一个由九档市值和九档大额交易规模（block size）排列组成的矩阵（Loeb，1983，表 II）。该矩阵为流动性提供了一个很好的近似，但是，为了在 Loeb 的原始设定之外解释市值和大额交易量的连续性本质，我们用一个二维样条函数对他的表格进行了内插

---

　　① 上面所列变量中显然没包括流动性的第三个方面——完成一次买入或者一次卖出所花的时间，这只是因为我们缺乏数据。如果能够实时地跟踪某大型机构进行交易的订单，那么以时间为基础的流动性衡量指标也是很容易构建的。
　　② 例如，可以参见 Amihud and Mendelson（1986a，1986b）；Glosten and Milgrom（1985）；Lo，Mamaysky and Wang（2004）；Tinic（1972）和 Vayanos（1998）。
　　③ 是指将交易成本表示成交易额的百分比——译者注。

和外推。①

彩图3直观地表示出我们对 Loeb 的设定进行参数化的结果，附录 A. 2 则给出了我们的 Matlab 源代码。为了把特定的外推步骤——比如我们用来拓展 Loeb（1983）的结果所采用的步骤（见脚注①）——所带来的影响最小化，Lo，Petrov and Wierzbicki（2003）在他们进行的所有有关 Loeb 的流动性标尺的计算中，都采用了固定的大额交易规模——250 000 美元；并且，对于这一交易规模，很少对交易成本进行外推/取上限。

不过，Lo，Petrov and Wierzbicki（2003）最初是为股票投资组合而不是为对冲基金的投资研究这些流动性衡量指标的。特别地，在私人合伙企业的所有者权益中，不存在与市值和买卖价差这样的衡量指标明显相似的指标。因此，我们需要为对冲基金投资构建一个不同的流动性标尺；并且，通过第3章的分析，我们已经得出了一个适合的可选指标：一阶序列相关系数。

单个证券的流动性标尺

为了构建流动性标尺，我们首先使用日度数据计算式（4.1）~（4.5），然后将日度衡量指标加总，得到月度指标。把月交易量定义为一个月内所有交易日的日交易量之和，把月度交易量对数定义为月度交易量的自然对数。把月换手率定义为一个月内所有交易日每天换手率之和（进一步的讨论请参见 Lo 和 Wang，2000）。把月度买卖价差指标定义为一个月内所有交易日的买卖价差的均值。最后，把月度平均 Loeb 价格冲击指标定义为一个月内所有交易日的日度 Loeb 价格冲击指标的均值。

定义了与日度变量（4.1）~（4.5）相应的月度变量之后，我们就可以对这5个月度衡量指标进行重正规化（renormalize），以便得到在尺度上可比的量。令 $\tilde{\ell}_{it}$ 表示证券 i 在第 t 月的5个流动性衡量指标之一，然

---

① Loeb 最初设定的矩阵不允许交易规模超过一个股票全部市值的5%。在我们的例子中，这意味着最大的交易规模是 5% ×284 万美元 =14. 2 万美元，这个数字相对比较小。为了放松这个约束，我们对总成本函数进行外推，允许交易规模高达市值的20%，这里的外推是线性外推，是通过固定市值水平并使用交易规模这一维上最后两个可得的数据点来进行的。最大的总成本上限是50%，这是个相当大的数字。例如，当市值介于 0 ~1 000 万美元（参见 Loeb，1983，表 II）之间，交易规模分别是 5 000 美元、25 000 美元、250 000 美元时，总的价差/价格成本（spread/price cost）分别是 17. 3%、27. 3% 和 43. 8%。对于下一档交易规模（即 500 000 美元），对应的成本计算公式为：

min [50%，43. 8% + （500 000 –25 000）×43. 8% –27. 3%）/ （5 000 –25 000）] =50%

后定义相应的流动性标尺 ℓ_{it} 为：

$$\ell_{it} \equiv \frac{\tilde{\ell}_{it} - \min_{k,\tau} \tilde{\ell}_{k\tau}}{\max_{k,\tau} \tilde{\ell}_{k\tau} - \min_{k,\tau} \tilde{\ell}_{k\tau}} \tag{4.6}$$

式（4.6）中的最大值和最小值是通过对样本中所有 k 个股票和所有 τ 个日期进行计算而得到的，这样这 5 个正规化的衡量指标中的每一个——现在我们将其称为流动性标尺，以便将它们与未经正规化的变量区分开来——的取值都严格地介于 0~1 之间。因此，对于一个给定的证券来说，如果基于换手率构建的流动性标尺在某个月里的取值是 0.50，则意味着该月的换手率超过最小换手率的幅度，等于我们的样本中所有证券在所有月份的最大换手率与最小换手率之差的 50%。注意，为了与另外 4 个指标保持一致，在为买卖价差定义流动性标尺 ℓ_{it} 时，我们使用的是月度买卖价差的倒数；这样所得到的 ℓ_{it} 数值越大，即意味着流动性越大，也就与其他 4 个指标保持一致了。

对于对冲基金投资，我们建议采用如下流动性标尺（对于第 t 月而言）：

$$\hat{\rho}_{1t} = \frac{\sum_{k=2}^{T} (R_{t-k} - \hat{\mu}_t)(R_{t-k-1} - \hat{\mu}_t)}{\sum_{k=1}^{T} (R_{t-k} - \hat{\mu}_t)^2}, \quad \hat{\mu}_t \equiv \frac{1}{T} \sum_{k=1}^{T} R_{t-k} \tag{4.7}$$

它是 $\{R_t\}$ 的一阶自相关系数的 T 月期滚动窗口估计值，是用第 $t-1$ 到 $t-T-1$ 月的收益率计算得出的。

投资组合的流动性标尺

现在考虑一个证券投资组合 p，它是用投资组合的权重向量 $\boldsymbol{\omega}_p \equiv [\omega_{p1} \ \omega_{p2} \cdots \omega_{pn}]'$ 来定义的。其中，$\boldsymbol{\omega}'_p \boldsymbol{l} = 1$ 且 $\boldsymbol{l} \equiv [1 \cdots 1]'$。暂且假设这是一个只能做多的投资组合，因此 $\boldsymbol{\omega}_p \geqslant \boldsymbol{0}$。这样，对该投资组合的流动性 ℓ_{pt} 的一个自然的定义就是：

$$\ell_{pt} \equiv \sum_{i=1}^{n} \omega_{pi} \ell_{it} \tag{4.8}$$

它是该组合中各个证券的流动性的加权平均。

对于可以持有空头头寸的投资组合来说，式（4.8）是不合适的，因为粘滞证券的空头头寸可能会抵消在同样粘滞的证券上持有的多头头寸，结果导致得到的投资组合的总体流动性非常具有误导性。为了解决这个问题，我们遵循 Lo and Wang（2000）对投资组合的换手率所下的定义，他们建议把包含空头头寸的投资组合的流动性标尺定义如下：

$$\ell_{pt} \equiv \sum_{i=1}^{n} \frac{|\omega_{pi}|}{\sum_{j=1}^{n} |\omega_{pj}|} \ell_{it} \tag{4.9}$$

当不持有空头头寸时，式（4.9）就简化成了（4.8）。但是当持有空头头寸时，它们的流动性标尺就像多头头寸一样被赋予了正的权重，然后再使用权重的绝对值之和对所有权重进行重正规化。

局限性

为了进行均值—方差投资组合最优化的目的而定义的上述流动性标尺虽然很方便，但是也存在一些局限性。

首先，式（4.8）隐含地假设了各个证券的流动性之间不存在相互作用或交叉影响（cross-effect），然而实际情况未必如此。例如，属于同一行业的两个证券可能具有相似的流动性标尺，但是当它们处于同一个投资组合时，可能会变得有些难以交易，这是因为投资者会认为它们是高度的替代品。我们可以通过如下方法来放松这个假设：设定一个更为复杂的流动性矩阵，其中对角线上的元素是 ℓ_{it}，而非对角线上的元素则是相互作用项 ℓ_{ijt}。在这种情况下，投资组合 p 的流动性标尺就是如下的二次形式：

$$\ell_{pt} \equiv \sum_{i=1}^{n} \sum_{j=1}^{n} \omega_{pi} \omega_{pj} \ell_{ijt} \tag{4.10}$$

处于非对角线上的那些流动性标尺可能涉及到投资组合中的证券的市场微观结构的一些细微方面，以及证券之间比较基本的经济联系。因此，为了眼前的目的，我们假设它们等于零。

对于对冲基金流动性的衡量指标 $\hat{\rho}_{1t}$ 而言，投资组合的流动性指标（4.10）仍旧是不对的，因为相关系数不是一个线性的二次算子。尤其是，如果我们将 n 个对冲基金在第 t 月的收益率向量记为 $\mathbf{R}_t \equiv [R_{1t} \cdots R_{nt}]'$，将这些对冲基金组成的一个投资组合 P 记为 $\boldsymbol{\omega}_p \equiv [\omega_{p1} \ \omega_{p2} \cdots \omega_{pt}]'$，则投资组合的收益率 R_{pt} 的序列相关系数可由下式给出：

$$\rho_{p1} = \frac{\text{Cov}[R_{pt}, R_{pt-1}]}{\text{Var}[R_{pt}]} = \frac{\boldsymbol{\omega}' \boldsymbol{\Gamma}_1 \boldsymbol{\omega}}{\boldsymbol{\omega}' \boldsymbol{\Gamma}_0 \boldsymbol{\omega}} \tag{4.11a}$$

其中，$\Gamma_i \equiv E[(R_t - \mu)(R_{t-i} - \mu)']$, $\mu \equiv E[R_t]$ 　　　　(4.11b)

注意，Γ_i 是向量时间序列 $\{R_t\}$ 的 i 阶自协方差矩阵，只有当 $i = 0$ 时，它才是对称的，此时 Γ_0 就简化成了 $\{R_t\}$ 的协方差矩阵。即使各个基金之间不存在任何交叉自相关性（cross-autocorrelation），式（4.11）也不会简化成式（4.8）或（4.10）。为了说明为什么会这样，我们把 i 阶自相关系数矩阵记为 Y_i；则：

$$Y_i = D^{-1/2} \Gamma_i D^{-1/2}, \quad D = \text{diag}(\sigma_1^2, \cdots, \sigma_n^2) \tag{4.12}$$

其中，D 是一个对角矩阵，各基金的方差位于对角线上。这样，就可以把式（4.11）重写成自相关系数矩阵 Y_1 的表达式：

$$\rho_{p1} = \frac{\omega' D^{1/2} D^{-1/2} \Gamma_1 D^{-1/2} D^{1/2} \omega}{\omega' D^{1/2} D^{-1/2} \Gamma_0 D^{-1/2} D^{1/2} \omega} = \frac{\tilde{\omega}' Y_1 \tilde{\omega}}{\tilde{\omega}' Y_0 \tilde{\omega}}, \quad \tilde{\omega} \equiv D^{1/2} \omega \tag{4.13}$$

退一步说，即便 Y_1 是个对角矩阵，式（4.13）也不会简化成式（4.8），而是会简化成：

$$\rho_{p1} = \frac{\sum_{i=1}^n \tilde{\omega}^2 \rho_{i1}}{\sum_{j=1}^n \tilde{\omega}_j^2} = \sum_{i=1}^n \delta_i \rho_{i1}, \quad \delta_i \equiv \frac{\sigma_i^2}{\sum_{j=1}^n \omega_j^2 \sigma_j^2} \omega_i^2 \tag{4.14}$$

如果对于所有 n 个基金而言，不仅所有的超前项和滞后性之间都两两不相关，而且还具有相等的方差，那么式（4.14）将变成：

$$\rho_{p1} = \sum_{i=1}^n \delta_i \rho_{i1}, \quad \delta_i \equiv \frac{\omega_i^2}{\sum_{j=1}^n \omega_j^2} \tag{4.15}$$

该式与式（4.8）之间有一种非线性关系。

第二，由于式（4.8）只是投资组合的权重的函数，而不是投资组合的货币价值的函数，因此 ℓ_{pt} 是尺度独立的（scale independent）。虽然这对于均值—方差分析总体上而言也是成立的，但是流动性就本质而言在一定程度上是依赖于尺度的。例如，IBM 的股票在两个投资组合 p 和 q 中都占 10%。根据式（4.8），IBM 对两个投资组合的总体流动性的贡献将是相同的：都等于 10% 乘以 IBM 股票的流动性。然而，假设投资组合 p 的货币价值是 10 万美元，投资组合 q 的货币价值是 1 亿美元。持有 1 万美元的 IBM 股票和持有 1 000 万美元的 IBM 股票在流动性上是完全一样的吗？实际上，这里讨论的问题是，除了 Loeb 对价格冲击的衡量指标外，变量（4.1）~（4.4）和（4.7）所定义的流动性标尺都不是交易规模的函数，因此是尺度独立的。当然，这个局限是很容易补救的，只要对流动性标尺 ℓ_{it} 进行重参数化（reparametrize），使它像 Loeb 的价格冲击函数一样随着交易规模的变动而变动即可。但是这会额外带来至少三个挑战：（1）几乎没有实证证据可以帮助我们决定函数的适当设定形式；[①]（2）交易规模可能并非影响流动性的唯一变量；（3）把 ℓ_{it} 设定为交易规模的函数，会使投资组合最优化问题变得相当复杂，且会使所有标准的均值—方差结果都变成尺度依赖的。鉴于上述原因，我们把继续假设 ℓ_{it} 是尺度独立的，且这一假设将贯穿本研究的始终（即便对于 Loeb 的价格冲击函数而言也是如此。对于这个函数，我们将交易规模固定为 250 000 美元），而把更具挑战性的情况留待未来研究。

一般地说，流动性变量（4.1）~（4.5）和（4.7）是流动性的相当简单的代理变量，并不代表从交易行为的动态均衡模型中推导出来的流动性升水，[②] 式（4.7）也不是为了表示一个投资组合的序列相关系数。因此，这些变量在时间上是不稳定的，并且会随着市场机制的变动而变动。不过，给定它们在影响证券市场的价格、时间以及交易规模方面的作用，则在大多数情况下，式（4.1）~（4.5）和（4.7）定义的流动性标尺与均衡的流动性升水可能是高度相关的，因此应该可以将其看做对投资组合流动性的合理的局部近似。

最后，由于我们所给出的流动性标尺是专门定义的，而不是最大化期望效用的过程中所得到的副产品，因此它们没有客观的解释，并且必须进行标准化以便适合每一次单独的应用。当然，我们也可以简单地断言流动性是金融证券一个完全不同的特征变量，投资者将会对其表现出特别的偏好，就像对证券的均值和方差一样。然而，与均值、方差不同，要想为具

---

① 不过，对于在一些情况下的各种近似，可以参见 Bertsimas and Lo（1998）；Chan and Lakonishok（1993，1995）；Hausman, Lo and MacKinlay（1992）；Kraus and Stoll（1972）；Lillo, Farmer and Mantegna（2003）以及 Loeb（1983）。

② 这方面的文献可谓汗牛充栋，且与存在交易成本时的金融资产定价模型方面的文献相互交叠。其中一些比较重要的文献包括 Amihud and Mendelson（1986b）；Bagehot（1971）；Constantinishok（1986）；Demsetz（1968）；Gromb and Vayanos（2002）；Lo, Mamaysky and Wang（2004）；Tinic（1972）；Vayanos（1998）以及 Vayanos and Vila（1999）。对于更加完整的文献列表，请参见 Lo, Mamaysky and Wang（2004）中的参考文献。

有不同流动性水平的证券排列出一个合理的偏好顺序是很困难的。而且，人们早已确立了从期望效用理论推导均值—方差偏好的近似定理（如参见 Levy and Markowitz，1979），而对我们的流动性尺度来说，相应的结果还有待研究。

不过，现在人们已经认识到流动性是投资管理中一个非常重要的因素。因此虽然存在上述局限，但是把即便是专门设定的流动性衡量指标整合进标准的均值—方差投资组合理论，也是有相当大的实用价值的。在第 4.2 节中，我们将转向这个挑战。

4.2　流动性最优化投资组合

有了单个证券和投资组合的定量的流动性标尺 $\{\ell_{it}\}$ 之后，我们现在就可以直接把流动性整合进投资组合的构建过程之中了。至少有 3 种方法可以做到这一点：（1）对要被包括进投资组合最优化规划的证券施加一个流动性滤子；（2）对投资组合最优化规划施加一个约束条件，以便得到一个具有最小流动性的均值—方差—有效的投资组合；（3）把流动性标尺直接添加到均值—方差目标函数里。在本节中，我们对这 3 种方法逐个进行比较详细的描述，并把通过这些步骤所得到的投资组合称为均值—方差—流动性（mean-variance-liquidity，MVL）最优投资组合。[①]

流动性滤子

在这一方法中，只把投资组合最优化过程应用于那些其流动性标尺大于某个门槛值 ℓ_o 的证券。把投资组合最优化过程中将要考虑的所有证券所组成的空间记为 $\mathbf{U}$，并令 $\mathbf{U}_o$ 表示 $\mathbf{U}$ 中那些 $\ell_{it} \geqslant \ell_o$ 的证券所组成的子集：

$$\mathbf{U}_o \equiv \{i \in \mathbf{U} : \ell_{it} \geqslant \ell_o\} \tag{4.16}$$

现在，可以将标准的均值—方差最优化过程应用于 $\mathbf{U}_o$ 中的证券，以

---

　　① 为了说明方便，本节中所有的表格和图形都用标准差代替方差作为风险的衡量指标。虽然 x 轴是标准差而不是方差，但是我们继续把有效前沿的图形称为"均值—方差—流动性有效前沿"。我们之所以遵循这一惯例，是因为得到有效前沿所基于的目标函数是均值—方差目标函数，并且"均值—标准差—流动性"这个术语过于冗长，使用起来不太方便。

便得到均值—方差—有效的、经流动性过滤的投资组合：

$$\min_{\{\boldsymbol{\omega}\}} \frac{1}{2} \boldsymbol{\omega}' \boldsymbol{\Sigma}_o \boldsymbol{\omega} \tag{4.17a}$$

服从于 $\mu_p = \boldsymbol{\omega}' \boldsymbol{\mu}_0 \tag{4.17b}$

$$1 = \boldsymbol{\omega}' \boldsymbol{\iota} \tag{4.17c}$$

其中，$\boldsymbol{\mu}_o$ 是 $\mathbf{U}_o$ 中的证券的期望收益率向量；$\boldsymbol{\Sigma}_o$ 是 $\mathbf{U}_o$ 中的证券的收益率的协方差矩阵。

随着 μ_p 的变化，式（4.17）的解 $\boldsymbol{\omega}_p^*$ 就构成了经过流动性 ℓ_o 过滤的均值—方差—有效前沿（ℓ_o-liquidity-filtered mean-variance-efficient frontier）。

流动性约束

施加流动性滤子的另一个方法，是对均值—方差最优化问题施加一个额外的约束：

$$\min_{\{\boldsymbol{\omega}\}} \frac{1}{2} \boldsymbol{\omega}' \boldsymbol{\Sigma} \boldsymbol{\omega} \tag{4.18a}$$

服从于 $\mu_p = \boldsymbol{\omega}' \boldsymbol{\mu} \tag{4.18b}$

$$\ell_o = \begin{cases} \boldsymbol{\omega}' \boldsymbol{\ell}_t & \text{若 } \boldsymbol{\omega} \geq \mathbf{0} \\ \displaystyle\sum_{i=1}^{n} \frac{|\omega_{pi}|}{\sum_{j=1}^{n} |\omega_{pj}|} \ell_{it} & \text{其他} \end{cases} \tag{4.18c}$$

$$1 = \boldsymbol{\omega}' \boldsymbol{\iota} \tag{4.18d}$$

其中，$\boldsymbol{\mu}$ 是不受约束的空间 $\mathbf{U}$ 中的证券的期望收益率向量；$\boldsymbol{\Sigma}$ 是 $\mathbf{U}$ 中的证券的收益率的协方差矩阵；$\boldsymbol{\ell}_t \equiv [\ell_{1t} \cdots \ell_{nt}]'$ 是 $\mathbf{U}$ 中的证券的流动性标尺所组成的向量。

随着 μ_p 的变化，式（4.18）的解 $\boldsymbol{\omega}_p^*$ 就构成了服从流动性 ℓ_o 约束的均值—方差—有效前沿（ℓ_o-liquidity-constrained mean-variance-efficient frontier）。注意，流动性约束式（4.18c）根据 $\boldsymbol{\omega}$ 是只含空头头寸还是只含多头头寸而被划分为两部分。为了行文简便，在下文的实证例子中，对 $\boldsymbol{\omega}$ 施加了一个非负的约束，这样流动性约束式（4.18c）就简化成了 $\ell_p = \boldsymbol{\omega}' \boldsymbol{\ell}_t$。

均值—方差—流动性目标函数

把流动性整合进均值—方差投资组合最优化过程的最直接的方法，也

许就是把流动性标尺纳入如下目标函数中：[①]

$$\min_{\{\omega\}} \omega'\mu - \frac{\lambda}{2} \omega'\Sigma\omega + \phi\, \omega'\ell_t \tag{4.19a}$$

服从于 $1 = \omega'\iota\,,\ 0 \leq \omega$ \hfill (4.19b)

其中，λ 是风险容忍参数（risk tolerance parameter）；ϕ 是赋予流动性的权重。

为了简化投资组合流动性的表达式，把 ω 限定为非负数。

4.3 实证的例子

为了演示流动性标尺对投资管理的实用意义，我们考虑两个实证的例子：Lo，Petrov and Wierzbicki（2003）用随机抽取的 50 只美国股票构建的流动性最优化投资组合和用 13 个 CS/Tremont 对冲基金指数构建的流动性最优化投资组合。

50 只股票的流动性最优化投资组合

Lo，Petrov and Wierzbicki（2003）从芝加哥大学证券价格研究中心（CRSP）和纽约股票交易所的交易和报价（Trades and Quotes，TAQ）数据库中抽取了 50 只股票的历史数据，样本期间是 1997 年 1 月 2 日至 2001年 12 月 31 日。他们使用这些历史数据构建了第 4.2 节中所描述的 3 种流动性最优化投资组合。这 50 只股票是从 10 档市值中随机抽取的（市值是用 1996 年 12 月 31 日的收盘价计算的），这样可以得到一个流动性特征变量充分分散的、有代表性的投资组合（关于他们抽样过程的具体细节，可以参见 Lo，Petrov and Wierzbicki，2003）。Lo，Petrov and Wierzbicki（2003）为换手率、交易量、Loeb 的流动性标尺，以及买卖价差计算了相关系数矩阵，并指出，各个流动性衡量指标总体上都是相互一致的，但是并不都是完全相关的（perfectly correlated）；因此，每一个衡量指标似乎都刻画了其他指标所反映不出的某些特定方面。唯一的例外是交易量和换手率，它们两者极端地高度相关。于是他们在实证分析中不再考虑交易量和对数交

---

① 例如，可以参见 Michaud（1998，第 12 章）。

易量，而只把注意力集中在换手率、买卖价差和 Loeb 的流动性标尺上。

　　为了计算均值—方差—流动性前沿，他们要计算出样本中 50 只股票的期望收益率 $\boldsymbol{\mu}$ 和协方差矩阵 Σ。他们使用 1997 年 1 月 2 日至 2001 年 12 月 31 日的日度收益率数据，计算出如下的标准估计量：

$$\hat{\boldsymbol{\mu}} = \frac{1}{T} \sum_{t=1}^{T} \mathbf{R}_t \tag{4.20a}$$

$$\hat{\Sigma} = \frac{1}{T-1} \sum_{t=1}^{T} (\mathbf{R}_t - \hat{\boldsymbol{\mu}})(\mathbf{R}_t - \hat{\boldsymbol{\mu}})' \tag{4.20b}$$

　　其中，$\mathbf{R}_t \equiv [R_{1t} \dots R_{50t}]'$ 是样本中的 50 只股票在日期 t 的收益率向量。

　　他们把这些估计值乘以每个月交易日的数目 21，将其转换成月度数据。然后，使用这些估计值和第 4.1 节定义的任何一个流动性标尺就可以构建出流动性最优化投资组合。为了强调流动性在各月之间的波动可能相当大这一事实，他们为 8 个特定的月份构建了流动性最优化投资组合。这 8 个月份被列在表 4—1 中，其中包括样本的开始月份和结束月份，以及发生了诸如 1998 年 8 月俄罗斯政府债务违约和 2001 年 9 月 11 日恐怖袭击这样重要的、影响流动性的事件的月份。Lo，Petrov and Wierzbicki（2003）为他们的数据构建了经过流动性过滤的投资组合、有流动性约束的投资组合和均值—方差—流动性最优化的投资组合，但是为了节省篇幅，这里我们只给出他们研究结果的一小部分，即关于有流动性约束的投资组合的结果。

表 4—1　　　　　　　　　　　**样本期间内的重要月份***

月　份	事　件
1996 年 12 月	样本开始
1998 年 8 月	俄罗斯政府债务违约/长期资本管理公司（LTCM）倒闭
1998 年 10 月	长期资本管理公司倒闭之后的一系列事件
2000 年 3 月	S&P500 指数的第一个波峰
2000 年 7 月	S&P500 指数的第二个波峰
2001 年 4 月	S&P500 指数的第一个谷底
2001 年 9 月	9·11 恐怖袭击，S&P500 指数的第二个谷底
2001 年 12 月	样本结束

　　注：*样本期间是 1996 年 12 月份至 2001 年 12 月，流动性最优化投资组合就是为

这一样本期间构建的。

表4—2 概括了使用月度的、经正规化的换手率作为流动性标尺构建的有流动性约束的投资组合的特征变量。表4—2 中的结果表明，流动性约束的初始水平对业绩的影响很小。实际上，对于表4—1 中的各个月份来说，施加一个大小为2.29 的流动性约束对夏普比率并没有实质性的影响，并且在有些月份（如2000 年3 月），把流动性门槛值提高到2.29 以上，也不会造成切点投资组合的任何业绩损失。

表4—2 　　　为50 个随机抽取的股票构建的有流动性约束的均值
—方差—流动性有效前沿的切点投资组合和最
小方差投资组合的月度均值和标准差*

	流动性门槛值	切点投资组合		最小方差投资组合		夏普比率
		均值	标准差	均值	标准差	
1996 年 12 月	0.00	4.13	5.72	1.53	3.37	0.65
1996 年 12 月	2.29	4.13	5.72	1.53	3.39	0.65
1996 年 12 月	4.57	4.99	7.36	1.69	4.15	0.62
1996 年 12 月	6.86	5.71	9.53	1.98	5.69	0.55
1996 年 12 月	9.15	5.78	11.18	2.26	7.66	0.48
1996 年 12 月	11.43	5.65	13.03	2.61	9.88	0.40
1996 年 12 月	13.72	5.28	14.86	2.83	12.39	0.33
1998 年 8 月	0.00	4.13	5.72	1.53	3.37	0.65
1998 年 8 月	2.29	4.13	5.72	1.53	3.38	0.65
1998 年 8 月	4.57	4.81	6.93	1.76	4.09	0.63
1998 年 8 月	6.86	5.90	9.44	2.14	5.57	0.58
1998 年 8 月	9.15	6.11	10.97	2.60	7.56	0.52
1998 年 8 月	11.43	6.12	12.69	3.16	9.84	0.45
1998 年 8 月	13.72	6.13	14.95	3.81	12.38	0.38
1998 年 10 月	0.00	4.13	5.72	1.53	3.37	0.65
1998 年 10 月	2.29	4.13	5.72	1.53	3.37	0.65
1998 年 10 月	4.57	4.13	5.72	1.55	3.42	0.65
1998 年 10 月	6.86	4.46	6.33	1.66	3.75	0.64

	流动性门槛值	切点投资组合		最小方差投资组合		夏普比率
		均值	标准差	均值	标准差	
1998 年 10 月	9.15	4.98	7.42	1.76	4.33	0.61
1998 年 10 月	11.43	5.52	8.69	1.90	5.09	0.59
1998 年 10 月	13.72	5.62	9.38	2.02	5.98	0.55
1998 年 10 月	16.00	5.66	10.10	2.25	6.98	0.52
1998 年 10 月	18.29	5.63	10.85	2.45	8.03	0.48
1998 年 10 月	20.58	5.56	11.67	2.65	9.13	0.44
1998 年 10 月	22.86	5.51	12.62	2.84	10.27	0.40
1998 年 10 月	25.15	5.37	13.51	3.02	11.46	0.37
1998 年 10 月	27.44	4.96	13.97	3.17	12.70	0.32
2000 年 3 月	0.00	4.13	5.72	1.53	3.37	0.65
2000 年 3 月	2.29	4.13	5.72	1.53	3.37	0.65
2000 年 3 月	4.57	4.13	5.72	1.53	3.37	0.65
2000 年 3 月	6.86	4.13	5.72	1.73	3.48	0.65
2000 年 3 月	9.15	4.12	5.70	1.97	3.82	0.65
2000 年 3 月	11.43	4.54	6.41	2.24	4.33	0.64
2000 年 3 月	13.72	5.06	7.38	2.52	4.98	0.63
2000 年 3 月	16.00	5.61	8.47	2.79	5.73	0.61
2000 年 3 月	18.29	5.77	9.04	3.06	6.55	0.59
2000 年 3 月	20.58	5.87	9.64	3.33	7.43	0.57
2000 年 3 月	22.86	5.93	10.26	3.60	8.35	0.54
2000 年 3 月	25.15	5.96	10.95	3.87	9.31	0.51
2000 年 3 月	27.44	5.98	11.74	4.14	10.29	0.47
2000 年 3 月	29.72	6.00	12.64	4.42	11.31	0.44
2000 年 3 月	32.01	6.01	13.62	4.67	12.36	0.41
2000 年 3 月	34.29	6.01	14.74	4.84	13.44	0.38
2000 年 3 月	36.58	6.03	16.08	4.84	14.66	0.35
2000 年 3 月	38.87	6.03	17.61	4.86	16.08	0.32
2000 年 3 月	41.15	6.00	19.33	4.85	17.70	0.29
2000 年 3 月	43.44	5.83	20.85	4.76	19.45	0.26

	流动性 门槛值	切点投资组合		最小方差投资组合		夏普比率
		均值	标准差	均值	标准差	
2000 年 7 月	0. 00	4. 13	5. 72	1. 53	3. 37	0. 65
2000 年 7 月	2. 29	4. 13	5. 72	1. 53	3. 37	0. 65
2000 年 7 月	4. 57	4. 12	5. 70	1. 73	3. 62	0. 65
2000 年 7 月	6. 86	4. 96	7. 23	1. 97	4. 42	0. 63
2000 年 7 月	9. 15	5. 92	9. 38	2. 33	5. 61	0. 59
2000 年 7 月	11. 43	6. 14	10. 61	2. 70	7. 06	0. 54
2000 年 7 月	13. 72	6. 17	11. 78	3. 09	8. 67	0. 49
2000 年 7 月	16. 00	6. 24	13. 25	3. 50	10. 37	0. 44
2000 年 7 月	18. 29	6. 36	15. 08	3. 91	12. 15	0. 39
2000 年 7 月	20. 58	6. 51	17. 26	4. 32	14. 00	0. 35
2001 年 4 月	0. 00	4. 13	5. 72	1. 53	3. 37	0. 65
2001 年 4 月	2. 29	4. 13	5. 72	1. 53	3. 37	0. 65
2001 年 4 月	4. 57	4. 16	5. 77	1. 63	3. 66	0. 65
2001 年 4 月	6. 86	5. 33	7. 95	1. 69	4. 45	0. 61
2001 年 4 月	9. 15	5. 90	9. 53	1. 94	5. 59	0. 57
2001 年 4 月	11. 43	5. 92	10. 45	2. 09	6. 95	0. 53
2001 年 4 月	13. 72	5. 80	11. 48	2. 31	8. 48	0. 47
2001 年 4 月	16. 00	5. 55	12. 63	2. 55	10. 10	0. 40
2001 年 4 月	18. 29	5. 28	14. 19	2. 78	11. 80	0. 34
2001 年 9 月	0. 00	4. 13	5. 72	1. 53	3. 37	0. 65
2001 年 9 月	2. 29	4. 13	5. 72	1. 53	3. 37	0. 65
2001 年 9 月	4. 57	4. 13	5. 72	1. 79	3. 65	0. 65
2001 年 9 月	6. 86	4. 63	6. 57	2. 10	4. 42	0. 64
2001 年 9 月	9. 15	5. 49	8. 23	2. 50	5. 52	0. 61
2001 年 9 月	11. 43	6. 05	9. 65	2. 92	6. 86	0. 58
2001 年 9 月	13. 72	6. 34	10. 87	3. 40	8. 36	0. 54
2001 年 9 月	16. 00	6. 44	11. 99	4. 04	10. 01	0. 50

	流动性门槛值	切点投资组合		最小方差投资组合		夏普比率
		均值	标准差	均值	标准差	
2001 年 9 月	18.29	6.55	13.48	4.75	11.83	0.45
2001 年 12 月	0.00	4.13	5.72	1.53	3.37	0.65
2001 年 12 月	2.29	4.13	5.72	1.53	3.37	0.65
2001 年 12 月	4.57	4.11	5.70	1.67	3.64	0.65
2001 年 12 月	6.86	4.96	7.19	1.91	4.52	0.63
2001 年 12 月	9.15	5.88	9.14	2.33	5.81	0.59
2001 年 12 月	11.43	6.35	10.68	2.87	7.35	0.55
2001 年 12 月	13.72	6.55	12.02	3.47	9.06	0.51
2001 年 12 月	16.00	6.69	13.49	4.24	10.97	0.46
2001 年 12 月	18.29	6.80	15.13	5.07	13.11	0.42

注：*将市值分为 10 个档次，每档中有 5 个股票；表中的数据是以月度正规化换手率作为流动性标尺，在此基础上为 1996 年 12 月、1998 年 8 月、1998 年 10 月、2000 年 3 月、2000 年 7 月、2001 年 4 月、2001 年 9 月和 2001 年 12 月计算的。使用这 50 个股票从 1997 年 1 月 2 日至 2001 年 12 月 31 日的日度收益率数据估计出了它们的期望收益率和协方差，并且它们不随着月份的变动而变动。

　　为了充分地评估在传统的均值—方差分析中加入一个流动性维度所造成的影响，有必要绘制出均值—方差—流动性表面的三维图像。彩图 4 绘制了表 4—1 中所列出的每个月的有流动性约束的均值—方差—流动性—有效前沿。在彩图 4 的每一个三维曲面的"水平面"上，都有我们熟悉的期望收益率坐标轴和标准差坐标轴。垂直坐标轴表示的则是式（4.16）的流动性门槛值 l_o。在水平面上，流动性水平是零，对应的有效前沿是标准的 Markowitz 均值—方差—有效前沿，且这一前沿在其样本期间的所有月份中都是完全一样的，这是因为均值估计值 $\hat{\mu}$ 和协方差矩阵估计值 $\hat{\Sigma}$ 是基于 1997 年 1 月 2 日至 2001 年 12 月 31 日的整个日度数据样本估计出来的，不会随着时间的变化而变化。然而，由于在构建均值—方差—有效前沿时使用了流动性标尺来约束投资组合，因此前沿的风险/回报样态发生了变化，这种变化用曲面的颜色表示出来。通过这种构建，一个受约束的投资组合的流动性总是等于流动性门槛值 l_o，并且由于对所有的流动性标尺在横截面上和时间上都进行了正规化，因此不同日期的前沿的颜色和高度具有相同的含义，可以相互比较。

彩图 4 左上角的子图是 1996 年 12 月的均值—方差—流动性（MVL）前沿，这一时期的平均换手率的分布的均值和标准差在历史上是较低的，图中的风帆状表面相当平，并且表面积相对较小。由于当流动性门槛值较高时，有约束的投资组合最优化问题是不可行的，因此从第四个流动性水平开始，曲面的边缘变得破碎不堪（注意，在每个月的图形中，流动性增量的大小都是一样的，各个流动性坐标轴的刻度都是一样的）。在最高的流动性水平上，只有 MVL 前沿的流动性最高的部分出现在彩图 4 上。由于流动性和市值之间一般具有正相关性，并且在样本中，大市值股票的期望收益和波动性比小市值股票低，因此当流动性门槛值较高时，MVL 前沿上的投资组合大多是由防御型的大市值股票所组成的。

在彩图 4 右上角的子图中（1998 年 8 月），流动性条件有所改善——MVL 前沿从水平面上几乎垂直上升，直到第三个流动性门槛值为止，前沿的形状几乎没有受到流动性约束的影响。在彩图 4 左边的第二个子图中，可以看出，流动性急剧上升——MVL 前沿有 1996 年 12 月的前沿的两倍那么高，曲面开始向右弯时所对应的流动性水平显著地高于前两个子图。在彩图 4 右边的第二个子图中，与 S&P500 指数出现第一个波峰（2000 年 3 月）相对应，MVL 前沿达到最高水平，并且，显而易见，一直到流动性门槛值取值非常高时，流动性约束才起作用。

彩图 4 第三行和第四行的子图讲述的则是截然不同的故事。从左边第三个子图 2000 年 7 月（S&P500 指数达到第二个波峰）开始，沿着顺时针移动到 2001 年 4 月（S&P500 的第一个谷底）、2001 年 9 月（9·11 恐怖袭击）、2001 年 12 月（样本的最后一个月），MVL 前沿的形状和高度都发生了很大的变化。在面对 2000—2001 年的熊市时，流动性条件明显地恶化了，彩图 4 为这一趋势的动态变化提供了一个详细的路线图。

描述 MVL 表面变化的另一个方法，是在这个表面上选择少数几个特征点，并绘制出它们随着时间的变动在均值—标准差—流动性空间内的轨迹。对于任何均值—方差—有效前沿来说，最重要的点当然就是切点投资组合。图 4—1 绘制了不同流动性约束水平和时间上的切点投资组合的轨迹。轨迹上的每个点都对应着一个给定的流动性门槛值 l_t 下的有效前沿的切点投资组合。在切点的旁边给出了这个门槛值的大小（以百分比表示）；并且，为了看得清楚，我们把每个点的位置都投影在水平面上。另外，在水平面上还绘制出了两组线：一条连接无风险投资组合与每一个切点投资组合的直线（其斜率就是切点投资组合的夏普比率）和不同流动性滤子水平下的 MVL 前沿曲线（的投影）。对于每一个子图来说，切点的轨迹都是从水平面上相同的地方开始的。

　　在没有任何流动性影响的情况下，切点投资组合的轨迹将是垂直的，它在水平面上的投影将与出发点重合；但是由于流动性约束的确会对可行的均值—方差组合（mean-variance combinations）产生影响，因此图 4—1 表明，对于连续较高的流动性约束水平而言，有效前沿的风险/回报样态——用切点投资组合来衡量——在恶化，只是在不同的月份恶化的速度不一样。尤其是，随着流动性门槛值的提高，切点投资组合的轨迹会向东移动，逐渐远离读者。切点投资组合在水平面上的投影最初向东/东北方向移动，但是经常会得到不太满意的夏普比率。有时，随着流动性门槛值的提高，切点投资组合在水平面上的投影将拐向东南方向，并得到波动率较高、期望收益率较低、但是流动性水平较高的切点投资组合。在某些点上，当这 50 个随机抽取的证券中的任何一个都不可能满足流动性约束时，轨迹就结束了。切点投资组合的轨迹的动态变化就是评估流动性对均值—方差—最优投资组合的特征变量的影响的一个定性方法。

　　图 4—2 通过把表 4—1 中每个月份的夏普比率绘制成流动性门槛值的一个函数，概括了图 4—1 中的轨迹。这种把三维对象绘制成二维图形的方法是揭示流动性和投资业绩之间此消彼长的状况的一个简单办法。在图 4—2 中，有流动性约束的轨迹都是凹的，且每一个轨迹都由三段不同的线所组成。第一段——从图形的左边边界开始——平行于流动性坐标轴，意味着流动性约束对切点投资组合的夏普比率没有影响。第二段是下降的和凹的，意味着随着流动性门槛值的提高，夏普比率会以越来越快的速度下降。第三段是下降的，不过是线性的，意味着随着流动性门槛值的提高，夏普比率会下降，但是下降的速度是固定不变的。

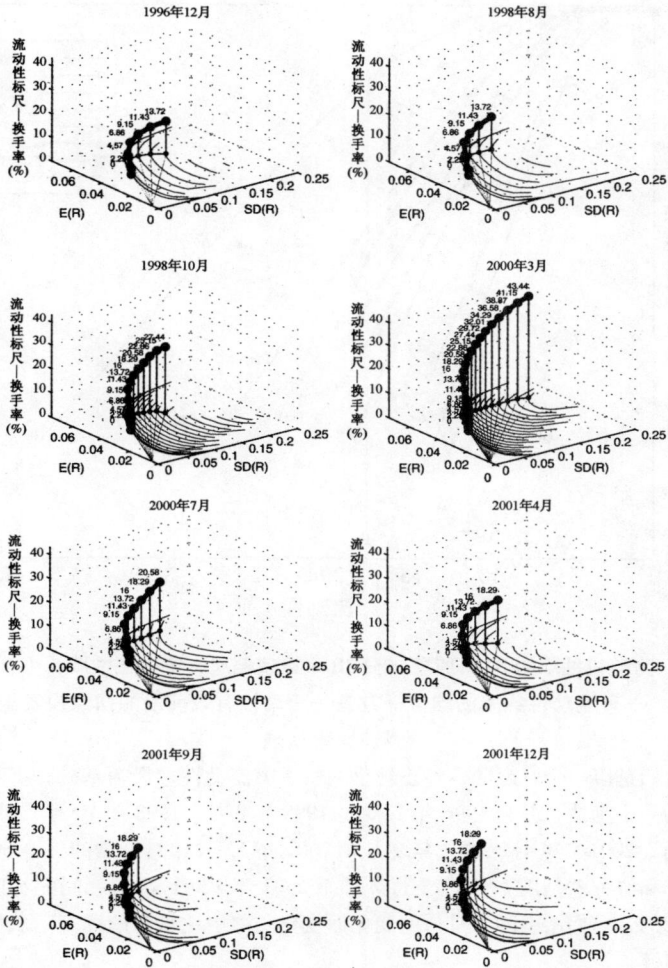

**图4—1 为随机抽取的50只股票(分10个市值档次,每一档抽取5个)构建的、有流动
性约束的均值—方差—流动性有效前沿的切点投资组合的轨迹**

注:这些轨迹是以一个月度的、经正规化的换手率流动性标尺为基础,为1996年12
月、1998年8月、1998年10月、2000年3月、2000年7月、2001年4月、2001年9月和
2001年12月计算绘制的。这50个证券的期望收益率和协方差是用1997年1月2日至2001
年12月31日之间的日度收益率数据计算得到的,它们并不随着月份的变化而变化。

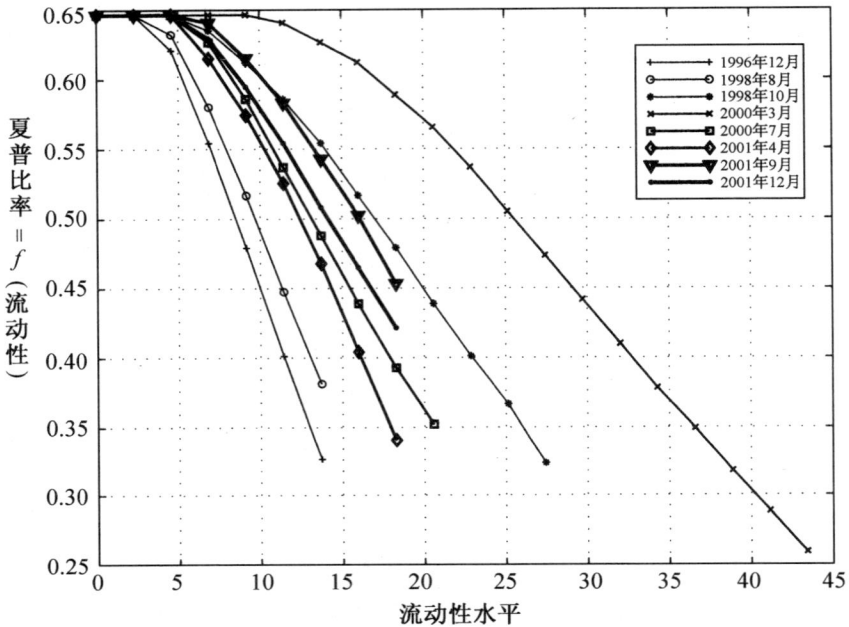

**图4—2　为随机抽取的50只股票（分10个市值档次，每一档抽取5个）构建的、
有流动性约束的均值—方差—流动性有效前沿的切点投资组合的
夏普比率轨迹**

注：它们是以一个月度的、经正规化的换手率流动性标尺为基础，将其作为流动性门槛值的一个函数，并为1996年12月、1998年8月、1998年10月、2000年3月、2000年7月、2001年4月、2001年9月和2001年12月计算绘制的。这50个证券的期望收益率和协方差是用1997年1月2日至2001年12月31日之间的日度收益率数据计算得到的，它们不会随着月份的变化而变化。图中比较粗的线表示从最新的月份中得到的轨迹。

从直觉上看，一个最优的均值—方差—流动性投资组合——该组合以某种方式使三个特征变量达到均衡——应该位于图4—2中的夏普比率曲线的第二段的某个位置。沿着这些线段，流动性门槛值的边际增加会导致成本越来越高（以夏普比率越来越小来衡量）；因此，沿着这一线段，应该存在一个流动性门槛值，使投资者在流动性的偏好和切点投资组合的风险/回报样态之间达到平衡。当然，要把这种经验推断的观点（heuristic argument）变成一个构建 MVL 最优投资组合的正式步骤，还需要设定出对均值、方差和流动性的偏好的形式，而这正是第 4.2 节中的最优化问题（4.19）所提出的方法。

对冲基金指数的流动性最优化投资组合

第 4.2 节中的均值—方差—流动性最优化框架也可以被应用于对冲基金收益率，并且，作为这种方法的一个例证，我们考虑为第 2.1 节中讨论过的 13 个 CS/Tremont 对冲基金指数构建一个投资组合。我们使用 1994年 1 月至 2004 年 2 月的月度收益率，估计出这 13 个指数的收益率序列的均值、方差和协方差，然后使用一阶自相关系数 $\hat{\rho}_1$ 和用前三阶自相关系数[①]构造的 Ljung-Box 的 Q 统计量（式 1.17）的 p 值（见第 1.3 节），构建出第 4.2 节中所描述的、经过流动性过滤的投资组合和有流动性约束的投资组合。

表 4—3 列示了在不同的流动性门槛值下，用两个不同的流动性标尺——$\hat{\rho}_1$ 和 Q 统计量——构建的、经过流动性过滤的均值—方差—流动性有效前沿和有流动性约束的均值—方差—流动性有效前沿所对应的切点投资组合和最小方差投资组合的概括性统计量。在不施加流动性约束时，最优投资组合所得到的夏普比率是 3.37，这比表 4—2 中的夏普比率高得多；但是，对于由对冲基金指数组成的投资组合来说，却并不鲜见（请读者回忆一下分散化的功效。事实上，鉴于对冲基金的投资管理和风险敞口的本质，它们常常能够得到比单个股票更高的夏普比率）。随着流动性约束变得越来越严苛，切点投资组合的业绩变差了；但是正如表 4—2 中所显示的，对于有流动性约束的投资组合来说，这种变差是相当温和的。当投资组合面临着 $\hat{\rho}_1$ 等于 36.26% 这样的约束时，夏普比率只降低了 0.37，降到了 3.00。对于经过流动性过滤的投资组合来说，其业绩降低得更快、更加不连续。这一点毫不奇怪，因为过滤行为把某些指数一起剔除了；有流动性约束的投资组合则把全部指数都包括在投资组合里，仅仅改变了这些指数的权重。这一结果意味着，通过均值—方差—流动性最优化，可以

---

① 原文是"3 个自相关系数"，为了准确，这里根据 Q 统计量的定义和上下文将其修改为"前三阶自相关系数"——译者注。

把对冲基金投资组合的流动性风险中的很大一部分消除掉。

　　为了说明投资组合的权重为什么是流动性门槛值的一个函数，并随着后者的变化而变化，图4—3描绘了4个流动性门槛值下的切点投资组合的权重。从这些图形中可以清楚地看出，流动性约束对投资组合的权重的确有影响。在特定的流动性门槛值下，某些指数的权重是0，且随着流动性门槛值的变化，权重也会发生显著的变化。

　　彩图5绘制了相应的三维的均值—方差—流动性有效前沿的图形，图4—4绘制了当流动性门槛值变化时切点投资组合的轨迹。彩图5中的曲面的陡峭程度和图4—4中的轨迹的陡峭程度，都印证了表4—3中的模式——当对冲基金投资组合上施加的流动性约束比较温和时，业绩损失相对很小。彩图6绘制的两维的均值—方差前沿和图4—5中绘制的切点投资组合的夏普比率简图为这种现象提供了一个更加广阔的视角。显然，随着流动性门槛值的提高，右边一列有流动性约束的投资组合的有效前沿的切线斜率并没有降低太多。

表4—3　为13个CS/Tremont对冲基金指数(1994年1月至2004年2月)
构建的、经过流动性过滤的和有流动性约束的均值
—方差—流动性有效前沿的切点投资组合和最
小方差投资组合的月度均值和标准差*

流动性水平	切点投资组合		最小方差投资组合		夏普比率
	均值 E[R]	标准差 SD[R]	均值 E[R]	标准差 SD[R]	
经过流动性过滤的投资组合的 ρ_1 指标					
-2.61	9.18	2.13	8.23	1.98	3.37
0.38	9.12	2.18	8.16	2.02	3.26
3.37	9.12	2.18	8.16	2.02	3.26
6.36	9.16	2.20	8.18	2.03	3.26
9.35	9.16	2.20	8.18	2.03	3.26
12.34	9.55	2.58	8.77	2.43	2.93
15.33	9.55	2.58	8.77	2.43	2.93
18.32	9.55	2.58	8.77	2.43	2.93
21.31	9.55	2.58	8.77	2.43	2.93
24.30	9.55	2.58	8.77	2.43	2.93
27.29	9.78	2.67	8.97	2.51	2.91

流动性水平	切点投资组合		最小方差投资组合		夏普比率
	均值 E[R]	标准差 SD[R]	均值 E[R]	标准差 SD[R]	
30.28	9.79	4.21	7.97	3.69	1.85

有流动性约束的投资组合的 ρ_1 指标

−2.61	9.18	2.13	8.23	1.98	3.37
0.38	9.18	2.13	8.23	1.98	3.37
3.37	9.18	2.13	8.23	1.98	3.37
6.36	9.18	2.13	8.23	1.98	3.37
9.35	9.18	2.13	8.23	1.98	3.37
12.34	9.18	2.13	8.23	1.98	3.37
15.33	9.18	2.13	8.23	1.98	3.37
18.32	9.18	2.13	8.26	1.98	3.37
21.31	9.17	2.13	8.25	1.98	3.37
24.30	9.19	2.14	8.27	1.98	3.36
27.29	9.18	2.16	8.23	1.99	3.33
30.28	9.27	2.23	8.16	2.03	3.26
33.27	9.35	2.33	8.31	2.14	3.15
36.26	9.57	2.53	8.50	2.33	3.00
39.25	9.74	2.76	8.73	2.58	2.81
42.24	9.86	3.03	8.91	2.89	2.60
45.23	9.99	3.38	9.11	3.25	2.36
48.22	—	—	—	—	—
51.21	—	—	—	—	—
54.20	—	—	—	—	—

经过流动性过滤的投资组合的 Q 统计量指标

1.30	9.18	2.13	8.23	1.98	3.37
3.03	9.60	2.49	8.85	2.35	3.05
4.77	9.55	2.58	8.77	2.43	2.93
6.50	9.55	2.58	8.77	2.43	2.93
8.23	9.55	2.58	8.77	2.43	2.93

续表

流动性水平	切点投资组合		最小方差投资组合		夏普比率
	均值 E[R]	标准差 SD[R]	均值 E[R]	标准差 SD[R]	
9.97	9.55	2.58	8.77	2.43	2.93
11.70	9.78	2.67	8.97	2.51	2.91
13.44	9.74	2.62	8.93	2.52	2.95
15.17	9.74	2.62	8.93	2.52	2.95
有流动性约束的投资组合的 Q 统计量指标					
1.30	9.18	2.13	8.23	1.98	3.37
3.03	9.18	2.13	8.23	1.98	3.37
4.77	9.18	2.13	8.23	1.98	3.37
6.50	9.18	2.13	8.23	1.98	3.37
8.23	9.18	2.13	8.23	1.98	3.37
9.97	9.16	2.13	8.25	1.98	3.36
11.70	9.18	2.13	8.26	1.98	3.37
13.44	9.17	2.13	8.25	1.98	3.36
15.17	9.29	2.17	8.30	2.01	3.35
16.91	9.30	2.19	8.32	2.04	3.33
18.64	9.35	2.23	8.38	2.08	3.29
20.38	9.44	2.29	8.48	2.12	3.25
22.11	9.48	2.34	8.55	2.17	3.20
23.85	9.52	2.39	8.61	2.23	3.15
25.58	9.56	2.45	8.70	2.30	3.09
27.31	9.65	2.52	8.78	2.37	3.03
29.05	9.66	2.58	8.87	2.45	2.97
30.78	9.74	2.66	8.95	2.53	2.91
32.52	9.77	2.74	9.05	2.62	2.84
34.25	9.80	2.82	9.15	2.71	2.77

注：* 表中使用了两个流动性标尺，即一阶序列相关系数 ρ_1 和使用前三阶自相关系数构造的、Ljung-Box（1978）提出的 Q 统计量。

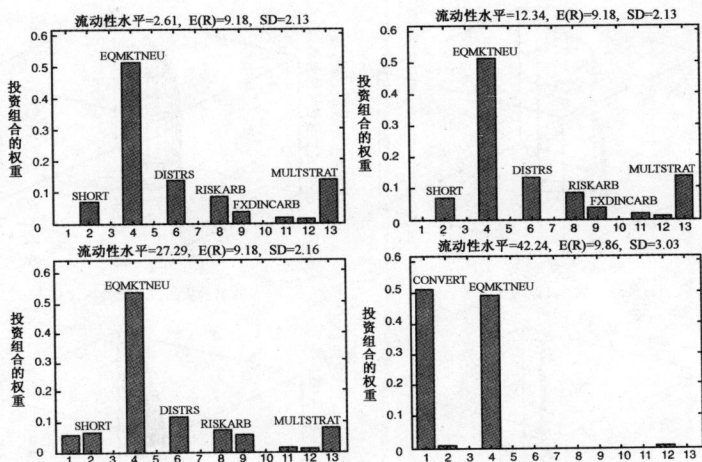

(a) ρ₁ 流动性标尺

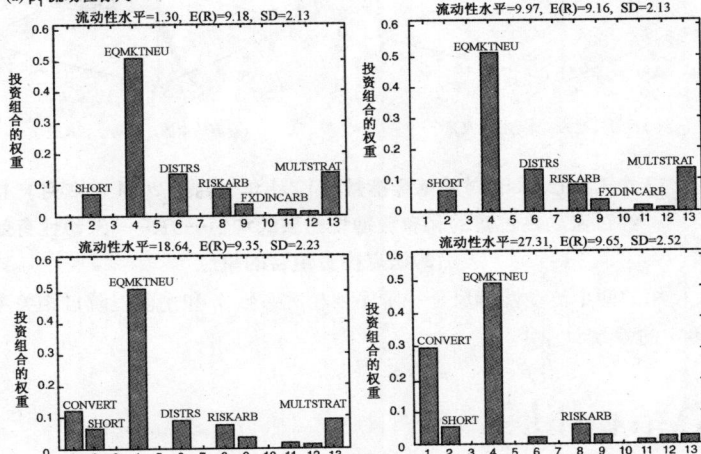

(b) Q 流动性标尺

图 4—3　为 13 个 CS/Tremont 对冲基金指数（1994 年 1 月至 2004 年 2 月）构建的有、
　　　流动性约束的均值—方差—流动性有效前沿的切点投资组合的权重

　　注：图中绘制了 4 个流动性约束水平，绘制了两个流动性标尺：一阶序列相关系数 ρ₁ 和用前三阶自相关系数构造的、Ljung-Box 的 Q 统计量。SHORT = 偏向卖空型，EQMKTNEU = 股票市场中性型，DISTRS = 濒危证券型，RISKARB = 风险套利型，FXDINCARB = 固定收益套利型，MULTSTRAT = 多重策略型，CONVERT = 可转换套利型。

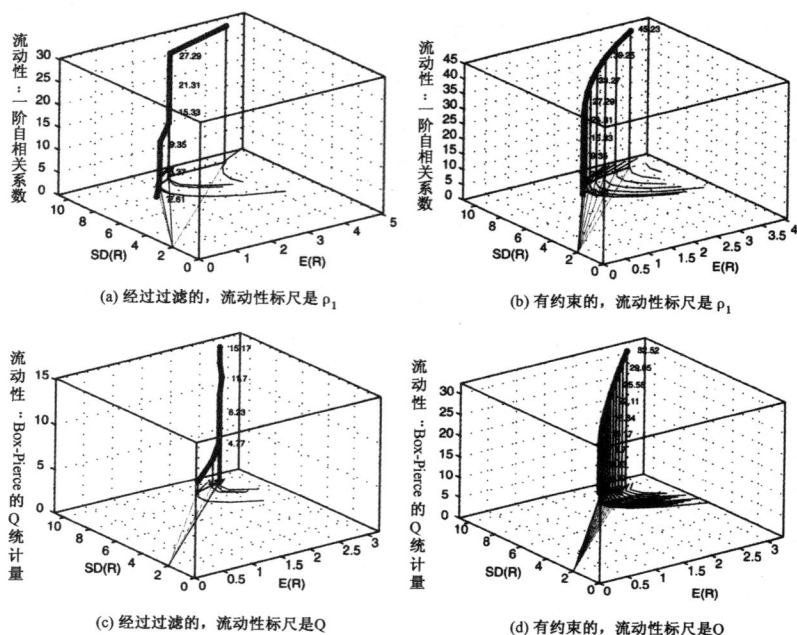

(a) 经过过滤的，流动性标尺是 ρ_1

(b) 有约束的，流动性标尺是 ρ_1

(c) 经过过滤的，流动性标尺是Q

(d) 有约束的，流动性标尺是Q

图4—4 为 13 个 CS/Tremont 对冲基金指数（1994 年 1 月至 2004 年 2 月）构建的、经过流动性过滤的和有流动性约束的均值—方差—流动性有效前沿的切点投资组合的轨迹

注：所使用的两个流动性标尺是一阶序列相关系数 ρ_1 和用前三阶自相关系数构造的、Ljung-Box 的 Q 统计量[①]。

4.4 总结和拓展

鉴于把流动性直接整合进投资组合管理过程尚未成为标准的实践，因此我们分析的许多方面还有待改进和拓展。我们的流动性标尺显然过于简

[①] Q 统计量最早由 Box 和 Pierce 于 1970 年提出，被称为"Box-Pierce 的 Q 统计量"。为了使该统计量具有更加优良的小样本性质，Ljung and Box（1978）将其改进成本书式（1.17）的形式，称为"Ljung-Box 的 Q 统计量"。图 4—4 的子图（c）和（d）中纵轴的标签是"Box-Pierce 的 统计量"，但是从图的标题和正文来看，应该是"Ljung-Box 的 Q 统计量"。彩图 5 中也有类似的问题——译者注。

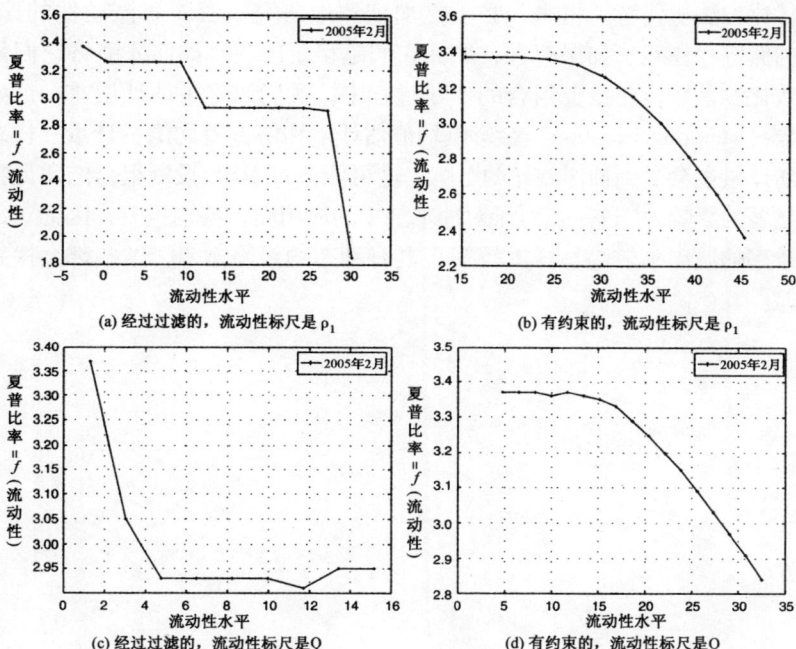

图4—5 为 13 个 CSFB/Tremont 对冲基金指数（1994 年 1 月至 2004 年 2 月）构建的、经过流动性过滤的和有流动性约束的均值—方差—流动性有效前沿的切点投资组合的夏普比率的轨迹

注：所使用的两个流动性标尺是一阶序列相关系数 ρ_1 和用前三阶自相关系数构造的、Ljung-Box 的 Q 统计量。

单了，并且没有基于任何均衡方面的考虑。另外，我们把投资组合的流动性定义为单个证券的流动性衡量指标的加权平均，未必在所有的情况下都是最适合的。显然，衡量流动性的方法越好，就能得到越好的 MVL 投资组合。[①] 将来，还应对流动性的动态变化显性地建模。在这种情况下，静态的均值—方差最优化也许就不再适用了，而应该被诸如随机动态规划这样的动

---

① 例如，请参见 Chordia, Roll and Subrahmanyam（2000, 2001, 2002）；Getmansky, Lo and Makarov（2003）；Glosten and Harris（1988）；Lillo, Farmer and Mantegna（2003）；Lo, Mamaysky and Wang（2004）；Pastor and Stambaugh（2003）以及 Sadka（2003）所提出的其他流动性衡量指标。

态最优化方法所代替。将来，必须更加细致地研究投资者对流动性的偏好：这样的偏好存在吗？如果存在，那么它们是稳定的吗？如何才能将它们最好地参数化？最后，在投资组合的构建过程中，我们忽略了估计误差。正如抽样差异（sampling variation）会影响均值估计量和协方差均值估计量一样，流动性估计量也会受到抽样差异的影响，这可能会对 MVL 投资组合的实证特性产生显著的影响。[①] 这一点对于对冲基金中的应用而言特别重要，因为对冲基金收益率的波动率较高、样本较短且具有动态的风险敞口，这些都会提高估计误差。

---

① 例如，参见 Jobson and Korkie（1980，1981）；Klein and Bawa（1976，1977）以及 Michaud（1998）。

5

对冲基金贝塔的复制

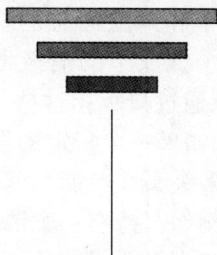

随着机构投资者对另类投资越来越感兴趣，他们与对冲基金经理之间在文化和期望上出现了一条难以逾越的鸿沟。鉴于存在诸如《职工退休收入保障法》（ERISA）这样的监管要求，养老金计划的发起人通常要求它们的管理者提供透明度，并对养老金管理者的投资委托书施加了一些限制；对冲基金经理则很少提供关于仓位水平的透明度，并抵制对其投资过程的任何限制，因为这些限制会影响他们的业绩。养老金计划的发起人要求其资产保持一定程度的流动性，以便其履行支付养老金的义务。另外，由于它们用于管理大规模投资组合的资源有限，因此要求管理者展示出卓越的能力。对冲基金经理通常会对所管理的资产规定 1～3 年的锁定期，而且，最成功的对冲基金经理付出的能力最少。在很多时候，一旦他们为自己积累了一笔财富，就会将投资者的资本完璧奉还。另外，作为受托人，养老金计划的发起人对对冲基金收取的高昂费用极为敏感，且很关注业绩提成费（performance fee）规定所引入的过于优厚的激励措施；而对冲基金经理则认为，他们收取的费用是对其超凡绝伦的投资睿智所给予的

公平报酬，并且至少在目前看来，市场对这一点似乎是认同的。

这一文化上的鸿沟自然而然地导致了一个问题：是否有可能在不投资于对冲基金的情况下，获取与对冲基金相类似的收益率？简言之，对冲基金的收益率能被"克隆"吗？

在本章中，我们通过对 Lipper TASS 对冲基金数据库中的对冲基金构建"线性克隆"，来为这一难题提供一个答案。这些线性克隆是诸如 S&P500 指数、美元指数等公共风险因子的消极型投资组合，组合的权重则是通过用单个对冲基金的收益率对风险因子进行回归估计而得到的。如果一个对冲基金的期望收益率和风险样态的一部分来自某些公共风险因子，那么就有可能设计出一个低成本的消极型投资组合（而不是一个积极型动态交易策略），它可以通过只承担这些风险敞口而反映出该基金的一些风险/回报特征。例如，如果一个特定的做多/做空股票对冲型基金的 40% 的头寸是成长型股票的多头头寸，那么就有可能构建一个具有类似特征变量的消极型投资组合，例如，持有一个消极的成长型投资组合的多头头寸，同时持有股指期货 60% 的空头头寸。

一个线性克隆能够反映出的对冲基金阿尔法的大小，理所当然地取决于基金的期望收益率中有多少来自公共风险因子，多少来自基金经理特有的阿尔法（manager-specific alpha）。这一点可以实证地估计出来。虽然近来可转移阿尔法策略（portable alpha strategies）在机构中风靡一时，但是我们的研究表明，对于某些类型的对冲基金策略来说，可转移的贝塔（portable beta）可能是前所未有的期望收益率和分散化更重要的来源。特别是，以前的研究多使用比较复杂的、基于因子的对冲基金收益率模型；与它们不同，我们使用 6 个因子，它们对应着基本的风险来源，从而对应基本的期望收益率来源，即股票市场、债券市场、货币、商品、信贷和波动率。选择这些因子还有一个原因，即除了波动率之外，它们中的每一个都可以借助像期货合约或远期合约这样富有流动性的场内交易证券进行交易。

我们使用标准的回归分析把 Lipper TASS 对冲基金活数据库中的 2 097 个单个对冲基金组成的期望收益率分解为基于因子的风险升水和基金经理特有的阿尔法。我们发现，对于某些风格类型的对冲基金来说，其期望收益率的大部分来自风险升水。例如，对于可转换套利型基金来说，在该类型的全部基金中，美元指数（U. S. Dollar Index）的风险升水贡献的百分比平均是67%。虽然基金经理特有的阿尔法的估计值大多也很显著，但是这些结果意味着，在对冲基金的期望收益率中，至少有一部分来自所承担的因子风险。

为了探究这种可能性，我们使用6个因子中的5个（由于波动率的掉期和期货市场尚在发展之中，因此我们忽略了波动率）构建了线性克隆，并把它们的业绩与所基于的基金业绩相比较。对于某些类型，如股票市场中性型、全球宏观型、做多/做空股票对冲型、管理期货型、多重策略型和基金的基金型，它们的线性克隆的业绩是可以与基金的业绩相媲美的；但是，对于其他类型，如事件驱动型和新兴市场型，其线性克隆的业绩并不好。不过，在所有情况下，线性克隆都更加具有流动性（用它们的序列相关系数来衡量）、更加透明和可标度（这是构建方法所决定的），且与一大类市场指数——这些市场指数与线性克隆所基于的对冲基金指数相似——具有相关性。鉴于这些原因，我们总结认为，至少对于某些类型的基金来说，对冲基金的复制不仅可能，而且有时还值得认真考虑。

我们将在第5.1节简要地回顾关于对冲基金复制的文献，在第5.2节给出两个促使我们做出这种努力的简单例子。在第5.3节中，将对来自Lipper TASS对冲基金活数据库的对冲基金收益率进行线性回归分析，把基金的期望收益率分解为风险升水和基金经理特有的阿尔法。所得到的结果意味着，对于某些对冲基金类型来说，通过线性克隆能够获得令人折服的投资业绩。在第5.4节中，直接探究了复制的可能性。在第5.5节中，进行总结。

5.1 文献回顾

在最近出现的一系列论文中，Kat and Palaro（2005，2006a，b）认为，采用富有流动性的期货合约的复杂的动态交易策略可以复制出对冲基金收益率的许多统计特性。更加笼统地说，Bertsimas，Kogan and Lo（2001）早已证明，借助动态交易策略——被称为epsilon套利策略，它涉及到采用流动性较高的工具——可以把像对冲基金和复杂的衍生工具这样的具有非常一般的支付函数（payoff functions）的证券综合地复制到任意的精度。虽然对于对冲基金的复制问题来说，这些结论是令人鼓舞的，但是这些复制策略相当复杂，因此单个的普通机构投资者难以实施。的确，有一些基于衍生品的复制策略可能比它们要复制的对冲基金策略本身更加复杂，这样就南辕北辙、得不偿失了。[①]

　　不过，我们的研究动机并非来源于此，而是来自 Sharpe（1992）的资产族因子模型（asset-class factor models）。在上述模型中，他建议把一个共同基金的收益率分解为两个完全不同的部分：（1）诸如大市值股票、成长型股票和中期政府债券这样的资产族因子——他将其称为"风格"；（2）一个不相关的残差部分——他称之为"选择"。Fung and Hsieh（1997a）把这一方法应用于对冲基金，但是其中的因子是通过统计方法，即对他们的、由 409 个对冲基金和商品交易顾问（CTAs）所组成的样本的协方差矩阵进行主成分分析（principal components analysis）得出的。虽然用这种因子可以得到较高的样本内 R^2，但是会引起显著的过度拟合偏差，并且还缺乏经济意义上的解释，而这正是 Sharpe（1992）进行分解的首要动机之一。此后，有一些作者使用更加容易解释的因子为对冲基金估计了因子模型，如使用基金的特征变量和指数（Schneeweis and Spurgin，1998；[②] Liang，1999；Edwards and Caglayan，2001；Capocci and Hubner，2004；Hill，Mueller and Balasubramanian，2004）、某些基于期权的策略的收益率和其他基本投资组合的收益率（Fund and Hsieh，2001，2004；Agarwal and Naik，2000a，b，2004）等。

　　不过，Sharpe（1992）的分析方法在对冲基金上最直接的运用是 Ennis and Sebastian（2003）。他们对 HFR 编制的基金的基金型指数进行了

---

　　① 不过，基于衍生品的复制策略可能会被用于一个不同的目的，该目的不会因为复杂性而变得无用，这就是风险归因（risk attribution），而终极目标则是进行投资组合风险管理。即便一个作为标的的对冲基金投资策略比它的复制品、一个基于衍生品的策略更加简单，该复制品在衡量对冲基金的总体风险敞口，以及为对冲基金投资组合设计对冲策略方面，可能还是有用的。
　　② 本书后面的参考文献中没有列出 Schneeweis and Spurgin（1998）这篇文献。根据上下文来看，作者应该是指 Schneeweis，T. and R. Spurgin，"Multifactor Analysis of Hedge Fund, Managed Futures, and Mutual Fund Return and Risk Characteristics"，*The Journal of Alternative Investments*，Vol. 1，No. 2（1998），pp. 1 - 24——译者注。

彻底的风格分析，并且总结认为：基金的基金不是市场中性的，虽然它们确实展示出一定的市场时机选择能力（market-timing abilities），但"对冲基金的业绩尚未好到足以保证把它们纳入经过调整的投资组合。投资于基金的基金的高成本是造成这一结果的原因之一"（Ennis and Sebastian，2003，p. 111）。这一结论是我们研究线性克隆的出发点。

5.2　两个例子

在对单个对冲基金的收益率进行实证分析之前，我们首先给出两个实例，它们涵盖了对冲基金复制问题的两个极端。对于其中一个对冲基金策略来说，我们证明复制可以轻而易举地完成；而对于另外一个策略而言，我们发现使用线性模型进行复制几乎是不可能的。

资本杀手合伙人

第一个例子是 Lo（2001）中所提出的一个假设的投资策略，即在第1.1节描述过的资本杀手合伙人（CDP）。它取得了令人眼红的业绩跟踪记录，许多投资者会把这一业绩与一个成功的对冲基金联系起来：年度化的收益率均值是 43.1%，年度化的波动率是 20%，意味着夏普比率是 2.15，[①] 并且在 1992 年 1 月至 1999 年 12 月这 96 个月的模拟期间内，只有 6 个月的收益率为负（见表 1—2）。如果仔细审视这一策略的月度收益率（见表 1—3），就会发现这一业绩对于经验丰富的对冲基金投资者来说不足为奇——对于资本杀手合伙人来说，最具挑战性的时期是 1998 年夏天长期资本管理公司陷入危机期间，在 8 月和 9 月，这一策略分别蒙受了 −18.3% 和 −16.2% 的损失。但是在这一期间还具有足够勇气持有 CDP 的那些投资者，会在 10 月份获得 27.0%、11 月份获得 22.8% 的丰厚回报。总体上看，对于资本杀手合伙人来说，1998 年是第二个最好的年景，当年的收益率是 87.3%。

---

① 根据惯例，本书始终把夏普比率定义为收益率的月度平均值与月度标准差之比，然后通过乘以 $\sqrt{12}$ 进行年度化。在夏普比率的原始定义中，分子是基金的超额收益率，即超过无风险收益率的收益率。鉴于在样本期间内无风险收益率会随着时间的变化而变化，因此我们使用总收益率，以便读者可以自行选择基准收益率。

第 1.1 节揭示出这一策略是卖空 7% 价外的 S&P500 看跌期权。鉴于 S&P500 指数出现 7% 的下跌是相对罕见的，因此与比较传统的投资相比，资本杀手合伙人的风险/回报样态似乎是非常具有吸引力的，但是就资本杀手合伙人的策略而言，并没有什么新鲜和独特之处。愿意承担尾部风险——发生罕见但严重的事件的风险——的投资者将会为此得到丰富的回报（考虑一下，个人愿意每月为其房贷、汽车、健康和人寿保险单支付多少钱）。资本杀手合伙人策略不涉及到什么专利权，大多数投资者都能实施，因此这是一个能够被轻易地复制的对冲基金型投资策略的例子。

资本倍增合伙人

现在考虑资本倍增合伙人（Capital Multiplication Partners，CMP）的例子，它是一个假设的基金，在 S&P500 和 1 个月期美国国库券之间进行动态资产配置。该基金的经理能够正确地预测出每月这两种资产中哪个将表现得更好，并在月初就把基金的资金投资于收益率较高的那种资产。[①] 因此，这一完美的市场时机选择策略（perfect market-timing strategy）的月度收益率就等于 S&P500 指数和国库券的月度收益率中较高的那一个。这一策略的阿尔法的来源是显而易见的：Merton（1981）观察到，完美的时机选择等价于只做多 S&P500 指数，加上一个其执行价格等于国库券收益率的 S&P500 指数看跌期权。因此，这一完美的市场时机选择策略的经济价值等于该策略存续期内每月的看跌期权费之和。这样一个策略无疑包含了显著的阿尔法：于 1926 年 1 月在 CMP 上进行 1 美元的投资，到 2004 年 12 月会增长到 23 143 205 448 美元！表5—1 为 CMP 的业绩提供了更加详细的概括，印证了它不同凡响的特点——CMP 的夏普比率是 2.50，超过了一直以来被认为是最成功的资产投资机构——沃伦·巴菲特（Warren Buffett）的伯克希尔·哈撒韦公司（Berkshire Hathaway）——的夏普比率。[②]

显然，即便最天真的投资者也能看出 CMP 投资策略是白日做梦，因

① 这个例子最早是 Bob Merton 于他在 MIT 的斯隆管理学院讲授的 15.415 金融理论课（15.415 Finance Theory）上提出的。
② 从 1976 年 11 月到 2004 年 12 月，伯克希尔·哈撒韦公司的 A 系列股票（Series A shares）的年度化均值和标准差分别是 29.0% 和 26.1%，假设无风险的基准收益率为 0%，则对应的夏普比率是 1.12。

为没人能够完美地把握市场时机。因此，试图用场内交易工具来复制这样一个策略似乎是绝无可能的。但是，假设我们还是想复制它，那么我们能够在多大程度上接近它呢？特别地，假设我们试图通过拟合一个简单的线性回归，来把 CMP 的月度收益率和 S&P500 的月度收益率联系在一起（如图 5—1 所示）。从图 5—1 的散点可以一目了然地看出 CMP 的完美市场时机选择策略的类似于期权的本质，并且从直觉来看，线性回归显然并没有刻画出这一策略内在的非线性本质。然而，在这一例子中，衡量线性回归对数据的拟合程度的正式指标 $\overline{R}^2$ 等于 70.3%，这意味着二者之间确实存在非常强的线性关系。但是，如果使用估计得到的线性回归来为 S&P500 和 1 个月期国库券构建一个固定的投资组合，则得到的结果并没有 CMP 的收益率那么令人心动（见表 5—1）。

这个例子表明，使用线性克隆复制某些具有真实的阿尔法的策略时存在重重困难，并且不能单单使用 $\overline{R}^2$ 作为衡量成功与否的标准。虽然用 CMP 的收益率对市场指数收益率进行线性回归得到了较高的 $\overline{R}^2$，但是线性克隆的实际业绩远远不如 CMP 策略本身，这是因为一个线性模型永远无法刻画出完美的市场时机选择者那类似于期权的支付结构。

表 5—1　　资本倍增有限合伙人的业绩与克隆得到的业绩的概况

（1926 年 1 月至 2004 年 12 月）*

	S&P500	国库券	CMP	克隆
月度均值	1.0%	0.3%	2.6%	0.7%
月度标准差	5.5%	0.3%	3.6%	3.0%
收益率最小的月份	−29.7%	−0.1%	−0.1%	−16.3%
收益率最大的月份	42.6%	1.4%	42.6%	23.4%
年度夏普比率	0.63	4.12	2.50	0.79
收益率为负的月份的数目	360	12	10	340
与 S&P500 的相关系数	100%	−2%	84%	100%
最初的 1 美元的当前价值（美元）	3 098	18	2.3×10^{10}	429

注：* 为 S&P500 指数与 1 个月期美国国库券模拟的一个月度完美市场时机选择策略和一个消极的线性克隆的业绩概括。

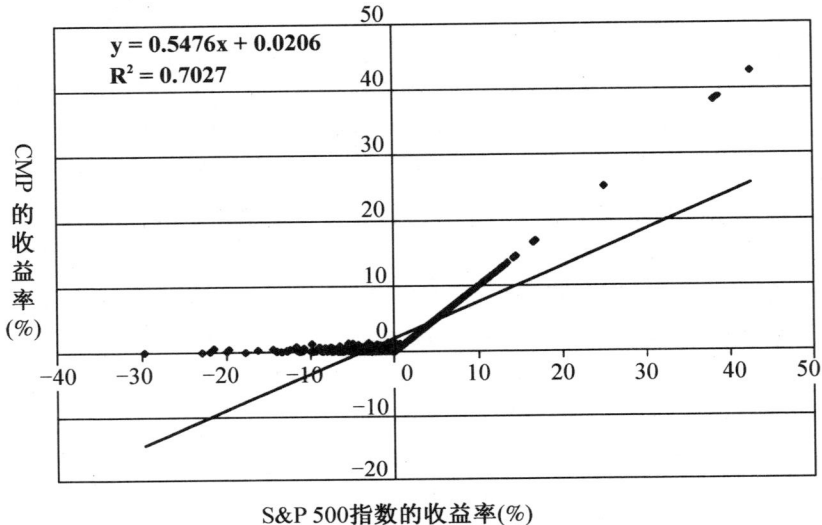

图5—1　CMP 的收益率对 S&P500 指数收益率的回归
(1926 年 1 月至 2004 年 12 月)

注：图中绘出了为 S&P500 指数和 1 个月期国库券构造的一个完美的市场时机选
择策略的月度模拟收益率对 S&P500 指数月度收益率的散点图。

5.3　线性回归分析

为了探究复制 CDP 和 CMP 这两个极端例子所展示的对冲基金收益率
的各种可能性，我们对从 Lipper TASS 对冲基金数据库抽取的一些对冲基
金所组成的一个样本的特征变量进行了研究。该数据库被分为活数据库和
死数据库两部分。活数据库中的对冲基金是到我们样本期间终止时

（2007 年 8 月）仍被认为处于活动状态的基金。① 由于我们希望集中研究
对冲基金行业最近的风险敞口，因此只把注意力局限于活基金数据库，并
且承认活数据库中存在幸存者偏差（参见第 2 章第 3 个脚注）。

不过，对于我们的应用而言，这一偏差的重要性被两个因素调和了。
第一，有许多成功的基金也像业绩不好的基金一样离开了样本，这使期望
收益率中向上的偏差降低了。尤其是，Fung and Hsieh（2000）估计出每
年的幸存者偏差大约是 3.0%，Liang（2000）则估计每年是 2.24%。第
二，我们研究的焦点是对冲基金相对于由流动性证券组成的相对消极的投
资组合的相对业绩，只要我们没有把克隆过程选择性地应用于 Lipper
TASS 数据库的某个特定子集，那么任何幸存者偏差都应该既影响基金，
又同等程度地影响克隆，结果它们的相对业绩就不会受到影响。

当然，还有其他偏差干扰着 Lipper TASS 数据库，如回补偏差（把一
个基金被纳入数据库之前的历史收益率数据也填补到数据库中所引起的偏
差）②、选择性偏差（基金是自愿被纳入数据库的，因此只有那些寻求新
的投资者的基金才会要求被包括进数据库）③，以及 Lipper TASS 决定纳入
哪些基金和忽略哪些基金所依据的程序（这一程序部分地是定性的）可
能引致的其他偏差。与对待幸存者偏差的态度一样，我们希望这些额外的
偏差对于克隆和基金的影响是相似的，这样就不会影响它们的相对比较。
不幸的是，对于这些偏差，除了承认它们的存在并在解释实证分析结果时
非常小心之外，我们几乎无计可施。

虽然 Lipper TASS 对冲基金活数据库是从 1977 年 2 月开始的，但是我
们分析的样本期间只限于 1986 年 2 月至 2007 年 8 月，因为在这段时间，

---

① 一旦一个对冲基金决定不再报告其业绩，或者被清算，或者不再进行新的投资，或者被
重组，或者被并入其他对冲基金，则该基金就被转移到死基金数据库之中。一个对冲基金只有在
被列入活基金数据库之后，才能被列入死基金数据库中。由于 Lipper TASS 数据库充分地披露了
活基金和死基金的收益率与资产信息，因此幸存者偏差被最小化了。然而，这个数据库仍然受到
回补偏差的影响，即当一个基金决定被包括在数据库中时，Lipper TASS 把该基金加入活基金数
据库，并且可以得到的该基金的所有历史业绩也都包括在内。对冲基金并不需要满足任何特别
的要求，就可以被包括在 Lipper TASS 数据库中。鉴于存在报告延迟以及在与对冲基金联系时存
在时滞，有的死基金可能在一段时间内被错误地包括在活基金数据库中。不过，Lipper TASS 已
经采取了一项政策，即如果一个基金超过 8～10 个月不报告自己的数据，就把它从活基金数据库
转移到死基金数据库中。
② 参见第 2 章的第 2 个脚注。
③ 我们不太清楚专门研究这类偏差的文献有哪些，但是有几个作者详细地研究过选择性对
统计推断的影响，如参见 Leamer（1978）和该文中的参考文献。

我们才拥有所有风险因子的完整数据。当然，我们去掉了：（1）那些不报告净收益率（net-of-fee returns）的基金；①（2）所报告的收益的单位不是美元的基金；②（3）报告收益率的频率低于月度的基金；（4）不提供所管理资产的规模，或者只提供所管理资产规模的估计值的基金；（5）月度收益率短于 36 个月的基金。考虑了这些过滤条件之后，最后得到了一个包括 2 097 个基金的样本。

概括性统计量

Lipper TASS 把对冲基金划分为 11 个不同的投资风格，见表 5—2 和附录，其中有 10 个与 CS/Tremont 的子指数的定义是严格对应的。③ 表 5—2 还列示了在我们的样本中，每个风格类型中的基金数目，以及单个基金的概括性统计量、每个类型中的基金的等权重投资组合。这些类型中的基金数目表明，对冲基金不是均匀地分布于各个投资风格的，而是集中于 5 个类型：做多/做空股票对冲型（602 个）、基金的基金型（591 个）、事件驱动型（217 个）、管理期货型（127 个）和新兴市场型（118 个）。这 5 种类型一共占了我们样本中 2 097 个基金的 79%。表 5—2 中列示的业绩的概括性统计量揭示出了对冲基金在近来年备受瞩目的原因——大多数类型的横截面收益率均值都有两位数，而波动率均值则低于 S&P500 指数的波动率，这意味着年度化夏普比率的均值从最低的 – 0.19（偏向卖空型）到最高的 3.21（固定收益套利型）不等。

表 5—2 还强调了数据的另一个特征，即一些类型的基金的收益率的自相关系数平均值为正且很大，分别是：可转换套利型（42.7%）、新兴市场型（13.0%）、事件驱动型（21.2%）、固定收益套利型（15.4%）、多重策略型（18.2%）和基金的基金型（19.5%）。Lo（2001）和 Getmansky，Lo and Makarov（2004）已经证明，对冲基金收益率中的这种高序列相关性可能是粘滞性敞口的一个迹象。当然，对冲基金承担流动性风险并无任何不当之处——的确，承担流动性风险是对冲基金期望收益率

---

① Lipper TASS 把收益率定义为在一个月内净资产价值的变动幅度（假定在基金的再投资日所分配的任何红利都被用于再投资）除以月初的净资产价值，其中扣除管理费、业绩提成费和基金的其他支出。因此，这些报告的收益率应该近似等于投资者实现的收益率。
② Lipper TASS 使用适当的汇率把所有以外币为单位的收益转换成以美元为单位的收益。
③ 参见第 2 章的第 6 个脚注。

表5—2　样本中包含的 Lipper TASS 活对冲基金的概括性统计量（1986年2月至2007年8月）

类型	样本容量	年度化的均值（%）		年度化的标准差（%）		年度化的夏普比率		ρ_1（%）		Ljung-Box Q_{12}统计量的p值		基金的等权重投资组合的年度化业绩		
		均值	标准差	均值	标准差	均值	标准差	均值	标准差	均值	标准差	均值（%）	标准差（%）	夏普比率
可转换套利型	66	7.79	5.44	5.83	5.01	2.36	3.59	42.7	15.7	6.3	14.0	10.13	4.37	2.32
偏向卖空型	14	-1.19	7.62	20.84	10.95	-0.19	0.50	5.8	10.1	50.6	24.6	-3.04	25.15	-0.12
新兴市场型	118	19.63	13.19	15.61	11.52	1.68	1.14	13.0	14.5	38.6	30.3	19.29	16.25	1.19
股票市场中性型	103	8.12	6.35	6.51	5.33	1.82	1.46	4.1	24.1	42.0	33.5	10.55	3.18	3.32
事件驱动型	217	12.00	5.85	6.67	5.08	2.71	4.23	21.2	15.8	29.8	29.8	13.20	6.13	2.15
固定收益套利型	90	7.72	4.31	5.32	3.61	3.21	8.19	15.4	22.9	37.7	32.6	8.64	3.66	2.36
全球宏观型	81	9.61	7.22	11.15	5.32	0.97	0.75	8.2	17.2	43.3	30.2	15.91	10.76	1.48
做多/做空股票对冲型	602	13.82	8.28	13.25	7.91	1.24	0.76	9.1	16.9	39.8	30.1	16.80	8.25	2.04
管理期货型	127	10.15	6.85	17.76	9.57	0.70	0.65	5.9	16.2	33.8	28.1	13.91	15.58	0.89
多重策略型	88	11.39	8.20	8.47	9.01	2.01	1.66	18.2	20.4	25.9	28.5	18.65	11.10	1.68
基金的基金型	591	9.97	4.71	6.06	3.72	2.03	1.33	19.5	14.4	29.9	28.7	11.24	5.40	2.08
全部基金	2 097	11.55	7.72	9.81	7.89	1.77	2.55	14.7	18.4	34.1	30.2	13.96	5.98	2.33

的一个合法来源，并且常常还是有利可图的来源——只要投资者清楚这种风险，并且不被令人心动的夏普比率勾魂的召唤所误导。[①] 但是，粘滞性敞口常常伴随着能力限制（capacity limits），在拿对冲基金的性质与那些更具流动性的备选策略（如线性克隆）相比较时，我们会回到这个问题。

因子模型设定

为了确定公共风险因子对对冲基金收益率的解释功效，我们对样本中2 097 个对冲基金中的每一个实施了一次时间序列回归，用基金的月度收益率对如下 6 个因子进行了回归：（1）USD：美元指数收益率；（2）BOND：雷曼 AA 级中期公司债券指数（Lehman Corporate AA Intermediate Bond Index）的收益率；（3）CREDIT：雷曼 BAA 级公司债券指数（Lehman BAA Corporate Bond Index）与雷曼国债指数（Lehman Treasury Index）的收益率之差；（4）SP500：S&P500 指数的总收益率；（5）CMDTY：高盛商品指数（Goldman Sachs Commodity Index，GSCI）的总收益率；（6）DVIX：芝加哥期权交易所波动率指数月末值的一阶差分。选择这 6 个因子，是基于如下原因：对于一个普通的对冲基金来说，它们为风险敞口提供了一个宽度合理的横截面（股票、债券、货币、商品、信贷和波动率），并且每个因子收益率都可以通过流动性相对较高的工具来实现，因此在实践中可以得到线性克隆的收益率。特别是，所用的美元指数的每一个成分货币都有远期合约，[②] 股票指数、债券指数都有期货合约，商品指数的每个成分也都有期货合约。VIX 指数的期货合约是芝加哥期权交易所在 2004 年 3 月引入的，流动性不如其他指数的期货合约那么大，但是其方差和波动率掉期的柜台市场目前发展迅速。

线性回归模型提供了一个简单但有用的分解，可以把一个对冲基金的收益率 R_{it} 分解为如下几个部分：

$$R_{it} = \alpha_i + \beta_{i1} \text{风险因子}_{1t} + \cdots + \beta_{iK} \text{风险因子}_{Kt} + \epsilon_{it} \tag{5.1}$$

[①] 那些平均的、正的序列相关系数最高的类型，同时也是平均夏普比率最高的类型，这一点并非巧合。根据夏普比率的定义可知，平滑的收益率序列的夏普比率，比那些与其均值相同、但是波动更大的收益率序列的夏普比率要高。

[②] 作者使用的美元指数（U. S. Dollar Index）是影响最广泛的纽约期货交易所即期美元指数（Dollar Index Spot），目前其权重构成如下：欧元占 57.60%、日元占 13.60%、英镑占 11.90%、加元占 9.10%、瑞典克朗占 4.20%、瑞士法郎占 3.60%（其中，每个成分货币都有自己的远期合约）——译者注。

我们从上述分解出发，推导出表征对冲基金收益率的期望值和方差如下：

$$E[R_{it}] = \alpha_i + \beta_{i1}E[风险因子_{1t}] + \cdots + \beta_{iK}E[风险因子_{Kt}] \qquad (5.2)$$

$$Var[R_{it}] = \beta_{i1}^2 Var[风险因子_{1t}] + \cdots + \beta_{iK}^2 Var[风险因子_{Kt}] +$$
$$协方差 + Var[\epsilon_{it}] \qquad (5.3)$$

其中，"协方差"表示所有的"风险因子$_{pt}$"与"风险因子$_{qt}$"两两之间的协方差的加权和，权重等于它们各自的贝塔系数之积$\beta_{ip}\beta_{iq}$。

这种表征意味着，对冲基金的期望收益率有两个截然不同的来源：(1) 贝塔风险敞口β_{iK}乘以与这些敞口相关的风险升水$E[风险因子_{Kt}]$；(2) 基金经理特有的阿尔法α_i。我们所说的"基金经理特有的"，并不是说一个对冲基金独有的阿尔法的来源是无风险的——而只是把期望收益率的这一来源，同那些与可以明确识别的风险因子有关的期望收益率来源区别开来。特别是，α_i更可能来自于我们前文所提及的6个因子之外的其他风险因子，式（5.1）的一个更加精致的版本——一个能够反映基金经理特定的投资风格的版本——也许能够成为一个业绩更好的线性克隆。

从式（5.3）可以看出，对冲基金的方差有如下3个不同的来源：风险因子的方差乘以贝塔系数的平方、残差ε_{it}的方差（它可能与α_i的特定经济来源有关），和各个因子两两之间的协方差的加权和。这一分解揭示了这样一个事实，即对冲基金有几个风险来源，其中每一个风险来源都应该得到一些风险升水（即基于风险的阿尔法），否则投资者将不愿意承担这样的风险。通过承担多个风险因子敞口，对冲基金能够产生在投资者看来有吸引力的期望收益率（例如，参见第1.1节的资本杀手合伙人）。[①]

因子敞口

我们按照式（5.1）用普通最小二乘法对2 097个对冲基金中的每一个进行估计，表5—3列示了估计得到的贝塔系数或称因子敞口的概括性统计量，且按类型分组。对于每种类型来说，我们专门列示了该类型中全部回归得到的、6个因子中每一个因子的贝塔系数和截距的最小值、中位

[①] Litterman（2005）将这种风险敞口称为"外来的贝塔（exotic betas）"，并且认为"形容词'外来的'把它与唯一值得获取风险升水的贝塔——市场贝塔区别开来"。对此我们不敢苟同——因为有好几个著名的模型都表明系统性风险可能有多个来源，每一个都要求得到正的风险升水，如Merton（1973）和Ross（1976）。我们相信对冲基金就是这些期望收益率的多因子模型在实践中的例子。

数、均值、最大值。例如，表5—3 的左上方标着"截距"的部分代表每种类型中每个对冲基金回归得到的截距的概括性统计量，标着"均值"的那一列表明，所有类型的基金经理特有的阿尔法的平均值都是正的，从管理期货型基金的每月 0.37% 到新兴市场型基金的每月 1.26% 不等。这意味着，平均来说，样本中的基金经理的确贡献了价值，且这些价值高于、超越了与我们在式（5.1）中选择的 6 个风险因子所对应的风险升水。在第5.3 节，我们将回到这个重要的问题上来。

表5—3 中标着" R_{SP500} "的那部分，提供了 S&P500 指数收益率因子对应的贝塔系数的概括性统计量，而且标着"均值"的那一列数据与每种类型的定义具有广泛的一致性。例如，偏向卖空型基金的 S&P500 因子收益率的贝塔是 -1.08，这与它们卖空的委托书是一致的。另外，股票市场中性型基金的 S&P500 因子的贝塔系数的平均值是 0.03，与它们市场中性的状态相一致。做多/做空股票对冲型基金受托提供不完全对冲的股票市场敞口，而它们的 S&P500 因子的贝塔系数的平均值是 0.42。

表5—3 剩下的部分表明，不同类型的风险敞口变化相当大。这一点在彩图7 中比较容易看出来，彩图7 绘制了每一类型中全部 6 个因子的贝塔系数的均值。从彩图7 中可以看出，可转换套利型基金具有 3 个主要的风险敞口（做多信贷、做多债券和做多波动率），而新兴市场型基金则有4 个与可转换套利型多少有点不同的风险敞口（做多股票、做空美元、做多信贷和做多商品）。总体风险敞口最小的类型是股票市场中性型，而且毫不奇怪的是，该类型的收益率均值的平均值也是最小者之一，只有8.12%。

表5—3 的右下部分列出了衡量式（5.1）的解释功效的统计量，即回归式（5.1）的 $\overline{R}^2$ 统计量。$\overline{R}^2$ 的均值最低的是股票市场中性型的 8.4%（这是在预期之内的，既然该类型对所有 6 个因子的因子敞口的平均值很小），最高的是偏向卖空型的 46.5%（这也是预期之内的，既然该类型对S&P500 有最大的负敞口）。

为了对 $\overline{R}^2$ 和基金的特征变量之间的关系有进一步的认识，我们用 $\overline{R}^2$ 对基金的几个特征变量进行回归，发现基金的 $\overline{R}^2$ 越小，则夏普比率、管理费和业绩提成费越高。这与这样一种直觉是非常一致的，即基金提供的多

表5—3　Lipper TASS 活数据库中的对冲基金的月度收益率的多元线性回归的概括性统计量
（1986 年 2 月至 2007 年 8 月）*

类型	样本容量	统计量	截距					R_{SP500}				
			最小值	中值	均值	最大值	标准差	最小值	中值	均值	最大值	标准差
可转换套利型	66	贝塔	-0.32	0.58	0.59	1.53	0.33	-0.29	0.00	-0.01	0.50	0.11
		t 统计量	-1.32	3.31	5.44	57.62	8.76	-3.00	0.08	0.08	3.57	1.18
偏向卖空型	14	贝塔	-0.17	0.58	0.69	2.26	0.52	-1.74	-1.13	-1.08	-0.50	0.34
		t 统计量	-0.19	1.36	1.27	2.53	0.68	-12.88	-4.80	-5.87	-0.78	3.53
新兴市场型	118	贝塔	-0.64	0.99	1.26	6.11	0.98	-0.49	0.30	0.40	2.16	0.42
		t 统计量	-0.97	2.49	2.92	10.57	2.07	-2.38	2.01	1.88	6.02	1.61
股票市场中性型	103	贝塔	-0.42	0.59	0.68	2.14	0.43	-1.11	0.01	0.03	1.05	0.28
		t 统计量	-0.76	2.66	3.64	17.26	3.43	-3.90	0.10	0.47	4.25	1.87
事件驱动型	217	贝塔	-0.22	0.87	0.93	3.02	0.43	-0.56	0.09	0.13	1.05	0.20
		t 统计量	-0.72	4.25	5.34	105.56	7.57	-3.51	1.15	1.36	14.77	1.90
固定收益套利型	90	贝塔	-0.22	0.60	0.66	2.02	0.39	-0.34	0.02	0.00	0.31	0.11
		t 统计量	-0.41	3.63	5.15	53.91	6.98	-2.38	0.27	0.11	3.33	1.15
全球宏观型	81	贝塔	-1.23	0.56	0.52	2.40	0.69	-0.50	0.10	0.29	2.35	0.49
		t 统计量	-2.10	1.24	1.37	8.39	1.68	-3.47	0.80	0.90	5.68	1.72
做多/做空股票对冲型	602	贝塔	-1.83	0.76	0.84	5.15	0.66	-1.10	0.35	0.42	3.95	0.48
		t 统计量	-2.11	1.98	2.07	11.33	1.50	-24.85	2.01	2.28	20.86	2.65
管理期货型	127	贝塔	-4.50	0.44	0.37	3.26	0.91	-1.24	0.06	0.17	3.43	0.56
		t 统计量	-2.30	0.84	0.92	8.86	1.66	-2.44	0.39	0.51	10.08	1.45
多重策略型	88	贝塔	-0.78	0.74	0.79	4.17	0.56	-0.94	0.08	0.17	1.59	0.34
		t 统计量	-0.94	3.44	4.07	11.75	3.09	-2.38	1.32	1.46	6.85	1.71
基金的基金型	591	贝塔	-3.12	0.45	0.48	4.74	0.41	-0.78	0.16	0.22	1.72	0.24
		t 统计量	-3.19	2.59	3.03	15.41	2.38	-2.96	2.04	2.33	27.18	2.12

续表

类型	样本容量	统计量	R_{LB} 最小值	中值	均值	最大值	标准差	R_{USD} 最小值	中值	均值	最大值	标准差
可转换套利型	66	贝塔	-0.17	0.18	0.22	1.21	0.23	-0.70	-0.03	-0.07	0.63	0.25
		t统计量	-0.88	1.44	1.43	4.48	1.21	-2.23	-0.23	-0.07	3.65	1.33
偏向卖空型	14	贝塔	-1.50	-0.03	0.04	0.85	0.61	-0.46	0.06	0.27	1.11	0.54
		t统计量	-1.72	-0.06	0.07	1.41	1.03	-1.30	0.23	0.38	1.75	0.94
新兴市场型	118	贝塔	-3.67	-0.03	-0.03	2.24	0.66	-2.19	-0.37	-0.41	2.16	0.64
		t统计量	-2.70	-0.06	0.11	3.41	1.18	-6.62	-1.03	-1.07	2.25	1.34
股票市场中性型	103	贝塔	-1.43	-0.01	-0.01	1.75	0.41	-2.49	0.00	-0.06	1.25	0.43
		t统计量	-3.75	-0.12	-0.01	3.20	1.24	-4.19	-0.01	-0.09	3.71	1.39
事件驱动型	217	贝塔	-1.99	0.04	0.02	1.34	0.36	-2.02	-0.09	-0.17	0.52	0.37
		t统计量	-3.64	0.26	0.26	4.61	1.26	-4.10	-0.51	-0.43	3.74	1.40
固定收益套利型	90	贝塔	-0.89	0.07	0.16	1.81	0.39	-1.28	0.03	0.03	0.76	0.33
		t统计量	-3.75	0.60	0.73	4.08	1.47	-3.82	0.33	0.37	4.18	1.55
全球宏观型	81	贝塔	-3.95	0.10	0.08	1.74	0.73	-2.68	-0.12	-0.21	1.35	0.81
		t统计量	-3.74	0.23	0.35	7.38	1.61	-7.69	-0.49	-0.64	3.57	1.86
做多/做空股票对冲型	602	贝塔	-3.79	-0.01	-0.01	3.04	0.55	-5.96	-0.09	-0.17	2.35	0.72
		t统计量	-2.46	-0.03	0.01	3.44	1.04	-4.50	-0.28	-0.32	4.05	1.29
管理期货型	127	贝塔	-1.43	0.50	0.54	2.49	0.68	-3.81	-0.25	-0.34	1.68	0.73
		t统计量	-1.63	1.04	1.12	6.48	1.31	-5.10	-0.63	-0.60	1.99	1.08
多重策略型	88	贝塔	-1.89	0.07	0.02	2.39	0.55	-4.93	-0.01	-0.20	0.87	0.76
		t统计量	-2.84	0.41	0.44	4.68	1.43	-3.97	-0.07	-0.08	3.27	1.49
基金的基金型	591	贝塔	-2.16	0.03	0.05	1.82	0.29	-3.43	-0.14	-0.19	0.80	0.35
		t统计量	-2.63	0.23	0.37	12.29	1.21	-5.65	-0.89	-0.81	3.37	1.23

续表

类型	样本容量	统计量	R_{CS}					ΔVLX				
			最小值	中值	均值	最大值	标准差	最小值	中值	均值	最大值	标准差
可转换套利型	66	贝塔	0.00	0.44	0.59	2.72	0.56	-0.23	0.05	0.05	0.23	0.07
		t统计量	0.04	3.49	3.46	8.34	1.80	-1.66	0.70	0.74	3.54	0.90
偏向卖空型	14	贝塔	-0.84	-0.08	-0.02	1.42	0.68	-0.23	0.04	0.07	0.66	0.25
		t统计量	-2.14	-0.19	-0.07	2.96	1.38	-1.77	0.18	0.10	1.26	0.97
新兴市场型	118	贝塔	-0.50	0.38	0.50	2.82	0.56	-1.38	0.03	0.06	1.90	0.31
		t统计量	-1.97	1.32	1.28	4.71	1.29	-3.36	0.20	0.22	2.64	1.22
股票市场中性型	103	贝塔	-1.55	0.03	0.03	1.12	0.35	-1.10	-0.02	-0.02	0.64	0.22
		t统计量	-3.81	0.10	-0.12	3.00	1.53	-4.81	-0.24	-0.14	3.02	1.51
事件驱动型	217	贝塔	-1.46	0.25	0.32	2.51	0.43	-0.57	0.01	0.00	0.75	0.16
		t统计量	-4.35	1.43	1.82	11.65	2.07	-7.01	0.14	0.01	3.27	1.36
固定收益套利型	90	贝塔	-1.24	0.17	0.27	1.50	0.43	-0.49	0.03	0.05	0.66	0.19
		t统计量	-3.03	1.13	1.55	12.98	2.22	-3.21	0.39	0.81	5.64	2.05
全球宏观型	81	贝塔	-0.91	0.16	0.15	1.53	0.47	-0.86	0.04	0.08	0.90	0.28
		t统计量	-2.77	0.26	0.40	4.13	1.24	-3.42	0.33	0.28	2.68	1.19
做多/做空股票对冲型	602	贝塔	-2.35	0.17	0.21	4.38	0.61	-1.66	0.05	0.04	2.29	0.32
		t统计量	-4.78	0.54	0.59	4.89	1.36	-4.82	0.30	0.26	3.95	1.27
管理期货型	127	贝塔	-3.95	-0.29	-0.33	1.53	0.64	-0.86	0.09	0.11	0.95	0.29
		t统计量	-2.89	-0.67	-0.62	2.56	1.02	-2.92	0.44	0.55	3.00	1.20
多重策略型	88	贝塔	-1.23	0.17	0.25	3.12	0.54	-0.85	0.04	0.04	0.86	0.22
		t统计量	-2.03	1.20	1.54	6.11	1.99	-3.44	0.49	0.68	4.43	1.55
基金的基金型	591	贝塔	-1.80	0.16	0.18	1.51	0.29	-0.86	0.06	0.07	0.64	0.12
		t统计量	-3.60	1.17	1.23	6.43	1.43	-2.20	0.92	0.92	4.92	1.11

续表

类型	样本容量	统计量	R_{GSCI} 最小值	中值	均值	最大值	标准差	统计量	显著性(%) 最小值	中值	均值	最大值	标准差
可转换套利型	66	贝塔	-0.04	0.01	0.02	0.10	0.03	调整的R^2	-5.8	17.6	16.8	64.4	13.3
		t统计量	-1.53	0.63	0.52	1.70	0.74	$p(F)$	0.0	0.3	9.1	89.8	20.2
偏向卖空型	14	贝塔	-0.29	-0.08	-0.07	0.17	0.11	调整的R^2	14.3	47.6	46.5	79.9	17.7
		t统计量	-1.95	-0.93	-0.78	1.50	1.04	$p(F)$	0.0	0.0	0.5	6.2	1.6
新兴市场型	118	贝塔	-0.15	0.07	0.08	0.38	0.09	调整的R^2	-0.8	17.3	20.7	67.9	14.2
		t统计量	-2.07	1.02	0.99	2.93	0.97	$p(F)$	0.0	0.1	4.8	51.0	11.4
股票市场中性型	103	贝塔	-0.11	0.01	0.02	0.28	0.06	调整的R^2	-9.2	7.1	8.4	47.2	10.6
		t统计量	-2.66	0.46	0.44	2.63	1.17	$p(F)$	0.0	7.5	23.1	96.6	28.2
事件驱动型	217	贝塔	-0.20	0.02	0.02	0.29	0.05	调整的R^2	-7.6	18.6	20.2	70.0	16.1
		t统计量	-2.63	0.74	0.74	4.98	1.13	$p(F)$	0.0	0.2	9.4	95.1	19.1
固定收益套利型	90	贝塔	-0.05	0.01	0.01	0.10	0.03	调整的R^2	-13.5	8.3	12.4	77.3	16.1
		t统计量	-1.76	0.21	0.36	2.59	1.06	$p(F)$	0.0	5.8	22.2	97.1	28.5
全球宏观型	81	贝塔	-0.08	0.04	0.08	0.53	0.14	调整的R^2	-10.9	7.9	16.0	61.5	18.9
		t统计量	-1.34	0.77	0.98	6.16	1.49	$p(F)$	0.0	3.8	19.0	87.7	25.1
做多/做空股票对冲型	602	贝塔	-0.33	0.06	0.08	0.83	0.11	调整的R^2	-12.9	18.4	21.8	92.7	18.0
		t统计量	-2.59	1.18	1.15	6.75	1.28	$p(F)$	0.0	0.1	10.0	99.7	20.1
管理期货型	127	贝塔	-0.31	0.08	0.12	0.72	0.15	调整的R^2	-5.5	8.5	11.6	45.0	10.7
		t统计量	-1.83	1.19	1.29	5.74	1.24	$p(F)$	0.0	1.7	11.2	76.7	18.5
多重策略型	88	贝塔	-0.06	0.03	0.07	0.78	0.14	调整的R^2	-4.5	17.5	18.8	67.8	16.7
		t统计量	-0.83	1.23	1.33	8.36	1.35	$p(F)$	0.0	0.2	13.3	93.4	25.2
基金的基金型	591	贝塔	-0.17	0.04	0.05	0.60	0.05	调整的R^2	-10.2	22.9	25.3	93.6	16.4
		t统计量	-3.03	1.72	1.66	5.72	1.02	$p(F)$	0.0	0.1	3.9	98.4	11.5

注：这6个因子是S&P500指数总收益率、雷曼AA级中期公司债券指数收益率、美元指数的收益率、雷曼BAA级长期信用债券指数与雷曼长期国债指数的收益率之差、芝加哥期权交易所波动率指数月末值的一阶差分，以及高盛商品指数(GSCI)的总收益率。

样化的好处越大（即 $\overline{R}^2$ 较小），平均来说收取的费用就越高。更多的细节可以参见 Lo and Hasanhodzic（2006）。

<h2 style="text-align:center">对期望收益率的分解</h2>

现在，我们可以使用由式（5.1）得到的、样本中单个对冲基金的参数估计值，把"对冲基金的策略能否被克隆"这个问题重新表述为关于"对冲基金的期望收益率中有多少可以归因于从可识别的因子得到的风险升水"的问题。如果对冲基金的期望收益率中有一大部分可以归因于从可识别的因子得到的风险升水，且这种关系主要是线性的，那么一个只包含这些风险敞口的消极型投资组合——它由诸如指数期货、远期合约和其他可交易证券等流动性工具所组成——就可以成为向该基金进行的缺乏流动性和透明度的投资的一个合理的替代品。

我们将全部 2 097 个基金按照风格类型分组后，根据式（5.2）对其期望收益率进行分解，表 5—4 概括了分解所得到的结果。表 5—4 的每一行都包括了某一类型基金的总收益率均值[①]的平均值、6 个因子中每一个因子和基金经理特有的阿尔法对总收益率均值的平均值的贡献率百分比。[②] 注意，全部 6 个因子和基金经理特有的阿尔法对总收益率均值的平均值的贡献率百分比加起来等于 100%，这是因为对于每个基金来说，这种分解的总和就等于 100%，且当把全部基金的这种分解进行横向平均时，总和不变。

表 5—4　　对 Lipper TASS 活数据库中 2 097 个对冲基金的总收益率均值的分解（1986 年 2 月至 2007 年 8 月）*

类型	样本容量	E [R] 的平均值	各个因子对总期望收益率的平均贡献率（%）						
			CREDIT	USD	SP500	BOND	DVIX	CMDTY	阿尔法
可转换套利型	66	9.4	6.3	4.9	-0.1	12.1	-0.6	1.9	75.5
偏向卖空型	14	-1.2	4.6	-0.9	141.3	61.0	-0.5	30.6	-136.1
新兴市场型	118	19.8	0.4	3.6	17.4	-0.8	-0.1	5.1	74.3

① 这里的"总收益率均值"原文是"total mean return"，其实就是"总期望收益率（total expected return）"，这部分作者交替使用"收益率均值"和"期望收益率"的说法，其实指的是同一个东西——译者注。
② 为了便于解释和比较，对本章中的所有统计量（除了那些与一阶自相关系数有关的统计量）都进行了年度化。

类型	样本容量	E［R］的平均值	各个因子对总期望收益率的平均贡献率（%）						
			CREDIT	USD	SP500	BOND	DVIX	CMDTY	阿尔法
股票市场中性型	103	9.1	0.2	0.6	24.9	−5.0	−0.7	17.0	62.9
事件驱动型	217	13.6	1.1	3.5	10.3	2.8	−0.2	2.0	80.6
固定收益套利型	90	9.4	0.9	3.4	−2.2	10.1	0.0	1.3	86.6
全球宏观型	81	11.7	−0.5	12.8	38.3	10.7	2.1	10.2	26.3
做多/做空股票对冲型	602	15.3	0.4	2.0	37.1	1.8	0.0	6.0	52.5
管理期货型	127	11.9	−0.2	−1.8	−2.2	35.1	1.0	15.2	52.9
多重策略型	88	12.8	−0.6	4.3	10.7	4.4	−0.3	4.8	76.8
基金的基金型	591	9.5	0.9	8.4	41.7	−1.6	−0.3	7.3	43.7
全部基金	2 097	12.4	0.7	4.4	28.3	4.0	0.0	6.9	55.6

注：*表中的值是基于6个因子和基金经理特有的阿尔法贡献的百分比计算出来的。

表5—4中的第二行①意味着对偏向卖空型基金的总收益率均值的平均值（−1.2%）贡献最大的是SP500（14.13%）、BOND（61.0%）和CMDTY（30.6%），基金经理特有的阿尔法的平均贡献率则是−136.1%。这意味着，平均来说，偏向卖空型基金赚取的收益，比其从与6个因子敞口相应的风险升水上获取的收益率的平均值还要高，而且阿尔法的其他来源的平均贡献率是负的！当然，这并不意味着偏向卖空型基金的经理没有创造增加值——鉴于表5—4中的数据是样本中全部基金的平均值，因此成功的基金经理特有的正阿尔法被不成功的基金经理特有的负阿尔法所掩盖了，有些情况下则被负的阿尔法完全抵消了。

表5—4表明，对于其他风格类型来说，基金经理特有的阿尔法的重要性变化很大。在固定收益套利型基金的总收益率的平均值中，86%以上来自基金经理特有的阿尔法，但是对于全球宏观型基金来说，基金经理特有的阿尔法只能解释26.3%。对于由2 097个基金所组成的整个样本来说，总收益率平均值中的55.6%归功于基金经理特有的阿尔法，这意味着，平均来说，剩下的44.4%归功于从6个因子上获取的风险升水。这

---

① 原文是"第一行"，是错误的——译者注。

些结果意味着，采用一个多因子投资组合可以获取某些类型的对冲基金策略的收益率的一部分，但投资方式则是透明的、可标度的、低成本的。

5.4　线性克隆

第5.3节的多元回归结果意味着线性克隆或许能够复制出对冲基金的一部分风险敞口，本节通过考虑两种克隆，来直接研究这种可能性。第一种克隆是由固定权重投资组合（fixed-weighted portfolio）构成的，在这种克隆里，我们使用一个基金的收益率全样本来估计线性回归中使用的因子所对应的工具[1]在投资组合中的权重。对于每个基金来说，这些工具在投资组合中的权重自始至终都是固定的，这正是"固定权重"这个称呼的由来。[2] 但是，鉴于这一方法包含了一定程度的"前瞻性偏差"（look-ahead bias）——为了计算克隆的投资组合的收益率，我们使用了一个基金的全部历史收益率来构建这些工具每一期在投资组合中的权重，因此我们又构建了第二种克隆，即基于滚动窗口回归（rolling-window regressions）的线性克隆。

固定权重克隆 vs. 滚动窗口克隆

为了为基金 i 构建一个固定权重线性克隆，我们首先用该基金的收益率 $\{R_{it}\}$ 对第5.3节中考虑过的6个因子中的5个进行回归（我们剔除了DVIX，因为它的收益率不容易用流动性工具实现），其中忽略了截距项，并限定全部贝塔系数之和等于1：

$$R_{it} = \beta_{i1}\text{SP500}_t + \beta_{i2}\text{BOND}_t + \beta_{i3}\text{USD}_t + \beta_{i4}\text{CREDIT}_t + \beta_{i5}\text{CMDTY}_t + \epsilon_{it}$$
$$t = 1, \cdots, T \tag{5.4a}$$

服从于 $1 = \beta_{i1} + \cdots + \beta_{i5}$ \hfill (5.4b)

---

[1] 这里的"工具（instruments）"指的是前面考虑的各个因子所对应的期货合约、远期合约和其他可交易证券——译者注。

[2] 在 Hasanhodzic and Lo（2006）中，用"买入并持有"这个术语来描述这种克隆。虽然这与克隆的投资组合（clone portfolio）的消极本质是一致的，但是这个术语并不十分准确，因为一个具有固定权重的投资组合需要定期进行调整，以便使这些权重保持不变。而且，如果是像我们建议的那样，用期货和远期合约来构成一个克隆的投资组合，那么即便不对组合进行调整，随着合约的陆续到期，需要用新的合约来替代它们，也必须进行一些交易。鉴于这些原因，现在，我们用固定权重克隆（fixed-weighted clones）这个概念来指代那些权重不随时间的变动而变动的、克隆的投资组合。

　　这一方法与 Sharpe（1992）为了进行"风格分析"而提出的技术是一样的，但我们的动机与 Sharpe 截然不同。我们之所以省略了截距项，是因为我们的目的是估计出一个能最好地复制出基金收益率的、各因子收益率①的加权平均，而省略常数项可以迫使最小二乘算法使用因子收益率的均值来拟合基金收益率的均值——这正是用因子风险升水复制对冲基金期望收益率的一个重要特征。我们限定贝塔系数之和等于 1，就可以将其解释为投资组合的权重。注意，我们不像 Sharpe（1992）那样限定回归系数是非负的，这是因为 Sharpe 最初是应用于只能做多的共同基金；与他不同，在我们的讨论中，所有 5 个因子都对应着能够卖空的工具，且我们的确也希望有时能够卖空每种工具，以便得到对冲基金通常展现出来的那种风险敞口。例如，对偏向卖空型基金的克隆无疑将要求卖空 SP500 因子所对应的工具。

　　然后，我们把估计得到的回归系数 $\{\beta_{ik}^*\}$ 作为投资组合中 5 个因子的权重，因此投资组合的收益率就等价于回归方程的拟合值 R_{it}^*：

$$R_{it}^* \equiv \beta_{i1}^* \mathrm{SP500}_t + \beta_{i2}^* \mathrm{BOND}_t + \beta_{i3}^* \mathrm{USD}_t + \beta_{i4}^* \mathrm{CREDIT}_t + \beta_{i5}^* \mathrm{CMDTY}_t \qquad (5.5)$$

　　另外，我们还进行了一次重正规化，以便使所得投资组合的收益率 $\hat{R}_{it}$ 与原始的基金收益率序列具有相同的样本波动率②：

$$\hat{R}_{it} \equiv \gamma_i R_{it}^*, \ \gamma_i \equiv \frac{\sqrt{\sum_{t=1}^{T}(R_{it} - \bar{R}_i)^2/(T-1)}}{\sqrt{\sum_{t=1}^{T}(R_{it}^* - \bar{R}_i^*)^2/(T-1)}} \qquad (5.6)$$

$$\bar{R}_i \equiv \frac{1}{T}\sum_{t=1}^{T} R_{it}, \ \bar{R}_i^* \equiv \frac{1}{T}\sum_{t=1}^{T} R_{it}^* \qquad (5.7)$$

　　这一重正规化的目的，是通过使克隆的投资组合的收益率的波动率与基金收益率的波动率相等，以便在此前提下对它们进行公平的比较。对式（5.5）进行重正规化，等价于改变了克隆投资组合的杠杆率，这是因为经过重正规化之后的贝塔 $\gamma_i \sum_k \beta_{ik}^*$ 之和将等于重正规化因子 γ_i，而不等于 1。如果 γ_i 大于 1，那么就要求有正的杠杆；如果 γ_i 小于 1，则表示投

---

① 本章中很多地方的"收益率"是译者自己加的——译者注。
② 原文中这句话在式（5.5）的上方，为了便于读者理解，特将其移到当前位置——译者注。

资组合没有完全投资于这 5 个因子。通过引入另外一个代表杠杆（即贷出或借入）的资产，可以得到克隆 i 的投资组合权重的更加完整的表达式，此时，5 个因子和这一额外的资产在组合中的权重之和必须等于 1：

$$1 = \gamma_i(\beta_{i1}^* + \cdots + \beta_{i5}^*) + \delta_i \tag{5.8}$$

于是克隆的收益率由下式给出：

$$\hat{R}_{it} = \gamma_i(\beta_{i1}^* \, \text{SP 500}_t + \cdots + \beta_{i5}^* \, \text{CMDTY}_t) + \delta_i R_l \tag{5.9}$$

其中，R_l 是借/贷比率。这一比率取决于很多因素，如各方当事人的信用质量、各个工具和投资组合策略的风险、交易规模、市场的普遍状况等，因此我们不再进一步尝试为 R_l 假定一个特定的值，而只是指出它的存在。[①]

正如上文所指出的，固定权重线性克隆会受前瞻性偏差的影响，这是因为为了构建克隆的投资组合权重以及对因子进行重正规化，使用了基金和各个因子的全部历史收益率。为了解决这个问题，我们提出了另外一种构建线性克隆的方法，即使用滚动窗口回归来估计回归系数并对因子进行重正规化。滚动窗口估计量还能解决普遍存在的、会影响大多数金融时间序列研究的非平稳性问题。使用滚动窗口，可以在一定程度上反映出时变均值、时变波动率和市场的普遍状况。

为了构建一个滚动窗口线性克隆，对于每一个月份 t，我们都使用从 $t-24$ 月到 $t-1$ 月的 24 个月滚动窗口来像前文一样估计回归式（5.4a）：[②]

$$R_{it-k} = \beta_{i1} \text{SP500}_{t-k} + \beta_{i2} \text{BOND}_{t-k} + \beta_{i3} \text{USD}_{t-k}$$
$$+ \beta_{i4} \text{CREDIT}_{t-k} + \beta_{i5} \text{CMDTY}_{t-k} + \varepsilon_{it-k} \qquad k = 1, \cdots, 24 \tag{5.12a}$$

---

① 然而，应该牢记，式（5.5）中的 5 个因子所对应的期货合约和远期合约本身被嵌入了巨大的杠杆，因此，对于 γ_i 的合理的值，我们可以将式（5.9）重写为：

$$\hat{R}_{it} = \beta_{i1}^* \, (\gamma_i \text{SP500}_t) + \cdots + \beta_{i5}^* \, (\gamma_i \text{CMDTY}_t) + \delta_i R_l \tag{5.10}$$
$$= \beta_{i1}^* \, \text{SP500}_t^* + \cdots + \beta_{i5}^* \, \text{CMDTY}_t^* \tag{5.11}$$

其中，我们在式（5.11）中重新定义了 5 个新的工具，它们能在不额外需要任何成本的情况下，得到式（5.9）中最初的工具的杠杆的 γ_i 倍。构建方法决定了系数 $\{\beta_{ik}^*\}$ 之和等于 1，因为重新定义的每一个工具都已经用因子 γ_i 进行了杠杆化，所以不需要再进行任何额外的借入或贷出；因而在式（5.11）中 $\delta_i \equiv 0$。

② 如果在 24 个月滚动窗口中有缺失的观测，我们就把窗口向后拉长，直到得到 24 个数据点用于回归为止。选择滚动窗口为 24 个月，是在刻画数据的非平稳性的愿望与估计克隆的参数所需要的充足的观测数目之间所做的一个妥协。由于我们希望降低"向后检验偏差（back-test bias）"或者过度拟合对于实证研究结果的影响，因此没有尝试其他滚动窗口长度。

服从于 $1 = \beta_{it1} + \cdots + \beta_{it5}$ (5.12b)

不过，现在系数的下标有 i 也有 t ，这是因为我们每个月都对每个基金 i 重复一次这个估计过程。然后采用与固定权重克隆相同的方式，用参数估计值来构建克隆的收益率 $\hat{R}_{it}$ ：

$$\hat{R}_{it}^* \equiv \beta_{it1}^* \text{SP500}_t + \beta_{it2}^* \text{BOND}_t + \beta_{it3}^* \text{USD}_t + \beta_{it4}^* \text{CREDIT}_t + \beta_{it5}^* \text{CMDTY}_t \quad (5.13)$$

$$\hat{R}_{it} \equiv \gamma_{it} R_{it}^* , \quad \gamma_{it} \equiv \frac{\sqrt{\sum_{k=1}^{24} (R_{it-k} - \bar{R}_{it})^2 / 23}}{\sqrt{\sum_{k=1}^{24} (R_{it-k}^* - \bar{R}_{it}^*)^2 / 23}} \quad (5.14)$$

$$\bar{R}_{it} \equiv \frac{1}{24} \sum_{k=1}^{24} R_{it-k} , \quad \bar{R}_{it}^* \equiv \frac{1}{24} \sum_{k=1}^{24} R_{it-k}^* \quad (5.15)$$

其中，重正规化因子 γ_{it} 现在加了一个时间下标 t ，以便表明它们也是在滚动窗口内计算得到的。这意味着，对于任何一个克隆 i ，它的全部历史收益率的波动率将不再等于它所对应的基金的收益率的波动率，这是因为重正规化过程只应用于滚动窗口，而非应用于全部历史收益率。不过，只要波动率在时间上的变动不剧烈，则滚动窗口的重正规化过程应该能够得到具有与基金波动率①相似的波动率的克隆。

虽然滚动窗口克隆由于避免了前瞻性偏差的最明显形式而显得更具实用意义，但是它也存在缺陷。例如，滚动窗口估计过程要求对克隆的投资组合权重②进行更加频繁的调整，这与克隆行为的消极精神是矛盾的。而且，由于样本容量较小，因此滚动窗口估计量通常具有较大的估计误差。这意味着，在对滚动窗口克隆投资组合的权重③的调整中，至少有一部分是不必要的。当然，通过改变滚动窗口的长度，可以控制调整的数量——窗口越长，意味着权重越稳定，但是权重稳定则意味着在刻画数据中可能存在非平稳性时，灵活性较小。

在固定权重克隆和滚动窗口克隆之中选择哪一个，最终取决于应用的性质、被克隆的策略的时间序列特性，以及投资者的特定目标和约束。一个在交易和风险管理方面几乎没有专业知识的消极投资者可能会偏好固定权重克隆，而一个具备交易能力、希望实施动态资产配置策略的、比较积极的投资者则会偏爱滚动窗口克隆。为此，在本节中，我们把这两种克隆

---

① "与基金波动率"这几个字是译者自己加的——译者注。
② "权重"这两个字是译者自己加的——译者注。
③ "投资组合的权重"这几个字是译者自己加的——译者注。

的结果都列出来了。

业绩结果

表5—5列示了固定权重线性克隆、滚动窗口线性克隆，以及被克隆的原始基金的业绩之间的比较情况。[①] 结果是令人惊诧的——在几个类型中，克隆的收益率均值的平均值只是稍稍低于其所对应的基金；而在其他几个类型中，克隆则表现得略胜一筹。例如，股票市场中性型的固定权重克隆的收益率均值的平均值是8.89%，而基金的相应数据是9.14%。对于做多/做空股票对冲型基金来说，固定权重克隆和基金本身的收益率均值的平均值分别是14.69%和15.28%。对于多重策略型基金来说，固定权重克隆和基金本身的收益率均值的平均值分别是11.01%和12.85%。

有两种风格类型的固定权重克隆的收益率均值的平均值高于相应的基金本身的数据，它们分别是全球宏观型（15.42% vs. 11.72%）和管理期货型（23.60% vs. 11.90%）。不过，由于在每个类型内部，各个基金和克隆的收益率均值是变化的，因此这种差异在统计上未必是显著的。即便对于管理期货型来说，固定权重克隆和基金的收益率均值的平均值之差——大于10%——也是不显著的，因为管理期货型的固定权重克隆与对应的基金的收益率均值波动很大[②]（例如，由表5—5可知，管理期货型固定权重克隆的收益率均值的一个标准差是12.87%；根据表5—2，对应的基金的收益率均值的一个标准差则是7.90%）。不过，这些结果意味着，对于某些类型来说，固定权重克隆的业绩是可以与其所对应的基金的业绩相媲美的。

另一方面，事件驱动型的固定权重克隆的平均业绩是9.40%，比基金的平均业绩13.58%低了很多。虽然这一差异在统计上是并不显著的，不过鉴于大多数事件驱动型策略具有独特的、机会主义的特点，因此出现这样的差异是可以理解的。而且，事件驱动型策略的盈利的一个重要来源是基金经理通过在危急时刻提供资本而赚取的粘滞性升水。在由流动性证券所构成的克隆投资组合中，显然没有这样的粘滞性升水。因此，在这种

----

① 注意，每一种克隆都有一组与基金相匹配的结果，这是因为每个基金前24个月的历史收益率都被用于对滚动窗口克隆的最开始的估计值进行校正，因此没有将其包含在计算基金和克隆的业绩所使用的滚动窗口数据集中。
② 原文是"收益率均值的平均值（average mean return）波动很大"。根据上下文，这里指的应该是在管理期货型内部，横向比较来看，各个基金的收益率均值波动很大，各个基金的克隆所得到的收益率均值波动也很大，因此译者从这里删去了"的平均值"这几个字——译者注。

情况下，我们应该预期将会出现一个相当大的业绩差异。对于新兴市场型的固定权重克隆的业绩（14.63%）与其对应的基金的业绩（19.80%）之间的差异而言，也是同样的道理。

　　滚动窗口克隆的结果和固定权重克隆的结果大体上是一致的，不过滚动窗口克隆的平均业绩通常低于相应的固定权重克隆的平均业绩。例如，除了偏向卖空型之外，其他所有风格类型的滚动窗口克隆的收益率均值的平均值都低于所对应的固定权重克隆，[①] 有的甚至相差两三倍。滚动窗口克隆所基于的不同的样本期间可以部分地解释这种差异——注意，除了偏

---

　　① 注意这句话的原文是"除了全球宏观型和管理期货型之外，其他所有风格类型的滚动窗口克隆的收益率均值的平均值都低于所对应的固定权重克隆"。我特意将原文的"除了全球宏观型和管理期货型之外……"改成了"除了偏向卖空型之外……"。做此修改，是因为原文有误，与表5—5中的结果相矛盾。为了说明这个问题，可以从表5—5中抽出下表：

类型	固定权重样本年度收益率均值的均值（%）		24个月滚动窗口样本年度收益率均值的均值（%）		业绩比较		
	①固定权重样本中的基金	②固定权重克隆	③滚动窗口样本中的基金	④滚动窗口克隆	⑤＝②－④	⑥＝①－④	⑦＝①－③
可转换套利型	9.42	6.00	7.79	2.68	3.32	6.74	1.63
偏向卖空型	−1.23	−7.34	−1.19	−3.37	−3.97	2.14	−0.04
新兴市场型	19.80	14.63	19.63	7.26	7.37	12.54	0.17
股票市场中性型	9.14	8.89	8.12	4.55	4.34	4.59	1.02
事件驱动型	13.58	9.40	12.00	7.40	2.00	6.18	1.58
固定收益套利型	9.38	7.10	7.72	3.47	3.63	5.91	1.66
全球宏观型	11.72	15.42	9.61	12.46	2.96	−0.74	2.11
做多/做空股票对冲型	15.28	14.69	13.82	11.30	3.39	3.98	1.46
管理期货型	11.90	23.60	10.15	16.88	6.72	−4.98	1.75
多重策略型	12.85	11.01	11.39	7.74	3.27	5.11	1.46
基金的基金型	9.52	9.18	9.97	6.99	2.19	2.53	−0.45
全部基金	12.44	11.97	11.55	8.65	3.32	3.79	0.89
全部基金（除基金的基金外）	13.59	13.06	12.18	9.30	3.76	4.29	1.41

　　该表中的①②③④列是从表5—5中抽出来的，分别表示固定权重样本中的基金和克隆的业绩、滚动窗口样本中的基金和克隆的业绩。第⑤列表示固定权重克隆的业绩和滚动窗口克隆的业绩之差。可以看出，除了偏向卖空型之外，其他所有风格类型的滚动窗口克隆的收益率均值的平均值都低于所对应的固定权重克隆的业绩。由此可见，原文是错误的。译者推测出错的原因可能是作者在计算②－④的时候，错误地计算成了①－④，得到了第⑥列结果而不是第⑤列结果，而第⑥列结果是没有意义的。

　　另外，在本章前面已提及的 Hasanhodzic and Lo（2007）中，作者对1986年2月至2005年9月之间的对冲基金样本进行了分析，得到与本章相类似的结果。作者说："例如，除了偏向卖空型之外，其他所有风格类型的滚动窗口克隆的收益率均值的平均值都低于对应的固定权重克隆，有的甚至相差两三倍。"（Hasanhodzic and Lo, 2007, p.24）。这也可以印证原文此处有误。此外，在上表中，译者还特意计算出第⑦列结果，即①－③，以便读者阅读下文时参考——译者注。

向卖空型和基金的基金型外，对于其他所有类型来说，滚动窗口样本中的标的基金的收益率均值的平均值，都要低于固定权重样本中的标的基金的收益率均值的平均值。但是，滚动窗口克隆和固定权重克隆的业绩之间的差异，更可能是来自于固定权重克隆中的前瞻性偏差和滚动窗口克隆中隐含的较高估计误差的共同影响。

在存在这两种影响的情况下，对于某些类型来说，滚动窗口克隆的业绩要比对应的基金①优异，如偏向卖空型（滚动窗口克隆的收益率均值的平均值是 −3.37%，而相应的基金样本的收益率均值的平均值是 −1.19%）、股票市场中性型（滚动窗口克隆的业绩是 4.55%，而基金的业绩是 8.12%）、全球宏观型（滚动窗口克隆的业绩是 12.46%，而基金的业绩是 9.61%）、做多／做空股票对冲型（滚动窗口克隆的业绩是 11.30%，而基金的业绩是 13.82%）和管理期货型（滚动窗口克隆的业绩是 16.88%，而基金的业绩是 10.15%）。对于偏向卖空型基金来说，滚动窗口克隆的业绩优于固定权重克隆的业绩并不令人感到诧异，因为"滚动窗口"的特征为刻画时变期望收益率（如 20 世纪八九十年代的牛市）提供了更大的灵活性，而这正是固定权重克隆做不到的；而在管理期货型中，与固定权重克隆一样，滚动窗口克隆的收益率均值在横截面上也存在着相当大的变异（variation），因此在这一类型中，滚动窗口克隆相对于基金的优异业绩可能并不是统计显著的。

然而，在新兴市场型（滚动窗口克隆的业绩是 7.26%，而基金的业绩是 19.63%）、事件驱动型（滚动窗口克隆的业绩是 7.40%，而基金的业绩是 12.00%）和固定收益套利型（滚动窗口克隆的业绩是 3.47%，而基金的业绩是 7.72%）中，滚动窗口克隆与固定权重克隆一样大幅输于基金。在这些类型的基金的期望收益率中，有一部分是通过承担粘滞性风险赚取的，而在用 5 个因子构建的克隆投资组合中显然不存在粘滞性风险。因此，我们应该预期到这些类型的克隆的业绩会低于相应的基金的业绩。

比较克隆和基金的另一个标准是平均夏普比率，它对各个策略的波动

---

① "对应的基金"几个字是译者自己加的——译者注。

对冲基金：
　　　　　一个分析的视角

性分别做了调整。当然，鉴于我们进行了重正规化过程（5.7），因此固定权重克隆的标准差等于它们对应的基金的标准差。在这种情况下，对夏普比率的比较就简化成了对收益率均值的比较。不过，一个类型的平均夏普比率，和该类型的收益率均值的平均值与它的平均波动率之比是不一样的，因此表5—5和图5—2中的夏普比率统计量的确提供了更多的信息。而且，对于滚动窗口克隆来说，波动率之间可能存在某些差异（这取决于标的基金的时间序列特性），这就使得比较夏普比率能够获得更多的信息。

　　在固定权重样本中，可转换套利型基金的夏普比率平均值是2.46，几乎是固定权重克隆的夏普比率平均值的两倍，因此两者经风险调整的业绩之间存在着显著的差异。在事件驱动型、新兴市场型、固定收益套利型的克隆与基金之间也存在这种业绩差异（回忆一下，这些类型的基金都可能赚取粘滞性风险升水，而相应的克隆是无法赚取这种升水的）。对于全球宏观型和管理期货型来说，固定权重克隆的夏普比率平均值实际上是高于对应的基金的。

　　鉴于上文提及的两个原因，滚动窗口克隆的夏普比率平均值与标的基金的夏普比率平均值之间的差异，似乎比固定权重克隆的夏普比率平均值与其对应的基金的夏普比率平均值之间的差异[①]更大——但是也有一些明显的例外。平均来说，在经过风险调整之后，全球宏观型和管理期货型的滚动窗口克隆比相应的基金的业绩要好一些，它们的滚动窗口克隆的夏普比率的平均值分别是1.06和0.97；相比之下，相应的基金的夏普比率平均值分别只有0.97和0.70。

流动性

　　表5—5还提供了另外一个值得注意的比较：克隆和基金的一阶自相关系数的平均值。一阶自相关系数ρ_1是一个基金当月的收益率与上月收益率之间的相关系数。Lo（2001，2002）和Getmansky，Lo and Makarov（2004）注意到，在对冲基金收益率中，正的ρ_1是粘滞性风险的一个代理

---

　　① "比固定权重克隆的夏普比率平均值与其对应的基金的夏普比率平均值之间的差异"这部分文字是译者自己加的——译者注。

表5—5　Lipper TASS 活数据库中对冲基金的固定权重线性克隆、滚动窗口线性克隆与它们对应的基金的业绩的比较(1986年2月至2007年8月)

类型	样本容量	年度收益率均值(%) 均值	年度收益率均值(%) 标准差	年度标准差(%) 均值	年度标准差(%) 标准差	年度复夏普比率 均值	年度复夏普比率 标准差	ρ_1(%) 均值	ρ_1(%) 标准差	Q_{12}统计量的p值(%) 均值	Q_{12}统计量的p值(%) 标准差
基金 / 固定权重线性克隆											
可转换套利型	66	9.42	4.80	5.93	4.69	2.46	3.22	43.3	14.5	5.2	11.8
偏向卖空型	14	-1.23	7.64	22.67	9.24	-0.15	0.48	3.1	9.7	42.6	32.6
新兴市场型	118	19.80	12.15	17.81	13.32	1.54	1.03	17.0	11.9	30.7	29.2
股票市场中性型	103	9.14	4.94	7.15	5.51	1.72	1.20	4.0	21.7	37.7	32.4
事件驱动型	217	13.58	5.75	7.27	5.09	2.63	4.12	23.7	15.2	24.8	30.1
固定收益套利型	90	9.38	4.16	5.58	3.52	2.78	4.33	18.6	21.7	38.4	33.3
全球宏观型	81	11.72	7.43	12.54	6.90	1.01	0.56	5.0	12.7	42.3	28.8
做多/做空股票对冲型	602	15.28	7.63	14.56	8.13	1.22	0.61	11.4	14.2	34.7	30.6
管理期货型	127	11.90	7.90	18.59	9.86	0.77	0.67	3.5	10.9	39.7	32.8
多重策略型	88	12.85	8.26	9.17	9.41	1.99	1.11	20.5	18.2	23.8	28.2
基金的基金型	591	9.52	4.29	6.35	4.08	1.85	0.99	21.3	13.8	29.7	27.3
全部基金	2 097	12.44	7.46	10.65	8.48	1.68	1.95	16.3	16.9	31.6	30.1
全部基金（除基金的基金以外）	1 506	13.59	8.10	12.33	9.13	1.61	2.21	14.4	17.6	32.4	31.1
线性克隆											
可转换套利型	66	6.00	2.38	5.93	4.69	1.28	0.50	12.9	9.0	50.2	22.4
偏向卖空型	14	-7.34	10.15	22.67	9.24	-0.46	0.62	0.0	5.6	62.4	29.4
新兴市场型	118	14.63	9.64	17.81	13.32	1.08	0.56	1.3	7.9	58.7	27.8
股票市场中性型	103	8.89	6.80	7.15	5.51	1.36	0.63	2.8	8.9	48.8	25.9
事件驱动型	217	9.40	5.91	7.27	5.09	1.43	0.44	5.2	9.2	54.6	25.2
固定收益套利型	90	7.10	4.47	5.58	3.52	1.41	0.53	8.9	8.0	58.0	27.0
全球宏观型	81	15.42	9.48	12.54	6.90	1.28	0.62	3.3	9.1	47.1	25.0
做多/做空股票对冲型	602	14.69	9.50	14.56	8.13	1.14	0.51	-0.1	8.8	56.5	26.9
管理期货型	127	23.60	12.87	18.59	9.86	1.33	0.46	3.8	8.4	45.8	27.1
多重策略型	88	11.01	10.76	9.17	9.41	1.43	0.53	2.1	8.0	58.8	23.0
基金的基金型	591	9.18	5.90	6.35	4.08	1.54	0.39	1.7	9.0	55.4	26.6
全部基金	2 097	11.97	9.26	10.65	8.48	1.32	0.53	2.4	9.2	54.7	26.5
全部基金（除基金的基金外）	1 506	13.06	10.08	12.33	9.13	1.24	0.56	2.7	9.3	54.5	26.5

续表

类型	样本容量	24个月滚动窗口线性克隆									
		年度平均收益率均值(%)		年度标准差(%)		年度夏普比率		ρ_1(%)		Q_6统计量的p值(%)	
		均值	标准差	均值	标准差	均值	标准差	均值	标准差	均值	标准差
基金											
可转换套利型	66	7.79	5.44	5.83	5.01	2.36	3.59	42.7	15.7	6.3	14.0
偏向卖空型	14	-1.19	7.62	20.84	10.95	-0.19	0.50	5.8	10.1	50.6	24.6
新兴市场型	118	19.63	13.19	15.61	11.52	1.68	1.14	13.0	14.5	38.6	30.3
股票市场中性型	103	8.12	6.35	6.51	5.33	1.82	1.46	4.1	24.1	42.0	33.5
事件驱动型	217	12.00	5.85	6.67	5.08	2.71	4.23	21.2	15.8	29.8	29.8
固定收益套利型	90	7.72	4.31	5.32	3.61	3.21	8.19	15.4	22.9	37.7	32.6
全球宏观型	81	9.61	7.22	11.15	5.32	0.97	0.75	8.2	17.2	43.3	30.2
做多/做空股票对冲型	602	13.82	8.28	13.25	7.91	1.24	0.76	9.1	16.9	39.8	30.1
管理期货型	127	10.15	6.85	17.76	9.57	0.70	0.65	5.9	16.2	33.8	28.1
多重策略型	88	11.39	8.20	8.47	9.01	2.01	1.66	18.2	20.4	25.9	28.5
基金型	591	9.97	4.71	6.06	3.72	2.03	1.33	19.5	14.4	29.9	28.7
全部基金	2 097	11.55	7.72	9.81	7.89	1.77	2.55	14.7	18.4	34.1	30.2
全部基金(除基金的基金外)	1 506	12.18	8.54	11.28	8.58	1.66	2.88	12.9	19.4	35.8	30.6
线性克隆											
可转换套利型	66	2.68	3.94	6.00	6.00	0.68	0.62	4.3	9.6	55.1	32.2
偏向卖空型	14	-3.37	14.15	23.44	13.14	-0.44	0.76	-3.4	12.6	51.8	24.4
新兴市场型	118	7.26	9.04	19.23	15.68	0.68	0.62	8.4	11.4	43.3	28.7
股票市场中性型	103	4.55	5.91	6.94	5.75	0.74	0.79	4.3	13.2	51.7	29.5
事件驱动型	217	7.40	4.93	6.75	5.23	1.23	0.59	5.4	12.7	50.0	26.0
固定收益套利型	90	3.47	4.03	5.23	3.74	0.80	0.69	6.2	13.3	51.9	30.7
全球宏观型	81	12.46	10.85	12.45	7.14	1.06	0.79	6.1	14.5	43.7	27.2
做多/做空股票对冲型	602	11.30	8.95	14.28	8.77	0.95	0.59	1.8	14.0	44.2	28.9
管理期货型	127	16.88	12.73	19.05	10.26	0.97	0.66	7.2	9.6	42.3	26.2
多重策略型	88	7.74	8.19	8.84	9.18	1.05	0.65	3.8	13.6	43.5	30.2
基金型	591	6.99	5.41	6.16	4.49	1.25	0.52	0.9	11.4	54.1	28.4
全部基金	2 097	8.65	8.44	10.53	9.16	1.02	0.65	3.2	12.8	48.5	28.8
全部基金(除基金的基金外)	1 506	9.30	9.29	12.25	0.92	0.93	0.67	4.2	13.2	46.2	28.7

固定权重线性克隆

24个月滚动窗口线性克隆

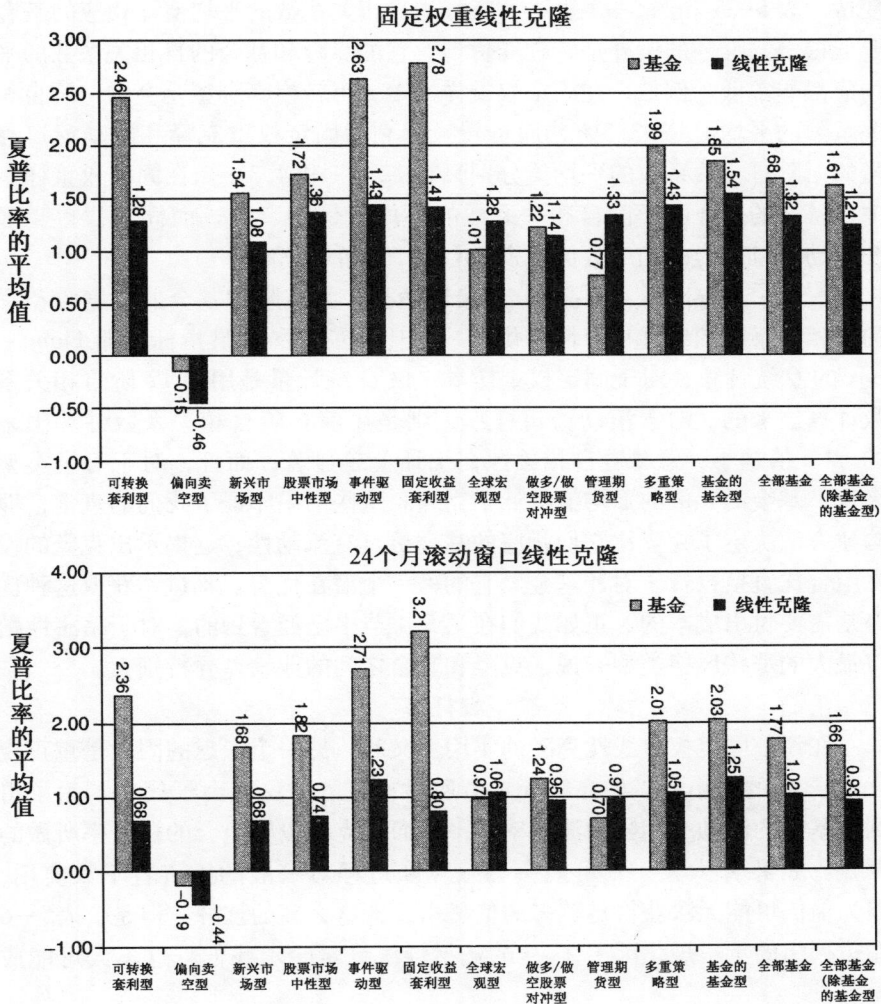

图5—2 Lipper TASS 活数据库中固定权重线性克隆、24 个月滚动窗口线性克隆与它们相应的基金的夏普比率平均值的比较（1986 年 2 月至 2007 年 8 月）

变量。表5—5和图5—3表明，克隆的自相关系数的平均值比相应的基金要低得多，唯一的例外是管理期货型，它的克隆和基金的自相关系数的平均值都非常低。例如，在固定权重样本中，可转换套利型基金的一阶自相关系数的平均值是43.3%，而可转换套利的固定权重克隆和滚动窗口克隆的一阶自相关系数的平均值分别只有12.9%和4.3%。在固定权重样本中，基金的基金的一阶自相关系数的平均值是21.3%，而固定权重克隆和滚动窗口克隆的相应数值分别只有1.7%和0.9%。

　　表5—5两部分中每一部分的最后两列，为克隆和基金的月度收益率的自相关系数的统计显著性提供了一个比较正式的衡量指标，即Ljung – Box的Q统计量；对于固定权重样本，该Q统计量是用前12阶自相关系数计算出来的；对于滚动窗口样本，则是用前6阶自相关系数计算出来的。[1] p值越小，意味着自相关性在统计上越显著；而且，对于每个类型来说，基金的p值的平均值都低于克隆。这些结果印证了我们的直觉，即构建方法决定了克隆比它们相应的基金更具有流动性，这揭示出克隆的投资组合比直接投资于对冲基金具有的另一个潜在优势。不过，获取这种优势是需要付出成本的。正如我们在第5.4节中已经看到的，对于粘滞性敞口最大的那些风格类型来说，克隆和基金之间的业绩差异特别大。

杠杆率

　　在评估固定权重线性克隆的实用意义时，另一个考虑的因素是重正规化因子γ_i的大小。正如在第5.4节所讨论过的，这些因子代表了为了得到与基金的波动率相当的波动率水平，而对克隆投资组合的杠杆率所做的调整。如果γ_i太大，则可能会导致克隆过程对一般的投资者不太实用，因为他们可能无法获得足够多的信贷来支持这么高的杠杆。但是，表5—6左边列出的重正规化因子$\{\gamma_i\}$的概括性统计量暗示我们，这不太可能成

---

　　[1]　Ljung and Box（1978）建议采用如下的统计量来估算一个具有T个观测的时间序列的前m个自相关系数的显著性：

$$Q = T(T+2) \sum_{k=1}^{p} \hat{\rho}_k^2 / (T-k) \tag{5.16}$$

　　在"不存在自相关性"的零假设下，它渐近地服从χ_m^2分布。Q统计量通过使用自相关系数的平方和，反映出了$\hat{\rho}_k$的绝对量的大小，而不管其符号的正负。因此，那些其收益率具有高的正自相关系数或负自相关系数的对冲基金，其Q统计量也大。

固定权重线性克隆

24个月滚动窗口线性克隆

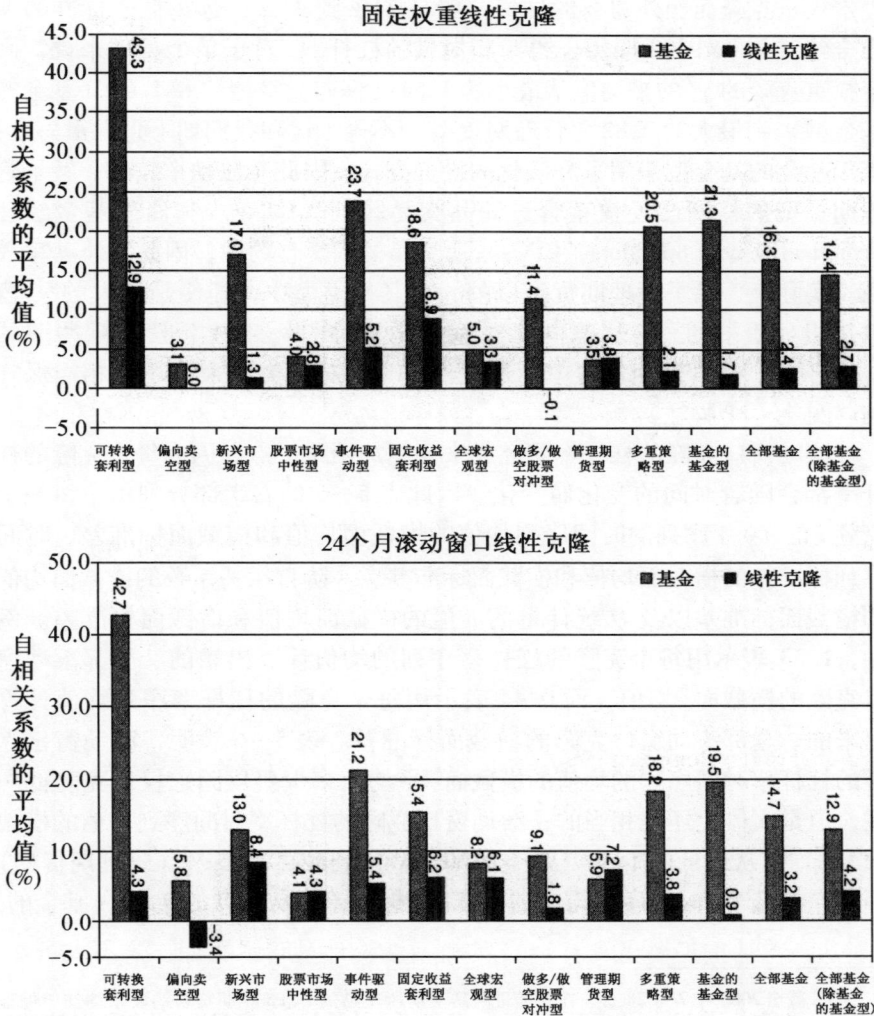

图5—3 Lipper TASS 活数据库中固定权重线性克隆、24 个月滚动窗口线性克隆与它们
相应的基金的一阶自相关系数平均值的比较（1986 年 2 月至 2007 年 8 月）

为一个问题——在固定权重样本中，所有基金的 γ_i 的平均值是 1.97，中值是 1.74，这意味着，平均来说，为了得到波动率与基金波动率相当的

固定权重克隆而额外需要的杠杆一般是 74% 到 97%，远远低于标准的期货合约（如 S&P500 期货合约）所提供的杠杆。[①] 对于单个类型来说，固定权重克隆的 γ_i 的平均值从最小的 1.54（偏向卖空型）和 1.61（基金的基金型）到最大的 2.82（管理期货型）不等。这和我们如下直觉很一致：鉴于基金的基金型采用了分散化的投资方式，因此其波动率较小；鉴于管理期货型的杠杆已经被整合进商品交易顾问（CTAs）和商品基金经理（commodity pool operators，CPOs）所交易的期货合约中，因此其波动率较高。实际上，除了管理期货型以外，在其他类型中，即便是最大的 γ_i 值也是相对适中的——从偏向卖空型的 2.97 到做多/做空股票对冲型的 8.38 不等，且管理期货型中的最大值 21.08 对该类型来说还是相当保守的（见上一个脚注）。

　　滚动窗口克隆的杠杆率研究起来要更加困难一点，因为每个克隆的杠杆率都会随着时间的变化而变化，因此表 5—6 的右半部分列示了每一个克隆 i 的 $\{\gamma_{it}\}$ 序列的时间序列均值的横截面均值和横截面标准差、时间序列标准差的横截面均值和横截面标准差、一阶自相关系数的横截面均值和横截面标准差以及 Q 统计量的 p 值的横截面均值和横截面标准差。例如，1.53 表示用每个克隆的杠杆率序列的均值计算出来的、全部滚动窗口克隆的横截面[②]均值，而 0.44 表示用每个克隆的杠杆率序列均值计算出来的、全部滚动窗口克隆的横截面标准差。表 5—6 表明，滚动窗口克隆的杠杆率时间序列的均值的横截面[③]平均值多少要比固定权重克隆低一些，但是大体上还是相当的；滚动窗口克隆的杠杆率时间序列均值的横截面[④]平均值从最低的 1.31（基金的基金型）到最高的 1.94（管理期货型）不等，杠杆率[⑤]时间序列均值的横截面[⑥]标准差则从最低的 0.31（基金的

---

　　① 截至 2006 年 7 月 28 日，在芝加哥商品交易所交易的 S&P500 期货合约要求的初始保证金是 19 688 美元，维持保证金是 15 750 美元。2006 年 7 月 28 日，给定 2006 年 9 月到期的合约的价值为 250 美元乘以 S&P500 指数，且结算价格（settlement price）为 1 284.30 美元，则初始保证金和维持保证金分别等于合约价值的 6.1% 和 4.9%，这意味着杠杆率分别是 16.3 和 20.4。更多的细节请参见 http://www.cme.com（2006 年 7 月 28 日 S&P500 指数收盘价是 1 278.55——译者注）。
　　② 这里的"横截面"三个字是译者自己加的——译者注。
　　③ 这里的"横截面"三个字是译者自己加的——译者注。
　　④ 这里的"横截面"三个字是译者自己加的——译者注。
　　⑤ 这里的"杠杆率"三个字是译者自己加的——译者注。
　　⑥ 这里的"横截面"三个字是译者自己加的——译者注。

表5—6 Lipper TASS 活数据库中的对冲基金的固定权重克隆和24个月滚动窗口克隆的重正规化因子 γ_i 的概括性统计量(1986年2月至2007年8月)

类 型	样本容量	固定权重线性克隆的重正规化因子					24个月滚动窗口线性克隆的重正规化因子							
		最小值	中值	均值	最大值	标准差	时间序列均值		时间序列标准差		ρ_1		Q_6的p值	
							均值	标准差	均值	标准差	均值	标准差	均值	标准差
全部基金	2 097	0.11	1.74	1.97	21.08	0.94	1.53	0.44	0.31	0.26	79.47	16.11	2.76	11.44
可转换套利型	66	0.25	1.65	1.73	3.59	0.56	1.45	0.37	0.32	0.17	86.93	10.08	0.83	6.71
偏向卖空型	14	1.12	1.42	1.54	2.97	0.45	1.44	0.51	0.22	0.19	79.68	16.76	2.97	10.07
新兴市场型	118	0.95	1.87	1.98	4.45	0.69	1.59	0.39	0.37	0.36	81.75	12.10	0.78	3.77
股票市场中性型	103	0.49	2.09	2.28	5.92	0.94	1.77	0.51	0.37	0.26	75.92	18.04	3.08	10.68
事件驱动型	217	0.11	1.58	1.72	8.32	0.73	1.33	0.34	0.25	0.18	80.11	17.55	3.92	15.18
固定收益套利型	90	0.16	1.95	2.12	5.06	0.97	1.43	0.52	0.34	0.23	76.34	19.32	5.27	17.72
全球宏观型	81	1.18	2.17	2.52	6.30	1.11	1.85	0.52	0.41	0.34	75.50	15.41	3.39	12.03
做多/做空股票对冲型	602	0.96	1.87	2.13	8.38	0.90	1.66	0.41	0.35	0.27	79.80	15.42	2.45	10.74
管理期货型	127	1.38	2.57	2.82	21.08	1.84	1.94	0.43	0.48	0.34	77.43	17.36	4.74	15.10
多重策略型	88	0.68	1.77	1.88	3.82	0.61	1.45	0.44	0.31	0.22	80.58	16.46	3.10	12.85
基金的基金型	591	0.43	1.47	1.61	7.46	0.58	1.31	0.31	0.21	0.20	79.52	16.03	2.27	9.46

基金型）到最高的 0.52（固定收益套利型）不等。不过，这些杠杆率都
没有超出克隆过程隐含的 5 个工具在实践中可能达到的范围。

克隆的等权重投资组合

表 5—5 中的结果意味着，主要由期货合约和远期合约组成的克隆投
资组合，在经过适当的杠杆化之后，能够得到与基金的波动率相当的波动
率水平，以及一些与某些类型的对冲基金策略相同的风险敞口。但是，这
些印象是基于对样本中 2 097 个基金以及它们相应的克隆进行平均而得出
的，而不是基于特定的、可实现的投资组合得出的。为了解决这个问题，
本节列出所有固定权重克隆的等权重投资组合和滚动窗口克隆的等权重投
资组合的特征变量，并把它们与相应基金的等权重投资组合的特征变量相
比较。如果从克隆中挑出一个特定的子集，则可能会导致产生选择性偏
差，如可能选到那些 $\overline{R}^2$ 特别高的克隆，或者因子敞口是在统计上显著的
克隆。为了避免出现选择性偏差，我们把全部克隆和基金包括在它们各自
的每一个投资组合之中。

图 5—4 绘制了由固定权重克隆组成的等权重投资组合、由滚动窗口
克隆组成的等权重投资组合、由它们各自对应的基金组成的等权重投资组
合，以及 S&P500 指数的累积收益率。该图的上半部分表明，在样本期间
内，由所有固定权重克隆组成的等权重投资组合的业绩表现，既优于由相
应的基金组成的等权重投资组合，又优于 S&P500 指数。不过，图 5—4
的下半部分表明，由 24 个月滚动窗口克隆组成的等权重投资组合的业绩
不太令人满意，它跑输了由基金组成的等权重投资组合和 S&P500 指数。
不过，克隆的投资组合只是略微跑输了 S&P500 指数，且波动率看起来也
明显小一些。

表 5—7、表 5—8 和图 5—5 对克隆组成的投资组合和基金组成的投
资组合的业绩进行了更加细致的比较。尤其是，图 5—5 绘制了在全部基
金中和各个类型中，这两种克隆以及它们对应的基金分别组成的等权重投
资组合的夏普比率。该图表明，对于某些类型来说，固定权重克隆组成的
投资组合表现不如基金组成的投资组合，如偏向卖空型（克隆投资组合
−0.24 vs. 基金投资组合 0.00）、新兴市场型（克隆投资组合 0.88 vs. 基
金投资组合 1.27）、股票市场中性型（克隆投资组合 2.08 vs. 基金投资组
合 3.72）、固定收益套利型（克隆投资组合 1.80 vs. 基金投资组合 3.19）
和多重策略型（克隆投资组合 1.23 vs. 基金投资组合 1.43）。不过，在其

他类型中，固定权重克隆组成的投资组合的业绩与基金组成的投资组合的业绩基本相当，有的类型还更胜一筹，如管理期货型的固定权重克隆的投资组合的夏普比率是1.90，而相应的基金的投资组合的夏普比率是0.98。根据表5—7，当使用所有的克隆来构建一个等权重的投资组合时，在整个样本期间，其收益率的年度化均值是17.75%，年度化标准差是9.87%，这意味着夏普比率是1.80；而由所有基金组成的等权重投资组合的年度化均值和年度化标准差则分别是15.39%和7.41%，对应的夏普比率是2.08。

图5—5的下半部分将滚动窗口克隆组成的等权重投资组合与其对应的基金组成的等权重投资组合的夏普比率进行了比较，展示出的结果类似于固定权重克隆的投资组合与对应的基金的投资组合。在有些类型中，滚动窗口克隆的投资组合的业绩差于基金的投资组合，但是在有的类型中则不分伯仲，且在偏向卖空型（克隆投资组合的夏普比率是-0.09，而基金是-0.12）和管理期货型（克隆投资组合的夏普比率是-0.90，而基金是0.89）中还略胜一筹。由所有滚动窗口克隆组成的等权重投资组合的收益率均值是11.62%，标准差是8.21%，得到的夏普比率是1.42；作为比较，由所有基金组成的等权重投资组合的收益率均值是13.96%，标准差是5.98%，得到的夏普比率是2.33。

表5—7和5—8还列示了两种克隆组成的投资组合的偏度、峰度和自相关系数，它们更加细致地表征了收益流的风险。对于某些类型来说，克隆和基金的这些衡量指标之间的差异是相当惊人的。例如，根据表5—7，固定收益套利型基金的等权重投资组合的偏度系数是-6，峰度系数是63，一阶自相关系数是23%，意味着收益率分布是负偏的（negatively skewed）、厚尾的、具有显著的粘滞性敞口。相反，固定收益套利型的固定权重克隆的等权重投资组合的偏度是0，峰度是5，一阶自相关系数是2%；而固定收益套利型的滚动窗口克隆的等权重投资组合也具有类似的特征变量，这与如下事实，即克隆的投资组合是由高度流动性的证券组成的，是相一致的。这种在流动性敞口方面存在差异的其他例子包括可转换套利型、新兴市场型、事件驱动型、固定收益套利型和基金的基金型等，这些类型的基金所组成的投资组合都具有显著的、正的一阶自相关系数，分别是42%、36%、16%、23%和19%；相比之下，它们的固定权重克隆组成的投资组合的一阶自相关系数分别是9%、-5%、8%、2%和

1%。类似地，在滚动窗口样本中，这 5 个类型的基金组成的投资组合的一阶自相关系数（分别是 42%、31%、39%、18% 和 16%）比它们相应的滚动窗口克隆组成的投资组合的一阶自相关系数（7%、7%、−4%、−8% 和 −3%）都要大一些。

虽然克隆的投资组合的统计特性似乎更有吸引力，但是应该牢记，这些特征变量中有一些是与业绩有关的。特别地，负的偏度和正的峰度的一个来源，是资本杀手合伙人采用的那种以期权为基础的策略（见第 1.1 节），这是期望收益率的一个合法来源。流动性敞口是期望收益率的另一个来源，如在固定收益套利型基金中就是如此。在这一类型中，一个常见的投资主题是买入粘滞性债券，并卖空名义现金流与其相匹配的、流动性较大的债券。我们通过克隆降低了对这些风险因子的敞口，相应地也应该降低对期望收益率的预期。例如，根据表 5—7，固定收益套利型的基金组成的投资组合的收益率均值是 10.66%，标准差是 3.34%，夏普比率是 3.19；相比之下，其固定权重克隆组成的投资组合的收益率均值是 7.88%，标准差是 4.38%，夏普比率是 1.80。

除了期望收益率和波动率外，与对冲基金投资者休戚相关的另外一个重要的特征变量是投资组合与主要市场指数之间的相关性，这是因为在传统意义上，另类投资能提供分散化的好处。表 5—7 和表 5—8 表明，由固定权重克隆组成的投资组合和由滚动窗口克隆组成的投资组合与各种股票指数、债券指数、货币指数、商品指数、对冲基金指数之间的相关性，都分别同由它们所对应的基金组成的投资组合与这些指数之间的相关性相类似。[①] 例如，在固定权重样本中，可转换套利型基金组成的投资组合与 S&P500 指数之间的相关系数是 33%，与 3 个月期 Libor 之间的相关系数是 −17%，与美元指数之间的相关系数是 7%，与 CS/Tremont 可转换套利型指数之间的相关系数是 76%。相比之下，可转换套利型固定权重克隆组成的投资组合与 S&P500 指数之间的相关系数是 59%，与 3 个月期 Libor 之间的相关系数是 −27%，与美元指数之间的相关系数是 −3%，与 CS/Tremont 可转换套利型指数之间的相关系数是 36%。

---

① 在表 5—7 和表 5—8 中，除了 SP500 和 DVIX 这两个因子外，用来计算相关系数的指数收益率，都是用通常的方法——收益率$_t$ ≡（指数$_t$ − 指数$_{t-1}$）/指数$_t$——从指数本身推算出来的，而没有考虑任何分布问题。SP500 因子中包括了红利，DVIX 因子是 VIX 指数的月末值的一阶差分。

　　不过，也存在一些差异。由基金组成的等权重投资组合与相应的同类型的 CS/Tremont 对冲基金指数之间的相关系数，比两种克隆组成的等权重投资组合与相应的同类型的 CS/Tremont 对冲基金指数之间的相关系数要高一些。例如，在固定权重样本中，基金组成的投资组合与 CS/Tremont 对冲基金指数之间的相关系数是82%，而固定权重克隆组成的投资组合与同一 CS/Tremont 对冲基金指数之间的相关系数则是54%；而滚动窗口样本中相应的相关系数则分别是84%和53%。这一模式在每种风格类型的两种克隆中都重复出现，鉴于 CS/Tremont 指数就是由这些基金本身构成的，因此出现这样的情况并不令人感到意外。另一方面，有时，克隆的投资组合与某些指数之间的相关系数比对应的基金与这些指数之间的相关系数更高，这是克隆的构建方式所决定的。例如，股票市场中性型的固定权重克隆组成的投资组合与因子 BOND 之间的相关系数是62%，而相应的股票市场中性型基金组成的投资组合与因子 BOND 之间的相关系数是17%。出现这种差异，可能是因为因子 BOND 是用来构建克隆的收益率的5个因子之一，因此，由克隆组成的投资组合与这些因子之间的相关系数的绝对值，一般要比由相应的基金组成的投资组合与这些因子之间的相关系数的绝对值大一些。

　　表5—9 概括了基金和克隆在相关性方面的差异。表5—9 的两部分中，每一部分的第一列标有"符号相同的相关系数占比%"，分别包含了表5—7 和表5—8 中基金投资组合与28个市场指数的相关系数和克隆投资组合与这28个市场指数的相关系数中，符号相同的相关系数个数所占的百分比。表中每一部分接下来的两列则列示了基金投资组合与这28个市场指数的相关系数和克隆投资组合与这28个市场指数的相关系数之差的绝对值的均值和标准差。这些结果表明，在固定权重克隆和滚动窗口克隆两者中，上述数值的符号都相当地一致。符号相同的相关系数数目所占的比例从62%到97%不等，相关系数之差的绝对值的均值则从9%到23%不等。而且，即便是相关系数之差的绝对值的均值最大的这一类型（23%，全球宏观型的固定权重克隆），也有90%的相关系数是同号的。

　　总的来说，表5—7 至表5—9 中的结果表明，由克隆组成的投资组合的相关系数，与由基金组成的投资组合的相关系数在符号上和大小上都是不相上下的。这意味着，克隆组成的投资组合能够提供一些与它们对应的对冲基金组成的投资组合所提供的分散化的好处相同的好处。

固定权重线性克隆

24个月滚动窗口线性克隆

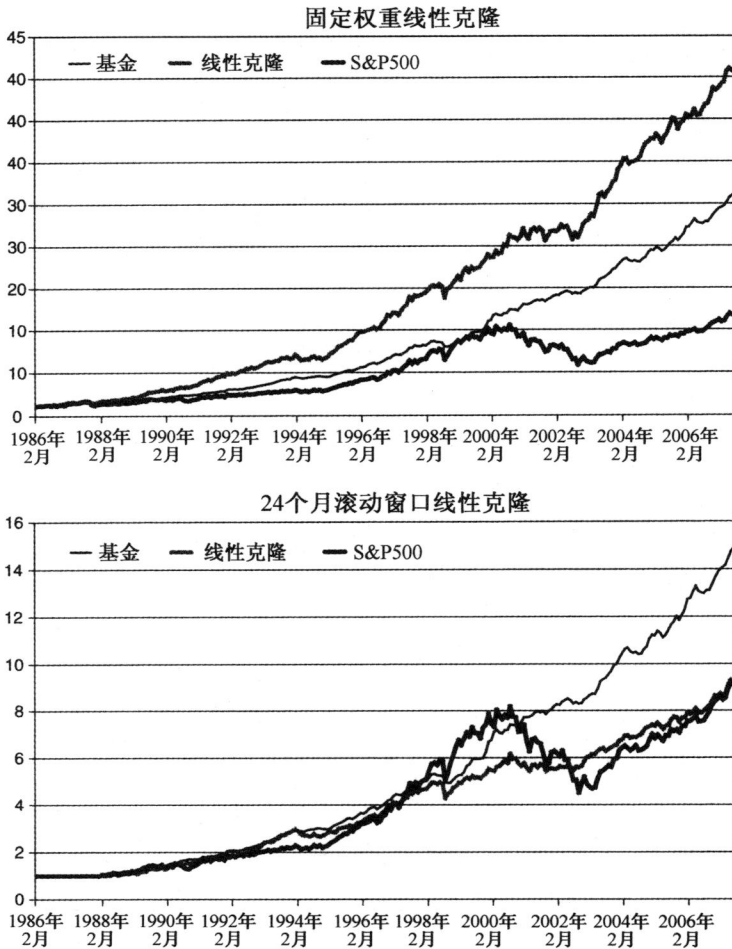

图5—4　由基金组成的等权重投资组合、由固定权重线性克隆组成的等权重投资
组合、由24个月滚动窗口线性克隆组成的等权重投资组合，以及
S&P500指数的累积收益率（1986年2月至2007年8月）

注：该图上半部分纵坐标刻度有误，推测是作者绘图时没有对纵坐标刻度保留小数所导致的。

固定权重线性克隆

图例：
- 由基金组成的等权重投资组合
- 由固定权重线性克隆组成的等权重投资组合

纵轴：经年度化的夏普比率

各类型及数值（由基金组成／由固定权重线性克隆组成）：
- 全部基金 2.08 / 1.80
- 可转换套利型 2.92 / 1.56
- 偏向卖空型 0.00 / −0.24
- 新兴市场型 1.27 / 0.88
- 股票市场中性型 3.72 / 2.08
- 事件驱动型 1.34 / 1.32
- 固定收益套利型 3.19 / 1.80
- 全球宏观型 1.49 / 2.07
- 做多/做空股票对冲型 1.69 / 1.32
- 管理期货型 0.98 / 1.90
- 多重策略型 1.43 / 1.23
- 基金的基金型 1.94 / 1.85

24个月滚动窗口线性克隆

图例：
- 由基金组成的等权重投资组合
- 由24个月滚动窗口线性克隆组成的等权重投资组合

纵轴：经年度化的夏普比率

各类型及数值：
- 全部基金 2.33 / 1.42
- 可转换套利型 2.32 / 1.02
- 偏向卖空型 −0.12 / −0.09
- 新兴市场型 1.19 / 0.43
- 股票市场中性型 3.32 / 1.26
- 事件驱动型 2.15 / 1.07
- 固定收益套利型 2.36 / 1.10
- 全球宏观型 1.48 / 1.02
- 做多/做空股票对冲型 2.04 / 1.11
- 管理期货型 0.90 / 0.89
- 多重策略型 1.68 / 1.22
- 基金的基金型 2.08 / 1.73

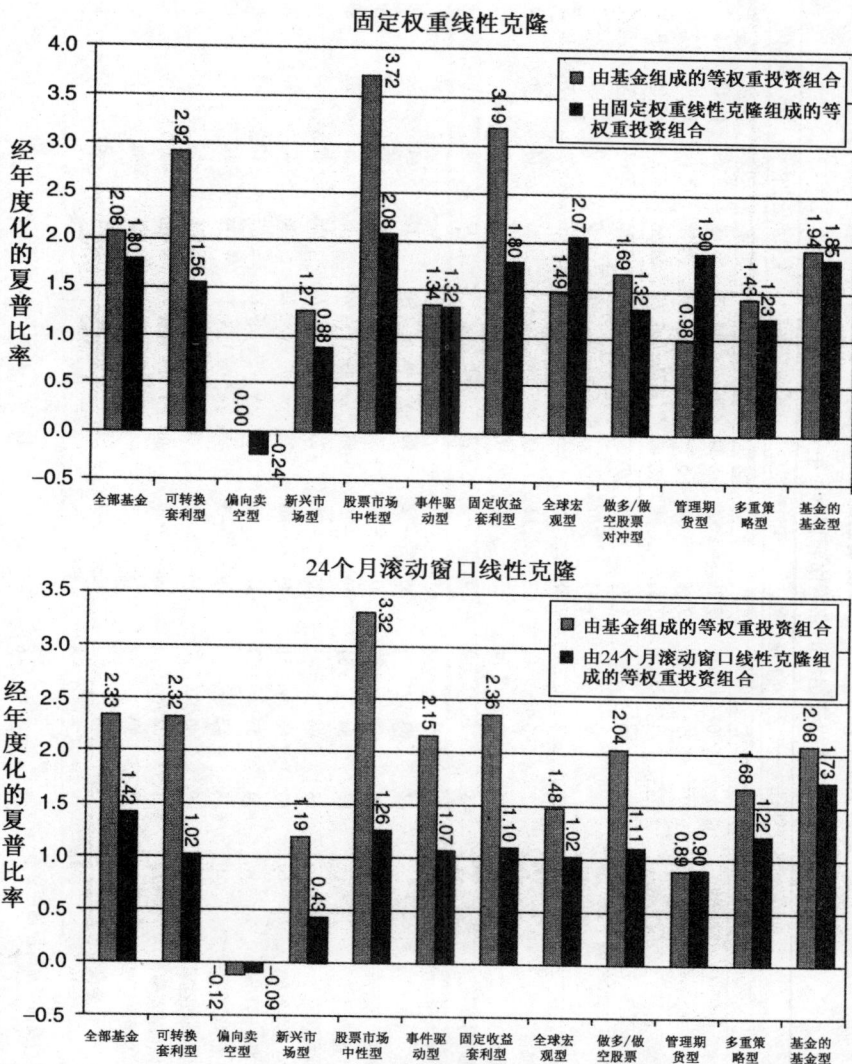

图 5—5　由 Lipper TASS 活数据库中的基金的固定权重线性克隆、固定权重线性克隆对应的基金、滚动窗口线性克隆、滚动窗口线性克隆对应的基金分别组成的等权重投资组合的夏普比率的比较
（1986 年 2 月至 2007 年 8 月）

表5—7 Lipper TASS 活数据库中，由所有固定权重线性克隆组成的等权重投资组合与由基金组成等权重投资组合的业绩比较（1986年2月至2007年8月）

统计量	所有基金 基金	克隆	可转换套利型 基金	克隆	偏向卖空型 基金	克隆	新兴市场型 基金	克隆	股票市场中性型 基金	克隆	事件驱动型 基金	克隆
年度复合收益率	16.21	18.70	12.40	7.21	-2.52	-8.24	20.96	14.93	13.99	13.89	15.12	12.65
年度化的均值	15.39	17.75	11.83	7.08	0.09	-5.75	20.50	15.60	13.23	13.28	14.92	12.42
年度化的标准差	7.41	9.87	4.05	4.54	23.14	23.94	16.12	17.76	3.56	6.39	11.09	9.38
年度化的夏普比率	2.08	1.80	2.92	1.56	0.00	-0.24	1.27	0.88	3.72	2.08	1.34	1.32
偏度	0	0	0	-1	0	1	-1	-1	0	0	-8	-2
峰度	12	4	6	8	4	5	8	6	6	4	107	17
ρ_1（≥20%的加粗）	12	-3	42	9	12	-5	36	-5	1	-14	16	8
ρ_2（≥20%的加粗）	-2	1	14	4	-1	-6	6	-4	1	1	-2	-4
ρ_3（≥20%的加粗）	-5	-1	0	1	-3	7	-5	6	15	11	-14	-6
与各种市场指数的相关系数（≥50%或≤−25%的加粗）												
S&P500 指数	62	84	33	59	-72	-95	49	90	32	61	56	90
MSCI 世界指数	56	69	29	51	-68	-85	54	82	25	50	47	70
Russell 1000 指数	63	84	34	59	-75	-95	49	90	33	61	57	89
Russell 2000 指数	68	66	43	55	-81	-73	52	74	26	40	64	76
NASDAQ 100 股票指数	53	66	31	49	-80	-78	42	75	26	47	43	70
BBA 3 个月期美元 Libor	-14	-35	-17	-27	9	5	-7	-13	-13	-27	3	-19
道琼斯雷曼债券综合全球指数	8	42	3	29	-3	-5	-5	19	17	46	-13	13
10年期美国国债收益率	-9	-40	6	-16	-2	-9	14	-2	-16	-54	12	-10
2年期美国国债收益率	1	-32	5	-14	-10	-16	17	4	-10	-41	19	-2
30年期美国高债收益率	-11	-39	3	-18	3	-4	10	-4	-15	-54	12	-12
即期黄金价格（美元/金衡盎司）	3	-6	2	12	-2	4	3	6	-9	-3	-5	-11
即期美元指数	7	-2	7	-3	-7	8	6	-13	-4	8	16	13
Generic 1st 纽约商品交易所原油期货看涨期权隐含波动率	-11	-5	-6	-8	11	13	-6	-12	-5	1	-16	-8

统计量	所有基金		可转换套利型		偏向卖空型		新兴市场型		股票市场中性型		事件驱动型	
	基金	克隆	基金	克隆	基金	克隆	基金	克隆	基金	克隆	基金	克隆
6 个风险因子												
CREDIT	11	7	46	66	-29	-34	37	50	-1	5	26	32
USD	-13	-11	-3	-15	14	34	-17	-39	3	9	-2	-3
BOND	12	50	8	37	-2	5	-5	13	17	62	-3	24
SP500	62	84	33	59	-72	-95	48	90	32	61	56	90
DVIX	-42	-48	-25	-49	52	64	-35	-64	-12	-41	-63	-59
CMDTY	9	27	3	13	0	-3	1	18	11	35	2	7
CSFB/Tremont 指数												
所有基金指数	82	54	45	46	-55	-42	58	49	44	50	63	56
可转换套利型指数	47	24	76	36	-17	-9	35	20	30	24	55	29
偏向卖空型指数	-68	-65	-45	-55	89	77	-57	-77	-29	-43	-72	-70
新兴市场型指数	72	43	42	43	-57	-51	92	55	21	29	64	49
股票市场中性型指数	47	37	32	23	-27	-37	30	39	35	34	37	35
事件驱动型指数	78	56	62	59	-57	-56	69	63	36	38	90	63
固定收益套利型指数	32	15	36	27	-4	1	23	9	25	14	35	18
全球宏观型指数	52	32	25	25	-17	-11	31	17	34	41	30	31
做多/做空股票对冲型指数	84	61	39	50	-80	-60	58	65	42	46	68	61
管理期货型指数	18	5	-11	-7	12	12	-8	-6	9	14	-11	-3
多重策略型指数	31	18	30	23	-7	-9	4	16	29	12	26	20

统计量	固定收益套利型 基金	固定收益套利型 克隆	全球宏观型 基金	全球宏观型 克隆	做多/做空股票对冲型 基金	做多/做空股票对冲型 克隆	管理期货型 基金	管理期货型 克隆	多重策略型 基金	多重策略型 克隆	基金的基金型 基金	基金的基金型 克隆
年度复合收益率	11.14	8.07	18.88	24.06	18.37	18.37	16.25	35.94	18.26	16.60	12.34	15.58
年度化的均值	10.66	7.88	18.13	22.32	17.54	17.90	16.50	32.53	17.71	16.36	11.87	14.89
年度化的标准差	3.34	4.38	12.20	10.81	10.38	13.53	16.76	17.12	12.35	13.26	6.11	8.07
年度化的夏普比率	3.19	1.80	1.49	2.07	1.69	1.32	0.98	1.90	1.43	1.23	1.94	1.85
偏度	-6	0	2	0	-2	-1	1	0	-3	-1	0	0
峰度	63	5	12	4	15	6	6	3	43	15	8	5
ρ_1 (≥20%的加粗)	**23**	2	-6	1	16	-7	6	10	1	9	19	1
ρ_2 (≥20%的加粗)	18	8	-15	4	-3	-3	-14	-5	-8	1	6	5
ρ_3 (≥20%的加粗)	5	4	3	9	-5	3	-14	2	13	-7	-5	-1
与各种市场指数的相关系数(≥50%或≤-25%的加粗)												
S&P500 指数	-3	7	10	**51**	**77**	**94**	-2	12	40	**79**	**57**	**82**
MSCI 世界指数	-6	0	6	38	**65**	**78**	0	9	32	**60**	**55**	**64**
Russell 1000 指数	-3	7	9	50	**79**	**94**	-3	12	41	**78**	**58**	**82**
Russell 2000 指数	3	12	9	35	**89**	**76**	-6	0	47	**66**	**63**	**66**
NASDAQ 100 股票指数	2	5	9	36	73	77	-8	2	34	**59**	49	**63**
BBA 3 个月期美元 Libor	-7	**-30**	-9	**-46**	-11	-18	-12	**-47**	3	-18	-18	**-34**
道琼斯雷曼债券综合全球指数	5	42	14	**62**	1	19	25	**80**	-9	16	8	36
10 年期美国国债收益率	-3	**-47**	-7	**-62**	-1	-14	**-28**	**-87**	9	-17	-12	**-35**
2 年期美国国债收益率	2	**-41**	-7	**-57**	8	-5	**-22**	**-82**	13	-8	-4	**-27**
30 年期美国国债收益率	-4	**-48**	-7	**-60**	-6	-16	**-25**	**-80**	10	-17	-14	**-34**
即期黄金价格(美元/金衡盎司)	1	9	13	0	-7	-7	14	3	3	-10	8	-10
即期美元指数	12	14	-12	-7	13	4	-14	-23	11	11	13	6
Generic 1st 纽约商品交易所原油期货看涨期权隐含波动率	2	4	-14	1	-11	-9	-3	13	-8	-8	-6	-4

统计量	固定收益套利型 基金	固定收益套利型 克隆	全球宏观型 基金	全球宏观型 克隆	做多/做空股票对冲型 基金	做多/做空股票对冲型 克隆	管理期货型 基金	管理期货型 克隆	多重策略型 基金	多重策略型 克隆	基金的基金型 基金	基金的基金型 克隆
6个风险因子												
CREDIT	25	29	5	−9	20	25	−24	**−55**	23	21	6	12
USD	18	25	−11	−7	−9	−15	−10	−9	2	3	−9	0
BOND	12	**61**	9	**71**	7	25	22	**89**	−2	27	15	47
SP500	−3	7	11	**51**	**77**	**94**	−1	12	40	**79**	**57**	**82**
DVIX	24	−10	5	−21	**−54**	**−59**	12	7	**−42**	**−48**	**−31**	**−48**
CMDTY	7	21	21	35	6	23	10	37	11	18	12	24
CSFB/Tremont 指数												
所有基金指数	34	28	**55**	44	**73**	**54**	25	13	**72**	**53**	**89**	**56**
可转换套利型指数	45	33	28	28	36	20	2	6	**59**	26	**52**	27
偏向卖空型指数	4	−1	−23	**−34**	**−79**	**−73**	9	12	**−62**	**−62**	**−61**	**−62**
新兴市场型指数	18	6	23	22	**64**	49	−5	−12	**63**	45	**73**	42
股票市场中性型指数	−4	1	27	23	43	39	18	11	39	33	45	37
事件驱动型指数	22	19	36	36	**73**	**59**	−7	−8	**79**	**57**	**78**	**56**
固定收益套利型指数	**76**	31	17	22	18	10	9	8	39	17	38	18
全球宏观型指数	41	33	**52**	34	37	27	35	22	41	30	61	35
做多/做空股票对冲型指数	10	12	37	41	**90**	**65**	6	7	**74**	**59**	**85**	**60**
管理期货型指数	−6	11	42	20	0	0	**85**	35	2	6	18	7
多重策略型指数	33	23	31	22	27	16	12	2	39	22	34	19

表 5—8　Lipper TASS 活动数据库中由所有 24 个月滚动窗口线性克隆组成的业绩比较(1986 年 2 月至 2007 年 8 月)与由基金组成的等权重投资组合与克隆组成的等权重投资组合

统计量	所有基金		可转换套利型		偏向卖空型		新兴市场型		股票市场中性型		事件驱动型	
	基金	克隆	基金	克隆	基金	克隆	基金	克隆	基金	克隆	基金	克隆
年度复合收益率	14.69	11.89	10.51	5.16	−6.00	−6.76	19.50	6.83	11.02	6.92	13.81	8.89
年度化的均值	13.96	11.62	10.13	5.17	−3.04	−2.78	19.29	9.42	10.55	6.86	13.20	8.89
年度化的标准差	5.98	8.21	4.37	5.07	25.15	29.56	16.25	22.08	3.18	5.46	6.13	8.32
年度化的夏普比率	2.33	1.42	2.32	1.02	−0.12	−0.09	1.19	0.43	3.32	1.26	2.15	1.07
偏度	1	−1	0	−1	0	1	−1	−2	1	0	−1	0
峰度	6	7	7	5	4	8	10	20	5	5	13	7
ρ_1 (≥20% 的加粗)	**13**	−6	**42**	7	12	−2	**31**	7	0	−8	**39**	−4
ρ_2 (≥20% 的加粗)	−1	−2	13	4	−1	−9	6	1	7	−3	6	−11
ρ_3 (≥20% 的加粗)	−6	10	−2	0	−5	17	−1	5	13	−2	3	−3
与各种市场指数的相关系数(≥50%或 ≤ −25%的加粗)												
S&P500 指数	**52**	**64**	36	**59**	−**72**	−**87**	**51**	**78**	27	41	**52**	**65**
MSCI 世界指数	45	49	33	48	−**69**	−**77**	**54**	**70**	27	36	**50**	**53**
Russell 1000 指数	**53**	**64**	37	**59**	−**75**	−**87**	**52**	**79**	28	42	**54**	**65**
Russell 2000 指数	**60**	47	47	47	−**83**	−**64**	**53**	**61**	31	31	**64**	**51**
NASDAQ 100 股票指数	46	**51**	34	45	−**83**	−**74**	43	**65**	29	30	43	48
BBA 3 个月期美元 Libor	−18	−16	−22	−14	11	−5	−7	−2	−1	−21	−7	−10
道琼斯瑞曼曼至债券综合收益率	10	25	1	14	−2	2	−10	1	7	29	2	10
10 年期美国国债收益率	−12	−23	7	−6	−3	−15	15	10	−2	−**33**	4	−7
2 年期美国国债收益率	−6	−15	5	1	−11	−23	17	17	4	−20	9	4
30 年期美国国债收益率	−15	−24	5	−10	2	−10	10	4	−3	−**33**	0	−9
即期黄金价格(美元/金衡盎司)	7	2	7	5	−3	4	9	4	−3	1	−6	−10
即期美元指数	10	4	7	7	−5	2	16	3	−3	13	9	13
Generic 1st 纽约商品交易所原油期货看涨期权隐含波动率	−13	−5	−9	−8	12	18	−4	−9	−4	4	−16	−3

续表

统计量	所有基金		可转换套利型		偏向卖空型		新兴市场型		股票市场中性型		事件驱动型	
	基金	克隆	基金	克隆	基金	克隆	基金	克隆	基金	克隆	基金	克隆
6个风险因子												
CREDIT	20	23	52	57	-32	-38	39	49	4	16	33	32
USD	-7	-8	-8	-6	14	25	-16	-20	-9	11	0	6
BOND	16	32	7	22	-2	8	-4	2	4	41	5	16
SP500	52	65	36	59	-72	-87	51	78	26	42	52	65
DVIX	-29	-46	-27	-42	53	61	-40	-61	-12	-25	-46	-44
CMDTY	14	24	4	15	0	-5	8	7	17	28	-3	2
CSFB/Tremont 指数												
所有基金指数	84	53	41	43	-58	-39	62	48	30	35	63	54
可转换套利型指数	46	30	74	28	-14	-9	36	23	25	26	56	31
偏向卖空型指数	-67	-66	-50	-53	86	68	-57	-70	-33	-41	-71	-62
新兴市场型指数	71	48	41	38	-55	-47	90	54	18	27	63	45
股票市场中性型指数	46	38	33	24	-23	-37	29	28	38	22	38	32
事件驱动型指数	78	61	64	52	-54	-50	71	66	34	36	90	61
固定收益套利型指数	32	21	30	21	-4	-6	28	18	22	18	35	25
全球宏观型指数	55	30	18	27	-20	-12	36	21	12	24	30	35
做多/做空股票对冲型指数	83	58	40	43	-81	-51	59	57	40	37	68	54
管理期货型指数	21	0	-10	-3	11	19	-13	-21	10	8	-12	-3
多重策略型指数	31	11	28	17	-7	-9	4	3	23	10	28	16

统计量	固定收益套利型		全球宏观型		做多/做空股票对冲型		管理期货型		多重策略型		基金的基金型	
	基金	克隆	基金	克隆	基金	克隆	基金	克隆	基金	克隆	基金	克隆
年度复合收益率	8.92	4.14	16.49	15.09	17.77	12.81	13.51	15.62	19.65	15.99	11.68	12.18
年度化的均值	8.64	4.13	15.91	15.18	16.80	12.79	13.91	16.17	18.65	15.73	11.24	11.78
年度化的标准差	3.66	3.75	10.76	14.83	8.25	11.57	15.58	17.93	11.10	12.89	5.40	6.79
年度化的夏普比率	2.36	1.10	1.48	1.02	2.04	1.11	0.89	0.90	1.68	1.22	2.08	1.73
偏度	-8	-1	1	2	4	-1	1	0	3	1	0	-1
峰度	**81**	7	10	14	16	7	6	4	**20**	7	5	7
ρ_1（≥20%的加粗）	18	-8	14	-2	16	16	2	12	12	17	16	-3
ρ_2（≥20%的加粗）	8	-13	-10	-7	4	0	-16	-6	0	-5	6	4
ρ_3（≥20%的加粗）	-5	0	-8	3	-2	9	-11	2	12	8	-6	13
与各种市场指数的相关系数（≥50%或≤-25%的加粗）												
S&P500 指数	-9	11	6	14	**70**	**85**	-2	-10	12	21	**50**	**65**
MSCI 世界指数	-11	5	-3	10	**63**	**68**	-6	-15	12	11	**50**	**50**
Russell 1000 指数	-9	11	6	13	**73**	**84**	-4	-10	14	21	**52**	**65**
Russell 2000 指数	2	20	4	1	**87**	**63**	-6	-9	23	14	**59**	47
NASDAQ 100 股票指数	0	6	0	3	**71**	**67**	-9	-9	14	15	46	50
BBA 3 个月期美元 Libor	-8	-15	-17	-22	-13	-12	-12	-13	-6	-7	-23	-18
道琼斯雷曼债券综合全球指数	5	15	14	36	6	17	20	31	-1	7	13	28
10 年期美国国债收益率	-3	-15	-19	**-36**	-1	-13	**-28**	**-38**	-6	-9	-14	**-28**
2 年期美国国债收益率	3	-13	-21	**-36**	5	-2	-24	**-35**	-1	-2	-8	-19
30 年期美国高债收益率	-6	-17	-16	**-34**	-6	-15	**-25**	**-34**	-7	-9	-16	**-28**
即期黄金价格（美元/金衡盎司）	4	11	11	10	0	-5	13	14	9	0	9	-3
即期美元指数	13	14	-1	-10	11	5	-6	-6	20	10	12	8
Generic 1st 纽约商品交易所原油期货看涨期权隐含波动率	1	-3	-9	-2	-14	-10	-4	12	-3	-6	-8	-7

续表

统计量	固定收益套利型 基金	固定收益套利型 克隆	全球宏观型 基金	全球宏观型 克隆	做多/做空股票对冲型 基金	做多/做空股票对冲型 克隆	管理期货型 基金	管理期货型 克隆	多重策略型 基金	多重策略型 克隆	基金的基金型 基金	基金的基金型 克隆
6个风险因子												
CREDIT	24	38	-3	-9	32	29	-21	**-25**	5	12	18	19
USD	19	11	-5	-13	-9	-11	-3	-8	15	18	-6	0
BOND	13	34	21	38	8	20	23	37	7	16	19	39
SP500	-9	11	7	14	**69**	**85**	-2	-10	13	21	50	**65**
DVIX	26	-25	6	-6	**-45**	**-56**	14	7	-14	-18	-25	**-47**
CMDTY	5	10	18	20	12	17	11	25	11	22	13	21
CSFB/Tremont 指数												
所有基金指数	32	27	**56**	36	**73**	**52**	27	9	70	41	**90**	**53**
可转换套利型指数	46	32	23	23	36	24	1	11	48	24	49	31
偏向卖空型指数	7	-19	-17	-23	**-79**	**-71**	8	0	**-45**	**-45**	**-61**	**-61**
新兴市场型指数	14	18	31	22	**63**	50	-2	1	**55**	26	**73**	45
股票市场中性型指数	-9	10	23	19	40	39	17	14	31	26	46	35
事件驱动型指数	22	32	35	31	**73**	**59**	-5	3	62	39	**78**	**58**
固定收益套利型指数	**78**	22	18	22	19	15	8	5	33	21	38	25
全球宏观型指数	40	22	**57**	34	37	27	36	11	49	28	**64**	34
做多/做空股票对冲型指数	9	19	33	26	**90**	**59**	7	9	**57**	38	**86**	**54**
管理期货型指数	-8	8	47	26	0	-5	**85**	34	6	4	18	-5
多重策略型指数	38	14	22	8	27	12	11	0	25	16	32	8

表5—9　基金和克隆与30个市场指数的相关系数的符号比较，以及相关系数
之差的绝对值（1986年2月至2007年8月）*

类型	固定权重线性克隆			滚动窗口线性克隆		
	符号相同的相关系数占比%	$\lvert \rho_f - \rho_c \rvert$ 的均值	$\lvert \rho_f - \rho_c \rvert$ 的标准差	符号相同的相关系数占比%	$\lvert \rho_f - \rho_c \rvert$ 的均值	$\lvert \rho_f - \rho_c \rvert$ 的标准差
所有基金	90	18	10	97	12	8
可转换套利型	86	15	10	93	10	9
偏向卖空型	83	9	7	79	11	6
新兴市场型	83	19	12	93	12	9
股票市场中性型	90	17	13	83	12	10
事件驱动型	79	16	11	93	9	6
固定收益套利型	69	16	16	62	15	12
全球宏观型	90	23	19	93	10	7
做多/做空股票对冲型	93	11	6	93	10	7
管理期货型	76	21	21	90	9	10
多重策略型	76	18	12	97	9	9
基金的基金型	93	18	9	90	14	10

注：* 固定权重线性克隆和24个月滚动窗口线性克隆都是用 Lipper TASS 活数据库中的对冲基金构建的。

5.5　总结和拓展

在每个对冲基金的期望收益率中，有一部分是风险升水——即投资者因为承担了某种风险而获取的补偿。对冲基金投资最重要的好处之一，就是它们涉及到非传统的风险类型，如尾部风险、流动性风险、信贷风险等。大多数投资者承担少量的这种风险也无妨（如果他们还没承担过的话），因为承担这种风险通常能够获取令人心动的风险升水，且这类风险大多并非与那些传统的、只能做多的投资高度相关。虽然那些才华过人的经理的对冲基金常常能跑赢消极的固定权重投资组合，但是在经理的选择和监控中存在的困难、透明度的缺乏、对经理能力的限制，以及高昂的管

理费用等都可能会影响机构投资者对克隆的投资组合的好感。在这种情况下，可转移贝塔策略可能会成为可转移阿尔法策略的一个合理的替代。

我们的实证结果意味着，复制对冲基金的收益率是有可能实现的。对于某些对冲基金类型来说，不管是用原始的收益率还是用经风险调整的收益率来衡量，克隆得到的平均业绩都是可以与其所对应的对冲基金的业绩相媲美的。对于另外一些类型——如事件驱动型和新兴市场型——来说，克隆则不太成功。

对不同对冲基金类型进行克隆得到的业绩的差异，引出了一个重要的哲学问题：克隆的增加值的来源是什么？一个可能的解释是：克隆过程对一个对冲基金专有的交易策略进行了反向破解，因此从该基金的知识产权中获取了收益。这个解释隐含了两个假设：（1）用一个对冲基金的月度收益率对少数几个市场指数的收益率进行线性回归，就可以反向破解该对冲基金的策略；（2）所有拥有知识产权的对冲基金都值得反向破解。这两个假设都是不太可能成立的。鉴于大多数对冲基金策略具有主动性的本质，且非常复杂，因此难以想象仅仅通过使用它们的月度收益率对5个因子进行回归就能反向破解它们。不过，如果这样的策略具有公共风险因子，则不难想象可以用月度收益率对这些风险因子进行时间序列回归，然后对回归的一个合理的横截面进行平均来识别它们。至于是不是所有的对冲基金都拥有值得反向破解的知识产权这个问题，我们已经刻意把所有Lipper TASS对冲基金都纳入我们的样本之中——而不仅仅包括成功的基金——不可能所有2 097个基金都具有显著的、基金经理特有的阿尔法。实际上，就我们的目的而言，这个对冲基金样本的主要吸引力在于基金的贝塔敞口。

我们对克隆的增加值的解释不像上述观点那样迂回：通过分析大量对冲基金的月度收益率（其中有些具有真实的、基金经理特有的阿尔法，有的则没有），有可能识别出基金是从哪些公共风险因子上赚取它们的一部分（不必是全部）期望收益的。通过承担类似的风险敞口，应该有可能从这些敞口上赚取类似的风险升水。因此，克隆至少能够复制出对冲基金的一部分期望收益率，但是投资方式则是低成本的、透明的、可标度的、富有流动性的。

虽然我们的实证结果似乎是令人振奋的，但是应该牢记的是，它也有不少局限性。

第一，我们注意到，固定权重克隆和滚动窗口克隆的业绩之间存在显著的差异，因此在实践中进行任何克隆过程时，必须认真考虑这种差异。使用固定权重克隆方法能够得到比较好的历史业绩，比较低的换手率，但是它会受前瞻性偏差的干扰，因此在样本外可能得不到这么好的业绩。滚动窗口克隆得到的历史业绩不太令人心动，但是这种模拟的业绩可能更加容易获取，而且，滚动窗口估计量的灵活性对于刻画非平稳性——如时变均值、时变波动率和域变（regime changes）——来说可能是至关重要的。基金经理必须把投资者特定的目标和限制牢记在心，然后具体问题具体分析，对每种方法的成本和收益进行评估。

第二，虽然在几个风格类型中，线性克隆都具有宝贵的特性，但是，众所周知，某些对冲基金策略中包含着线性模型反映不出来的内在的非线性（例如，可以参见资本倍增合伙人）。因此，一些更加复杂的非线性模型——包括非线性回归、域变过程（regime-switching processes）、随机波动率模型（stochastic volatility models），以及 Kat and Palaro（2005）提出的基于 Copula 的算法（copula-based algorithm）——能够显著地提高业绩和拟合优度。但是，在拟合优度和复制过程的复杂程度之间存在着重要的此长彼消的权衡关系，且这种关系会因投资者的不同而不同。随着使用的复制方法越来越复杂，得到的克隆会越来越积极，要求进行越来越多的交易，具备越来越多的风险管理专业知识，最终变得与对冲基金策略本身具有相同的动态性和复杂性。

第三，我们提出的用于进行复制的因子只是机构投资者可以得到的众多流动性工具中的一小部分。通过扩展因子的范围，把期权和其他衍生证券囊括进来，且为每一种类型的对冲基金（甚至每一个基金）定制一组因子，应该有可能使固定权重克隆投资组合的业绩以及刻画尾部风险和非线性的能力得到额外的改善。实际上，Haugh and Lo（2001）表明，用简单的看涨期权和看跌期权谨慎地构建的一个固定权重投资组合，能够得到某些动态交易策略的优良近似。在我们的讨论中，可以采用这一方法，以便得到更好的克隆。

第四，在我们对克隆的投资组合所进行的业绩分析中，并未考虑任何交易成本或其他摩擦，而它们显然是会影响业绩的。事实上，克隆越消极，实施的成本也就越低，但是它们反映出的风险敞口和非线性可能就不如比较复杂的克隆所能反映出的那么多。不过，构建方法决定了克隆比传统的基金的基金型投资具有显著的成本优势，这不仅仅是因为基金的基金常常要收取额外的费用，而且还因为克隆的投资组合能够更有效率地使用资本，这是保证金要求和业绩提成费相互作用的结果。例如，考虑一个基金的基金，它把自己的资产等量地配置于两个基金，每个基金收取 2% 的管理费和 20% 的业绩提成费，假设在某一年，其中一个基金赚取了 25% 的收益，另一个则发生了 5% 的亏损。假设该基金的基金本身收取 1% 的管理费和 10% 的业绩提成费，且对标的基金没有来自上年的亏损抵后（loss carryforwards），这样该基金的基金的投资者只能得到 4.05% 的净收益率。在这一例子中，投资者支付的费用令人吃惊地高达标的对冲基金净利润的 59.5%。

当然，在对冲基金克隆成为现实之前，还有很多操作问题需要解决，如计算克隆的投资组合的权重的方法、重正规化过程要求的隐含杠杆率的应用、进行调整的最优时间段、要克隆的策略类型、把克隆合并为一个简单的投资组合的最优方法等。至于我们的这些初步发现是否能为承担这些现实的挑战提供充分的动力，我们保持谨慎的乐观。

6

一个衡量积极型投资管理的新指标

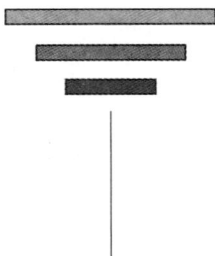

随着对冲基金和其他绝对收益投资策略的日益流行，传统投资管理和另类投资管理的业绩衡量标准之间的鸿沟正越来越大。虽然阿尔法、贝塔、波动率、跟踪误差、夏普比率和信息比率（information ratio）已经成为估算只能做多的投资组合经理的增加值的标准工具，但是它们在奉行绝对收益投资策略的投资者中间的影响却没那么大。这一鸿沟的一部分无疑源自文化差异。人们对投资组合理论的广泛接受和分散化所带来的好处，加速了共同基金行业的发展。这转而引起了指数化投资策略和基于基准投资组合的业绩归因的发展，并从中孕育出许多目前正在大行其道的业绩衡量标准。

然而，传统的业绩衡量标准对另类投资缺乏影响的另一个可能的原因是，这些衡量标准是静态的，反映不出积极型投资策略动态的、可预测性的本质。具体来说，诸如阿尔法、贝塔、跟踪误差和信息比率等衡量标准，都是投资组合收益率和基准组合收益率的分布在单个时间点上的参数——如期望收益率、协方差和方差——的函数。这些衡量标准均不涉及到多个时间点上的收益率之间的关系，而这种多时点统计量（multipoint statistics）往往正是积极型投资策略所关注的重点。例如，在我们这个时代，最卓越的投资组合经理会因为拥有先于公众准确地预见特定的市场趋势的能力、能先于市场挖掘出低估的证券并大赚其钱或者能在其他人尚懵懵懂懂时就进入或退出某种投资而备受推崇。在上述情况下，这些投资技能都涉及到预报或预测，而上文所列的标准的业绩衡量指标并不明确地依赖于投资组合经理的预测功效（forecast power）。

在本章中，我们提出一个衡量积极型投资管理经济价值的新指标——一个积极型/消极型分解（active/passive 分解，即 AP 分解），它明确地把预测功效考虑在内。它把一个投资组合的收益率简单地分解成两个成分：其中一个成分仅仅取决于投资组合权重和资产收益率的平均值，另一个则取决于投资组合权重与收益率之间的相关性。后者直接衡量积极型管理的价值——一个成功的基金经理的投资组合权重通常与投资组合的收益率正相关，从而对投资组合的期望收益率有正的贡献。由于投资组合的权重是经理拥有的先验信息的函数，因此这一相关性会受经理预测能力的直接影响。所以，投资组合的权重和收益率在日期 t 的相关系数是衡量经理为了选择日期 t 的投资组合权重而使用的信息的预测功效的一个指标。简言之，它是一个衡量经理的资产时机选择能力（asset-timing ability）的指标。

当然，在投资组合权重没有发生任何变动的情况下，也有可能产生正的期望收益率：对 S&P500 指数这样的具有正的风险升水的资产采取买入并持有策略就能获取正的期望收益。在这种情况下，上文描述的积极型成分对投资组合的期望收益率没有任何贡献，因此可以称该组合是消极型的。这是一个定义积极型和消极型投资的新方法，与标准的定义（它涉及到对一个基准投资组合的偏离）几乎没有关系。我们将指出消极型投资组合的一个更加自然的定义，即它是指一个其权重与收益率不相关的投资组合。如果权重没有预测功效，那么积极型管理就不创造增加值，期望收益率的唯一来源就是风险升水，而一个买入并持有策略通常就能赚到这种风险升水。

AP 分解是从协方差的定义出发所得到的一个简单的计算结果，积极型经理可以轻而易举地加以实施。实际上，进行分解时不需要关于仓位水平的信息——只需要投资组合权重的平均值和单个资产收益率的平均值。而且，由于该分解是基于一个恒等式进行的，因此其实证版本是严格成立的，这使我们可以把已经实现的或者说事后的业绩精确地、无保留地归因于积极型成分和消极型成分。

最后，如果假设资产收益率满足一个 K 因子线性模型——如资本资产定价模型、套利定价模型或其他任何线性定价模型，那么从 AP 分解中还能够得到其他结论。尤其是，当一个投资组合的收益率具有线性因子结构时，它能被分解成三个不同的成分：证券的选择、因子时机选择能力（factor-timing ability）和风险升水。前两个成分可以被解释为积极型管理的结果，最后一个成分则是消极型管理的结果。这一分解对只能做多的投资和另类投资之间似乎一直存在的差异提供了一个解释——只能做多的约束对可以进行的因子时机选择的数量施加了限制，在因子风险升水的符号发生变化时（即在期望收益率随着时间的变动而变动时），这一约束可能是一个严重的束缚。基于因子的 AP 分解还解决了当前许多机构投资者所关注的一个问题——即他们为了得到阿尔法而向对冲基金支付费用，结果却得到了贝塔。一个与此相关的问题是：贝塔敞口是随时间的变动而变动的还是固定不变的？如果它是随时间的变动而变动的，那么可以认为它是积极型价值的一个真实来源；但是如果它是固定不变的，那么就有可能以一种比较消极的方式获取相同的敞口。

我们将在第 6.1 节简要地回顾关于业绩归因的文献，在第 6.2 节得出本章的主要结果。在第 6.3 节，我们将给出几个分析的例子，然后在第 6.4 节演示如何进行分解。在第 6.5 节中，将给出一个详细的实证例子，它将 AP 分解应用于一个统计套利策略，该策略使用的是纳斯达克市值十等分组（size deciles）[①] 从 1990 年 1 月 2 日到 1995 年 12 月 29 日的日数据。在第 6.6 节中，我们将进行总结，指出一些局限性和拓展。

[①] 芝加哥大学的证券价格研究中心（CRSP）把纳斯达克全部上市公司按照市值大小排序，然后把这些股票分成十组，每组里面股票个数相等，因此被称为市值十等分（capitalization deciles 或 size deciles）。这种方法和数据被众多研究机构和投资机构广泛采用——译者注。

6.1　文献回顾

业绩归因的起源可以追溯到 Sharpe（1964）和 Lintner（1965）的资本资产定价模型，他们推导出了一项投资的超额收益率与其系统性风险或者市场贝塔之间的线性关系，即证券市场线：[1]

$$R_{pt} - R_f = \beta_p (R_{mt} - R_f) + \epsilon_{pt}, \ \text{E}[\epsilon_{pt} \mid R_{mt}] = 0 \tag{6.1}$$

对这一线性关系的偏离一般被称为阿尔法：

$$R_{pt} - R_f = \alpha_p + \beta_p (R_{mt} - R_f) + \epsilon_{pt} \tag{6.2}$$

Treynor（1965）；Sharpe（1966）和 Jensen（1968，1969）用这一指标来估算共同基金经理创造的经济增加值。从那时开始，人们提出了各种相关的衡量指标，包括：

$$\frac{\text{E}[R_{pt}] - R_f}{\sigma_p} = 夏普比率 \tag{6.3}$$

$$\frac{\text{E}[R_{pt}] - R_f}{\beta_p} = 特雷诺比率 \tag{6.4}$$

$$\frac{\alpha_p}{\sigma(\epsilon_{pt})} = 信息比率 \tag{6.5}$$

其中，σ_p 表示式（6.2）中的 R_{pt} 的标准差；$\sigma(\epsilon_{pt})$ 表示式（6.2）中的残差 ϵ_{pt} 的标准差。

Graham and Harvey（1997）和 Modigliani and Modigliani（1997）推导出了这些基本的衡量指标经过风险调整的变换形式，Sharpe（1992）为了进行风格分析提出了一个有约束的回归分析框架。

所有这些衡量指标本质上都是静态的，因为它们是以收益率的边际分布在单个日期 t 上的特征变量——如投资组合收益率与市场收益率的均

---

[1]　原文中式（6.1）的后半部分是 E $[\epsilon_t \mid R_{mt}]$ =0，这里做了修改——译者注。

值、方差和同期协方差——为基础的。[①] 即便 Sharpe（1992）提出的基于回归的分解——其构建方法决定了它是一个有条件的衡量指标——也是静态的，因为条件信息与在时间 t 的投资组合收益率是同期发生的。这些衡量指标都没有反映出时间 t 和 $t+1$ 之间的时间序列相关性，而这是任何衡量投资技能的、用于进行预测的指标应当关注的核心问题。

与这些静态衡量指标不同，Treynor and Mazuy（1966）最早提出是积极型管理的动态衡量指标的人之一。为了阐述市场时机选择技能（market-timing skills），Treynor and Mazuy（1966）在式（6.1）的线性框架上加上了一个二次项（$R_{mt} - R_f$）^{2}。从形式上看，这仍旧是一个同期回归，因此它的参数与任何时间序列特性无关，但是它的动机——探究市场上涨和下跌时的不对称性——无疑是动态的。

在最近对 Arnott，Hsu and Moore（2005）的基本面指数化方法（fundamental indexation approach）所做的评论中，Treynor（2005）关注了投资组合的权重和收益率之间的协方差，但他只是在一种特殊的情况下，即解释基本面指数化方法对市值权重可能进行的改进时，才关注协方差的。本章描述的 AP 分解为研究任何指数化方法的收益和成本提供了一个相当一般的分析框架。

Merton（1981）；Henriksson and Merton（1981）和 Henriksson（1981）提出了一个更为直接地衡量市场时机选择技能的指标。他们证明，在一个被具有无风险收益率执行价格（riskless-rate strike）的看跌期权充分保护的市场上，完美的市场时机选择等价于一个买入并持有投资策略。不完美的市场时机选择技能可能会被建模成受到部分保险的投资。这一衡量指标涉及到市场收益率和相应的看跌期权价格的多元分布在单个时间点上的参数，因此看起来似乎也是一个静态指标；但是，由于期权价格具有跨期的本质，因此它其实是个动态指标。[②] 换言之，在 Merton（1981）的框架

---

　　① 当然，为了估计这些参数，使用了跨越数个交易日的数据，但是，与自相关系数这样的多时点统计量相反，这些参数本身是单时点统计量（single-point statistics）。另外，标准的业绩衡量指标的估计值通常几乎都是在"数据是独立同分布的"这一假设下计算出来的，这就排除了任何非随机游走行为，而非随机游走正是所有积极型投资策略的出发点（这个脚注中的"数据"指的是投资组合收益率和市场收益率，"非随机游走"指的是收益率服从非随机游走——译者注）。

　　② 尤其是，期权的定价参数之一是到期日，它使期权价格成为一个多时点统计量。

中，市场时机选择的动态性被融合进看跌期权的价格之中，然后被用来作为市场时机选择技能的"衡量标准"。

最后，Grinold and Kahn（2000，第 17 章）[1] 在一个线性因子模型分析框架中描述了一种自下而上的业绩归因方法；基准组合的时机选择是这一框架的一个组成部分。虽然他们尚未明确地关注投资组合权重和收益率之间的协方差，但是在他们对"积极型基准组合时机选择收益率"[2] 的时间序列表达中，隐含了这一点，并且他们在一个脚注中承认可以把同样的分解应用于单个证券。[3]

第 6.2 节提出的积极型管理的衡量指标是市场时机选择的最后这两种观念的更加直接的版本，它把投资组合的每一个权重都视为在相应资产的未来收益率上所下的赌注，而那些随着时间推移获取正利润（即资产时机选择能力）的赌注就是衡量投资能力的指标。

6.2 AP 分解

考虑一个投资于 n 个证券的投资组合 P，这 n 个证券用下标 $i = 1,\cdots,n$ 来表示，投资组合则用日期 t 它在这些证券上的权重 $\{\omega_{it}\}$ 来定义。用 R_{pt} 表示 $t-1$ 日和 t 日之间投资组合的收益率，它由下式给出：

$$R_{pt} = \sum_{i=1}^{n} \omega_{it} R_{it} \tag{6.6}$$

其中，R_{it} 是证券 i 在日期 t 的收益率。

假设单个证券的收益率的均值、方差和协方差都具有良好的定义（well-defined），则通过期望收益率的定义几乎可以马上得到本章的主要结果，我们将在本节中给出这些结果。这一非常一般的结果隐含着一种定义消极型投资和积极型投资的新方法，见本节的描述。在本节中，我们通

① 这本书有一个中文版（（美）Richard C. Grinold，Ronald N. Kahn：《积极型投资组合管理——控制风险获取超额收益的数量方法》，廖理译，第二版，北京，清华大学出版社，2008）。关于下文"积极型基准组合时机选择收益率"的表达式见中文版第 322 页——译者注。
② Grinold and Kahn（2000，p.504）中的方程 17.27 与因子贝塔和收益率之间的协方差成比例，是下式（6.17b）在样本中的表达形式。
③ 参见 Grinold and Kahn（2000，p.504）中的脚注 6（对应该书中文版第 322 页的脚注①——译者注）。我们感谢 Lisa Goldberg 指出这一文献。

过对资产收益率施加额外的结构——尤其是线性因子结构，来证明我们的分解提供了一种区分阿尔法和贝塔的新方法。

一般结果

我们从下列假设开始：

假设 6.2.1　对于每一个证券 i 来说，其收益率 $\{R_{it}\}$ 都是一个平稳且遍历的随机过程，其 1 至 4 阶矩都是有限的。

假设 6.2.2　日期 t 的投资组合权重 $\{\omega_{it}\}$ 都是平稳且遍历的随机过程，且是状态变量 $\mathbf{X}_{t-1}$ 的函数。

假设 6.2.1 是一个标准的假设，隐含着所有资产收益率的均值、方差和协方差都具有良好的定义，并且这些参数的估计量具有性质良好的（well-behaved）、方差有限的极限分布，这对进行统计推断来说很有用处。

对于假设 6.2.2 需要进行更加详细的讨论。从 Markowitz（1952）开始，关于投资的文献大多假设权重是非随机的。这样假设是为了重点研究投资组合的最优化问题，其中投资组合权重是对均值—方差目标函数进行最优化的过程中的选择变量（choice variables）的权重。从这个角度来说，投资组合的期望收益率不过就是每个成分证券的期望收益率的加权平均，权重是在该证券上配置的资金占投资组合的比例。

但是，在实践中，投资组合的权重并非固定的参数——它们代表了投资组合经理所做的决策，就这一点来说，它们取决于一系列的输入变量（inputs）。因此，从投资者的角度来说，投资组合收益率的统计特性不仅取决于成分证券的收益率的分布，而且还取决于投资组合权重的特征变量。实际上，积极型投资产品的投资者之所以向投资组合经理支付昂贵的费用，主要是为了换取该经理的投资组合权重！相应地，除非一个经理的投资组合权重依赖于非随机的、为我们所知的输入变量，且我们完全知道这些变量与权重之间的函数关系，否则我们必须把投资组合权重视为随机变量。而且，如果投资组合的权重是随机变量，则权重和收益率之间的随机关系对于它们的乘积的性质具有显著的影响也就不足为奇了，我们在下面的命题 6.2.1 中马上就会说明这一点。

假设 6.2.2 对于一组具有良好定义的投资组合权重能够具有的随机性做出了一组简单的、但是重要的约束。其中，最重要的约束也许是：日期

t 的权重 $\{\omega_t\}$ 只能取决于日期 t 之前的信息；否则，就会产生无限的套利机会。为了说清楚为什么会这样，假设我们暂且去掉这一约束，然后考虑如下的投资组合：

$$\omega_{it} = \frac{\max[\,0,R_{it}\,]}{\sum_{j=1}^{n} \max[\,0,R_{jt}\,]} \, , \ R_{pt} = \sum_{i=1}^{n} \omega_{it} R_{it} \geq 0 \tag{6.7}$$

在日期 t ，该投资组合只为那些在日期 t 具有正收益率的证券赋予了正的权重。如果收益率不都是退化的，那么这显然是一个套利机会。而假设 6.2.2 则消除了这种可能性，等价于在构建投资组合权重时排除了前瞻性偏差。

给定这些假设，对于一个投资组合的期望收益率，我们有如下一般分解：

命题 6.2.1 在假设 6.2.1 和 6.2.2 下，任一投资组合 P 的期望收益率均满足如下分解：

$$\mathrm{E}[\,R_{pt}\,] = \sum_{i=1}^{n} \mathrm{E}[\,\omega_{it} R_{it}\,] = \sum_{i=1}^{n} (\,\mathrm{Cov}[\,\omega_{it},R_{it}\,] + \mathrm{E}[\,\omega_{it}\,]\mathrm{E}[\,R_{it}\,]) \tag{6.8}$$

$$= \sum_{i=1}^{n} \mathrm{Cov}[\,\omega_{it},R_{it}\,] + \sum_{i=1}^{n} \mathrm{E}[\,\omega_{it}\,]\mathrm{E}[\,R_{it}\,] \equiv \delta_p + \upsilon_p \tag{6.9}$$

其中，$\delta_p \equiv \sum_{i=1}^{n} \mathrm{Cov}[\,\omega_{it},R_{it}\,]$（积极型成分）

$\upsilon_p \equiv \sum_{i=1}^{n} \mathrm{E}[\,\omega_{it}\,]\mathrm{E}[\,R_{it}\,]$（消极型成分）

$$\theta_p \equiv \frac{\delta_p}{\delta_p + \upsilon_p}（积极型比率） \tag{6.10}$$

命题 6.2.1 是一个简单的分解，把一个投资组合的期望收益率分解为两部分：投资组合的权重与收益率的协方差之和、投资组合的权重的期望值与期望收益率的乘积之和。虽然通过协方差的定义就可以轻而易举地得到这一积极型/消极型分解，但是它对识别积极型投资管理和消极型投资管理的相对贡献来说具有非常重要的用处。

将式（6.10）中的协方差项 δ_p 归因于积极型管理的原因是：从定义上看，积极型管理隐含着投资组合经理在买入、卖出或者规避某一证券方面所做的明确决定——这一点包含在投资组合权重 $\{\omega_{it}\}$ 中，且式

（6.10）中的协方差反映了这些决定对投资组合的总期望收益率 E[R_{pt}] 的影响。尤其是，如果一个经理在某证券的收益率为正时赋予其正的权重、在某证券的收益率为负时赋予其负的权重，那么平均来说，这意味着投资组合的权重与收益率之间具有正的协方差，且对投资组合的期望收益率有正的影响。实际上，协方差项反映了经理对每种资产的时机选择能力，而且，虽然式（6.7）中描述的那种完美的时机选择是不可能实现的，但不完美的时机选择当然是可能实现的。

不过，正的期望收益率还有一个来源，这个来源与资产时机选择全无关系：经理可以消极地持有那些具有正期望收益率的证券的多头头寸，并消极地持有那些具有负期望收益率的证券的空头头寸。例如，买入并持有 S&P500 指数的投资者应该预期随着时间的推移，能获取正的期望收益率，因为他可以获取证券的风险升水。式（6.10）中的第二项 v_p 反映了期望收益率的这种消极型来源，它不涉及到任何有关时机选择的内容，而只与收益率和权重的边际分布的一阶矩有关。类似地，一个其唯一的投资指令是识别并卖空估值过高的股票的偏向卖空者，面临着任何消极的股票空头头寸隐含的负的股票风险升水所带来的重要挑战。

对式（6.10）稍加修改，时机选择和风险升水之间的差异就更加一目了然了：

$$E[R_{pt}] = \sum_{i=1}^{n} \sigma(\omega_{it})\sigma(R_{it})\mathrm{Corr}[\omega_{it},R_{it}] + \sum_{i=1}^{n} E[\omega_{it}]E[R_{it}] \qquad (6.11)$$

如果投资组合权重 { ω_{it} } 在时间上是固定不变的，就难以认为在对这个组合进行积极型管理；式（6.11）支持这种直觉：如果一个投资组合固定不变，则意味着投资组合权重的方差是零，意味着式（6.11）中不包含积极型成分。不过，正如消极型成分所反映的那样，对于权重固定不变的投资组合来说，仅仅通过持有具有正期望收益率的证券也能获得正的期望收益率。但是，式（6.11）表明，权重和收益率之间的相关系数越大、权重和收益率的方差越大，则积极型管理的贡献也就越大。

另一方面，式（6.11）隐含着，权重和收益率之间的负相关会降低投资组合的期望收益率，并且收益率和权重的波动性越大，降低的程度也就越大。这暗示我们，一种可能提高投资组合策略中的积极型成分的方法是：对于那些其权重与收益率之间的相关系数为负（正）的证券来说，应该降低（提高）其权重的波动性。

式（6.10）中定义的量 θ_p——我们称之为积极型比率——为投资组合被主动地管理的程度提供了一个概括性统计量。与诸如夏普比率和信息比率等衡量积极型业绩的传统静态指标（第6.1节）不同，θ_p 是动态的、无量纲的，且独立于基准投资组合的选择。从分解式（6.11）中可以清楚地看出 θ_p 的动态本质——与静态的业绩衡量指标相反，收益率的时间序列性质直接影响 θ_p。对 θ_p 进行简单的量纲分析可知，其分子和分母都被定义为单位时间内获取的收益率，因此 θ_p 显然是无量纲的，不随衡量单位的变化而变化。换言之，如果估计得到的 θ_p 是28%，那么它就是积极型管理对期望收益率的贡献比例，与我们估计 θ_p 时采用的是日数据、周数据还是月数据无关。信息比率则与此相反——如果一项投资的信息比率是0.28，那么这是一天、一个月还是一年的信息比率就显得非常重要。最后，θ_p 的定义不要求有基准组合，虽然只要把式（6.10）简单地应用于一个投资组合的超额收益率，就可以轻易地计算出相对于基准组合的 θ_p。不过，式（6.10）的最重要的含义之一是：积极型投资管理并不仅仅是在消极型基准组合上增加价值，在这个多因子的世界里，通过承担非基准组合的因子敞口也可以消极地做到这一点。在本节里，在对资产收益率施加一个线性因子结构时，我们将回到这个问题上来。

消极型投资的一个新定义

AP分解式（6.10）隐含着固定不变的投资组合中没有积极型成分。但是那些权重随时间的变化而变化且传统上被视做消极型的投资组合又如何呢？例如，所有证券以市值为权重组成的投资组合显然是一个消极的投资组合，而投资组合的权重会随着成分证券市值的变动而变动；因此，在这种情况下，对所有证券来说，其 $\sigma\{\omega_{it}\}$ 一般都是正的。那么，这一投资组合的期望收益率中含有非零的积极型成分吗？

只要单个证券的收益率是序列独立的（serially independent），即只要随机游走假说对所有证券都成立，那么答案就是否定的。为了弄清楚为什么这样，令 P_{it} 和 S_{it} 分别表示资产 i 在日期 t 的价格和发行在外的股数，注意到市值加权投资组合的权重可以用下式来表示：

$$\omega_{it} = \frac{P_{it-1}S_{it-1}}{\sum_{j=1}^{n}P_{jt-1}S_{jt-1}} = \frac{P_{it-2}(1+R_{it-1})S_{it-1}}{\sum_{j=1}^{n}P_{jt-2}(1+R_{jt-1})S_{jt-1}} \tag{6.12}$$

它依赖于日期 $t-1$ 的收益率。如果收益率是序列独立的，那么相关系数 $\mathrm{Corr}[\omega_{it},R_{it}]$ 都等于零，则式（6.11）中的积极型成分就等于零，虽然权重的波动率是非零的。

另一方面，如果收益率不是序列独立的，那么对一个买入并持有型投资组合进行 AP 分解，就有可能得到非零的积极型成分。这个结果是合理的，因为序列相关性的存在意味着过去的收益率具有预测未来收益率的功效；因此，如果一个投资组合策略的权重是过去收益率的函数，那么该投资组合就可能会从这种序列相关性中受益（或者受损）。

这启发我们为消极型投资组合提出一个更加宽泛的、但同时更加精确的定义：

定义 6.2.1　对于任一投资组合来说，如果对于所有的 $i=1,\cdots,n$，权重 ω_{it} 与相应的收益率 R_{it} 之间都不相关，那么这就是一个消极型投资组合。[①]

在这个定义下，如果一个投资组合的权重不包含任何与未来的收益率有关的信息，那么该投资组合就是消极的，这与该投资组合是不是参照了某一基准组合无关。例如，考虑一个市场贝塔是 1.00 的投资组合，该市场贝塔是通过 S&P500 期货合约实现的，如果把一个分散化的、买入并持有型的商品篮子包括在内依然如此。[②] 鉴于存在与商品成分有关的正的风险升水，因此这样一个投资组合的期望收益率可能会超过 S&P500 指数收益率，但是应该把这种超额收益率归因于积极型管理吗？如果使用传统的业绩衡量指标，那么这一投资组合可能展示出正的阿尔法，但是如果使用 AP 分解，就会得到非常不同的结论。

积极型投资组合的关键性质是刻意地、成功地使用信息来预测收益率——这往往是我们在谈到投资技能时心中关注的问题。在下一节中，我们

---

　　① 我们定义固定权重投资组合的权重与收益率无关，因为权重和收益率的协方差等于零；虽然在这种情况下，权重和收益率的相关系数是无定义的，因为投资组合权重的方差是零。
　　② 从历史上看，商品和 S&P500 指数之间的相关性非常小，因此把一个买入并持有型的商品组合包括在内不可能影响投资组合的总体市场贝塔。

通过假设单个资产的收益率服从一个线性因子结构，来指出阿尔法与期望收益率的其他来源之间的差异。

阿尔法 vs. 贝塔

为了明确地区分阿尔法和贝塔，我们对单个资产的收益率生成过程施加了一个额外的结构：

假设 6.2.3 对于每一种资产 i，其收益率 R_{it} 满足一个 K 因子线性模型：[①]

$$R_{it} = \alpha_i + \beta_{i1}F_{1t} + \cdots + \beta_{iK}F_{Kt} + \epsilon_{it} \tag{6.13}$$

$$0 = E[\epsilon_{it} \mid F_{1t}, \cdots, F_{Kt}] \tag{6.14}$$

其中，因子 F_{Kt} 是平稳且遍历的随机过程。

虽然 K 因子线性结构是以假设的形式给出的，但是有几个作者已经推导出了一些理论来支持这一设定，其中包括 Merton（1973）提出的跨期资本资产定价模型（Intertemporal Capital Asset Pricing Model）、Ross（1976）的套利定价理论，以及 Lo and Wang（2006）的收益率与交易量的动态均衡模型。不过，在假设 6.2.3 中，我们为截距项 α_i 的存在留下了余地，而大多数均衡资产定价模型都排除了这一点，因为非零的 α_i 的存在可能会导致套利机会的出现。[②] 鉴于 AP 分解比其他任何特定的资产定价模型或线性因子结构都具有更大的一般性，因此根据我们的目的，我们对于 α_i 是否对所有的资产都等于零的问题存而不论，只把它作为一种可能性留在我们的框架之中。

在假设 6.2.3 下，各资产的任意一个投资组合的收益率 R_{pt} 可以被写成：

$$R_{pt} = \sum_{i=1}^{n} \omega_{it} R_{it} \tag{6.15a}$$

$$= \sum_{i=1}^{n} \omega_{it}\alpha_i + \left(\sum_{i=1}^{n}\omega_{it}\beta_{i1}\right)F_{1t} + \cdots + \left(\sum_{i=1}^{n}\omega_{it}\beta_{iK}\right)F_{Kt} + \sum_{i=1}^{n}\omega_{it}\epsilon_{it} \tag{6.15b}$$

---

① 为了标记简单，在这一设定中，我们省略了无风险收益率 R_f，但这不会丧失一般性，一些读者可能喜欢把资产收益率 R_{it} 和因子收益率 F_{Kt} 均解释为相对于 R_f 的超额收益率。
② 特别是，如果 α_i 的量级太大，或者有太多资产具有非零的 α_i，那么就有可能构建出一个既没有因子风险也没有特质性风险（idiosyncratic risks）、但是具有非零截距的投资组合，这意味着存在套利机会。

$$= \alpha_{pt} + \sum_{k=1}^{K} \beta_{pk,t} F_{kt} + \varepsilon_{pt} \tag{6.15c}$$

$$\text{其中,} \beta_{pk,t} \equiv \sum_{i=1}^{n} \omega_{it} \beta_{ik} ; \alpha_{pt} \equiv \sum_{i=1}^{n} \omega_{it} \alpha_i \tag{6.15d}$$

有了这一收益率分解式，就可以直接得出期望收益率相应的 AP 分解。

命题 6.2.2 在假设 6.2.1 至假设 6.2.3 下，任一投资组合 P 的期望收益率均满足如下分解：

$$E[R_{pt}] = \sum_{i=1}^{n} \alpha_i E[\omega_{it}] + \sum_{k=1}^{K} \text{Cov}[\beta_{pk,t}, F_{kt}] + \sum_{k=1}^{K} E[\beta_{pk,t}] E[F_{kt}] \tag{6.16}$$
$$= \text{证券选择} + \text{因子时机选择} + \text{风险升水}$$

$$\text{其中,} \quad \text{证券选择} \equiv \sum_{i=1}^{n} \alpha_i E[\omega_{it}] \tag{6.17a}$$

$$\text{因子时机选择} \equiv \sum_{k=1}^{K} \text{Cov}[\beta_{pk,t}, F_{kt}] \tag{6.17b}$$

$$\text{风险升水} \equiv \sum_{k=1}^{K} E[\beta_{pk,t}] E[F_{kt}] \tag{6.17c}$$

$$E[\beta_{pk,t}] = \sum_{i=1}^{n} \beta_{ik} E[\omega_{it}], \quad k = 1, \cdots, K \tag{6.18a}$$

$$\text{Cov}[\beta_{pk,t}, F_{kt}] = \sum_{i=1}^{n} \beta_{ik} \text{Cov}[\omega_{it}, F_{kt}], \quad k = 1, \cdots, K \tag{6.18b}$$

与命题 6.2.1 相比，命题 6.2.2 提供了一个更加细致的分解，这要归功于假设 6.2.3 中假设的 K 因子线性结构。现在，期望收益率是三个成分之和：一个证券选择成分（6.17a），它取决于 α_i；一个因子时机选择成分（6.17b），它取决于投资组合的贝塔与因子之间的协方差；一个风险升水成分（6.17c），它表示从消极地持有的因子风险敞口上获取的期望收益率。前两个成分都可以被视做期望收益率的积极型来源，第三个成分则与命题 6.2.1 一样是消极型成分。

这一基于因子的 AP 分解澄清了几个关于如何衡量积极型管理的问题。第一个是广为人知的，即对于任意一个多因子模型来说，其期望收益率超过基准投资组合，未必归功于投资睿智，而有可能只是因为消极地暴露于非市场风险因子（如可以参见 Merton, 1973 和 Ross, 1976）。例如，如果一个市场贝塔为 1 的投资组合具有一个消极的信贷因子贝塔，该贝塔值是 0.5 （换言之，这一贝塔值不会随着时间的变化而变化），那么式 (6.17c) 表明，除了股票风险升水之外，这一投资组合将能够获取信贷因子的风险升水的一半。这一优异的业绩完全可以通过消极的方式来获得。

命题 6.2.2 解决的第二个问题，是只能做多的投资与对冲基金的收益率之间的历史差异问题。有人已经指出这种差异是对冲基金的费用结构所带来的优厚回报，这种费用结构趋向于把最有才华的投资组合经理连同他们的阿尔法的来源一起从只能做多的共同基金吸引到对冲基金。关于有大批才华横溢的人从共同基金跳槽到对冲基金的说法是真是假尚存争议，但是式 (6.16) 提供了另外一种至少同样令人信服的解释：只能做多的约束是对期望收益率的严重束缚，因为它约束了投资组合经理进行因子时机选择的能力。一个对冲基金经理可以通过允许权重为负，而为自己的投资组合创造出负的因子贝塔，如果相应的因子风险升水也是负的，那么通过此举就可以获取正的期望收益率。如果因子贝塔大多是正的，那么只能做多的基金经理就不能轻易地做到这一点，也就是说，正的期望收益率的一个来源是他们无法企及的。因此，我们不应该期望那些只能做多的经理能够获取不受约束的经理所能获取的期望收益率水平。

命题 6.2.2 解决的第三个问题，是许多机构投资者最近关注的一个问题，即他们为了得到阿尔法而向对冲基金支付费用，结果却得到了贝塔。命题 6.2.2 表明了如何估算进行方向性赌博 (directional bets) 的对冲基金的增加值：研究它们的投资组合贝塔与因子之间的协方差。如果对冲基金具备因子时机选择能力或者"配置的阿尔法" (Leibowitz, 2005a, b)，则它应该被视为合法的阿尔法或积极型管理。但是如果贝塔敞口是消极地产生的，即不是通过协方差 (6.17b) 而是通过式 (6.17c) 中相对稳定的权重产生的，那么就存在诸如 Leibowitz (2005a, b) 描述的"贝塔吞噬者" (beta grazers)、Leibowitz and Bova (2005) 中的"波动资产" (swing assets)，或者 Hasanhodzic and Lo (2006) 描述的基于期货的对冲基金贝塔复制策略等成本较低的替代策略。这意味着，在存在 K 因子线性模型的情况下，可以给出如下的消极型投资定义：

定义 6.2.2 对于一个投资组合来说，如果其投资组合贝塔 $\beta_{pk,t}$ 与因子 F_{kt} 是不相关的，则称该投资组合对因子 k 具有消极型因子敞口。

注意，定义 6.2.2 对于一个投资组合对一个因子是消极型的、但对另一个因子是积极型的这种可能的情况悬而未决。对于对冲基金行业来说，这一点特别重要，该行业种类繁多、复杂多样，高度专门化的投资专业技能能够而且应该在这一行业蓬勃发展。

当然，对于一个普通的养老金计划发起人来说，对诸如信贷、流动性、波动率和收益率曲线扭曲（yield-curve twists）等非传统贝塔的消极型贝塔敞口也许比 S&P500 的贝塔更加难以产生和管理，在这种情况下，收取比较昂贵的管理费也许是合理的。但是，除非经理提供了某种形式的积极型管理，即特有的 α_i 来源或因子时机选择能力，否则相应的管理费就应该下降，当然也就没有恰当的理由再收取业绩提成费。

命题 6.2.2 提供的最后一个见解是，投资专业技能能够以两种不同的形式凸显自己：识别未经发掘的期望收益率来源（α_i），通过因子时机选择创造出额外的期望收益率（随时间变化而变化的 $\beta_{pk,t}$）。正如一些学术研究所指出的那样，即便所有的 α_i 都等于零，只要风险升水随着时间的变化而变化且是市场条件的函数，那么从积极型管理中仍然会产生大量的增加值。

6.3 一些分析的例子

在本节，我们提供 3 个 AP 分解的例子。在这些例子中，积极型成分和消极型成分都会被分析估算出来。其中，有一个简单的数字例子演示了分解中涉及到的基本计算方法。在本节中，还将考虑均值回复（mean-reversion）和动量策略，并对一种止损规则进行分析。

一个数字例子

考虑一个由两种资产组成的投资组合，其中一个资产获取的月度收益率交替地取 1% 和 2%（资产 1），另一个则获取固定的月度收益率 0.15%（资产 2）。令该投资组合——将其称为 A1——赋予资产 1 的权重是 75%，赋予资产 2 的权重是 25%。图 6—1 中的图形和表格展示了这一投资组合在

12 个月内的动态变化,其中投资组合的期望收益率是每月 1.16%,期望收益率中完全没有来自积极型成分的部分,因此在这个例子中 $\theta_p = 0\%$。

现在考虑投资组合 A2,它与 A1 的唯一区别在于,随着资产 1 的收益率交替地取 1% 和 2%,它赋予资产 1 的权重交替地取 50% 和 100%(参见图 6—2 中的图形)。在这种情况下,总期望收益率是每月 1.29%,其中 0.13% 归功于资产 1 的权重与其收益率之间的正相关性。这样得到的积极型比率 θ_p 是 9.71%。注意,与 1.29% 和 0.13% 这两个数字相反(它们都是月度收益率),这一比率并不依赖于收益率的抽样间隔。

最后,考虑第三个投资组合 A3,它在资产 1 上也具有交替变化的权重,但是权重的变化方向与资产 1 的收益率的变化方向正好相反。当收益率是 1% 时,投资组合权重是 100%;当收益率是 2% 时,投资组合权重是 50%。这显然会引起不良后果,图 6—3 也确认了这种直觉。投资组合 A3 每月的期望收益率因为积极性管理而损失 0.13%,它的积极型比率是 $\theta_p = -12.05\%$。

注意,在所有 3 种情况下,消极型成分都是相同的每月 1.16%,因为在 3 个投资组合中,每一资产的平均权重是相同的。投资组合 A1、A2、A3 之间的唯一区别在于投资组合权重的动态变化,这些差异导致积极型成分 δ_p 和积极型比率 θ_p 具有不同的值。

均值回复与动量策略

考虑一个简单的资产配置的例子,其中一个资产是无风险资产,收益率是 R_f;另一个资产是风险资产,其收益率 R_t 满足一个平稳的一阶自回归过程或称 AR(1)过程:

$$R_t = \mu + \rho(R_{t-1} - \mu) + \epsilon_t, \quad \epsilon_t \sim \text{IID WN}(0, \sigma_\varepsilon^2) \tag{6.19}$$

$$\omega_t = \gamma_1 + \gamma_2 R_{t-1} \tag{6.20}$$

$$R_{pt} = \omega_t R_t + (1 - \omega_t) R_f \tag{6.21}$$

资产配置策略(6.20)是上期收益率和一个常数项的简单线性函数,它包括两种情况:一个均值回复策略($\gamma_2 < 0$)和一个动量策略($\gamma_2 > 0$)。很容易推导出该策略的期望收益率:

$$\text{E}[R_{pt}] = \text{Cov}[\omega_t, R_t] + \text{E}[\omega_t]\text{E}[R_t] + (1 - \text{E}[\omega_t])R_f \tag{6.22a}$$

$$= \gamma_2 \rho \text{Var}[R_t] + (\gamma_1 + \gamma_2 \mu)\mu + (1 - \gamma_1 - \gamma_2 \mu)R_f \tag{6.22b}$$

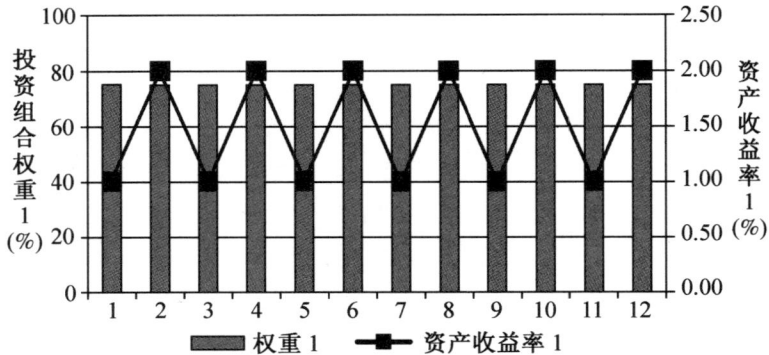

月份	ω_1	R_1	ω_2	R_2	R_p
			策略 A1		
1	75%	1.00%	25%	0.15%	0.79%
2	75%	2.00%	25%	0.15%	1.54%
3	75%	1.00%	25%	0.15%	0.79%
4	75%	2.00%	25%	0.15%	1.54%
5	75%	1.00%	25%	0.15%	0.79%
6	75%	2.00%	25%	0.15%	1.54%
7	75%	1.00%	25%	0.15%	0.79%
8	75%	2.00%	25%	0.15%	1.54%
9	75%	1.00%	25%	0.15%	0.79%
10	75%	2.00%	25%	0.15%	1.54%
11	75%	1.00%	25%	0.15%	0.79%
12	75%	2.00%	25%	0.15%	1.54%
均　值	75.00%	1.50%	25.00%	0.15%	1.16%
标准差	0.00%	0.52%	0.00%	0.00%	0.39%
$\mathrm{Corr}[\omega,R]$	0.00%		0.00%		
$\mathrm{Cov}[\omega,R]$	0.00%	+	0.00%	=	0.00%
$E[\omega]E[R]$	1.13%	+	0.04%	=	1.16%
合　计					1.16%
				θ	0.00%

图 6—1　一个权重固定不变的投资组合的期望收益率不包括任何积极型成分

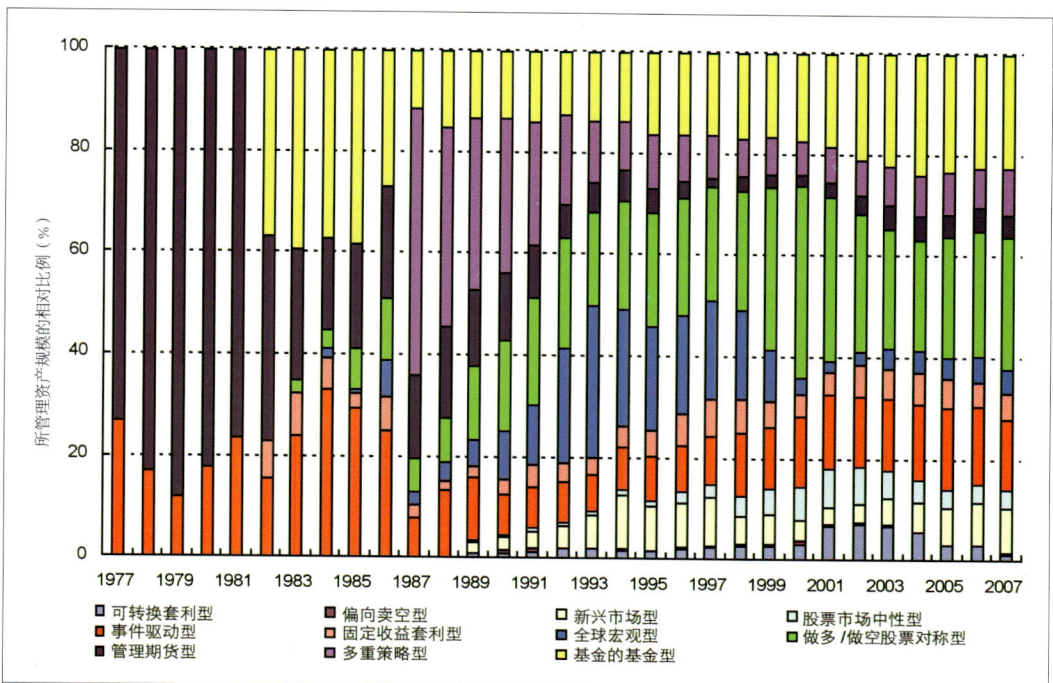

彩图 1 Lipper TASS 对冲基金合并数据库中的 11 种类型每年年底所管理资产的规模的相对比例（1977－2007）

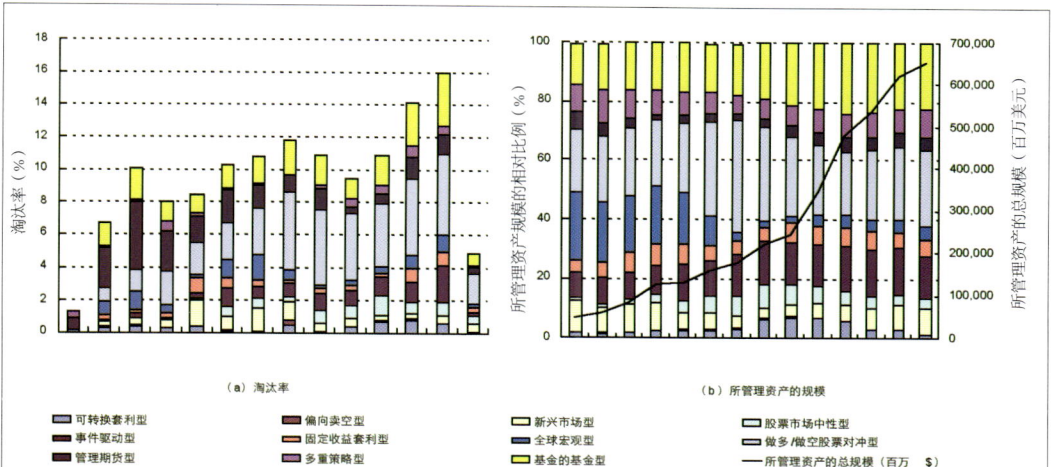

（a）淘汰率　　　　　　　　（b）所管理资产的规模

彩图 2 Lipper TASS 活数据库和死数据库中的基金的淘汰率和所管理资产总规模（1994 年 1 月至 2007 年 8 月）。2007 年的数据是不完整的；由于 Lipper TASS 在将不报告数据的基金从活数据库转移到死数据库前存在 8 到 10 个月的时滞，因此 2007 年的淘汰率是严重低估的

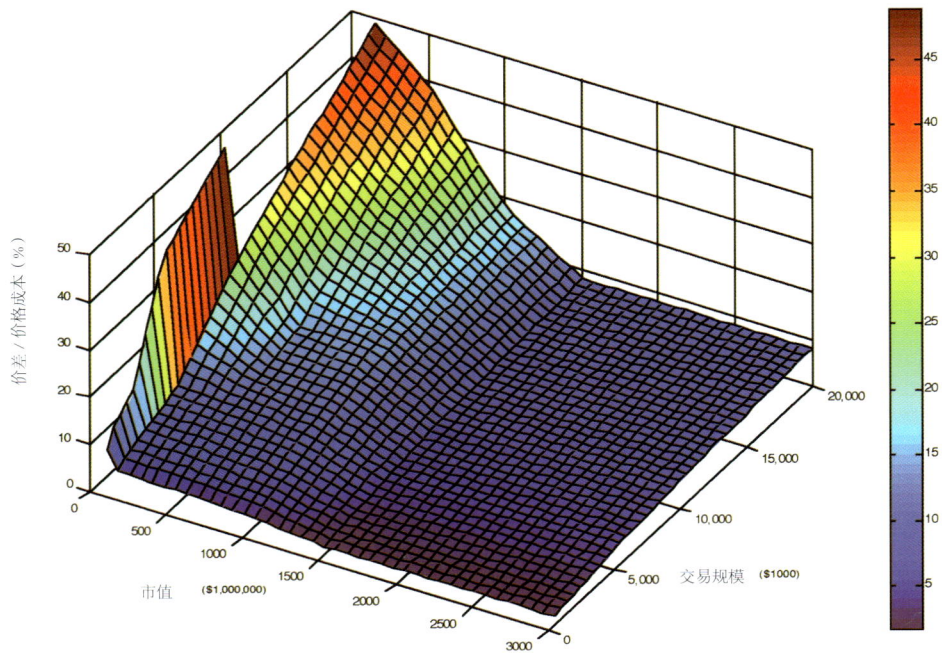

彩图 3 Loeb（1983）的价格冲击函数给出了百分比总成本，它是交易规模和市值的函数，图中用样条函数对其进行了内插，并进行了线性外推

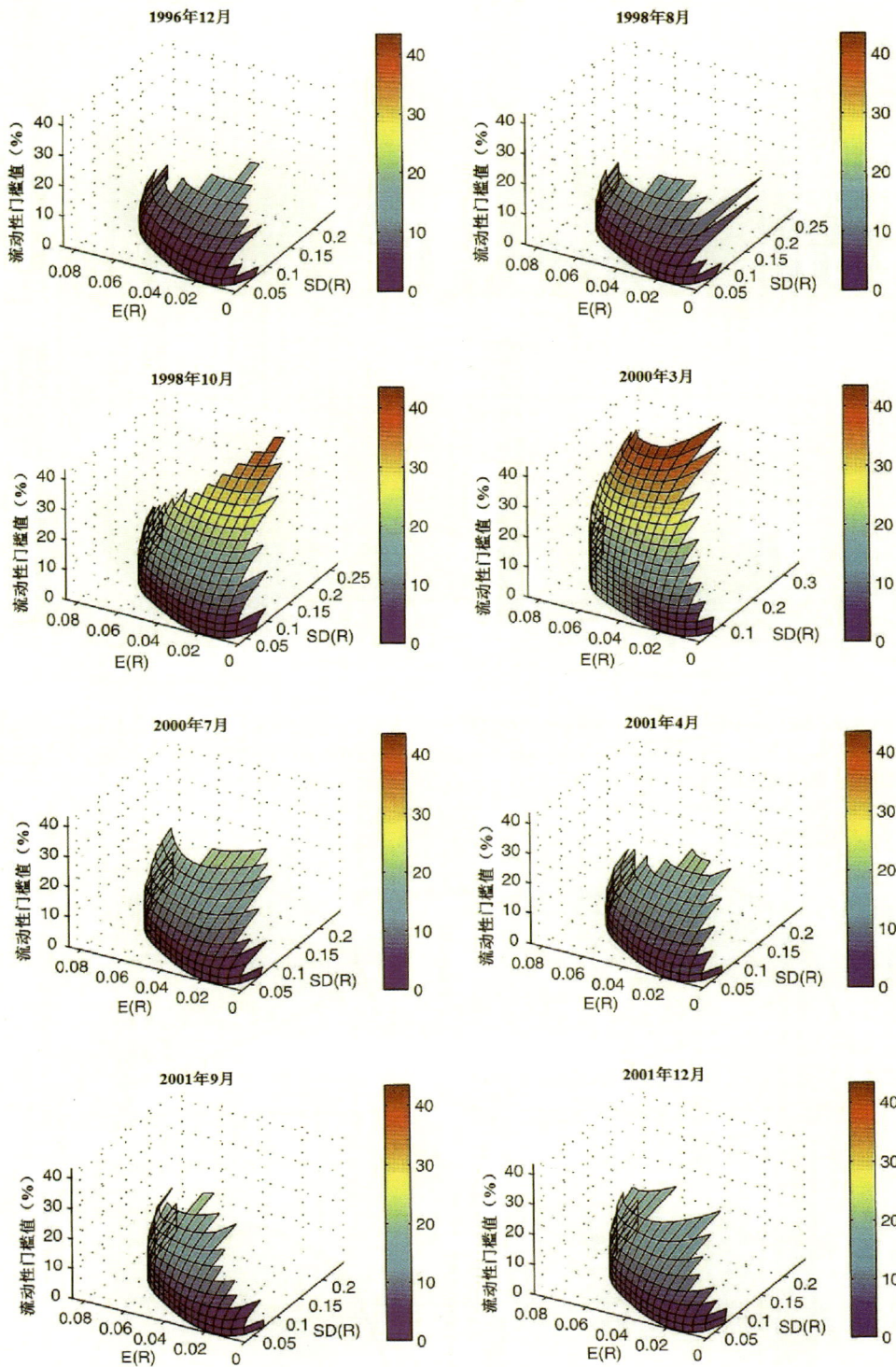

彩图 4　为随机选择的 50 个股票(分为 10 个市值档次,每档选 5 个)构建的、有流动性约束的均值——方差——流动性有效前沿,
这些有效前沿是以一个月度的、经正规化的换手率流动性标尺为基础,为 1996 年 12 月、1998 年 8 月、1998 年 10 月、2000 年 3 月、
2000 年 7 月、2001 年 4 月、2001 年 9 月和 2001 年 12 月计算绘制的。这 50 个单个证券的期望收益率和协方差是用 1997 年
1 月 2 日至 2001 年 12 月 31 日之间的日度收益率数据计算得到的,它们不随着月份的变化而变化。每个图形右边的色带表
示流动性水平和色谱之间的对应关系。来源: Lo、Petrov 和 Wierzbicki (2003)

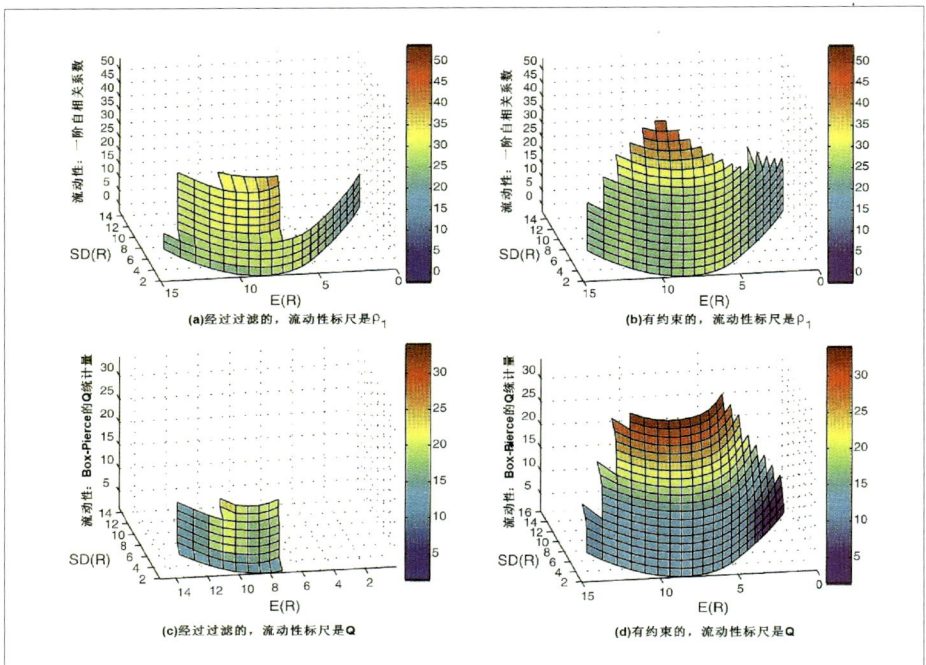

(a)经过过滤的，流动性标尺是ρ_1　**(b)有约束的，流动性标尺是ρ_1**

(c)经过过滤的，流动性标尺是Q　**(d)有约束的，流动性标尺是Q**

彩图 5 为 13 个 CS/Tremont 对冲基金指数构建的、经过流动性过滤的和有流动性约束的均值—方差—流动性有效前沿（1994 年 1 月至 2004 年 2 月）。所使用的两个流动性标尺是一阶序列相关系数 和用前三阶自相关系数构造的、Ljung-Box 的 统计量

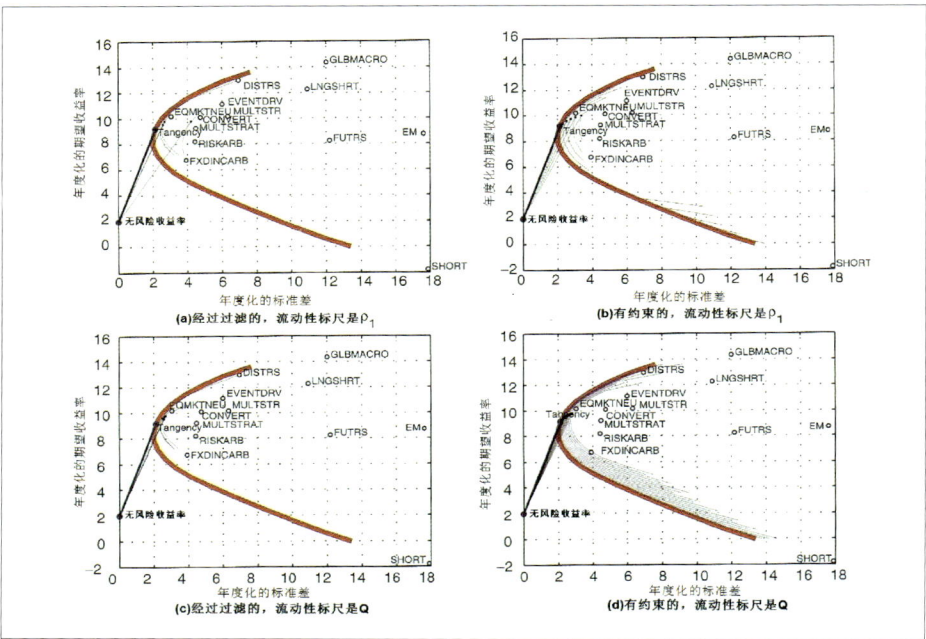

(a)经过过滤的，流动性标尺是ρ_1　**(b)有约束的，流动性标尺是ρ_1**

(c)经过过滤的，流动性标尺是Q　**(d)有约束的，流动性标尺是Q**

彩图 6 为 13 个 CS/Tremont 对冲基金指数构建的均值－方差有效前沿（1994 年 1 月至 2004 年 2 月）。图中绘制了不同的流动性约束水平和流动性滤子水平下的有效前沿，使用了两个流动性标尺：一阶序列相关系数 和用前三阶自相关系数构造的 Ljung-Box 的 统计量（图中 Tangency 表示切点投资组合，其他字符串分别表示：SHORT= 偏向卖空型；EQMKTNEU= 股票市场中性型；DISTRS= 濒危证券型；RISKARB= 风险套利型；FXDINCARB= 固定收益套利型；CONVERT= 可转换套利型；EM= 新兴市场型；FUTRS= 管理期货型；LNGSHRT= 做多／做空股票对冲型；GLBMACRO= 全球宏观型；EVENTDRV= 事件驱动型；MULTSTRAT 和 MULTSTR 都表示多重策略型，这是因为在 CS/Tremont 对冲基金类型中有两个"多重策略型"，参见附录——译者注）

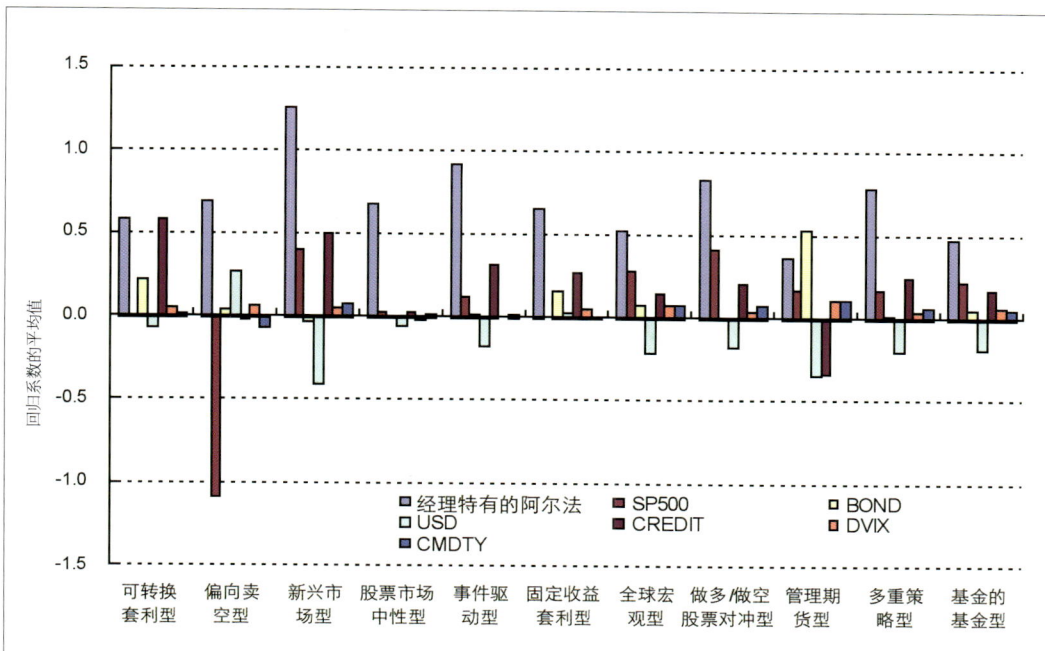

彩图 7 用 Lipper TASS 活数据库中的对冲基金的收益率进行多元线性回归得到的回归系数的平均值（1986 年 2 月至 2007 年 8 月）。所用的六个回归因子分别是：S&P500 指数的总收益率、雷曼 AA 级中期公司债券指数的收益率、美元指数的收益率、雷曼 BAA 级长期信用债券指数（the Lehman U.S. Aggregate Long Credit BAA Bond Index）与雷曼长期国债指数（the Lehman Treasury Long Index）的收益率之差、芝加哥期权交易所波动率指数月末值的一阶差分，以及高盛商品指数的总收益率

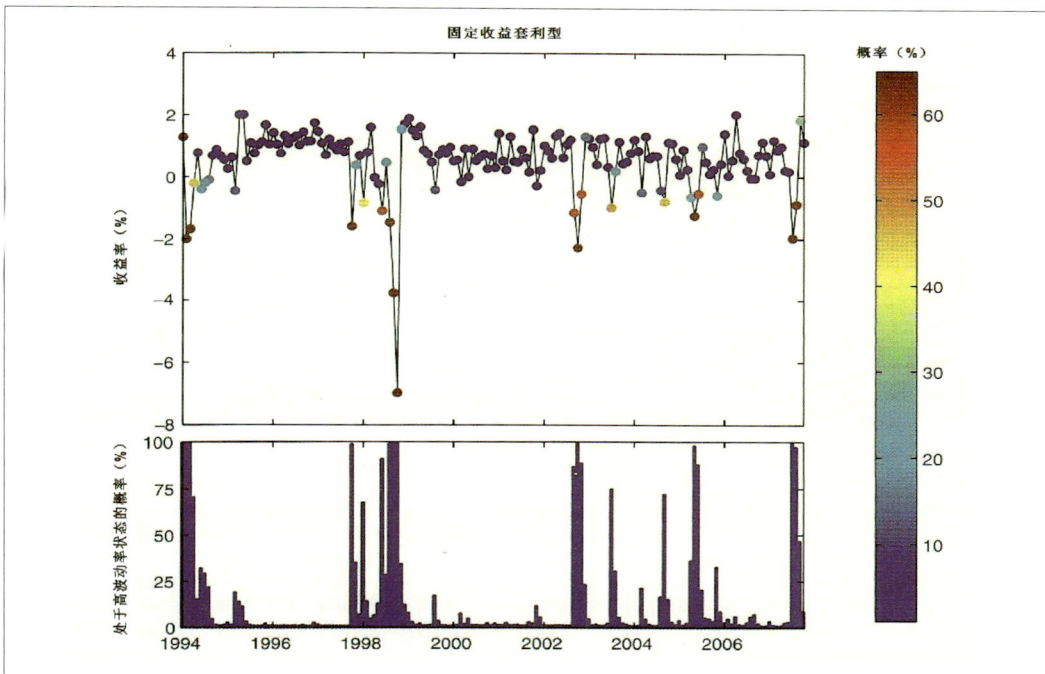

彩图 8 CS/Tremont 固定收益套利型对冲基金指数的月度收益率和处于高波动率状态的概率的域变模型估计值（1994 年 1 月至 2007 年 10 月）

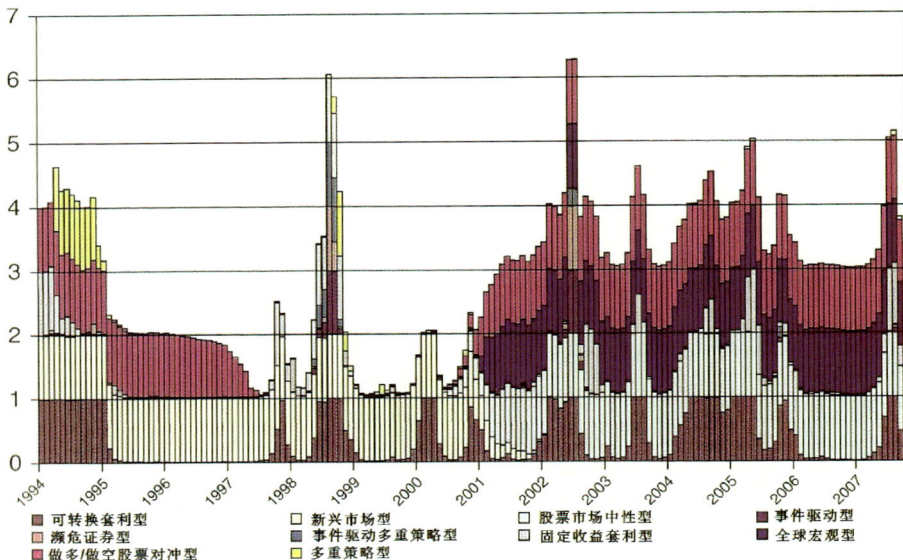

彩图 9　对冲基金总风险指标：11 个 CS/Tremont 对冲基金指数每个月处于低均值状态的概率的域变模型估计值之和（1994 年 1 月至 2007 年 10 月）

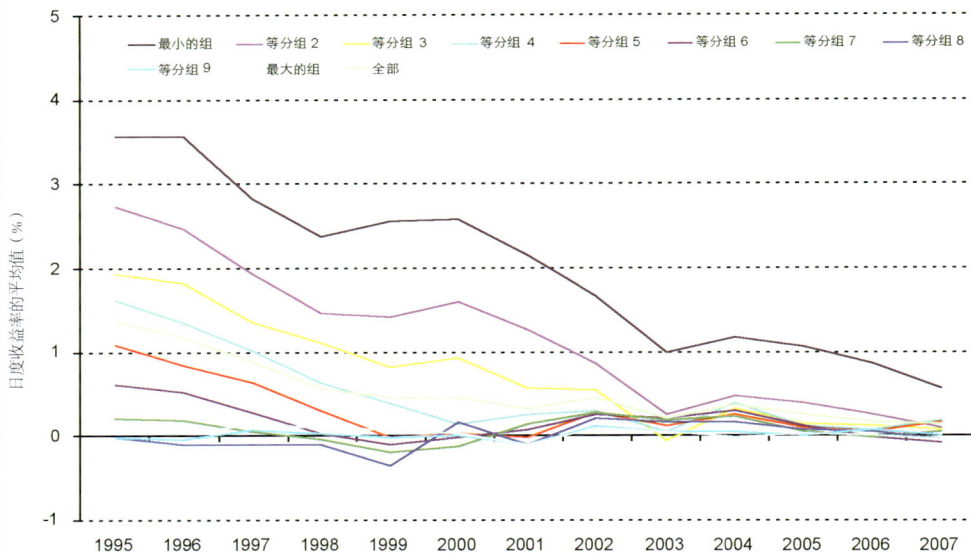

彩图 10　将 Lo and MacKinlay（1990c）的反向交易策略应用于股票价格处于 5~2000 美元之间的全部美国普通股（CRSP 股票代码是 10 和 11）和市值十等分组得到的历年日度收益率的均值（1995 年 1 月 3 日至 2007 年 8 月 31 日）

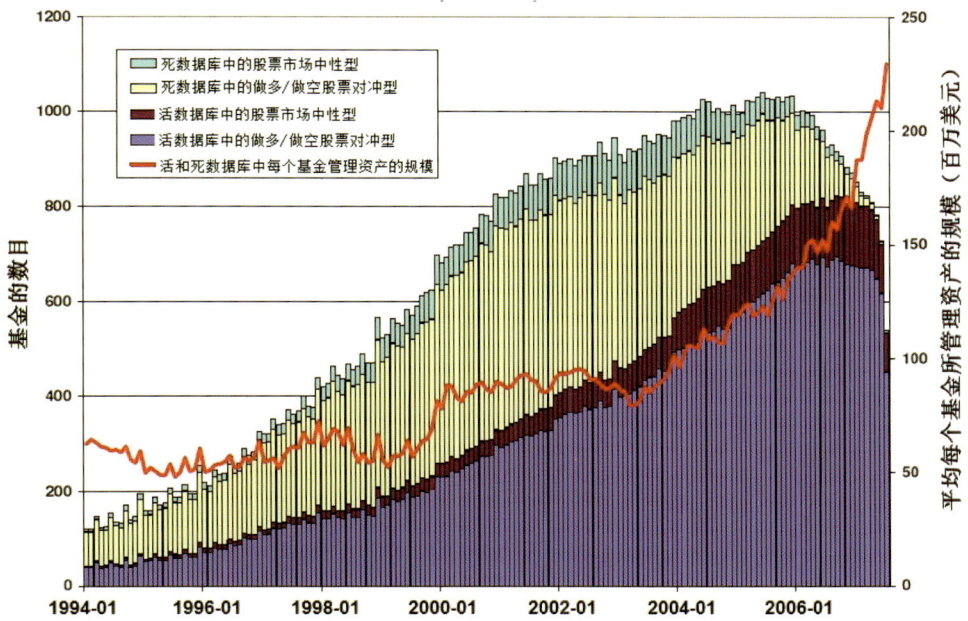

彩图 11 Lipper TASS 数据库中的做多／做空股票对冲型和股票市场中性型基金的数目和每个基金所管理资产的平均规模（1994 年 1 月至 2007 年 7 月）

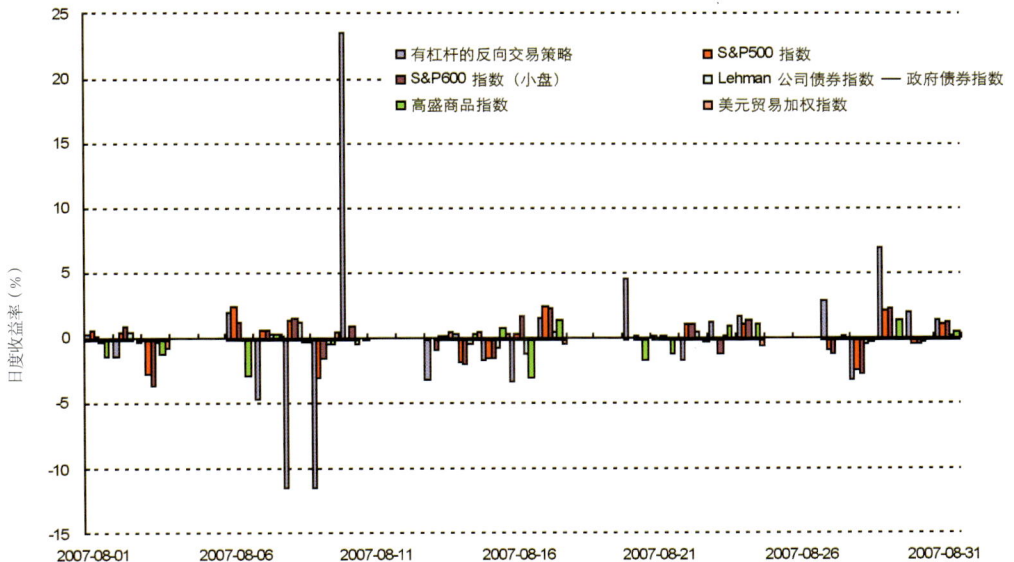

彩图 12 将 Lo and MacKinlay（1990c）的反向交易策略有杠杆地应用于 2007 年 8 月得到的日度收益率。反向交易策略被应用于价格处于 5~2000 美元之间的全部美国普通股（CRSP 股票代码是 10 和 11）和市值十等分组，时间从 2007 年 7 月 30 日星期一至 2007 年 8 月 31 日星期五，杠杆率是 8:1，或者说收益率乘子是 4

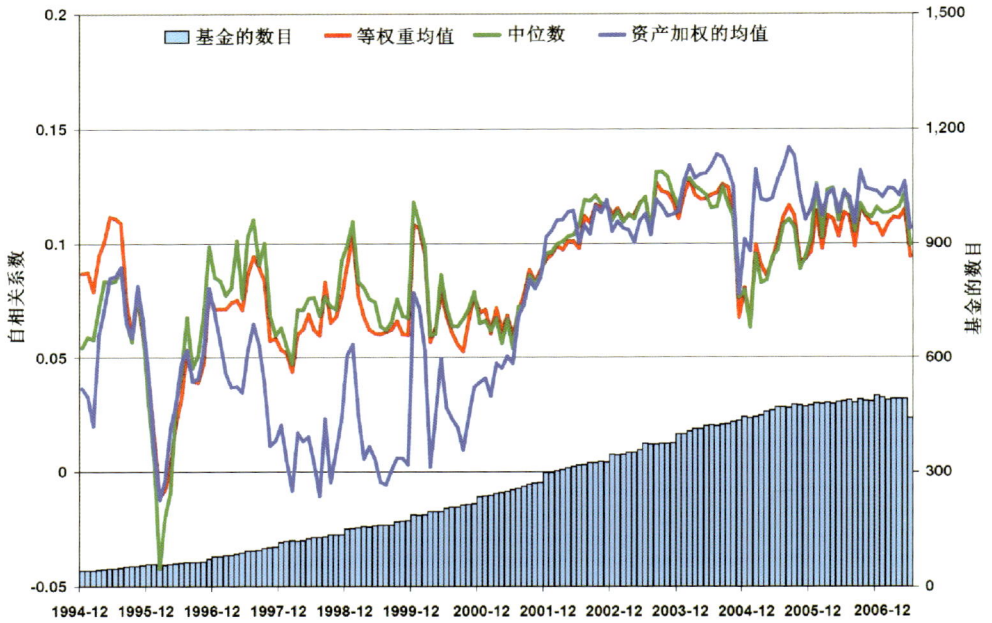

彩图 13 Lipper TASS 活数据库和死数据库中的做多／做空股票对冲型和股票市场中性型基金的 60 个月
滚动自相关系数的均值、中位数和资产加权平均值（1999 年 12 月至 2007 年 6 月）

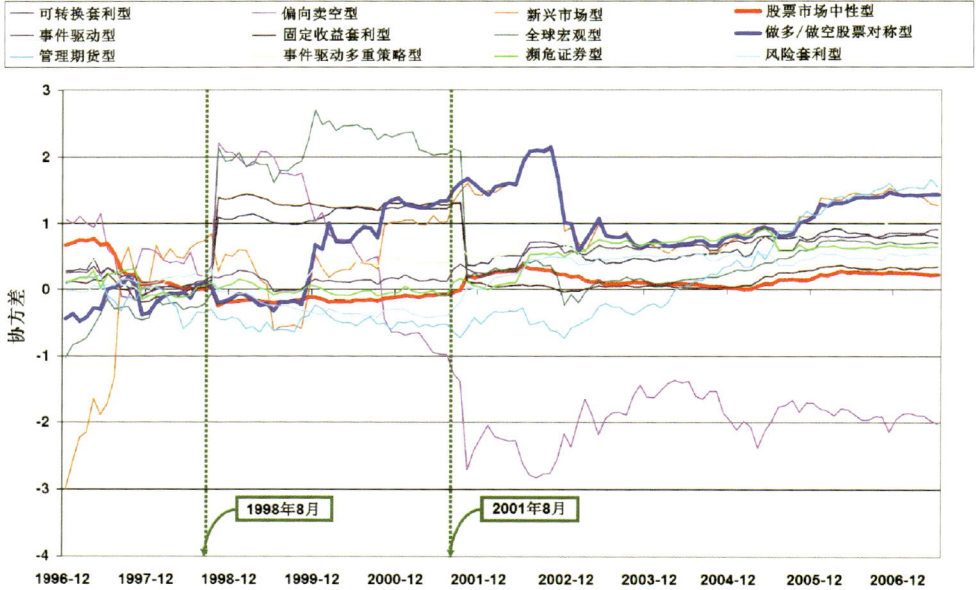

彩图 14 CS/Tremont 多重策略指数与 CS/Tremont 其他各类型的对冲基金指数之间的 36 个月滚动窗口协方
差（1996 年 12 月至 2007 年 6 月）

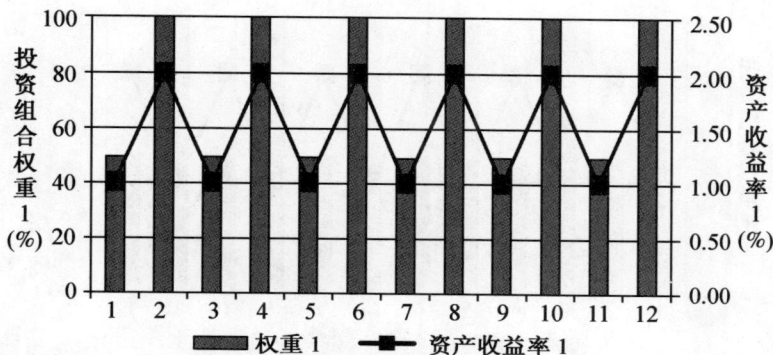

月份	ω_1	R_1	ω_2	R_2	R_p
			策略 A2		
1	50%	1.00%	50%	0.15%	0.58%
2	100%	2.00%	0%	0.15%	2.00%
3	50%	1.00%	50%	0.15%	0.58%
4	100%	2.00%	0%	0.15%	2.00%
5	50%	1.00%	50%	0.15%	0.58%
6	100%	2.00%	0%	0.15%	2.00%
7	50%	1.00%	50%	0.15%	0.58%
8	100%	2.00%	0%	0.15%	2.00%
9	50%	1.00%	50%	0.15%	0.58%
10	100%	2.00%	0%	0.15%	2.00%
11	50%	1.00%	50%	0.15%	0.58%
12	100%	2.00%	0%	0.15%	2.00%
均 值	75.00%	1.50%	25.00%	0.15%	1.29%
标准差	26.11%	0.52%	26.11%	0.00%	0.74%
Corr$[\omega,R]$	100.00%		0.00%		
Cov$[\omega,R]$	0.13%	+	0.00%	=	0.13%
E$[\omega]$E$[R]$	1.13%	+	0.04%	=	1.16%
合 计					1.29%
				θ	9.71%

图6—2　投资组合权重与收益率正相关，提升了投资组合的价值，得到了正的积极型成分

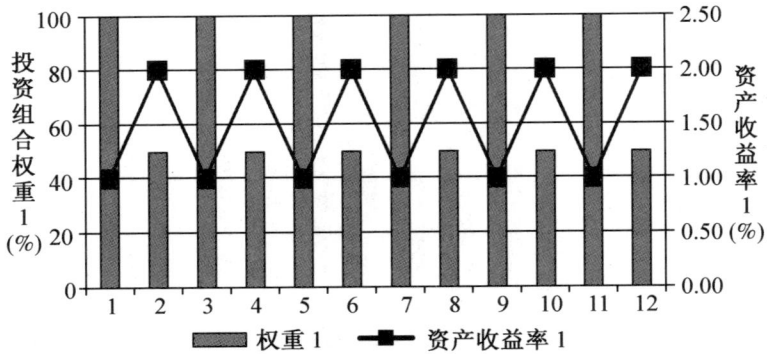

月份	ω_1	R_1	ω_2	R_2	R_p
			策略 A3		
1	100%	1.00%	0%	0.15%	1.00%
2	50%	2.00%	50%	0.15%	1.08%
3	100%	1.00%	0%	0.15%	1.00%
4	50%	2.00%	50%	0.15%	1.08%
5	100%	1.00%	0%	0.15%	1.00%
6	50%	2.00%	50%	0.15%	1.08%
7	100%	1.00%	0%	0.15%	1.00%
8	50%	2.00%	50%	0.15%	1.08%
9	100%	1.00%	0%	0.15%	1.00%
10	50%	2.00%	50%	0.15%	1.08%
11	100%	1.00%	0%	0.15%	1.00%
12	50%	2.00%	50%	0.15%	1.08%
均 值	75.00%	1.50%	25.00%	0.15%	1.04%
标准差	26.11%	0.52%	26.11%	0.00%	0.04%
Corr$[\omega,R]$	−100.00%			0.00%	
Cov$[\omega,R]$	−0.13%	+		0.00%	= −0.13%
E$[\omega]$E$[R]$	1.13%	+		0.04%	= 1.16%
合 计					1.04%
				θ	−12.05%

图6—3 投资组合权重与收益率负相关，降低了投资组合的价值，得到了负的积极型成分

上述表达式表明，消极型成分等于两种资产的加权平均，使用的权重是 ω_t 和 $1-\omega_t$ 的期望值。另一方面，积极型成分是 γ_2、ρ 和风险资产收益率的方差的一个函数。这 3 个参数代表了策略（6.20）中所包含的信息的总和。如果 γ_2 和 ρ 的符号相同，则积极型成分就是正的——当收益率展现出动量特征（$\rho > 0$）时，该策略就是一个动量策略；当收益率展现出均值回复特征（$\rho < 0$）时，该策略就是一个均值回复策略。另一方面，如果 γ_2 和 ρ 的符号相反，那么积极型成分将降低投资组合的价值，因为此时该策略与风险资产正好是状态相异（out of phase）的。另外，R_t 的方差越大，则积极型成分的绝对值也就越大，那么正的和负的时机选择能力都会被放大。

一个止损规则

假设一个投资组合经理对一个收益率为 R_t 的现有投资组合策略实施了一个止损规则，这样，如果该策略在日期 $t-1$ 的收益率降到一个门槛值 ζ 以下，则在日期 t 把组合的全部资产都配置到无风险资产上；如果该策略在日期 $t-1$ 的收益率大于或等于 ζ，则在日期 t 把组合的全部资产都配置到该策略上。① 假设该策略的收益率生成过程是一个 AR（1）过程，则我们可以把投资组合加上止损的合并策略的动态 R_{pt} 设定为：

$$R_t = \mu + \rho(R_{t-1} - \mu) + \epsilon_t, \ \epsilon_t \sim \text{IID} \ \mathcal{N}(0, \sigma_\varepsilon^2) \tag{6.23}$$

$$\omega_t = \begin{cases} 1 \ \text{若} \ R_{t-1} > \zeta \\ 0 \ \text{若} \ R_{t-1} \leq \zeta \end{cases} \tag{6.24}$$

$$R_{pt} = \omega_t R_t + (1 - \omega_t) R_f \tag{6.25}$$

其中，我们已经假设 ε_t 服从高斯分布，以便能够解出闭合形式（closed form）的期望收益率。在这些设定下，R_{pt} 的期望收益率由下式给出：

---

① 注意，这句话描述的做法和下文式（6.24）有些不同。按照式（6.24），如果该策略在日期 $t-1$ 的收益率小于或等于门槛值 ζ，则在日期 t 组合的资产将全部被投资到无风险资产上；如果该策略在日期 $t-1$ 的收益率大于 ζ，则在日期 t 组合的资产将全部被投资到该策略上。这可能源于作者的疏忽，不过这不会影响问题的本质和结论——译者注。

$$E[R_{pt}] = Cov[\omega_t, R_t] + E[\omega_t]E[R_t] + (1 - E[\omega_t])R_f$$

$$= \rho\sigma\varphi\left(\frac{\zeta - \mu}{\sigma}\right) + \mu\left(1 - \Phi\left(\frac{\zeta - \mu}{\sigma}\right)\right) + R_f\Phi\left(\frac{\zeta - \mu}{\sigma}\right)$$

$$(6.26)^{[1]}$$

式 (6.26) 的第一项是积极型成分，后两项是消极型成分。只要 $\rho > 0$，意味着风险资产存在动量，则积极型成分就会提升投资组合的期望收益率。这一结果在直觉上是容易理解的，因为当过去的收益率下降到低于 ζ 时，就触发了止损规则 (6.24)；而当 $\rho \geqslant 0$ 时，过去的收益率较低意味着未来的收益率也较低。不过，如果 $\rho < 0$，则止损规则 (6.24) 就会带来不利后果，因为此时收益率是均值回复的，故而在最近一期出现一个非常大的正收益率之后，才是转向无风险资产的时机。

表 6—1 对于当两个参数 ζ 和 ρ 取不同值时的 AP 分解提供了一个数字例子。当 $\rho = -25\%$ 时，无论门槛值 ζ 有多大，积极型成分都是负的；不过 ζ 越大，止损规则会消除越多的有利情况，导致积极型成分越昂贵。当 $\rho = 0$ 时，积极型成分是 0，因为此时收益率服从随机游走，任何基于以前收益率的投资组合策略都将与当前收益率不相关。当 ρ 为正时，积极型成分也为正，且正如式 (6.26) 所预测的，门槛值越大，且 ρ 越大，止损规则越有价值，积极型比率也越大。

对于止损规则的业绩的更详细分析，可以参见 Kaminski and Lo (2007)。

表 6—1　　　　　　　**衡量一个止损规则的价值的指标**[*]

				经年度化的			
		$E[R_{pt}]$	积极型	消极型	积极型（%）	$E[\omega_t]$	$1 - E[\omega_t]$
ζ（%）[②]	ρ（%）						
−1.0	−25	1.6%	−6.6%	8.1%	−423.1%	62.5%	37.5%
−0.5	−25	1.2%	−6.7%	8.0%	−547.6%	59.1%	40.9%
0.0	−25	0.9%	−6.8%	7.8%	−720.9%	55.7%	44.3%
0.5	−25	0.7%	−6.9%	7.6%	−962.5%	52.3%	47.7%
1.0	−25	0.5%	−6.9%	7.4%	−1 290.0%	48.8%	51.2%

---

① 原文中式 (6.26) 的第二行是

$$= \rho\sigma\phi\left(\frac{\alpha - \mu}{\sigma}\right) + \mu\left(1 - \Phi\left(\frac{\alpha - \mu}{\sigma}\right)\right) + R_f\Phi\left(\frac{\alpha - \mu}{\sigma}\right)$$

作者似乎把 ξ 都写成了 α，这里译者做了修改——译者注。
② 原文这里是 α（%），根据上下文，应该是 ξ（%）——译者注。

		经年度化的					
		$E[R_{pt}]$	积极型	消极型	积极型（%）	$E[\omega_t]$	$1-E[\omega_t]$
−1.0	0	8.1%	0.0%	8.1%	0.0%	62.5%	37.5%
−0.5	0	8.0%	0.0%	8.0%	0.0%	59.1%	40.9%
0.0	0	7.8%	0.0%	7.8%	0.0%	55.7%	44.3%
0.5	0	7.6%	0.0%	7.6%	0.0%	52.3%	47.7%
1.0	0	7.4%	0.0%	7.4%	0.0%	48.8%	51.2%
−1.0	25	14.7%	6.6%	8.1%	44.7%	62.5%	37.5%
−0.5	25	14.7%	6.7%	8.0%	45.8%	59.1%	40.9%
0.0	25	14.6%	6.8%	7.8%	46.8%	55.7%	44.3%
0.5	25	14.5%	6.9%	7.6%	47.5%	52.3%	47.7%
1.0	25	14.3%	6.9%	7.4%	48.1%	48.8%	51.2%
−1.0	50	21.3%	13.1%	8.1%	61.8%	62.5%	37.5%
−0.5	50	21.4%	13.5%	8.0%	62.8%	59.1%	40.9%
0.0	50	21.5%	13.7%	7.8%	63.7%	55.7%	44.3%
0.5	50	21.4%	13.8%	7.6%	64.4%	52.3%	47.7%
1.0	50	21.3%	13.8%	7.4%	65.0%	48.8%	51.2%

注：*这些数据是为一个其月度收益率服从 AR（1）过程、月度参数值为 $R_f=5\%/12$、$E[R_t]=10\%/12$ 和 $Var[R_t]=（20\%)^2/12$ 的投资组合计算的。

6.4 AP 分解的实施

第 6.2 节中的 AP 分解是投资组合的权重和收益率的均值、方差与协方差的一个简单函数，因此其实施过程就是直接地估计无条件的一阶矩和二阶矩的过程。实际上，在第 6.4 节，我们将证明，投资组合的权重和收益率的、经过恰当定义的样本矩之间的关系，与它们的总体矩在式（6.10）中的关系是完全一样的。因此，当把 AP 分解应用于数据时，分解必定像恒等式那样严格成立。不过，在实施（6.10）时，有一个细节问题，即抽样间隔的选择，是总体版本（population version）中没有解决的，这个问题将在本节予以考虑。

总体矩 vs. 样本矩

一般而言，假设 6.2.1 和 6.2.2 能够充分地确保投资组合权重和收益率的常用的样本均值、样本方差及样本协方差是它们的总体的性质良好的估计量（例如，可参见 White，1984）。因此，实施基本的分解式（6.10）不存在什么难题，只不过就是估计一阶矩和二阶矩。而且，各样本矩之间的相互关系与各总体矩之间的相互关系一样，因此把式（6.10）应用于数据几乎是轻而易举的。例如，考虑资产 i 在投资组合中的权重和收益率之间的样本协方差：

$$\frac{1}{T}\sum_{t=1}^{T}(\omega_{it}-\bar{\omega}_i)(R_{it}-\bar{R}_i) = \frac{1}{T}\sum_{t=1}^{T}(\omega_{it}R_{it}-\bar{\omega}_iR_{it}-\omega_{it}\bar{R}_i+\bar{\omega}_i\bar{R}_i) \tag{6.27a}$$

$$= \frac{1}{T}\sum_{t=1}^{T}\omega_{it}R_{it}-\frac{\bar{\omega}_i}{T}\sum_{t=1}^{T}R_{it}-\frac{\bar{R}_i}{T}\sum_{t=1}^{T}\omega_{it}+\bar{\omega}_i\bar{R}_i \tag{6.27b}$$

$$= \frac{1}{T}\sum_{t=1}^{T}\omega_{it}R_{it}-\bar{\omega}_i\bar{R}_i \tag{6.27c}$$

因此，

$$\frac{1}{T}\sum_{t=1}^{T}\omega_{it}R_{it} = \frac{1}{T}\sum_{t=1}^{T}(\omega_{it}-\bar{\omega}_i)(R_{it}-\bar{R}_i)+\bar{\omega}_i\bar{R}_i \tag{6.28}$$

这就是用单个资产 i 的样本矩表示的式（6.10）。对一个投资组合的样本平均值重复地运用式（6.27）将会得到式（6.10）的样本版本。因此，AP 分解在样本内也必须成立。在具有正确定义的一阶矩和二阶矩的情况下，式（6.10）对样本矩来说是一个恒等式，对总体矩来说也是一个恒等式。

不过，有一个估计 AP 分解的更简单的方法，它可以把二阶矩一并抵消掉，这一方法就是：从总期望收益率中减去消极型成分，得到积极型成分：

$$\delta_p = E[R_{pt}]-v_p \tag{6.29}$$

由于式（6.29）的右边只涉及到一阶矩，因此仅仅使用投资组合的平均权重和平均收益率就可以计算出积极型成分 δ_p 和积极型比率 θ_p，从而：

$$\hat{\delta}_p = \frac{1}{T} \sum_{t=1}^{T} R_{pt} - \sum_{i=1}^{n} \bar{\omega}_i \, \bar{R}_i \tag{6.30}$$

$$\text{其中,} \quad \bar{\omega}_i \equiv \frac{1}{T} \sum_{t=1}^{T} \omega_{it}, \quad \bar{R}_i \equiv \frac{1}{T} \sum_{t=1}^{T} R_{it}, \quad \hat{\theta}_p = \frac{\hat{\delta}_p}{\frac{1}{T} \sum_{t=1}^{T} R_{pt}} \tag{6.31}$$

特别是,对于经理来说,不必提供关于头寸水平的透明度就可以使投资者对自己的投资过程的价值有一个清楚的了解。这是把基本的分解式(6.10)应用于对冲基金策略时的一个非常重要的特征,因为对冲基金的策略迷雾重重。对冲基金经理不应该害怕披露自己的平均权重和平均收益率,除非他的平均权重在时间上变化不大(若真如此,投资者就应该重新考虑一下是不是应该向这样的一位经理支付基金管理费)。

广义矩(GMM)估计

估计量(6.30)和(6.31)简单清楚,似乎意味着不需要再进行统计推断了,但是评估这些统计量的精确性的问题还是应该解决的。幸运的是,给定假设 6.2.1 和 6.2.2,我们可以在相当一般的条件下推导出(6.30)和(6.31)的渐近分布。下面的命题概括了这些结果(证明参见附录 A.4)。

命题 6.4.1 在假设 6.2.1 和 6.2.2 下,任一投资组合 P 的积极型成分 δ_p 和积极型比率 θ_p 都可以用它们的样本表达式(6.30)和(6.31)一致地估计出来,并且这两个估计量都是渐近正态分布的,它们的方差可以借助广义矩方法一致地估计出来。

抽样间隔

关于 AP 分解的实施的一个重要的实践问题是对权重和收益率的抽样间隔的选择。显然,这并不会影响分解的总体版本,但是在实际应用中却至关重要。不过,即便对于总体版本来说,抽样间隔的重要性也可以在时间加总(time aggregation)的框架下得到理解。考虑一个投资组合策略,其中权重 $\{\omega_{it}(\mathbf{X}_{t-1})\}$ 每期都会发生变化,但是我们每 q 期才能观测一次投资组合权重和收益率。如果我们现在把 AP 分解应用于权重和收益率的这个子集,那么能得到与经过适当标度的 δ_p 和 υ_p 相同的值吗?答案是不能。为了弄清楚这是为什么,我们首先必须定义出每 q 期抽取一次得到的观测值的精确集合,然后问这些观测值是否与每期抽取一次得到的观测值一样也满足式（6.10）。

首先，考虑把投资组合的收益率 R_{pt} 在 q 期上进行加总，而且，为了简便，忽略这样加总带来的影响：

$$R_{pt} = \sum_{i=1}^{n} \omega_{it} R_{it} \tag{6.32}$$

$$R_{p\tau}(q) = \sum_{t=(\tau-1)q+1}^{\tau q} R_{pt} = \sum_{t=(\tau-1)q+1}^{\tau q} \sum_{i=1}^{n} \omega_{it} R_{it} \tag{6.33}$$

$$= \sum_{i=1}^{n} \sum_{t=(\tau-1)q+1}^{\tau q} \omega_{it} R_{it} \tag{6.34}$$

这样，q 期投资组合收益率的期望值可由下式给出：

$$E[R_{p\tau}(q)] = \sum_{i=1}^{n} \sum_{t=(\tau-1)q+1}^{\tau q} E[\omega_{it} R_{it}] \tag{6.35}$$

$$= \sum_{i=1}^{n} q E[\omega_{it} R_{it}]（根据平稳性） \tag{6.36}$$

$$= \sum_{i=1}^{n} q \mathrm{Cov}[\omega_{it}, R_{it}] + \sum_{i=1}^{n} q E[\omega_{it}] E[R_{it}] \tag{6.37}$$

等式（6.37）表明，式（6.9）是在时间上的线性加总，这样，一个投资组合的 q 期期望收益率等于积极型成分的 q 倍与消极型成分的 q 倍之和。

不过，我们一开始提出的问题是，在抽样间隔是 q 期时，式（6.9）是否会保持不变，而式（6.37）只是左边是 q 期的收益率。为了解决我们最初提出的问题，可以把式（6.33）的右边也写成 q 期变量的形式：

$$R_{p\tau}(q) = \sum_{i=1}^{n} \sum_{t=(\tau-1)q+1}^{\tau q} \omega_{it} \frac{R_{it}}{R_{i\tau}(q)} R_{i\tau}(q) \tag{6.38}$$

$$= \sum_{i=1}^{n} \omega_{i\tau}(q) R_{i\tau}(q)$$

其中，$\omega_{i\tau}(q) \equiv \sum_{t=(\tau-1)q+1}^{\tau q} \omega_{it} \frac{R_{it}}{R_{i\tau}(q)}$ \tag{6.39}

式（6.39）表明，q 期投资组合收益率 $R_{p\tau}(q)$ 等于 q 期资产收益率 $R_{i\tau}(q)$ 和 q 期权重 $\omega_{i\tau}(q)$ 之积。不过，这些权重并不只是对 ω_{it} 在 q 期上简单地进行平均，而是以收益率为权重所进行的加权平均。实际上，当乘以 q 期资产收益率时，能得到与时间加总的投资组合收益率 $R_{p\tau}(q)$ 相同

的 q 期投资组合收益率的唯一的一组 q 期投资组合权重，就是式（6.39）定义的收益率加权平均权重。

现在，我们准备回答最初提出的、关于时间加总对式（6.39）的影响的问题。假设我们把分解应用于 q 期权重和收益率，那么我们能得到单期分解的一个经过标度的版本（scaled version）吗？q 期分解的表达式由下式给出：

$$E[R_{pr}(q)] = \sum_{i=1}^{n} E[\omega_{ir}(q)R_{ir}(q)] \tag{6.40}$$

$$= \sum_{i=1}^{n} Cov[\omega_{ir}(q), R_{ir}(q)] + \sum_{i=1}^{n} E[\omega_{ir}(q)]E[R_{ir}(q)] \tag{6.41}$$

从式（6.41）中可以清楚地看出，q 期分解的表达式并没有简化成式（6.39）中的单期分解的 q 倍。尤其是，q 期权重与收益率的协方差涉及到 q 期间隔内的单期权重与收益率的复杂的交叉乘积，甚至 q 期权重的期望值也涉及到 q 期间隔内的权重与收益率的协矩（comoments）。实际上，式（6.41）的复杂性在很大程度上是时间加总所导致的，且与标的投资过程无关。

由于这个原因，抽样间隔至少要与投资过程的最小决策间隔一样短，这是很关键的（如图 6—4a 和图 6—4b 所示）。如果投资组合决策是每周做出的，那么实施式（6.10）的数据，必须至少每周抽样一次。另外，如果该策略使用的是日度信息，那么采用周数据就不够了（如图6—4c 所示）。

如果抽样间隔比最短的投资决策间隔更短，则常常可以被接受，因为一个不变的投资组合权重常常会被视做为了维持头寸而进行的积极型决策，即"维持不变"。虽然沃伦·巴菲特调整其投资组合权重的频率相当慢，但他是处心积虑这么做的，并非是慵懒和惰性使然。不过，这种较长的决策间隔的一个有用的含义是，把我们的分解应用于他的投资组合的月度收益率和权重所得到的结果，不可能对我们产生误导，但是对具有传奇色彩的短线交易员（day trader）、SAC 资本顾问公司[①]的 Steven Cohen 来说，就不是这样了。

---

① "SAC 资本顾问公司"全称是"S. A. C. Capital Advisors LLC"，简称是"SAC Capital"，是 Steven A. Cohen 于 1992 年创立的一家私人资产管理公司——译者注。

(a)

t $t+1$ $t+2$

(b)

t $t+1$ $t+2$

(c)

t $t+1$ $t+2$

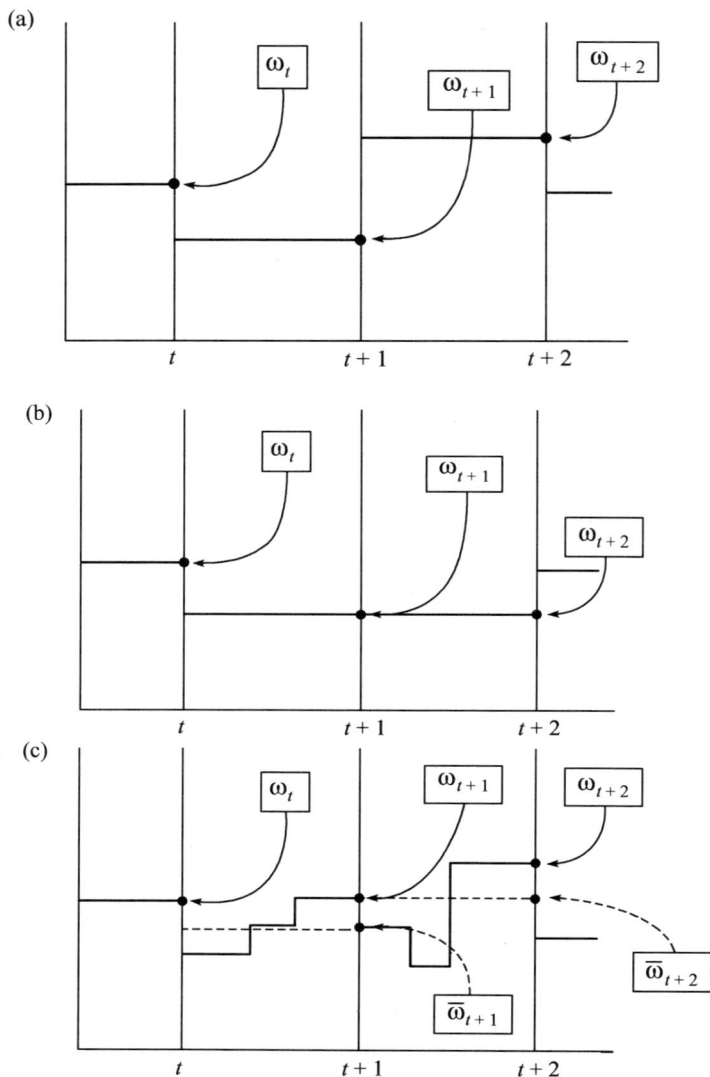

图6—4 抽样间隔与决策间隔的所有可能形态

注：具体包括（a）抽样间隔与决策间隔相匹配；（b）抽样的频率比决策的频率高；（c）抽样的频率比决策的频率低。

另外，投资组合权重在决策间隔之内的随机变动可能会对估计量（6.30）和（6.31）带来噪声，但是不会影响估计量的一致性，因为根据定义，噪声是独立于收益率的（如果噪声与收益率相关，则它们会被当做关于投资组合权重的信息的一部分算到积极型成分里）。因而，抽样间隔较短的数据总是受到偏爱，但是数据的抽样间隔必须至少与投资决策间隔一样短，否则 AP 分解可能不能精确地反映积极型成分和消极型成分对基金经理业绩的真实贡献。

6.5 一个实证应用

为了更好地理解 AP 分解的特征，可以把我们的分析框架应用于一个特定的市场中性型股票交易策略，其构建方法决定了该策略是动态的。这一策略首先是 Lo and Mackinlay（1990c）提出的，是一个统计套利方案——即按照股票跑输或跑赢横截面均值的幅度的一定比例买入跑赢的股票、卖出跑输的股票——的一个例子。具体来说，令：

$$\omega_{it} = -\frac{1}{n}(R_{it-1} - \bar{R}_{t-1}), \quad \bar{R}_{t-1} \equiv \frac{1}{n}\sum_{i=1}^{n} R_{it-1} \tag{6.42}$$

这意味着，在每一个日期 t，权重之和为 0。因此，这些是套利投资组合。这些权重与收益率如此直接地挂钩，意味着是在非常积极地进行交易；而权重之和等于 0 意味着具有非常小的市场贝塔敞口。这两项含义都暗示着该投资组合的收益率主要归功于积极型管理，且 θ 应该非常大。

NASDAQ 股票市值十等分组

我们把这一策略应用于将所有 NASDAQ 股票按市值十等分得到的十组股票中市值最小的那五个等分组；这些组合是芝加哥大学证券价格研究中心（CRSP）构建的，样本的时间是从 1990 年 1 月 2 日到 1995 年 12 月 29 日。[①] 表 6—2 列示了这五个等分组的股票的收益率的交叉自相关系数，该表中显示的领先/滞后模式——即市值较大的等分组今天的收益率与市值较小的等分组明天的收益率之间的相关性，比市值较小的等分组今天的

[①] 我们刻意选择了这一时间段，因为在 20 世纪 90 年代早期已出现日内交易（day-trading），它是统计套利策略的一个重要的利润来源。

收益率与市值较大的等分组明天的收益率之间的相关性更大——表明反向交易策略（6.42）是可能盈利的。当然，在实践中，对 NASDAQ 股票市值十等分组进行交易显然是不现实的，但是我们的目的是为了演示期望收益率分解式（6.10）的效果，而不是要推导出一个可以执行的交易策略。

表6—2 CRSP-NASDAQ 市值十等分组中市值最小的五个等分组的日收益率的一阶
交叉自相关系数矩阵（1990 年 1 月 2 日至 1995 年 12 月 29 日）*

	R_{1t+1}（%）	R_{2t+1}（%）	R_{3t+1}（%）	R_{4t+1}（%）	R_{5t+1}（%）
R_{1t}	10.0	21.5	15.8	18.1	16.7
R_{2t}	23.4	15.4	20.2	19.7	15.8
R_{3t}	26.2	25.0	15.2	23.9	21.6
R_{4t}	25.4	27.0	24.3	18.2	18.7
R_{5t}	25.4	26.6	26.5	26.2	19.4

注：*等分组 1 是市值最小的那个等分组。

图6—5 显示了反向交易策略（6.42）在样本期间 1990—1995 年间的骄人业绩，表6—3 则列示了五个等分组与该策略的日度收益率的概括性统计量。该策略的年度化平均收益率是 31.4%，年度化标准差是 7.9%，远远好于五个等分组中的任何一个，这意味着积极型管理在这个例子中发挥了显著的作用。

表6—4 列出的、对该策略的期望收益率进行 AP 分解得到的积极型成分和风险升水成分印证了这一直观感觉。在进行年度化之后，积极型成分的收益率是 32%，超过了该策略的总期望收益率 31.4%，隐含着积极型比率是 101.9%，风险升水成分稍稍为负。在这种情况下，来自积极型管理的部分比该策略的全部期望收益率还要高，风险升水部分则降低了组合的业绩。Lo and MacKinlay（1990c，第 5.3.1 节）对这个相当少见的现象进行了解释。他们注意到，由于反向策略持有跑输基准的证券，卖出跑赢基准的证券，因而平均来说，它是买入了收益率均值低的资产，卖出了收益率均值高的资产。[①] 因此，对于该策略来说，风险升水成分——等于资产组合的平均权重与平均收益率的乘积之和——是由低均值股票的正的

———————
① 本句中"收益率"三个字是译者自己加的——译者注。

平均权重和高均值股票的负的平均权重构成的。幸运的是，正如表6—4
表明的，权重和收益率之间的正相关足以弥补负的风险升水，且还有
剩余。

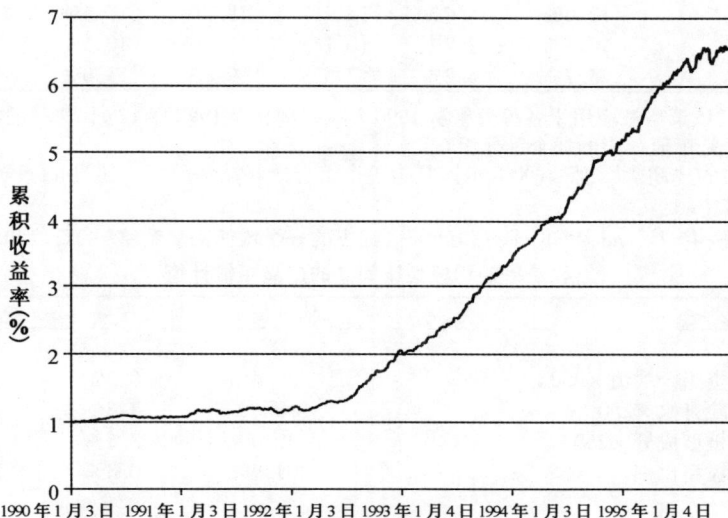

图6—5　把 Lo and MacKinlay（1990c）提出的一个日度均值回复策略应用于
CRSP-NASDAQ 市值十等分组中市值最小的五个等分组所得到
的累积收益率（1990 年 1 月 2 日至 1995 年 12 月 29 日）

表6—3　CRSP-NASDAQ 市值十等分组中市值最小的五个等分组的日度收益率和
Lo and MacKinlay（1990c）提出的一个均值回复策略*的日度
收益率的概括性统计量

	等分组 1	等分组 2	等分组 3	等分组 4	等分组 5	R_{pt}
均值 × 250	27.4%	17.5%	14.0%	13.7%	12.8%	31.4%
标准差 × $\sqrt{250}$	12.2%	9.8%	8.9%	9.1%	9.5%	7.9%
夏普比率× $\sqrt{250}$	2.25	1.78	1.58	1.50	1.35	3.95
最小值	−2.9%	−2.7%	−2.7%	−3.3%	−3.5%	−2.2%
中位数	0.1%	0.1%	0.1%	0.1%	0.1%	0.1%
最大值	6.7%	3.6%	2.0%	2.1%	2.3%	2.4%
偏度	0.6	0.0	−0.5	−0.7	−0.9	−0.1

	等分组 1	等分组 2	等分组 3	等分组 4	等分组 5	R_{pt}
超额峰度	5.1	2.4	2.1	3.1	3.9	1.7
ρ_1	10.0%	15.4%	15.2%	18.2%	19.4%	4.7%
ρ_2	10.3%	7.7%	10.1%	13.9%	10.5%	0.9%
ρ_3	5.7%	4.2%	7.5%	9.2%	11.0%	7.5%

注：* 该策略被应用于各等分组从 1990 年 1 月 2 日至 1995 年 12 月 29 日的收益率。等分组 1 是市值最小的那个等分组。

表中的"超额峰度"（XSKurt）是指各个组合的收益率的峰度超过正态分布的峰度 3 的大小。

表 6—4　Lo and MacKinlay（1990c）提出的一个均值回复策略*的日度和月度收益率的积极型比率 θ 的广义矩估计值

	估计值	标准误差	t 统计量
日度			
投资组合均值×250	31.4%	0.3%	91.00
风险升水×250	0.6%	3.5%	−0.17
积极型成分×250	32.0%	3.5%	9.24
积极型比率	101.9%	0.3%	354.40
月度			
投资组合均值×12	−4.0%	1.0%	−3.98
风险升水×12	0.1%	4.0%	0.03
积极型成分×12	−4.1%	4.1%	−1.01
积极型比率	102.6%	11.8%	8.66

注：* 该策略被应用于 CRSP-NASDAQ 市值十等分组中市值最小的五个等分组从 1990 年 1 月 2 日至 1995 年 12 月 29 日的收益率。在计算积极型比率 θ 的日度估计值的 Newey-West 渐近标准误差时，使用的截断滞后阶数是 6；在计算月度估计值的 Newey-West 渐近标准误差时，使用的截断滞后阶数是 3。

表 6—5　CRSP-NASDAQ 市值十等分组中市值最小的五个等分组的月度收益率和 Lo and MacKinlay（1990c）提出的一个均值回复策略*的月度收益率的概括性统计量

	等分组 1	等分组 2	等分组 3	等分组 4	等分组 5	R_{pt}
均值×12	27.5%	17.4%	13.9%	13.7%	12.8%	−4.0%
标准差×$\sqrt{12}$	20.6%	17.7%	15.6%	15.0%	15.9%	8.8%

	等分组 1	等分组 2	等分组 3	等分组 4	等分组 5	R_{pt}
夏普比率 × $\sqrt{12}$	1.34	0.98	0.89	0.91	0.80	-0.45
最小值	-8.0%	-11.3%	-9.0%	-9.7%	-11.4%	-6.6%
中位数	1.6%	1.0%	1.2%	1.0%	1.5%	-0.5%
最大值	26.4%	21.5%	18.1%	16.8%	16.2%	9.7%
偏度	1.2	0.9	0.7	0.5	0.1	1.2
超额峰度	3.3	3.0	2.1	2.0	1.2	4.7
ρ_1	36.4%	43.7%	43.2%	41.4%	45.0%	8.2%
ρ_2	17.3%	16.6%	18.9%	10.1%	13.7%	15.7%
ρ_3	-5.6%	-2.7%	-3.1%	-7.8%	-7.0%	-3.2%

注：*该策略被应用于各等分组从 1990 年 1 月至 1995 年 12 月的收益率。等分组 1 是市值最小的那个等分组。

日度透明度 vs. 月度透明度

为了说明抽样间隔在衡量积极型比率中的重要性，假设我们只拥有该日度策略的如下月度信息：这 5 个等分组每一个的月度收益率和在月末的投资组合权重。表 6—5 表明，根据这些信息无法正确地计算出该策略的期望收益率，因为收益率主要来自日度操作（daily bets），而这是月末的投资组合权重反映不出来的。对不正确的期望收益率 -4.0% 进行分解所得到的结果见表 6—4 的下半部分，并且分解结果与日度策略关系也不大——估计结果意味着积极型成分的收益率是 -4.1%，这显然是错误的。仅仅通过观察月末的权重和累计收益率，我们无法推断出按日度频率所做的投资决策的盈利情况。

6.6 总结和拓展

投资管理行业已经开发出了一系列衡量投资组合经理的业绩的指标。这些指标中大多是以资产和投资组合的收益率在单个时间点上的边际分布的特征变量为基础构建的。而且，通常用来估计这些特征变量的统计步骤都隐含地假设数据是独立同分布的，这就否认了存在诸如跨期相关（intertemporal correlations）和预测功效等动态影响的可能性。

与这些静态衡量指标不同，基于协方差的定义进行的 AP 分解和积极型比率属于多时点统计量，可以刻画出积极型管理的本质，即时间序列的可预测性。一个做出的正确决策多于错误决策的投资组合经理才是成功的经理，但是在这种语境中，正确与错误具有特别的含义：投资组合权重和收益率之间的正相关性。假如投资组合权重是经理先验的、独有的信息的函数，那么权重和收益率之间的正相关性是一个衡量预测功效的清晰指标，且因而是衡量积极型投资技能的清晰指标。

积极型管理的这一定义对积极型投资和消极型投资之间的差异提供了一个自然的界定。一个消极型投资组合是没有预测功效的，因而比积极型投资组合更加容易实施。它是消极型投资组合的标准定义——流动性基准的一个不变的混合——的一个合乎情理的推广。

如果假设资产收益率满足一个线性多因子模型，那么 AP 分解表明，一个投资组合的期望收益率能被分解为三个部分：对线性因子模型或阿尔法的偏离、投资组合贝塔与因子实现（factor realizations）或因子时机选择之间的正相关性，以及静态的因子敞口乘以风险升水。这一分解为解决"对冲基金投资者是否为了获取阿尔法而支付基金费，最后却从投资中得到了贝塔"这个问题提供了一个清晰而简单的框架。而且，AP 分解对只能做多的投资组合与既可做多又可做空的投资组合在历史业绩方面的差异提供了一个解释：只能做多的约束严重地限制了投资组合经理的因子时机选择能力，在风险升水的符号发生改变的时期，这会严重地拖累业绩。

最后，由于 AP 分解在任何给定的数据样本中都是一个恒等式，因此可被用于进行具体的业绩归因。具体来说，可以按一个因子一个因子进行，也可以一种资产一种资产地进行。应该有可能通过把投资组合的积极型和消极型成分分开，来研究并改善两部分的业绩。

7

对冲基金与系统性风险

"系统性风险"这个术语通常被用来描述金融机构——尤其是银行——之间发生一系列相互关联的违约行为的可能性，这种行为通常是在较短的时期内发生的，并且通常是由某个大事件引起的。一个经典的例子是银行恐慌，此时，大群存款人决定同时从银行提走他们的存款，这会导致对银行资产的挤兑，而挤兑最终能导致多家银行的破产。在19世纪和20世纪早期的美国，银行恐慌并不鲜见，并在1930—1933年间达到高峰。据 Mishkin（1997）的统计，当时平均每年有2 000家银行倒闭，这种情况促成了1933年《格拉斯—斯蒂格尔法》（*Glass-Steagall Act of 1933*）的出台和1934年联邦存款保险公司（Federal Deposit Insurance Corporation，FDIC）的创立。

今天，拜 FDIC 以及有关的中央银行政策所赐，银行恐慌实际上已经销声匿迹了，但是系统性风险敞口还在以其他的形式存在。特别是，近年来对冲基金的扩张已经不可磨灭地改变了金融投资的风险/回报样态。对冲基金的各种积极型投资策略不受监管，并且采用不透明的合伙人制度，通常能够获取两位数的历史收益率，但也并非没有承担相应的风险，并且这些风险目前还没有得到广泛的重视和深入的了解。特别地，我们认为，大多数对冲基金的风险/回报样态与比较传统的投资之间存在非常重要的差异，并且这些差异对系统性风险可能会产生重要的影响。这一点已经为1998年8月俄罗斯政府债务违约引发的一系列不幸事件所印证。当时，长期资本管理公司和其他许多固定收益对冲基金在短短数周内遭受了灾难性的损失，对全球金融体系和几个主要的金融机构都产生了显著的影响，也就是说，引发了系统性风险。

在本章中，我们通过在单个基金的层面上和行业总体的层面上研究对冲基金特有的风险和收益样态，来考虑对冲基金对系统性风险的影响，并为对冲基金投资提出一些新的风险衡量指标。从1998年8月以来已经出现了两个大的主题：流动性与杠杆的重要性、被认为互不相关的工具与投资组合之间的相关性的易变性。这两组问题在1998年引起系统性风险的精确机制现在已被我们透彻了解了。许多对冲基金采用较高的杠杆率，从而使其对市场价格的波动比较敏感。当市场价格的反向变动降低了它们的抵押品的市场价值时，它们必须要么额外补充抵押品，要么被迫在短时间内大量减仓，而这会像1998年8月俄罗斯政府债务违约之后所发生的那样，引起广泛的金融恐慌。投资组合的粘滞性越大，则被动减仓引起的价格冲击也就越大，对基金的风险资本的侵蚀就越快（参见第10章对最近的一个案例的研究，其中涉及到这样的减仓）。现在，如果众多基金在一个给定的时点上都面临着相同的"死循环"（即如果它们在危机期间变得更具相关性），并且如果这些基金是少数几个大金融机构的债务人，那么像1998年8月那样的一个市场事件就会迅速蔓延成一场全球性的金融危机。这就是系统性风险。

因此，本研究的两个主要主题是粘滞性敞口和对冲基金的时变相关系数，这两个主题都与对冲基金投资策略的动态本质和它们的风险敞口密切相关。特别是，对冲基金收取异常昂贵的基金费的理由之一是，从事积极型投资组合管理的是具有高超技能的对冲基金经理。众所周知，最有才华的经理总是首先被吸引到对冲基金行业，因为该行业缺乏监管约束，使他们得以最大限度地发挥自己的投资才华。在追求投资收益的过程中，对冲基金经理们拥有极大的灵活性和相机裁量权。在任一交易日，他们都可以根据自己的意愿自由地决定交易多少、以不同程度的杠杆做多或做空任何数量的股票、在很短的时间内迅速改变投资策略。但是，动态的投资策略意味着动态的风险敞口，虽然现代金融经济学已经对静态投资的风险做了深入的研究——在这种情况下，使用市场贝塔就足够了——但是迄今为止，对动态投资策略的风险尚无单一的概括性衡量指标。①

在第 7.1 节，我们转向流动性问题——它是系统性风险的核心方面之一——提出几个估算对冲基金和其他资产族的粘滞性敞口的指标，并将其应用于单个基金和指数数据。鉴于系统性风险与对冲基金的倒闭直接相关，因此我们将在第 7.2 节中研究 Lipper TASS 数据库中的对冲基金的淘汰率，并进行一个 Logit 分析，用它得到对冲基金被清算的概率的估计值——它是基金的各种特征变量，例如历史收益率、所管理资产的规模，以及最近流入的资金量等的一个函数。在第 7.3 节，我们将为对冲基金指数估计统计域变模型，它可以刻画出对冲基金行业所独有的非线性特征。在第 7.4 节中，将讨论本研究的分析和实证结果所隐含的行业前景，并进行总结。我们的初步推断意味着对冲基金行业可能正在昂首步入一个期望收益率较低的、充满挑战的时期，并且，近年来，系统性风险一直在稳定地积累。为了解决这个日益受到关注的问题，我们提出一个比较温和的建议，建议按照美国国家运输安全委员会（U. S. National Transportation Safety Board）的式样建立一个新的监管实体。

必须承认，我们用以衡量系统性风险的所有指标都是间接性的，因而有待讨论和解释。承认这一点使我们的初步结果更加合乎情理。出现这种不尽人意的状况的主要原因是，目前尚未要求对冲基金向公众披露任何关于其风险和收益率的信息，因此对对冲基金行业的实证研究只能基于非常有限的对冲基金数据来进行，这些数据是对冲基金自愿向 Lipper TASS 提供的，也许能够、也许不能够代表该行业的总体状况。2006 年 2 月 1 日

---

① 因为这个原因，常常使用多个统计量来概括对冲基金的跟踪记录，如均值、标准差、夏普比率、市场贝塔、索丁诺比率、最大跌幅和最差月份等。

之后，作为对美国证券交易委员会（SEC）的第203（b）（3）—2条规则①（该规则随后于2006年6月被美国上诉法院否决）的响应，许多对冲基金变成了注册的投资顾问（registered investment advisers）。但是即便在此之后，这些基金定期填写的表格中也并未包含诸如基金的杠杆率、基金的投资组合的流动性、基金的主要债权人和债务人的身份，以及基金的投资者在哪些特定条款下委托其资本等关键信息。在不具备该行业的大多数基金的此类信息的情况下，实际上不可能构建出直接衡量系统性风险的指标，即便是美国证券交易委员会这样的监管当局也构建不出来。不过，随着对冲基金行业的发展，对冲基金倒闭的数量和严重性无疑也会随之增长，最终会引导该行业呈现更高的透明度。

7.1　粘滞性风险的衡量

第7.2节描述的不同类型的对冲基金暗示我们，对冲基金可能展示出不同的风险敞口。不过，萦绕着系统性风险的一个共同的主题是信贷和流

---

① 美国《1940年投资顾问法》（*Investment Advisers Act of 1940*）的第203节规定了投资顾问注册的基本原则及例外。其中，第203（b）（3）条款规定，任何投资顾问，若在此前的12个月中只有不足15个客户（client），且既未向公众自称是投资顾问，也未担任根据《1940年投资公司法》注册的任何投资公司或根据《1940年投资公司法》第54条选择成为商业发展公司且未撤销其选择的公司的投资顾问，就可以免于注册。对冲基金通常依据这一条款而不去注册，来逃避监管，并且常常把一个对冲基金视为一个"客户"。

为将对冲基金纳入监管范围，2004年12月10日，美国证券交易委员会（SEC）颁布《〈1940年投资顾问法〉下对冲基金顾问注册规则》（以下简称"注册规则"），即203（b）（3）—2条规则。该规则适用范围为具备下列三项特征的"私人基金"：A.依《1940年投资公司法》第3（c）（1）条或第3（c）（7）条豁免注册；B.允许投资者在2年内要求基金回赎其持有份额；C.以"投资顾问的能力或经验"等为基础营销。SEC解释说，"私人基金"实际上是对对冲基金特征的概括，并希望将其与私募基金和创投基金相区别。该规则要求：如果"私人基金"（即对冲基金）管理人服务的客户达到或超过15位，则需在2006年2月1日前依《投资顾问法》注册。在计算客户人数时，该规则修改了以往的安全港（safe harbor）规则，SEC将实施"看穿"（look through），即把对冲基金的投资者（如有限合伙人）都列为客户，而不再只统计对冲基金的个数。这样一来，绝大多数对冲基金管理人都将被迫进行注册，因而其报酬安排将受《投资顾问法》的限制，SEC也将有权检查其账目。

对冲基金行业对注册规则反应强烈。一些基金修改了协议，将锁定期延长到2年以上，以逃避该规则。一位基金管理人Phillip Goldstein起诉SEC，要求法院对注册规则进行审查。2006年6月23日，华盛顿特区巡回上诉法院做出裁决：注册规则通过"看穿"对冲基金来计算管理人客户的规定违背《1940年投资顾问法》的本意，规则无效。判词指出：《1940年投资顾问法》未定义"客户"并不必然令其词义含糊，SEC不能滥用其解释权；注册规则实质上改变了SEC一贯的安全港规则，但对这种改变，SEC未给出令人信服的理由；注册规则可能引发利益冲突，如基金管理人将对对冲基金和投资者同时负有受托义务，而后两者利益并不一致。基于此，法院认为注册规则所体现的SEC重新解读不免武断，应予否定。但是，此后SEC还在孜孜不倦地寻求对对冲基金和私募基金进行监管的方法。本注释参考了SEC网站的有关资料，以及郭雳在2009年第4期《环球法律评论》上发表的《美国私募基金规范的发展及其启示》一文——译者注。

动性。虽然对于对冲基金及其投资者来说，流动性和信贷是风险敞口的不同来源——一种可以不依赖另一种而独立存在——但是，鉴于长期资本管理公司和其他许多固定收益相对价值型对冲基金在1998年八九月间遇到的问题，因此在大多数投资者心中，这两者混淆不清。由于许多对冲基金依赖于杠杆，因此持有的头寸的规模比支持这些头寸的抵押品的数量要大得多。杠杆起到了放大镜的作用，能把小的盈利机会放大成大的盈利机会，但是也能把小的损失放大成大的损失。而且，一旦市场价格的反向变动降低了抵押品的市场价值，信贷就会迅速抽逃，随后基金被迫在短时间内大量减仓，而这会导致广泛的金融恐慌，正如1998年俄罗斯政府债务违约之后所发生的一样。与一个全球化的金融系统所带来的诸多好处如影随形的是相应的成本——一国爆发的金融危机能对其他国家产生严重的影响，即传染。

Getmansky, Lo and Makarov（2004）比较详细地研究了这个问题，他们首先分析了他人对对冲基金收益率中的序列相关性所做的几种不同于粘滞性和平滑行为的解释——尤其是时变期望收益率、时变杠杆率和根据历史最高业绩记录（high-water marks）收取的业绩提成费——并且证明这些因素都不能解释对冲基金收益率中高量级的序列相关性（见第1章和第3章）。他们为经过平滑的收益率专门构建了一个与粘滞性敞口和业绩平滑行为都相一致的计量经济学模型，并使用Lipper TASS对冲基金数据库中的单个基金的历史收益率来估计该模型。他们发现，那些平滑程度最为显著的基金（例如，新兴市场债券型、固定收益套利型）往往具有较大的粘滞性，并且在对经过平滑的收益率的影响做了校正之后，一些最成功的基金类型的业绩特征变量往往相当不尽如人意。

不过，为了提出一个衡量系统性风险敞口的、高度综合的指标，一个比较简单的办法是像我们在第1.3节和第3章所建议的那样使用序列相关系数。我们已经在第1章和第3章确立了以序列相关系数作为粘滞性的代理变量，现在转向在存在系统性风险的情况下衡量粘滞性的问题。为此，用 $\rho_{1t,i}$ 表示使用过去的收益率的滚动窗口得到的、基金 i 在第 t 个月的一阶自相关系数。然后通过对这些滚动窗口的自相关系数进行横截面加权平均，就可以得到一个衡量对冲基金部门的总体粘滞性的指标 ρ_t^*。其中，

权重 ω_{it} 就是基金 i 所管理资产的规模所占的比例：

$$\rho_t^* \equiv \sum_{i=1}^{N_t} \omega_{it}\rho_{1t,i} \tag{7.1}$$

$$\omega_{it} \equiv \frac{AUM_{it}}{\sum_{j=1}^{N_t} AUM_{jt}} \tag{7.2}$$

其中，N_t 是第 t 个月样本中的基金数目；AUM_{jt} 是基金 j 在第 t 个月所管理资产的规模。

图 7—1 使用 Lipper TASS 合并数据库中具有至少连续 36 个月无缺失值的收益率的全部基金，绘制出了 1980 年 1 月至 2004 年 8 月之间的这些加权相关系数、每个月的基金数据（在图的下半部分，用右纵轴衡量）以及横截面的相关系数的中位数。[①] 在样本的较早阶段，相关系数的中位数与所管理资产加权的相关系数之间的差异很大，但是随着基金数目的日益增加，中位数的变动模式与 ρ_t^* 的变动模式越来越接近。

图 7—1 还表明，ρ_t^* 随着时间的变化波动相当大，而这种动态性似乎与流动性事件有关。特别地，考虑如下事件：1980 年 11 月至 1982 年 7 月，S&P500 指数下跌了 23.8%；1987 年 10 月，S&P500 指数下跌了 21.8%；1990 年，日本的"泡沫经济"破裂；1990 年 8 月，伊拉克入侵科威特，海湾战争爆发，1991 年 1 月，多国部队解放科威特，战争结束；1994 年 2 月，出乎许多对冲基金的预料，美联储启动了一轮紧缩周期，引发了全球债券市场的显著动荡（dislocation）；1994 年底，墨西哥"龙舌兰危机"（tequila crisis）初现端倪；1998 年 8 月，俄罗斯宣布其政府债务违约；从 2000 年 8 月到 2002 年 9 月，S&P500 下跌了 46.3%；在每一次事件发生之后，加权自相关系数都上升了，并且在大多数情况下都陡峭地上升。当然，我们使用的是 36 个月滚动窗口，这意味着当异常值（outliers）落在窗口之外时，相关系数就会发生剧烈波动。不过，作为衡量对冲基金行业的流动性的一个粗糙的指标，在直观上，加权自相关系数似乎是令人感兴趣的，也是有信息含量的。图 7—1 表明，在最近一段时间，加权自相关系数正在上升，这意味着对冲基金正在承担较大的粘滞性

---

① 在较早的年份，基金的数目相对较少，到 1987 年底才达到 50 多个，因此该年以前的加权相关系数所提供的信息较少。

敞口。这是另外一个间接地指示对冲基金行业的系统性风险呈上升趋势的指标。

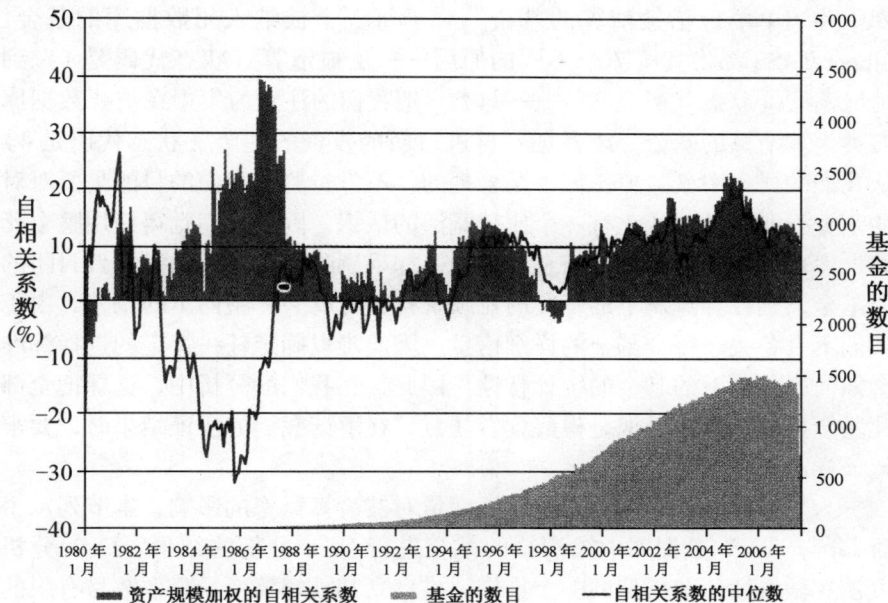

图 7—1　Lipper TASS 合并对冲基金数据库中具有至少连续 36 个月的收益率的单个
对冲基金的一阶自相关系数的月度横截面中位数和加权平均值
（1980 年 1 月至 2007 年 8 月）

7.2　对冲基金的清算

自从 1998 年长期资本管理公司（LTCM）倒闭以来，对冲基金的清算显然已经成为系统性风险的一个重要根源。在本节中，我们将考虑几个衡量 Lipper TASS 数据库中的对冲基金被清算的概率的指标，包括对 Getmansky，Lo and Mei（2004）论述的对冲基金的淘汰率（见第 2.3 节）的一个回顾，以及对 Lipper TASS 死数据库中的对冲基金清算情况所做的 Logit 分析。我们通过分析导致对冲基金被清算的因素，可以对导致该行业的系统性风险的可能诱因有一个更加广泛的了解。

鉴于各基金本质上是自愿被纳入 Lipper TASS 数据库的，因此死数据库中并不单单包括被清算的基金。对于每一个被纳入死数据库的基金，Lipper TASS 都将其按 7 个不同的原因——从被清算（状态代码是 1）到情况不明（状态代码是 9）——归类。把我们的注意力集中在被死数据库归类为被清算的基金，或者把不再进行新的投资的基金（状态代码是 4）从我们的样本中剔除掉，似乎是合理的。不过，鉴于我们的目的是要对对冲基金行业的动态变化有一个比较宽泛的认识，因此我们觉得使用整个死数据库也许能提供更多的信息。例如，如果剔除那些对新的投资者封闭的死基金，则在计算剩下的基金的业绩统计量时就会产生向下的偏差。由于我们不具备关于每个基金的详细信息，因此难以确定任一特定的选择标准会如何影响剩下的基金的统计特性。因此，在我们的分析中，选择把全部死基金都包括在内，但是提醒读者注意，在解读我们的实证结果时，要牢记该样本的组成情况。

为了估计对冲基金的各种特征变量对被清算概率的影响，本节列示了对 Lipper TASS 数据库中被清算的基金进行 Logit 分析的结果。Logit 分析可被看做线性回归模型的一个推广，推广到其被解释变量只取数目有限的离散值的情况（更详细的说明可以参见 Maddala，1983）。为了估计清算的 Logit 模型，我们使用了从 1977 年 2 月到 2004 年 8 月的一个样本，它包含 4 536 个 Lipper TASS 活基金和死基金，其中有 1 765 个基金来自死数据库，2 771 个基金来自活数据库。正如在第 2.2 节中曾讨论过的，死数据库是从 1994 年 1 月才开始的，因此该日期也就是我们用于估计清算的 Logit 模型的样本的起始日期。为了便于处理，我们只关注年度观测值，因此被解释变量 Z_{it} 就表示基金 i 在第 t 年是否已被清算。[①] 在从 1994 年 1 月到 2004 年 8 月的样本期间内，我们有 Z_{it} 的 23 925 个不同观测，在剔除那些历史收益率记录少于两年的基金之后，还剩下 12 895 个观测。

---

① 注意，一个基金"死"的次数不可能超过一次。因此，对于死数据库中的每一个基金 i 来说，清算只能发生一次。特别地，死数据库中的基金的时间序列观测值总是 $\{0, 0, \cdots, 0, 1\}$。这暗示着，一个更加适合为对冲基金的清算进行建模的统计技术是生存分析（survival analysis），我们计划在未来的研究中采用这一技术。不过，为了能够概括某个特定的解释变量对对冲基金被清算概率的影响，Logit 分析是一个合理的选择。

表 7—1 中列出了与每一个 Z_{it} 对应的一组解释变量。使用 AGE、
ASSETS 和 RETURN 的原因是众所周知的——基金的年龄越长、所管理资
产的规模越大、最近的业绩越好，则被清算的概率就越小。因此，我们预
期这些解释变量的系数为负（回忆一下，Z^* 的条件均值越大，隐含着
$Z_{it} = 1$ 或被清算的概率也就越大）。使用变量 FLOW 则是由于存在众所周
知的 "追逐收益率" 的现象，即投资者纷纷涌向最近业绩较好的基金，
离开业绩不好的基金（例如，参见 Chevalier and Ellison，1997；Sirri and
Tufano，1998 和 Agarwal，Daniel and Naik，2004）。鉴于所管理资产的规
模是高度持续的——其当期值和滞后值之间的相关系数是 94.3%——因
此，我们只把滞后项 ASSETS$_{-1}$ 纳入我们的 Logit 分析，这样就得到了如下
的设定，我们将其称之为模型 1：

表 7—1　对 Lipper TASS 数据库中对冲基金的清算进行 Logit 分析时所使用的
解释变量的定义（1994 年 1 月至 2004 年 8 月）

变量	定　义
AGE	截至目前基金的年龄（存续时间，单位是月）
ASSETS	当前所管理资产的总规模的自然对数
ASSETS$_{-1}$	上一年 12 月 31 日所管理资产的总规模的自然对数
RETURN	当前年份年初以来的累积总收益率（year-to-date total return）
RETURN$_{-1}$	去年的总收益率
RETURN$_{-2}$	前年的总收益率
FLOW	当前年份年初以来累积流入基金的总金额除以上年管理资产的规模。其中，第 τ 月流入的金额被定义为 $FLOW_{\tau} \equiv AUM_{\tau} - AUM_{\tau-1}$ $(1 + R_{\tau})$；AUM_{τ} 是第 τ 月月初所管理资产的总规模；R_{τ} 是基金在第 τ 月的净收益率。累积流入基金的总金额就是从当前年份 1 月以来每月流入的资金量的总和
FLOW$_{-1}$	去年流入基金的总金额除以之前一年所管理资产的总规模
FLOW$_{-2}$	前年流入基金的总金额除以之前一年所管理资产的总规模

$$
\begin{aligned}
Z_{it} = \mathrm{G}(&\beta_0 + \beta_1\,\mathrm{AGE}_{it} + \beta_2\,\mathrm{ASSETS}_{it-1} \\
&+ \beta_3\mathrm{RETURN}_{it} + \beta_4\mathrm{RETURN}_{it-1} + \beta_5\mathrm{RETURN}_{it-2} \\
&+ \beta_6\mathrm{FLOW}_{it} + \beta_7\mathrm{FLOW}_{it-1} + \beta_8\mathrm{FLOW}_{it-2} + \epsilon_{it})
\end{aligned}
\tag{7.3}
$$

表 7—2 的前三列列示了式（7.3）的最大似然估计值，其中统计显著的参数用黑体字表示。注意，大多数参数估计值都是高度显著的，这是因为我们使用的样本容量异常地大。由于大样本意味着小标准误差（回忆一下，一致渐近正态估计量的标准误差向 0 收敛的速度是 $1/\sqrt{n}$。其中，n 是样本容量），因此往往能得到统计显著的估计值。这启发我们，在这种情况下，我们或许愿意为统计显著性施加一个较高的门槛，以便在第 I 类错误和第 II 类错误之间提供一个较好的平衡。[1]

除常数项之外，其他所有系数的符号都是负号，印证了我们的直觉，即年龄、所管理资产的规模、累积收益率以及流入基金的资金量对被清算概率的影响都是负向的。RETURN$_{-2}$ 的系数估计值不是统计显著的，意味着最近的收益率对对冲基金被清算的概率影响最大，这或许揭示了对冲基金行业受短期业绩驱动的特点。回归的 R^2 是 29.3%，意味着这个简单的设定具有合理的解释功效水平。[2]

为了计算出日历年份和对冲基金风格类型对应的固定效应（fixed effect），在模型 2 中，我们为 11 个日历年份中的 10 个年份、11 种对冲基金类型中的 10 种类型引入了指示变量（indicator variables）[3]，得到了如下设定：

$$
\begin{aligned}
Z_{it} = \mathrm{G}\Big(&\beta_0 + \sum_{k=1}^{10}\zeta_k I(\mathrm{YEAR}_{k,i,t}) + \sum_{k=1}^{10}\xi_k I(\mathrm{CAT}_{k,i,t}) \\
&+ \beta_1\mathrm{AGE}_{it} + \beta_2\mathrm{ASSETS}_{it-1} + \beta_3\mathrm{RETURN}_{it} \\
&+ \beta_4\mathrm{RETURN}_{it-1} + \beta_5\mathrm{RETURN}_{it-2} + \beta_6\mathrm{FLOW}_{it} \\
&+ \beta_7\mathrm{FLOW}_{it-1} + \beta_8\mathrm{FLOW}_{it-2} + \varepsilon_{it}
\end{aligned}
\tag{7.4}
$$

---

[1]　这种现象称为 "Lindley 悖论"（Lindley's Paradox），对其更深入的讨论可以参见 Leamer（1978）。

[2]　这个 R^2 是 Nagelkerke（1991）建议采用的、经过调整的广义判决系数，是将 Cox and Snell（1989）的 R^2 衡量指标用其最大值（小于 1）进行重正规化，因此它跨越了整个单位区间 [0，1]。更深入的讨论可以参见 Nagelkerke（1991）。

[3]　即虚拟变量（dummy）——译者注。

其中，$I\left(\text{YEAR}_{k,i,t}\right) \equiv \begin{cases} 1 & \text{如果 } t = k \\ 0 & \text{其他} \end{cases}$ （7.5a）

$I\left(\text{CAT}_{k,i,t}\right) \equiv \begin{cases} 1 & \text{如果基金 } i \text{ 在类型 } k \text{ 内} \\ 0 & \text{其他} \end{cases}$ （7.5b）

表 7—2 中标有"模型 2"的那些列列示了式（7.4）的最大似然估计值，所使用的基金样本与模型 1 相同。AGE、ASSETS 和 RETURN 的系数展示出了与模型 1 相同的定性性质，但是固定效应变量提供了额外的解释功效，因此得到的 R^2 是 34.2%。特别是，1999 年和 2000 年的指示变量的系数比其他年份的指示变量的系数大，印证了 1998 年 8 月发生的事件以及 LTCM 与其他固定收益相对价值型对冲基金的倒闭所造成的影响。从基金类型指示变量的系数中也可以看出 LTCM 的影响——在全部 10 个类型中，固定收益相对价值型的指示变量的系数估计值最大，是 0.50。管理期货型的指示变量的系数估计值与其大小相当，是 0.49，这与该类型的基金具有较高的波动率以及该类型在 1994—2003 年的样本期间具有最高的淘汰率 14.4%（关于对冲基金淘汰率的更详细的讨论可以参见 Getmansky，Lo and Mei，2004）的事实是一致的。不过，接下来指示变量的系数估计值最大的分别是可转换套利型的 0.44 和事件驱动型的 0.33，这多少有点令人感到惊讶，因为它们的淘汰率异常地低，分别只有 5.2% 和 5.4%（参见 Getmansky，Lo and Mei，2004）。这意味着，在控制住所管理资产的规模、流入基金的资金金额和业绩不变的情况下，从 Logit 分析产生的条件概率中可以得到从对淘汰率的简单的无条件频数统计中所得不到的信息。其他类型的指示变量的系数估计值在 5% 的显著性水平下都是不显著的。

表7—2　　为对冲基金清算构建的一个 Logit 模型的最大似然估计值*

	模型1 β	模型1 β的标准误差	模型1 p值(%)	模型2 β	模型2 β的标准误差	模型2 p值(%)	模型3 β	模型3 β的标准误差	模型3 p值(%)	模型4 β	模型4 β的标准误差	模型4 p值(%)	模型5 β	模型5 β的标准误差	模型5 p值(%)
样本容量	12 895			12 895			12 895			12 846			12 310		
R^2(%)	29.3			34.2			34.2			34.5			35.4		
常数项	4.73	0.34	<0.01	2.31	0.41	<0.01	−5.62	0.18	<0.01	−5.67	0.18	<0.01	−7.04	0.26	<0.01
AGE	−0.03	0.00	<0.01	−0.03	0.00	<0.01	−1.62	0.07	<0.01	−1.66	0.07	<0.01	−2.08	0.10	<0.01
$ASSETS_{-1}$	−0.26	0.02	<0.01	−0.19	0.02	<0.01	−0.34	0.04	<0.01	−0.36	0.04	<0.01	−0.38	0.06	<0.01
$RETURN_{-1}$	−2.81	0.19	<0.01	−2.86	0.20	<0.01	−0.67	0.05	<0.01	−0.67	0.05	<0.01	−0.61	0.06	<0.01
$RETURN_{-2}$	−1.39	0.16	<0.01	−1.40	0.17	<0.01	−0.36	0.04	<0.01	−0.36	0.04	<0.01	−0.44	0.06	<0.01
$RETURN_{-3}$	−0.04	0.09	67.5	−0.38	0.14	0.7	−0.12	0.04	0.7	−0.12	0.05	1.1	−0.17	0.07	1.3
FLOW	−0.63	0.08	<0.01	−0.49	0.07	<0.01	−32.72	4.91	<0.01	−33.27	5.04	<0.01	−32.93	6.74	<0.01
$FLOW_{-1}$	−0.13	0.04	0.0	−0.11	0.03	0.1	−7.53	2.33	0.1	−7.60	2.37	0.1	−19.26	4.71	<0.01
$FLOW_{-2}$	−0.09	0.02	<0.01	−0.11	0.02	<0.01	−1.74	0.36	<0.01	−1.64	0.36	<0.01	−1.83	0.51	0.0
I(1994)				0.79	0.38	3.9	0.79	0.38	3.9	0.82	0.39	3.4	1.01	0.54	5.9
I(1995)				1.24	0.27	<0.01	1.24	0.27	<0.01	1.18	0.28	<0.01	1.37	0.37	0.0
I(1996)				1.83	0.20	<0.01	1.83	0.20	<0.01	1.83	0.21	<0.01	1.92	0.28	<0.01
I(1997)				1.53	0.21	<0.01	1.53	0.21	<0.01	1.52	0.21	<0.01	2.03	0.27	<0.01
I(1998)				1.81	0.18	<0.01	1.81	0.18	<0.01	1.80	0.19	<0.01	2.29	0.24	<0.01
I(1999)				2.10	0.18	<0.01	2.10	0.18	<0.01	2.05	0.19	<0.01	2.25	0.24	<0.01
I(2000)				2.25	0.17	<0.01	2.25	0.17	<0.01	2.19	0.18	<0.01	2.08	0.24	<0.01
I(2001)				1.97	0.17	<0.01	1.97	0.17	<0.01	1.96	0.17	<0.01	1.80	0.25	<0.01
I(2002)				1.46	0.16	<0.01	1.46	0.16	<0.01	1.41	0.16	<0.01	1.50	0.22	<0.01
I(2003)				1.55	0.16	<0.01	1.55	0.16	<0.01	1.53	0.16	<0.01	1.71	0.22	<0.01
I(可转换套利)				0.44	0.20	2.9	0.44	0.20	2.9	0.43	0.20	3.4	0.16	0.34	62.5
I(偏向做空)				0.05	0.37	88.9	0.05	0.37	88.9	−0.03	0.39	94.3	0.20	0.49	68.0
I(新兴市场)				0.25	0.15	10.2	0.25	0.15	10.2	0.24	0.15	11.7	0.54	0.20	0.7
I(股市中性)				0.12	0.20	54.7	0.12	0.20	54.7	0.15	0.20	46.7	0.53	0.25	3.4
I(事件驱动)				0.33	0.15	3.0	0.33	0.15	3.0	0.31	0.15	4.7	−0.01	0.24	97.4
I(固定收益)				0.50	0.19	1.1	0.50	0.19	1.1	0.45	0.20	2.3	0.33	0.30	26.8
I(全球宏观)				0.32	0.18	7.4	0.32	0.18	7.4	0.24	0.18	20.2	0.33	0.25	17.9
I(做多/做空)				0.18	0.11	10.2	0.18	0.11	10.2	0.15	0.11	16.6	0.14	0.15	36.4
I(管理期货)				0.49	0.12	<0.01	0.49	0.12	<0.01	0.49	0.13	<0.01	0.71	0.16	<0.01
I(多重策略)				0.17	0.25	49.4	0.17	0.25	49.4	0.18	0.25	48.5	0.85	0.29	0.3

注：*分析是对关于来自 Lipper TASS 数据库的清算率的年度观测值进行的，样本期间是 1994 年 1 月至 2004 年 8 月。在一个对冲基金被清算的那一年，故解释变量 Z 取 1，在之前各年都取 0。

　　为了便于对解释变量进行横向比较，我们对每个非指示变量的解释变量进行标准化（方法是用该变量减去自身的均值，然后除以自身的标准差），然后用最大似然方法重新估计式（7.4）中的参数。这样得到的估计值被重正规化成了每个解释变量的标准差的倍数，列在表7—2中标有"模型3"的那些列中。经过重正规化的估计值表明，流入基金的资金金额在决定基金被清算的概率中的重要性，要比所管理资产的规模、收益率或年龄高出一个数量级。其中，FLOW和FLOW$_{-1}$的经过正规化的系数估计值分别是 −32.72 和 −7.53。

　　最后，我们使用经过标准化的解释变量，对对冲基金的两个子样本再次估计了 Logit 模型（7.4）。在模型4中，我们从死基金中剔除那些被并入其他基金的基金，以及不再进行新的投资的基金（状态代码是4和5），得到一个包含12 846个观测的子样本。在模型5中，我们剔除所有的死基金，只保留那些被清算的基金（状态代码是1），得到一个包含12 310个观测的子样本。表7—2的最后两组结果表明，估计值的大多数定性特征并没有改变，只是模型5中的基金对 FLOW 的滞后项的敏感性更高了一点。但是，模型5中的固定效应与模型2~4中的固定效应在某些方面的确有所不同——模型5中新兴市场型、股票市场中性型、多重策略型和管理期货型的系数是显著的。这意味着全部死基金样本和由状态代码为1的基金组成的子样本之间存在显著差异，值得进一步研究。

　　鉴于 Logit 模型固有的非线性特征，其解释变量的系数不像线性回归模型的系数那么容易解释。弥补这一状况的一个方法是计算出参数估计值 $\hat{\boldsymbol{\beta}}$ 和解释变量的特定数值所隐含的被清算概率的估计值。这一点很容易做到，注意到：

$$p_{it} \equiv \mathrm{Prob}(Z_{it} = 1) = \mathrm{Prob}(Z_{it}^* > 0) \tag{7.6a}$$

$$= \mathrm{Prob}(\mathbf{X}_{it}'\boldsymbol{\beta} + \epsilon_{it} > 0) = \frac{\exp(\mathbf{X}_{it}'\boldsymbol{\beta})}{1 + \exp(\mathbf{X}_{it}'\boldsymbol{\beta})} \tag{7.6b}$$

$$\hat{p}_{it} = \frac{\exp(\mathbf{X}_{it}'\hat{\boldsymbol{\beta}})}{1 + \exp(\mathbf{X}_{it}'\hat{\boldsymbol{\beta}})} \tag{7.6c}$$

　　表7—3列示了我们样本中每个基金的被清算概率估计值 $\{\hat{p}_{it}\}$ 每年的概括性统计量。其中，每一个 $\hat{p}_{it}$ 都是使用解释变量在第 t 年的数值计算出

来的。表 7—3 的前半部分①列示了从模型 1 得到的被清算概率的估计值的概括性统计量，后半部分②则列示了从模型 5 得到的相应数据。我们还根据它们的清算状态将被清算概率的估计值做了分类——上半部分是活基金，中间是死基金，最下面是活基金和死基金的合并样本。③

在模型 1 和模型 5 中，死基金的清算概率的均值和中位数都比活基金要大一些，这是表明解释变量的确为清算过程提供了解释功效的一个迹象。在模型 1 中，和预期的一样，用合并样本得到的清算概率估计值的均值和中位数在 1998 年有所增长，在 2001 年又出现一次增长，推测这是美国股市科技泡沫破裂所导致的。然而，从系统风险的角度来看，最麻烦的是，2004 年（所含数据只到 8 月）的清算概率的均值和中位数分别是 11.24% 和 7.69%，是我们整个样本中最高的。这可能是近年来对冲基金行业快速增长的一个征兆，这种增长导致进入和退出该行业的基金数目都在增长；但是，这可能也预示着，在未来几个月，对冲基金所面临的市场条件会越来越具有挑战性。注意，模型 5 得到的清算概率估计值的均值和中位数在 2004 年并没有出现与模型 1 相同的增长——这是死数据库的更新存在时滞的又一明证（回忆一下，模型 5 中只包括状态代码为 1 的基金，但是截至 2004 年 8 月，很多最终被赋予状态代码 1 的基金尚未达到它们 8~10 个月未报告数据的时间限制）。因此，对于当前年份来说，用模型 1 估计得到的清算概率可能更加准确。④

Logit 估计和隐含的概率意味着有一系列因素都会影响对冲基金的清算概率，其中包括对冲基金过去的业绩、所管理资产的规模、流入基金的金额和基金的年龄。给定这些因素，我们的估计意味着基金在 2004 年的平均清算概率大于 11%，这比历史上的无条件淘汰率 8.8% 要高。一连串相关的清算会使金融实体的资本准备（capital reserves）变得比较紧张，在这个意义上说，清算概率可被视做另一个间接地衡量对冲基金行业的系统性风险上升程度的指标。

① 原文是"左半部分"，有误——译者注。
② 原文是"右半部分"，有误——译者注。
③ 注意，"死基金"这个术语在这里的含义有所不同，它涉及时间维度以及被清算的状态。例如，在这里，1999 年的死基金集合仅仅是指在 1999 年被清算的那些基金，而不包括在 1999 年之前或者之后被清算的基金。
④ Lipper TASS 数据库报告的时滞也会影响模型 1，这意味着估计得到的 2004 年的清算概率也是偏低的。

表 7—3　对冲基金清算的一个 Logit 模型的两个设定的参数估计值中隐含的清算概率历年的概括性估计量*

模型 1

统计量	1994	1995	1996	1997	1998	1999	2000	2001	2002	2003	2004
					活基金						
均值	4.19	5.47	5.84	5.04	6.32	5.17	5.59	6.84	8.92	7.11	11.04
标准差	7.49	9.33	11.15	9.74	9.66	8.61	8.15	9.23	10.15	8.00	10.91
最小值	0.01	0.01	0.00	0.00	0.00	0.00	0.00	0.00	0.00	0.00	0.00
10%	0.13	0.19	0.19	0.18	0.31	0.20	0.35	0.44	0.68	0.41	0.89
25%	0.43	0.51	0.52	0.56	0.99	0.79	1.10	1.39	2.05	1.45	2.66
50%	1.16	1.46	1.52	1.59	2.71	2.18	2.80	3.69	5.62	4.49	7.55
75%	4.21	6.03	5.11	4.83	7.20	5.55	6.54	8.39	12.01	10.22	16.31
90%	12.13	16.17	16.85	13.27	16.76	12.80	13.78	16.23	21.61	17.26	26.33
最大值	52.49	58.30	72.97	90.06	77.63	87.06	75.83	92.36	79.02	92.44	79.96
数目	357	483	629	773	924	1 083	1 207	1 317	1 480	1 595	1 898
					死基金						
均值	36.59	32.85	31.89	39.75	30.64	27.68	22.78	28.17	25.22	21.55	17.01
标准差	24.46	22.77	18.86	22.70	21.67	19.24	17.67	20.03	18.22	15.91	14.30
最小值	4.91	2.50	1.05	0.25	0.00	0.53	0.22	0.98	0.13	0.02	0.25
10%	6.08	8.39	10.63	9.29	6.86	4.98	2.41	5.94	5.50	2.64	2.26
25%	22.06	16.28	17.47	21.81	12.13	12.84	9.14	12.07	10.58	8.32	6.43
50%	32.82	28.53	27.44	39.78	25.20	24.03	19.81	23.28	21.50	19.18	13.35
75%	48.40	49.79	43.36	56.94	46.21	39.62	34.92	41.01	37.98	32.28	25.26
90%	71.63	58.62	60.08	71.13	61.74	50.75	45.84	58.90	48.81	45.42	34.67
最大值	77.37	97.42	79.51	88.70	85.41	84.87	87.89	78.68	94.65	72.29	67.10
数目	10	27	73	62	104	129	176	175	167	158	68
					合并基金						
均值	5.07	6.92	8.55	7.61	8.78	7.56	7.77	9.35	10.57	8.42	11.24
标准差	9.86	12.10	14.53	14.44	13.59	12.39	11.41	13.01	12.26	9.90	11.10
最小值	0.01	0.01	0.00	0.00	0.00	0.00	0.00	0.00	0.00	0.00	0.00
10%	0.14	0.20	0.22	0.20	0.38	0.22	0.39	0.53	0.77	0.43	0.93
25%	0.45	0.55	0.62	0.62	1.10	0.91	1.20	1.62	2.28	1.60	2.72
50%	1.23	1.72	1.84	1.88	3.34	2.63	3.35	4.49	6.31	4.97	7.69
75%	4.89	7.67	8.96	6.25	9.81	7.92	9.03	11.28	13.94	11.74	16.46
90%	14.96	20.53	27.36	22.94	25.11	21.39	20.97	24.21	25.98	21.48	26.97
最大值	77.37	97.42	79.51	90.06	85.41	87.06	87.89	92.36	94.65	92.44	79.96
数目	367	510	702	835	1 028	1 212	1 383	1 492	1 647	1 753	1 966

续表

模型5

活基金

统计量	1994	1995	1996	1997	1998	1999	2000	2001	2002	2003	2004
均值	1.06	2.22	4.30	3.43	4.70	4.05	3.80	3.40	4.07	4.45	1.76
标准差	3.28	6.01	10.97	8.70	9.51	8.87	7.72	6.76	6.58	6.33	2.70
最小值	0.00	0.00	0.00	0.00	0.00	0.00	0.00	0.00	0.00	0.00	0.00
10%	0.00	0.01	0.02	0.02	0.06	0.04	0.07	0.07	0.09	0.07	0.03
25%	0.02	0.04	0.09	0.10	0.27	0.23	0.33	0.33	0.44	0.43	0.15
50%	0.07	0.16	0.36	0.45	1.03	0.96	1.18	1.26	1.74	2.04	0.72
75%	0.52	1.25	2.61	2.26	4.03	3.22	3.49	3.63	4.75	6.01	2.31
90%	2.61	5.85	11.24	9.12	14.21	10.09	9.88	8.10	10.52	12.03	4.71
最大值	35.62	42.56	76.54	86.91	77.72	80.45	75.95	91.82	73.06	81.10	29.28
数目	357	483	629	773	924	1083	1207	1317	1480	1595	1898

死基金

统计量	1994	1995	1996	1997	1998	1999	2000	2001	2002	2003	2004
均值	24.23	23.50	34.07	42.30	36.17	31.46	32.55	22.82	20.68	20.18	4.60
标准差	24.12	20.12	25.19	26.95	25.12	21.96	22.47	19.84	18.94	16.27	6.20
最小值	1.00	4.92	1.88	1.49	0.00	0.11	0.02	0.51	0.03	0.03	0.04
10%	5.31	5.53	5.25	8.61	4.49	2.12	3.95	2.00	2.61	3.02	0.13
25%	11.79	7.99	11.28	21.29	15.56	12.66	15.91	6.43	5.29	6.42	0.97
50%	18.02	17.66	33.94	37.54	28.92	30.16	27.57	19.11	14.32	14.03	3.16
75%	26.24	32.58	54.36	64.53	60.14	46.31	48.38	33.10	33.19	30.61	5.51
90%	48.95	51.10	68.87	80.97	69.54	64.68	61.91	55.75	46.84	43.06	10.17
最大值	64.10	69.64	82.29	93.17	87.67	89.00	90.90	76.34	90.02	67.86	33.31
数目	5	14	41	46	68	64	68	58	76	89	35

合并基金

统计量	1994	1995	1996	1997	1998	1999	2000	2001	2002	2003	2004
均值	1.38	2.82	6.12	5.62	6.85	5.58	5.33	4.22	4.88	5.29	1.81
标准差	4.94	7.62	14.21	13.84	13.79	11.85	11.17	8.68	8.44	8.01	2.82
最小值	0.00	0.00	0.00	0.00	0.00	0.00	0.00	0.00	0.00	0.00	0.00
10%	0.02	0.04	0.02	0.03	0.06	0.05	0.07	0.07	0.09	0.08	0.03
25%	0.08	0.19	0.10	0.11	0.30	0.24	0.35	0.35	0.48	0.49	0.15
50%	0.56	1.38	0.43	0.54	1.24	1.06	1.32	1.42	1.93	2.28	0.73
75%	3.06	7.02	3.58	3.02	5.57	4.27	4.40	4.15	5.36	6.63	2.36
90%	3.06	7.02	19.05	16.84	22.27	17.07	15.37	9.65	12.50	13.79	4.85
最大值	64.10	69.64	82.29	93.17	87.67	89.00	90.90	91.82	90.02	81.10	33.31
数目	362	497	670	819	992	1147	1275	1375	1556	1684	1933

注:* 模型是用 Lipper TASS 数据库中单个对冲基金的清算状态的年度观测值估计的,样本期间是 1994 年 1 月至 2008 年 8 月。

7.3 域变模型

我们最终构建的、衡量对冲基金的系统性风险的指标是受了 Lo （1999）所举的状态锁定例子的启发。在该例子中，收益率生成过程的期望收益率和波动率发生了明显的变化，这些变化是离散的、突然的，如 1994—1995 年的墨西哥比索危机、1997 年的亚洲金融危机，以及 1998 年俄罗斯国债违约突然引起的全球性资本避险抽逃。线性模型一般刻画不出这种离散的变动，因此需要采取更加复杂的方法。我们特别建议采用一个域变过程来为这种变动建模，该过程假设世界存在两个状态，可以使用数据来确定这两种状态的参数和从一个状态迁移到另一个状态的概率。域变模型已经在很多方面——从 Hamilton （1989） 的商业周期模型到 Ang and Bekaert （2004） 的域变资产配置模型——得到了运用，我们建议将它应用于 CS/Tremont 对冲基金指数，以便得到另一个衡量系统性风险的指标，即从一个正常状态迁移到一个困境状态的概率。

记 R_t 为对冲基金指数在第 t 期的收益率，假设 R_t 满足：

$$R_t = I_t \cdot R_{1t} + (1 - I_t)R_{2t} \tag{7.7a}$$

$$R_{it} \sim \mathcal{N}(\mu_i, \sigma_i^2) \tag{7.7b}$$

$$I_t = \begin{cases} 1 & \text{如果 } I_{t-1} = 1, \text{则概率是 } p_{11} \\ 1 & \text{如果 } I_{t-1} = 0, \text{则概率是 } p_{21} \\ 0 & \text{如果 } I_{t-1} = 1, \text{则概率是 } p_{12} \\ 0 & \text{如果 } I_{t-1} = 0, \text{则概率是 } p_{22} \end{cases} \tag{7.7c}$$

这是一个两状态域变过程的最简单的设定。其中，I_t 是一个指示变量，它决定 R_t 是处于状态 1 还是状态 2；R_{it} 是状态 i 的收益率。每一个状态都有自己的均值和方差，域变过程 I_t 有两个概率，因此一共要估计 6 个参数。虽然状态 I_t 是观察不到的，但是在统计上，可以借助最大似然方法将其与别的参数一起估计出来（例如，参见 Hamiton，1989，1990）。

这一设定与著名的混合分布模型 （mixture of distributions model） 相似。不过，与标准的混合模型不同，域变模型在时间上的分布并不是独立的，除非 $p_{11} = p_{21}$。一旦估计出参数，就容易得到对域的变动的预测，以

及对 R_t 本身的预测。特别地，由于一个马尔科夫链（Markov Chain）的 k 步迁移矩阵就是由 $\mathbf{P}^k$ 给定的，因此给定日期 t 的数据 $\mathcal{R}_t \equiv (R_t, R_{t-1}, \cdots, R_1)$，域 I_{t+k} 的条件概率具有特别简单的形式：

$$\text{Prob}(I_{t+k} = 1 \mid \mathcal{R}_t) = \pi_1 + (p_{11} - p_{21})^k [\text{Prob}(I_t = 1 \mid \mathcal{R}_t) - \pi_1] \tag{7.8a}$$

$$\pi_1 \equiv \frac{p_{21}}{p_{12} + p_{21}} \tag{7.8b}$$

其中，$\text{Prob}(I_t = 1 \mid \mathcal{R}_t)$ 是在给定直到第 t 期（包括第 t 期）的历史数据的条件下，第 t 期的域为 1 的概率（这是最大似然估计过程的一个副产品）。采用马尔科夫链的类似递归方法，容易推导出 R_{t+k} 的条件期望是：

$$E[R_{t+k} \mid \mathcal{R}_t] = \mathbf{a}'_t \mathbf{P}^k \boldsymbol{\mu} \tag{7.9a}$$

$$\mathbf{a}_t = [\text{Prob}(I_t = 1 \mid \mathcal{R}_t) \ \text{Prob}(I_t = 2 \mid \mathcal{R}_t)]' \tag{7.9b}$$

$$\boldsymbol{\mu} \equiv [\mu_1 \quad \mu_2]' \tag{7.9c}$$

表7—4 列示了 14 个 CS/Tremont 对冲基金指数在两种状态中的每一种下的均值和标准差的最大似然估计值以及两种状态的迁移概率。注意表7—4 中有三行——偏向卖空型、风险套利型和管理期货型——被涂上了阴影，这是因为对于这三种类型来说，最大似然估计过程不能正常地收敛；而这隐含着，对于它们的收益率来说，域变过程也许不是一个良好的模型。其他 12 个序列则能得到具有良好定义的参数估计值，并且按照惯例，我们把波动率较低的那种状态记为状态 1。

现在考虑第二行，即可转换套利型指数所对应的那一行。这一行的参数估计值意味着，在状态 1，该指数的期望收益率是 15.3%，波动率是 1.9%；但是在状态 2，期望收益率是 – 2.0%，波动率是 5.8%。对于可转换套利型基金来说，后一种状态显然是一种危机状态，前者则是一种比较正常的状态。其他对冲基金指数也具有类似的参数估计值——低波动率状态总是伴随着较高的均值，高波动率的状态则总是伴随着较低的均值。虽然对于对冲基金来说，这种伴生性似乎是自然而然的，但也存在三个例外：对于股票市场中性型、全球宏观型和做多/做空股票对冲型基金来说，波动率较高的状态具有较高的期望收益率。这意味着，对于这些策略类型来说，波动性也许是其期望收益率的一个必要组成部分。

通过这些参数估计值有可能估计出各对冲基金指数在各时间点处于状态 1 和处于状态 2 的概率。例如，在彩图 8 中，我们绘制出了 1994 年 1 月到 2007 年 10 月固定收益套利型指数每个月处于状态 2，即高波动率状态的概率。通过该图，我们可以看出，在 1998 年 8 月之前的月份里，这一概率开始增长，在 8 月和其后的几个月里达到 100%。不过，这不是一个孤立的事件，而是在 1998 年 8 月之前和之后的几个时间段都曾出现过。

为了在这种域变模型的基础上，开发出一个衡量系统性风险的总体性指标，我们建议把所有对冲基金指数每个月处于状态 2 的概率相加，得到一个能够刻画处于低均值时期的概率的时间序列。当然，由于域变过程是对每个指数单独设定的，而不是对所有指数联合设定的，因此这种加总所得到的概率——即便是经过重正规化后落在单位区间内——不能再被正式地解读为一个概率。因此，对可转换套利型的低均值状态的解读与对股票市场中性型的低均值状态的解读可能截然不同。不过，作为衡量对冲基金行业所处状态的一个总体指标，加总得到的概率可能包含了关于系统性风险敞口的有用信息。彩图 9 绘制了这一指标。不出所料，低均值的指标在 1994 年和 1998 年具有局部最大值，但是在 2002 年有一个较大的尖峰，这主要是股票市场中性型、全球宏观型和做多/做空股票对冲型所引起的。这与如下常识对应得非常好，即在过去两年里，这三个策略类型由于各种原因而表现较差。[①] 彩图 9 系统性风险的含义是显而易见的：对于不少对冲基金指数来说，处于低均值的域内的概率一直在增加，这可能预示着这些类型的基金的杠杆升高了，在未来月份资金会流出，而这两者都给对冲基金行业带来了压力，导致系统性风险上升。

---

① 通常认为，大量资金流入这些策略类型和诸如百分位报价改革（decimalization）、电子交易通讯系统（ECNs）的崛起、自动交易以及 FD 项条例（Regulation FD）等股票市场变革，是这些策略类型盈利下降的原因。

表7—4 为CS/Tremont对冲基金指数建立的两状态域变型模型的最大似然参数估计值(1994年1月至2007年10月)*

指数	p_{11}	p_{21}	p_{12}	p_{22}	年度化均值		年度化标准差		$log(L)$
					状态1	状态2	状态1	状态2	
CSFB/Tremont对冲基金指数	100.0%	1.2%	0.0%	98.8%	9.4%	12.5%	3.7%	9.9%	433.0
可转换套利型	89.7%	17.9%	10.3%	82.1%	15.3%	-2.0%	1.9%	5.8%	524.7
偏向卖空型	23.9%	9.6%	76.1%	90.4%	-75.7%	8.1%	2.5%	15.7%	275.8
新兴市场型	100.0%	1.2%	0.0%	98.8%	15.9%	6.4%	7.8%	20.2%	309.2
股票市场中性型	100.0%	1.2%	0.0%	98.8%	7.7%	11.4%	1.9%	3.4%	576.5
事件驱动型	98.4%	46.1%	1.6%	53.9%	13.6%	-45.7%	3.9%	13.9%	492.7
濒危证券型	98.4%	57.5%	1.6%	42.5%	14.9%	-56.3%	4.5%	15.5%	469.3
事件驱动多重策略型	98.9%	41.3%	1.1%	58.7%	12.8%	-55.1%	4.6%	15.0%	469.0
风险套利型	0.0%	1.2%	100.0%	98.8%	6.8%	7.9%	0.0%	4.2%	599.4
固定收益套利型	94.0%	35.6%	6.0%	64.4%	9.4%	-10.8%	2.0%	5.9%	568.7
全球宏观型	100.0%	1.2%	0.0%	98.8%	13.3%	13.9%	3.6%	14.2%	403.0
做多/做空股票对冲型	99.0%	2.4%	1.0%	97.6%	9.1%	20.6%	6.3%	15.3%	383.0
管理期货型	13.4%	1.8%	86.6%	98.2%	2.0%	7.3%	0.0%	12.1%	328.5
多重策略型	98.9%	23.1%	1.1%	76.9%	11.0%	-7.3%	3.4%	9.2%	504.8

注：*有阴影的行表示最大似然算法不能收敛。

7.4　对未来的展望

　　要对对冲基金所引起的系统性风险进行确定的估计，需要一定的数据，包括参与者的信贷敞口、对冲基金经理和投资者的净杠杆率、与对冲基金有关的结构化产品的总量等，这些数据目前无法获得，并且在不远的未来也不太可能获得。因此，我们无法准确地确定当前的系统性风险敞口的大小。不过，利用在本章中提出的分析方法可以得出一些初步的推断。

　　1. 在过去数年里，在股票市场下跌和养老基金债务不断攀升的情况下，对较高的收益率的渴求促进了对冲基金行业的巨大发展。近年来，这种大规模的资金流入对对冲基金的收益率和风险已经产生了实质性的影响，相关系数的变动、业绩的滑落，以及加权自相关系数 ρ_t^* 所衡量的已经上升的粘滞性都证明了这一点。

　　2. Logit 模型把几个因素——包括过去的业绩、所管理资产的规模、流入的资金量和基金的年龄——与一个给定的对冲基金被清算的概率联系在一起，基于 Logit 模型的估计值计算得到的对冲基金被清算概率的均值和中位数在 2004 年上升了。尤其是，我们的估计意味着，在 2004 年，基金被清算概率的平均值大于11%，高于历史上的无条件淘汰率8.8%。对于一个快速发展的行业来说，出现较高的淘汰率并不令人感到意外，但是它可能预示着潜在的不稳定性，即表面上看似无害的事件可能会触发这种不稳定性。

　　3. 银行业部门，尤其是较小的银行，会暴露于对冲基金风险；但是，最大的银行还会因为自营交易活动（proprietary trading activities）、信贷管理与结构化产品，以及大宗经纪业务（prime brokerage services）而导致风险敞口。

　　4. 对冲基金面对的风险是非线性的，比传统的资产族面对的风险更为复杂。鉴于对冲基金投资策略的动态本质和资金流动对杠杆和业绩的影响，对冲基金风险模型要求提出更加复杂的分析方法，还要求使用者更为精明。

　　5. 我们的域变模型得到的处于低均值状态的概率之和，是衡量对冲

· 243 ·

基金部门所面临困境的总体水平的一个代理变量。最近的计算暗示着我们也许正在向一个充满挑战的时期挺进。这一点，加上加权自相关系数 ρ_t^* 最近出现的上升趋势，以及我们的 Logit 模型所揭示的、对冲基金在 2004 年被清算概率的均值和中位数出现上升的现象，隐含着系统性风险正在累积。

上述推断具有投机性的特点，强调这一点，是为了尽快对我们所得到的尝试性的结论加以限定。我们希望所做的分析能够抛砖引玉，带动更多的研究和数据采集工作，以便改善对对冲基金行业的系统性风险进行分析和实证衡量的方法。就像对待其他所有的风险管理挑战一样，我们应该抱最大的希望，做最坏的准备。问题是如何才能做到这一点？Getmansky, Lo and Mei（2004）已经提出了一种可能性，即创立一个类似美国国家运输安全委员会的独立组织来对所有主要对冲基金倒闭事件的残骸进行深入的研究，并最终形成一份公开发行的报告，其中记录每一次倒闭的特定原因，并对未来如何避免类似的悲剧提出建议。虽然很多对冲基金的"寿终正寝"都是由一些共同的原因——杠杆过高、过于集中于一个组合、营运失败、证券欺诈或者所管理资产的规模不够——导致的，但是每一次清算都有自己独特的情况，都是对冲基金经理和投资者学习和改进的机会。在第 9.4 节中，将对这一建议进行更加详细的讨论。

8

一个整合的对冲基金投资过程

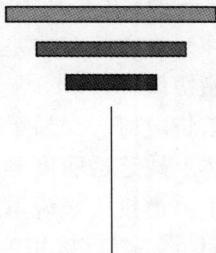

虽然有越来越多的研究建议采用定量方法来研究另类投资,[1] 但是对冲基金投资者们还没有全盘接受任何单一的分析框架来制定自己的投资策略。导致这种状况的原因有几个。其中一个原因可能源自对冲基金的投资者圈子——它由拥有大量净资产的个人、家庭理财室、基金会和捐赠基金所组成——的文化历史。对冲基金、商品交易顾问和私募股权的早期发起人们对经理个人和企业家的特定品质的重视,更甚于对构建投资组合的具体算法的重视。正是在这种情况下,金融"歹徒"(gunslinger)应运而生,他们是偶像形象的破坏者,常常具有隐秘的、有时堪称精明的市场洞察力,对风险颇为嗜好,对传统和约束则不屑一顾。结果,法律、税收和经理个人的运营成了典型的投资过程的核心内容。经过一代又一代的提炼和试错改进,尽职调查(due diligence process)——这是这一过程当前的叫法——已经成为任何

---

① 例如,参见 Amenc and Martinelli(2002);Amin and Kat(2003c);Terhaar, Staub and Singer(2003)以及 Cremers, Kritzman and Page(2004)。

一个严肃的对冲基金投资者所考虑的因素中不可或缺的部分。鉴于这一过程错综复杂且牵涉广泛，① 因此许多饱经风霜的专业人士认为，投资于对冲基金的最佳方式是通过定性的判断，而不是屈从于定量的分析。

对冲基金投资过程呈现当前状态的第二个原因，是传统的投资组合管理工具对大多数另类投资有着公认的限制。② 经验丰富的投资者无疑能理解多样化的重要性——的确，这正是创设第一个对冲基金的最初动机——但是除了承认这一简单的真理外，对如何才能最好地实施它，我们并不清楚。一个多经理型（multimanager）基金或基金的基金的资本配置问题，与标准的投资组合构建问题在几个方面存在差异。诸如锁定期、业绩提成费与历史最高业绩记录、回撤协议（clawback agreements）、粘滞性与按市价计算价值的政策、杠杆与信贷敞口、交易策略与目标的动态调整、各个经理之间的巨大差异以及总体上缺乏透明度等问题，都使得通常的均值—方差投资组合最优化技术对于另类投资来说不那么令人信服。

第三个原因就是缺乏与对冲基金直接相关的数据和研究。直到最近，才有了商业化的对冲基金数据库，因此投资者的进入壁垒相当高。大型家庭理财室和捐赠基金是为数不多的、很早就投资于对冲基金的机构，它们因为自己收集了经理的业绩纪录而具有显著的竞争优势。缺乏数据自然也对所出版的关于另类投资的研究的数量和质量构成了限制。

不过，在过去十年中，对冲基金行业经历了蓬勃的发展阶段。现在已经有很多对冲基金数据供应商，结果导致关于另类投资的学术和实践研究文献③一时间纷纷涌现，还出现了一些为对冲基金经理和投资者创设的交易出版物和专业组织。④ 因此，重新探讨定量方法在对冲基金投资过程中

---

① 若想对对冲基金尽职调查过程错综复杂的特点有一个更深入的了解，可以查阅任意一份由经验丰富的投资者所发出的对冲基金尽职调查问卷。这种文件通常有 20 多页，涵盖了范围非常广泛的问题，从后台系统到投资策略，从员工聘用合约到经理的个人经历等应有尽有。
② 尤其可以参见 Cremers，Kritzman and Page（2004）。
③ 例如，可以参见《另类投资期刊》（*Journal of Alternative Investments*），以及位于马萨诸塞大学 Amherst 校区的国际证券和衍生品市场研究中心（Center for International Securities and Derivatives Markets，CISDM）的网站（http：//www.cisdm.org），它是受资助从事对冲基金研究的先驱之一。
④ 除了注册金融分析师学院（CFA Institute）——它的研究范围并不局限于另类投资——之外，非盈利的另类投资管理协会（Alternative Investment Management Association，AIMA）成立于 1990 年，目前在 42 个国家拥有成员。为了培训对冲基金领域的分析师，2002 年，AIMA 和 CISDM（见上一脚注）建立了注册另类投资分析师协会（Chartered Alternative Investment Analyst Association），它拥有自己的认证过程。

的应用，可谓恰逢其时。

在本节中，我们提出一个构建对冲基金投资组合的分析框架。这是一个基于风险的分析方法，它在另类投资的环境下，在多个策略和多个经理之间进行资本配置。不过，与"一个投资过程要么是定性的，要么是定量的，不可能两者兼顾"这一常规观念不同，我们认为，以一种一致的方式把两种方法整合在同一个投资理念中是可能的，也是很重要的。

为了实现这一整合，我们提出了一个两阶段投资过程，① 即首先采用定量方法在各大类资产族之间进行资本配置，然后在每一个资产族内部，按照一个具有良好定义的经验推断方法（heuristics）② ——该方法把定性判断整合进一个定量框架——将资本配置给各个经理。下面概括了下文描述的方法所基于的设计原则：

- 每个策略的目标期望收益率应与该策略的风险大小相称——高风险

---

① 相对于单阶段最优化来说，两阶段投资过程通常是次优的，但是对于另类投资来说，采用后一种方法有着令人信服的原因，请参见第 8.10 节中进一步的讨论。

② 经验推断方法（heuristics）这个术语源自行为经济学。1973 年，Amos Tversky 和 Daniel Kahneman 在《认知心理学》（*Cognitive Psychology*）杂志上发表了题为《可得性：一种判断频率和概率的经验推断方法》（*Availability: A Heuristic for Judging Frequency and Probability*）的文章。1974 年，他们又在《科学》（*Science*）上发表了题为"不确定性下的判断：经验推断与偏差"（*Judgment under Uncertainty: Heuristics and Biases*）的论文；并于 1982 年编辑出版了同名的论文集。这些著作不仅成为了认知心理学的经典文献，也奠定了他们在行为经济学领域的泰斗地位，为 Kahneman 赢得了 2002 年诺贝尔经济学奖（Tversky 于 1996 年去世）。具体来说，传统经济学假设人们是理性的、自私的，并由此出发，认为人们在进行决策时，会采用无偏好的方式对决策结果的概率进行主观估计，这种主观估计能够根据概率理论正确地推导出来。但是 Tversky and Kahneman（1974）指出：在存在不确定性时，人们往往并不遵循传统的理论对概率进行估计，而是借助于一些经验规则进行直观推断，把复杂的概率估计和数值预期问题简化为简单的直观判断。他们讨论了三种用于估计概率和预测价值的经验推断方法：A. 表征性经验推断（representativeness Heuristics），是指人们在对事物进行归类时，会根据其特征和自己的经验将其直接归入某一类；B. 可得性经验推断（availability Heuristics），它常用于判断某事件发生的频率或概率，这时人们会利用记忆中最容易提取的信息进行主观估计，因此对频率或概率的估计会深受对事件的熟悉程度与突出性等因素的影响；C. 锚定与调整性经验推断（anchoring and adjustment Heuristics），它表现在人们对不确定数值的估计往往是基于对初始值或起始点进行适当调整的结果，起始点会对估计值产生决定性影响。事实上，上述经验推断方法在大部分情形下是有效的，但是在特定的情形下却很可能因为各种原因而导致系统性的认知偏差。后来，其他学者又提出了其他经验推断方法。另外，"heuristics"很难翻译，多数人拘泥于字面意思将其直译为"启发式"（如下列文献【4】），但是其在行为经济学中的含义与"启发式"实则毫不相干，因此这种译法不太恰当。中国港台学术界有人将其译为"捷思"、"捷径"。我认为"经验推断方法"、"直观推断"、"直观判断"等能够揭示其本义，比较合适。第 9 章还将用到这一术语。以上内容参考了如下文献：【1】Tversky, A., and D. Kahneman, 1973, "Availability: A Heuristic for Judging Frequency and Probability", *Cognitive Psychology*, 5, 207-232.【2】Tversky, A., and D. Kahneman, 1974, "Judgment under Uncertainty: Heuristics and Biases", *Science*, Vol. 185, No. 4157, 1124-1131.【3】Kahneman, D., Slovic, P., and A. Tversky, 1982, "*Judgment under Uncertainty: Heuristics and Biases*", New York: Cambridge University Press.【4】（美）丹尼尔·卡尼曼，保罗·斯洛维奇，阿莫斯·特沃斯基：《不确定状况下的判断：启发式和偏差》，方文、吴新利、张擎译，北京，中国人民大学出版社，2008——译者注。

的策略的目标期望收益率应较高。

● 决定目标期望收益率的应该是资金的运用而不是资金的来源。

● 在估算每一个策略的风险/回报比率时，应该明确地把序列相关性和粘滞性敞口考虑进来。尤其是，如果一个策略的收益率具有严重的正序列相关性，则应该对该策略的夏普比率进行缩减①（具体可参见 Lo，2002；Getmansky，Lo and Makarov，2004；以及第 3 章）。

● 对于经理、策略和市场条件的定性判断都是资本配置过程有价值的输入变量，没有定量模型可以代替，但是这些判断应该通过一种系统性的和一致的方式与传统的定量模型整合起来。

● 应该定期地对/由每一个经理进行风险归因与业绩归因，对整个投资组合也应该这么做。

● 对每个经理的风险限制（risk limit）和有关行为指引在时间上应该是一致的，对不同经理也应该是一致的，并且应该定期地把这些内容清楚地传达给所有经理。

这些设计原则，加上从传统的投资组合管理理论与实践中获得的理念，提出了一个均值—方差最优化问题。在该问题中，要求的期望收益率或称目标期望收益率（required or target expected returns）和方差是由投资者的委托书和市场条件事先决定的，协方差是通过计量经济学方法估计出来的，进而，资本在各个资产族之间的配置是在服从期望收益率约束的情况下通过对方差进行最小化得到的。在每一个资产族内部的资本配置则是通过一个评分程序（scoring process）把定性的信息整合进投资过程来决定的。这一资本配置方法的 7 个组成部分包括：

1. 按照策略类型定义资产族。

2. 设定投资组合的目标期望收益率 μ_o 和意愿的波动率（desired volatility）σ_o。

3. 设定资产族的目标期望收益率和目标风险。

4. 通过计量经济分析确定相关系数。

---

① 是指如果收益率具有严重的序列相关性，则应该对原始的、简单的（naive）夏普比率进行调整，见本书第 3 章——译者注。

5. 在期望收益率大于等于 μ_o 的约束条件下，计算出最小方差资产族配置。

6. 在每个资产族内部，把资本配置给每个经理。

7. 监控业绩和风险预算（risk budget），并根据需要重新进行最优化。

第 8.1 节至第 8.7 节将对上述每一部分进行更加详细的描述，图 8—1 和图 8—2 还给出了这一两阶段投资过程的一般流程。所有的数学细节都在附录 A.5 中。第 8.8 节概括了整个框架的最终设定。在第 8.9 节中，我们将描述一种在投资组合的总体风险资本的基础上，把风险限制传达给单个经理的方法。

在阐述这一资本配置方法之前，强调一下如下的免责约定是很重要的，即下文的讨论并不是要对一个特定的对冲基金投资过程开出一个具体的药方，而是要将其作为在每个投资者所处的特定目标、约束和组织架构下研究开发这种过程的一个原型和框架。有些部分对某些投资者来说是适用的，但对另外一些投资者而言则未必适用。若要把所有部分应用于任何一个给定的投资者和任意一组给定的基金，则需要量体裁衣，具体问题具体分析。

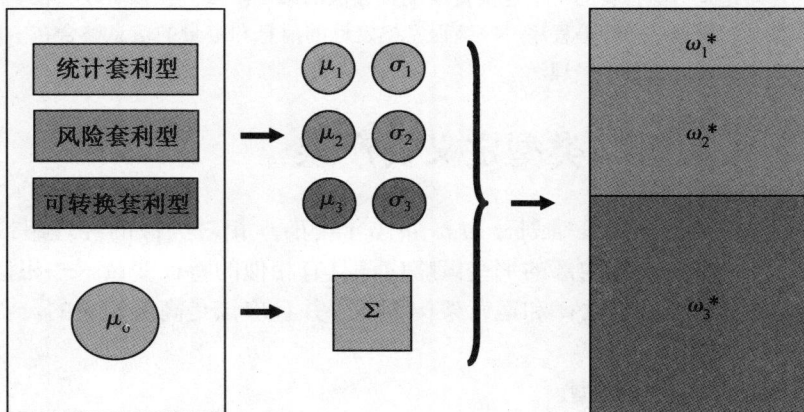

图 8—1 状态 1：在大类资产族之间进行资本配置

注：这是另类投资的一个定量资本配置方法的第一阶段，该阶段定义出资产族，并确定最优的资产族权重——它是目标期望收益率、风险水平和估计得到的一个协方差矩阵的一个函数。

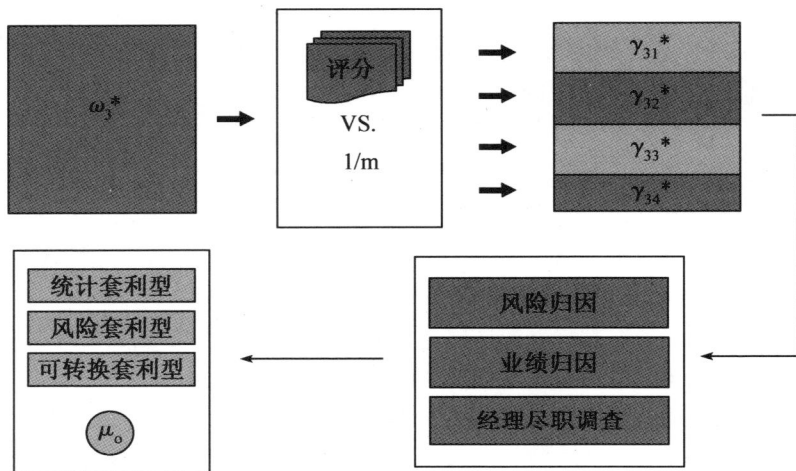

图 8—2   状态 2：在资产族内进行资本配置

注：这是另类投资的一个定量资本配置方法的第二阶段。在该阶段，在一个资产族内，根据一个评分程序——该程序把定性的信息和定量的信息整合在一起——把资本配置给各个经理。

8.1   按照策略类型定义资产族

第一步要把全部策略划分为 n 个（n 较小）相对类似的经理组或资产族。每一个资产族内部的那些策略应该具有相似的特征变量——相似的期望收益率、风险、法律和运营架构等——并且应该是高度相关的。资产族的例子包括：

- 股票市场中性型。
- 风险套利型。
- 可转换套利型。
- 固定收益相对价值型。
- 全球宏观型。

- 新兴市场债务型。
- 卖空型。

附录 A.1 中更加完整地列示了 Lipper TASS 对冲基金数据库中的策略类型。

8.2 设定投资组合的目标期望收益率

给定客户的委托书和市场条件，必须确定整个投资组合的目标期望收益率 μ_o。例如，在当前的经济环境下，一个美国股票市场中性型策略的投资组合可能要求 8% 的期望收益率。在 1997 年，这样一个投资组合可能会设定 15% 的目标期望收益率。这一参数通常是由一个基金的基金的投资委员会或首席投资官设定的。

另外，还应该设定意愿的风险水平 σ_o。注意，我们将 σ_o 称为意愿的风险水平而不是目标风险水平，是因为当各资产族和经理都已经固定下来时，一般不可能同时把一个投资组合的期望收益率和风险都设定下来。对于一组给定的资产，我们总是能够在期望收益率为 μ_o 时构建一个具有最小方差的投资组合，或者在风险为 σ_o 时构建一个具有最大期望收益率的投资组合（只要 σ_o 大于全局最小方差投资组合的风险即可），但是不能两者兼而有之（参见附录 A.5）。因此，投资组合的构建是一个繁琐的过程，既需要一些定性判断，也需要一些定量分析。

8.3 设定资产族的目标期望收益率和目标风险

对于第 8.1 节定义的每一个资产族 i 而言，必须设定一个目标期望收益率 μ_i 和目标风险 σ_i。这一步在资本配置过程中至关重要，因为正是在这一步将风险和期望收益率之间的权衡整合进投资过程之中。不管资本的融资成本有多高，只要经理承担了较大的风险，就应该有较高的"要求的收益率"，即决定目标期望收益率的应该是资本的运用，而不是资本的来源。

进行这种风险/回报权衡的一个有用的起点是像资本资产定价模型或

套利定价模型这样的线性因子模型，它们通常意味着在投资的期望收益率和风险敞口之间存在一个线性关系。就对冲基金而言，可以给出这一关系的一个修正版本如下：

$$\mu_i = R_f + \beta_{i1}\pi_1 + \beta_{i2}\pi_2 + \cdots + \beta_{ip}\pi_p + \alpha_i \tag{8.1}$$

其中，β_{ij} 是资产族 i 对因子 j 的风险敞口；π_j 是因子 j 对应的风险升水；α_i 是资产族 i 中的经理的合并的阿尔法（combined alpha）。

式（8.1）的含义是：资产族 i 的期望收益率超过现金收益率 R_f 和积极型管理所提供的增加值的部分，与资产族的风险敞口成正比。与对冲基金投资策略关系最为密切的因子包括：

- 价格因素。
- 部门。
- 投资风格。
- 波动性。
- 信贷。
- 流动性。
- 宏观经济因素。
- 情绪。
- 非线性交互作用。

不过，第 1 章的例子充分表明，应该开发这些线性因子模型的非线性拓展版本，以便解释对冲基金策略的一些更为复杂的动态行为。

一旦设定了因子模型，就容易从历史数据中估计出风险敞口了，但是有时可能还有必要对这些估计值进行调整，以便反映出当前市场条件的变化、每个资产族中的特定经理或策略，以及其他因子。例如，固定收益套利策略 10 年的历史平均收益率和波动率可能与其 1998 年之后的期望收益率和风险大相径庭。因此，目标期望收益率和风险水平应该由基金的基金的风险委员会来设定，也许可以使用历史估计值作为初始值，并且通过定性评估和定量分析定期进行修正。

8.4 估计资产族的协方差矩阵

我们必须估计 n 个资产族的收益率之间的相关系数，使用的是向后检验（back-test）和历史业绩数据。理想的做法是把估计方法和对冲基金策略通常具有的非线性性质，以及 1998 年之前和之后的域的变动结合在一起（参见第 1 章的例子）。一旦估计出相关系数 ρ_{ij}，就可以使用协方差 σ_{ij} 的定义构建出 n 个资产族的协方差矩阵：

$$\sigma_{ij} = \rho_{ij} \times \sigma_i \times \sigma_j \tag{8.2}$$

其中，σ_i 和 σ_j 已经在第 8.3 节中设定好了。

注意，我们建议估计的是相关系数矩阵，而不是协方差矩阵。这样做至少有三个原因。第一，有实证证据表明，相关系数在时间上比协方差更稳定。由于已经有大量的文献记载了金融资产收益率的时变波动性（例如，参见 Anderson，Bollerslev and Diebold，2004），因此这一点并不令人感到惊讶。如果二阶矩随时间的变动模式是类似的，则这些矩的比率，如相关系数，可能会比较稳定。第二，正如 Engle（2002）所证明的，对时变相关系数矩阵建模比对时变协方差矩阵建模更容易，这一点对包含大量基金的投资组合来说特别重要。第三，回忆一下，各个资产族的方差是事先设定好的（第 8.3 节），因此不必用历史数据进行估计。如果把这种事先设定的值插入一个估计得到的协方差矩阵中，则结果未必是正定的，这会导致异常的结果，如伪套利机会和不稳定的投资组合权重。通过使用式（8.2）从估计得到的相关系数矩阵来构建协方差矩阵，我们可以确保得到一个性质良好的协方差矩阵估计量。

8.5 计算最小方差资产配置

根据第 8.1 节到第 8.4 节，我们现在有如下参数：

μ_0 = 目标期望收益率

$\boldsymbol{\mu} = [\mu_1 \cdots \mu_n]'$ = 资产族的目标期望收益率

$\boldsymbol{\Sigma}$ = 资产族的协方差矩阵

给定这些参数，我们现在可以构建一个由 n 个经理所组成的投资组合，以便在"期望收益率至少等于 μ_o"的约束下最小化该投资组合的方差：[1]

$$\min_{\omega} \frac{1}{2} \boldsymbol{\omega}' \boldsymbol{\Sigma} \boldsymbol{\omega} \qquad \text{服从于 } \boldsymbol{\omega}' \boldsymbol{\mu} \geqslant \mu_o \text{ 和 } \boldsymbol{\omega}' \boldsymbol{\iota} = 1 \qquad (8.3)$$

式（8.3）的解由下式给出（参见附录 A.5）：

$$\boldsymbol{\omega}^* = \lambda \boldsymbol{\Sigma}^{-1} \boldsymbol{\mu} + \xi \boldsymbol{\Sigma}^{-1} \boldsymbol{\iota} \qquad (8.4)$$

其中，λ 和 ξ 的定义见附录 A.5。作为核查一致性的一个方法，计算出 $\boldsymbol{\omega}^*$ 所隐含的整个投资组合的波动率 σ 是很有用的：

$$\sigma = \sqrt{\boldsymbol{\omega}^{*'} \boldsymbol{\Sigma} \boldsymbol{\omega}^*} \qquad (8.5)$$

如果 σ 大于 σ_o，则意味着与下列目标不一致：

- 目标期望收益 μ_o。
- 意愿的风险水平 σ_o。
- 资产族的目标期望收益和风险（μ_i, σ_i）。

为了保持一致性，需要对上述三个目标中至少一个进行修正。

如果投资资本总额是 K，则向每一个资产族配置的最优金额 K_i^* 就是：

$$K_i^* = \omega_i^* K \qquad (8.6)$$

8.6　在每个资产族内确定对经理的配置

对于每一个资产族 i 来说，必须把最优的配置金额 K_i^* 分配给 m_i 个经理。虽然这些次级配置也可以借助与第 8.5 节相同的方法来定量地决定，但是鉴于经理的选择和培养的定性特点，这样做不太理想，对于那些没有足够的跟踪记录（通过这些跟踪记录可以算出参数估计值）的新的经理

---

[1]　对于大多数基金的基金和多经理型基金的应用而言，还有必要施加一个"投资组合的权重非负"的约束，因为通常不可能在一个基金那里建立一个"空头"头寸。不过，只要目标期望收益率是现实的，并且协方差矩阵具有良好的性质，那么式（8.4）就应该得到非负的投资组合权重，否则就表明模型设定可能有误，因此这可作为识别投资组合构建过程中潜在的问题的一个有用的诊断。另外，最近在结构化产品方面的创新允许卖空某些对冲基金策略，在这种情况下，就有可能构建出更为有效的基金的基金型投资组合。不过，给定对冲基金的柜台衍生品（OTC derivatives）的复杂性和它们所产生的大量风险，只有最精明的和资本雄厚的投资者才应该考虑卖空对冲基金。

来说尤其如此。因此，考虑下面这个经验推断方法。记 γ_{ik} 为资产族 i 的最优配置金额 K_i^* 中配置到经理 k 的比例。因此，$\sum_k \gamma_{ik} = 1$。配置的起点是 $\gamma_{ik} = 1/m_i$，也就是说，对所有 m_i 个经理配置的比例都是一样的。现在根据以下标准对每个经理进行评估，据此为每位经理打一个分数 S_{ik}。对每个标准而言，也许可以使用从 1 到 5 的分数值：

- 预期的阿尔法。
- 预期的风险。
- 预期的能力。
- 预期与其他经理和资产族的相关性。
- 交易经验与过去的业绩。
- 向后检验业绩归因。
- 跟踪误差。
- 风险控制。
- 风险透明度。
- 阿尔法透明度。
- 运营风险。
- 其他定性的尽职调查问题。

例如，一个预期阿尔法高的经理（它由定性的经理选择和尽职调查过程所决定）将得到 5 分，一个预期阿尔法低的经理将得到 1 分。类似地，一个风险（相对于资产族的波动率 σ_i 而言）高的经理将得到 1 分，一个风险适中的经理将得到 3 分。把这些评分加总就可以得到经理 k 的得分 S_{ik}。然后，定义相对得分 s_{ik} 为：

$$s_{ik} = \frac{S_{ik}}{S_{i1} + \cdots + S_{im_i}} \tag{8.7}$$

然后，可以把对经理 k 的配置定义为：

$$\gamma_{ik} = (1 - \delta) \times \frac{1}{m_i} + \delta \times s_{ik} \tag{8.8}$$

其中，δ 是一个参数，它决定了在相对得分和等比例上被分别赋予的权重。

对于资产族 i 中一组给定的经理的配置 $\gamma_i \equiv [\gamma_{i1} \cdots \gamma_{im_i}]'$，该资产族

隐含的期望收益率和波动率由下式给出：

$$\tilde{\mu}_i = \gamma'_i \nu_i, \tilde{\sigma}_i = \sqrt{\gamma'_i \Sigma_i \gamma_i} \tag{8.9}$$

其中，ν_i 是资产族 i 中每个经理的期望收益率向量（它要么由向后检验决定，要么由历史业绩决定）；Σ_i 是资产族 i 中经理的协方差矩阵。在实施配置 γ_i 之前，要核查一下式（8.9）中给出的 γ_i 隐含的期望收益率和风险是否与部门 i①的目标期望收益率 μ_i 和风险 σ_i 相一致，这是很重要的。如果不一致，则可能需要对 γ_i 中的配置进行调整；否则，必须对目标期望收益率和风险进行调整，以便消除差异。

给定一个配置 γ_i，则对每个经理配置的资金是：

$$K^*_{ik} = K^*_i \times \gamma_{ik} \tag{8.10}$$

这些评分应该至少一个季度重新计算一次，在市场条件变动需要的情况下，可能还要更加频繁。应该给给每个经理的评分告知其本人，以使其清楚业绩（它由评分的很多方面决定）与资本配置之间的关系。而且，这些评分可被用做评估新经理的一个要求，以便降低在基金分析员中选择经理时的随意性和在时间上的随意性。

8.7　监控业绩和风险预算

应该对每一个经理的业绩定期进行监控，以保证不违反风险预算和投资委托书。尤其是，如果资产族 i 的目标风险是 σ_i，则可以将该资产族已实现的波动率 $\hat{\sigma}_i$ 与 σ_i 相比较，来确定任何需要进一步研究的差异：

$$\hat{\sigma}_i \equiv \sqrt{\gamma'_i \Sigma_i \gamma_i} \tag{8.11}$$

其中，Σ_i 是资产族 i 中 m_i 个经理的协方差矩阵的估计值。在其他条件不变的情况下，可以要求那些对资产族的波动率 $\hat{\sigma}_i$ 所做的贡献超过应有的比例的经理接受较低的资本配置；反之，可要求其接受较高的资本配置。

随着业绩的变动和参数的改变，要求对不同资产族和经理之间的配置

---

① 这里的"部门 i"指的就是"资产族 i"——译者注。

进行定期更新。虽然不需采取什么行动，这些配置应该每月重算一次，除非更新后的配置与之前的配置有显著差异。

8.8　最终的设定

我们所提出的最优资本配置方法的最终设定由下面所列的输入参数和输出变量给出。表 8—1 给出了一个基于 Excel 的实施过程的例子截图。

输入的参数

下面是输入的参数：

μ_0 = 投资组合的目标期望收益率　　　　　　　　　　　　　　(8.12a)

$\boldsymbol{\mu}$ = [$\mu_1 \cdots \mu_n$]′ = 资产族的目标期望收益率　　　　　　(8.12b)

$\boldsymbol{\Sigma}$ = 资产族的协方差矩阵　　　　　　　　　　　　　　　(8.12c)

$\boldsymbol{\Sigma}_i$ = 资产族 i 中的经理的协方差矩阵　　　　　　　　　(8.12d)

S_{ik} = 经理的得分　　　　　　　　　　　　　　　　　　(8.12e)

δ = 经理得分的权重参数　　　　　　　　　　　　　　　(8.12f)

K = 基金的总资本　　　　　　　　　　　　　　　　　　(8.12g)

输出的变量

最优资本配置过程的三个输出变量是：

K_i^* = 对资产族 i 的最优资本配置　　　　　　　　　　　(8.13a)

K_{ik}^* = 对经理 k 的最优资本配置　　　　　　　　　　　(8.13b)

V_{ik}^* = $K_{ik}^* \times \mu_i$ = 经理 k 的期望收益金额　　　　　(8.13c)

表8—1   Alpha Simplex 多经理资本配置计算模版的例子截图

总资本 (百万美元)	投资组合的目标收益率	资产族	目标期望收益率	目标标准差	相关系数矩阵和协方差矩阵			ω^*	$\omega^{\sim}$	K^*	$K^{\sim}$
					风险套利型	可转换套利型	统计套利型				
1 000	10.00%	风险套利型	7.50%	4.00%	100.00%	40.00%	-5.00%	12.66%	12.66%	127	127
		可转换套利型	12.00%	5.00%	40.00%	100.00%	30.00%	51.58%	51.58%	516	516
		统计套利型	8.00%	3.50%	-5.00%	30.00%	100.00%	35.76%	35.76%	358	358

统计套利配置

总量	357.59		
δ	50%		

	得分	γ^*	K^*_{ik}
经理1	12	11.26%	40
经理2	13	11.50%	41
经理3	40	18.09%	65
经理4	81	28.09%	100
经理5	13	11.50%	41
经理6	46	19.55%	70

符号

⇒输入
⇒输出

ω^* ⇒ 资产族的最优权重
$\omega^{\sim}$ ⇒ 资产族的非负权重
K^* ⇒ 资产族的最优配置金额
$K^{\sim}$ ⇒ 资产族的非负的最优配置金额
γ^* ⇒ 经理的最优权重
K^*_{ik} ⇒ 经理的最优配置金额

8.9 风险限制和风险资本

给定资产族 i 中的经理的目标期望收益率 μ_i 和目标风险水平 σ_i，则对于经理 k 的 $100 \times (1 - \theta)\%$ 无条件在险价值（Unconditional Value at Risk，UVaR），我们有如下的表达式：

$$\theta = \text{Prob}(R_{ik}K_{ik}^* \leqslant \text{UVaR}) \tag{8.14a}$$

$$= \text{Prob}\left(\frac{R_{ik} - \mu_i}{\sigma_i} \leqslant \frac{\text{UVaR}/K_{ik}^* - \mu_i}{\sigma_i}\right) \tag{8.14b}$$

$$= \text{Prob}\left(Z \leqslant \frac{\text{UVaR}/K_{ik}^* - \mu_i}{\sigma_i}\right) \tag{8.14c}$$

$$F_z^{-1}(\theta) = \frac{\text{UVaR}/K_{ik}^* - \mu_i}{\sigma_i} \tag{8.14d}$$

$$\text{UVaR} = K_{ik}^* \times (\mu_i + \sigma_i F_z^{-1}(\theta)) \tag{8.14e}$$

其中，R_{ik} 是经理的年收益率；$F_z(\cdot)$ 是标准化的收益率 Z 的累积分布函数。如果假设 Z 服从正态分布，且设定 $\theta = 0.01$ 或 1%，则 $F_z^{-1}(0.01) = -2.326$。对于一位拥有 1 亿美元资本、目标期望收益率是 15%、年度标准差是 7.5% 的经理来说，其年度 1% 的 UVaR 是：

$$10\ 000 \times (0.15 - 0.075 \times 2.326) = -244.5（万美元）$$

对于统计套利型策略的收益率来说，一个更加现实的分布是自由度小于等于 4 的 t 分布。当自由度等于 4 时，$F_z^{-1}(0.01) = 3.747$，得到 1% 的 UVaR 是：

$$10\ 000 \times (0.15 - 0.075 \times 3.747) = -1\ 310.3（万美元）$$

当然，把各个经理的 UVaR 恰当地加总起来是一个复杂的问题，涉及到相关的和高度非线性的风险/回报函数。而且，一个经理与另一个经理的动态风险敞口可能有着天壤之别——一个统计套利型策略的经理与一个股票衍生品型策略的经理的动态风险样态就截然不同，因此，如果要以某个量为基础为一组异质的经理和策略计算风险限制的话，那么 UVaR 可能不是一个理想的选择。更深入的讨论请参见 Lo（2001）。

现在记 UVaR_p 为整个投资组合的月度在险价值，它的定义是：

$$\text{UVaR}_p \equiv K\, r_p(\theta) \tag{8.15}$$

其中，K 是投资组合的总投资资本；$r_p(\theta)$ 是投资组合收益率的分布的 θ 百分位数（θ -percentile）。例如，如果投资组合收益率服从均值为 μ_p、标准差为 σ_p 的正态分布，则：

$$r_p(\theta) = \mu_p + \sigma_p \Phi^{-1}(\theta) \tag{8.16}$$

其中，$\Phi^{-1}(\cdot)$ 是正态累积分布函数的逆。现在，把投资组合的风险资本定义为 UVaR$_p$ 的损失不大于 X_p 的一个比例 ξ_p 时资金 X_p 的最小水平：

$$X_p \equiv -\frac{\text{UVaR}_p}{\xi_p} = -\frac{K \, r_p(\theta)}{\xi_p} \tag{8.17}$$

换句话说，必须将 X_p 的一个最小值置于一边，以确保当 UVaR$_p$ 发生损失时，风险资本的收益率是 $-\xi_p$。量 ξ_p 被称为投资组合的损失限制。

为了弄清楚 X_p 与投资组合中每一个经理的所要求的风险资本之间的关系，对每个经理 k 定义如下的量：

$$K_k \equiv 经理 \, k \, 的总投资资本 \tag{8.18a}$$

$$\omega_k \equiv K_k/K = 投资于经理 \, k \, 的金额占组合的比例 \tag{8.18b}$$

$$\text{UVaR}_k \equiv K_k r_k(\theta) = 经理 \, k \, 的 \, \text{UVaR} \tag{8.18c}$$

$$\mu_k \equiv 经理 \, k \, 的期望收益率 \tag{8.18d}$$

$$\sigma_k \equiv 经理 \, k \, 的收益率的标准差 \tag{8.18e}$$

$$\xi_k \equiv 经理 \, k \, 的月度损失限制 \tag{8.18f}$$

$$X_k \equiv -\text{UVaR}_k/\xi_k = 经理 \, k \, 的风险资本 \tag{8.18g}$$

现在，根据 X_p 的定义，我们有：

$$X_p = \sum_{i=1}^{m} X_k = -\sum_{i=1}^{m} \frac{K_k \, r_k(\theta)}{\xi_k} \tag{8.19}$$

把式（8.17）代入式（8.19），则可以得到如下等式：

$$\sum_{i=1}^{m} K_k \frac{r_p(\theta)}{\xi_p} = \sum K_k \frac{r_k(\theta)}{\xi_k} \tag{8.20}$$

要想式（8.20）对所有的资本配置 $\{K_k\}$ 都满足，则必须有：

$$\xi_k = \frac{r_k(\theta)}{r_p(\theta)} \xi_p \tag{8.21}$$

这就是投资组合的损失限制 ξ_p 与每个经理相应的损失限制之间的基本关系。式（8.21）表明，对每个经理要求的损失限制，不必等于投资组合的损失限制，且每个经理的损失限制可以不同，也应该不同。尤其是，ξ_k 和 ξ_p 之间差异的大小与投资组合所展示出来的分散化的程度有关——投资组合越分散，$r_p(\theta)$ 相对于典型的 $r_k(\theta)$ 就越小，经理 k 的损失限制也就越大。通过把收益率百分位数换成 UVaR 量，可以得到式（8.21）的一个更加容易解释的版本：

$$\xi_k = \frac{r_k(\theta)}{r_p(\theta)}\xi_p = \frac{K_k r_k(\theta)}{K\, r_p(\theta)}\frac{K}{K_k}\xi_p = \frac{1}{\omega_k}\frac{\text{UVaR}_k}{\text{UVaR}_p}\xi_p \tag{8.22}$$

因此，经理 k 的损失限制就等于投资组合的损失限制乘以他在投资组合中的权重的倒数，再乘以他的 UVaR 对投资组合的 UVaR 的比率。

回忆一下，X_k 被定义为经理 k 的风险资本，它是经理 k 的 UVaR_k 对 ξ_k 的比率。使用式（8.22）中的 ξ_k 的设定，可以得到：

$$X_k = \frac{\text{UVaR}_k}{\xi_k} = \frac{\omega_k \text{UVaR}_k}{\text{UVaR}_k}\frac{\text{UVaR}_p}{\xi_p} = \omega_k X_p \tag{8.23}$$

$$\Rightarrow \frac{X_k}{X_p} = \omega_k \tag{8.24}$$

这表明，在式（8.22）下，配置给经理 k 的风险资本所占的比例等于投资组合权重 ω_k，ω_k 被定义为配置给经理 k 的金额占总投资资本的比例 K_k/K。

对于更加特定的在险价值衡量指标，可以把风险资本和损失限制的这些公式写得更加明确。例如，如果我们愿意像第 8.9 节那样，对单个经理和投资组合的收益率分布做出参数假设，则可以把 UVaR_k 写成：

$$\text{UVaR}_k = K_k(\mu_k + \sigma_k F_z^{-1}(\theta)) \tag{8.25}$$

其中，$F_z^{-1}(\cdot)$ 是经理 k 的、经过标准化的收益率（标准化到均值为 0，方差为 1）的累积分布函数的逆。在很多情况下，在风险管理应用中，设定 $\mu_k = 0$，这样可以得到单个经理的损失限制的一个特别方便的表达式：[①]

---

① 出于风险管理的谨慎考虑，设定投资组合的期望收益率为 0。由于大多数投资组合通常具有正的期望收益率，因此设定 μ 等于 0 一般会得到较大的 VaR。不过，对于既包含多头头寸又包含空头头寸的积极管理型投资组合来说，设定期望收益率为 0 未必是出于谨慎，但是在某些情况下能得到严重偏低的 VaR 估计值。对于那些被设计来利用均值回复的策略——如固定收益相对价值型策略和股票市场中性型策略——来说，这一点尤其重要。这些策略涉及买入"跑输基准的证券"和卖出"跑赢基准的证券"，因此无条件均值通常是负的（因为根据定义，跑输基准的证券的期望收益率比跑赢基准的证券的期望收益率低）。因此，从风险管理的角度来看，设定期望收益率为 0 实际上是一个比较有进取性的假设。

$$\xi_k = \frac{\sigma_k}{\sigma_p}\xi_p \tag{8.26}$$

其中，σ_p 是投资组合的收益率的标准差。

为了更加具体，注意：

$$\sigma_p = \sqrt{\boldsymbol{\omega}'\boldsymbol{\Sigma}\boldsymbol{\omega}} \tag{8.27}$$

其中，$\boldsymbol{\Sigma}$ 是 m 个经理的收益率的协方差矩阵，考虑如下三种特殊情况。

完全相关。假设全部 m 个经理的收益率是完全相关的，在这种情况下，存在下列关系式：

$$\sigma_p = \sqrt{\boldsymbol{\omega}'\boldsymbol{\sigma}\boldsymbol{\sigma}'\boldsymbol{\omega}} = \sum_{i=1}\omega_k\sigma_k = \bar{\sigma} \tag{8.28}$$

其中，$\boldsymbol{\sigma} \equiv [\sigma_1 \cdots \sigma_m]'$。上式不过就是 m 个经理的标准差的加权平均，它意味着：

$$\xi_k = \frac{\sigma_k}{\bar{\sigma}}\xi_p \tag{8.29}$$

这样，对于那些标准差大于均值的经理来说，应该允许他们拥有较大的损失限制（当然，鉴于他们承担了较高的风险，因此也应该要求他们获取较高的期望收益率）。只有在所有经理的标准差都相等的特殊情况下，才有 $\xi_k = \xi_p$。

不相关。如果 m 个经理的收益率两两之间都是不相关的，则：

$$\sigma_p = \sqrt{\sum_{i=1}^{m}\omega_k^2\sigma_k^2} \tag{8.30}$$

在所有经理的收益率的标准差都等于 σ 的特殊情况下，投资组合在他们之间平均分配，则我们有：

$$\xi_k = \sqrt{m}\,\xi_p \tag{8.31}$$

对于 $m = 25$ 个经理来说，单个经理的损失限制 ξ_k 就是投资组合的损失限制 ξ_p 的 5 倍。

等相关。对于一群收益率的标准差都等于 σ、投资组合权重都是 $\omega_k = 1/m$ 且收益率之间的相关系数都等于 ρ 的经理来说，我们有：

$$\boldsymbol{\Sigma} = \sigma^2[\rho\boldsymbol{\iota}\boldsymbol{\iota}' + (1-\rho)\mathbf{I}] \tag{8.32}$$

$$\sigma_p = \sqrt{\boldsymbol{\omega}'\boldsymbol{\Sigma}\boldsymbol{\omega}} = \sigma\sqrt{\rho + (1-\rho)/m} \tag{8.33}$$

这意味着：

$$\xi_k = \frac{\sigma}{\sigma_p}\xi_p = \frac{1}{\sqrt{\rho + (1-\rho)/m}}\xi_p \tag{8.34}$$

表 8—2 列示了式（8.34）中的因子 σ/σ_p 的值。这些值表明，当 $m=25$ 且 $\rho=30\%$ 时，单个经理的损失限制等于投资组合的损失限制 ξ_p 的 1.75 倍。具体来说，给定一个投资组合的损失限制是每月 3%，如果每个经理的收益率之间的相关系数都相等，且等于 30%，则可以允许每个经理每月的损失限制是 5.25%。

表 8—2　　　　　投资组合的损失限制乘子 σ/σ_p *

σ/σ_p	m						
	5	10	15	20	23	25	30
ρ(%)							
0	2.24	3.16	3.87	4.47	4.80	5.00	5.48
5	2.04	2.63	2.97	3.20	3.31	3.37	3.50
10	1.89	2.29	2.50	2.63	2.68	2.71	2.77
15	1.77	2.06	2.20	2.28	2.31	2.33	2.37
20	1.67	1.89	1.99	2.04	2.06	2.08	2.10
25	1.58	1.75	1.83	1.87	1.88	1.89	1.91
30	1.51	1.64	1.70	1.73	1.74	1.75	1.76
35	1.44	1.55	1.59	1.62	1.63	1.63	1.64
40	1.39	1.47	1.51	1.52	1.53	1.54	1.54
45	1.34	1.41	1.43	1.45	1.45	1.46	1.46
50	1.29	1.35	1.37	1.38	1.38	1.39	1.39
55	1.25	1.30	1.31	1.32	1.33	1.33	1.33
60	1.21	1.25	1.26	1.27	1.27	1.27	1.28
65	1.18	1.21	1.22	1.22	1.23	1.23	1.23
70	1.15	1.17	1.18	1.18	1.18	1.19	1.19
75	1.12	1.14	1.14	1.15	1.15	1.15	1.15
80	1.09	1.10	1.11	1.11	1.11	1.11	1.11
85	1.07	1.08	1.08	1.08	1.08	1.08	1.08
90	1.04	1.05	1.05	1.05	1.05	1.05	1.05
95	1.02	1.02	1.02	1.02	1.02	1.02	1.03
100	1.00	1.00	1.00	1.00	1.00	1.00	1.00

注：* 把这些因子乘以投资组合每月的损失限制，就可以得到单个经理每月可以允许的损失限制（假定这些经理的收益率具有相等的标准差，且两两收益率之间的相关系数都等于 ρ）。

8.10 总结和拓展

第8.1节到第8.9节勾勒的框架绝非是对基金的基金型投资过程的一个完整的设定，而只是开发这样一个过程的一个可能的蓝图。与具有界定清楚的风险和业绩参数的传统投资不同，对冲基金投资是异质的、高度动态的和适应性的，且在许多不同的方面都具有风险。因此，在这个行业的生命周期的这一阶段，纯粹通过定量方法来管理一个对冲基金投资组合既不可能，也非所愿。取而代之的是，我们提出了一个整合的方法，它通过一种一致的方式，把定性的判断和定量的精确性结合起来。

但是，这样的整合是有代价的。代价之一就是，按照定义，与所有经理的单阶段最优化相比，两阶段最优化过程是次优的；因此，这一问题值得更加深入的讨论。第一，鉴于单个对冲基金之间的相关系数在时间上的可变性——这要归咎于估计误差、数据误差、异常值和真实相关系数的变动——对单个对冲基金进行均值—方差最优化所得到的权重高度不稳定，在不同月份之间和不同经理之间波动都很大。不过，资产族权重的均值—方差最优化可能比较稳定。第二，与对冲基金投资风格的总趋势、相关性和波动率有关的定量信息一般要比单个基金的相似信息更加可靠，而且，把这种总的定量信息的增加值整合进一个两阶段过程中并进行跟踪相对来说比较容易。第三，通过定性判断来识别单个对冲基金风格类型中的各个经理之间的关键差异，要比通过定量分析容易，在大多数对冲基金都缺乏头寸透明度的情况下尤其如此。这个两阶段过程把定量分析应用于资产配置决策，通过定量方法获得最大的增加值；在选择经理时则使用定性判断，把定量方法置于次要地位，因此最大限度地利用了两个过程的优点。

不过，两阶段过程显然是均值—方差投资组合最优化的理论宗旨和对冲基金投资的实践苛求之间的一个妥协。随着对冲基金提供更多的透明度，以及随着为了识别运营风险而进行的定性的尽职调查过程变得越来越数量化，我们就能够越来越接近于一个单阶段最优化过程以及它给业绩带来的提升。

另外，有不少方向可以继续研究下去，其中最为迫切的也许是需要关于运营风险——如潜在的利益冲突、孱弱的公司治理结构、不恰当的会计程序、资源不足以及欺诈——的更深入的数据、分析和定量化。在对过去20年的100多个被清算的对冲基金进行的一项研究中，Feffer and Kundro（2003）总结道："在所有倒闭的基金中，有一半都可以完全归咎于运营风险"。欺诈则是运营风险之一。实际上，他们注意到："与对冲基金的损失有关的、最常见的运营问题一直是对基金投资的不实陈述、对投资者资金的滥用、未经授权而进行交易，以及资源不足等"（Feffer and Kundro，2003，p.5）。[①] 当然，这些问题的最后一个与欺诈无关，但是Feffer and Kundro（2003，图2）指出，在他们的样本中，只有6%的倒闭基金与资源不足有关，而有41%涉及对投资的不实陈述，30%涉及对资金的滥用，14%涉及到未经授权进行交易。这些结果意味着，运营问题是一个重要的风险因素，非常值得投资者和经理们予以重视。

对对冲基金类型之间以及各经理之间的相关性和非线性统计关系的建模，也需要进一步的研究。例如，Chan et al.（2004）提出了为对冲基金构建风险模型的几种方法，包括在刻画对冲基金之间的相关性的突变方面似乎特别有前途的统计域变模型。Haugh and Lo（2001）提出的综合期权复制方法（synthetic option-replication approach）对刻画某些对冲基金策略的类似期权的风险敞口是很有用的。

另一个能取得相当大进展的领域是冲基金策略之间的资产配置决策。与传统投资组合收益率的极小的可预测性不同，某些对冲基金的收益率是相当持续的，第8.2节和第8.3节的实证分析印证了这一点。按照Samuelson（1969）的观点，这种水平的可预测性意味着一个真正的动态投资组合最优化过程可以使我们从中大受裨益。

最后，除基本的投资过程之外，基金的基金的经理面临的最迫切问题也许是如何避免对冲基金倒闭。虽然运营尽职调查审核偶尔能带来一些警告信号，但是这些审核发生的频率太低，在按月或按季度管理一个基金的基金型投资组合时没有太大价值。Chan et al.（2004）使用一个Logit回归模型为Lipper TASS死数据库中的对冲基金清算情况建模，来明确地解

---

① 有关的定义见第1章《导言》的最后一个脚注——译者注。

决这一问题。该模型对基金被清算的概率进行了参数化，使其成为一系列解释变量——包括基金的年龄、过去的业绩、波动率、投资风格和所管理资产的规模——的函数。虽然对这一方法的研究和探索尚处在早期阶段，但是看起来很有前途，正如 Chan et al.（2004）已经证明的，具有不同风格和特征变量的对冲基金被清算概率之间的差异相当大，且在直觉上是合理的。

9

实践中的问题

在对另类投资进行评估时，除了本书所提出的新的分析方法之外，还有几个实践中的问题应该牢记在心。首先，尽管对冲基金经理和投资者都强调阿尔法，但是风险管理本身也可以是阿尔法的一个重要来源，我们在第9.1节将通过一个简单的例子来说明这一点。当然，最终决定多少风险对一个对冲基金来说是合适的，涉及到投资者和经理双方的风险偏好——这一点将在第9.2节进行讨论。最后，关于另类投资最具争议的问题之一，是有效市场假说（Efficient Markets Hypothesis，EMH）对该行业而言的含义。如果市场是有效的，那么另类投资相对于传统投资来说就不具备任何优势，因为任何超额期望收益率都必须是额外承担风险敞口的结果。在第9.3节，我们将回顾这一争论，在市场有效假说的一个替代理论——适应性市场假说（Adaptive Markets Hypothesis，AMH）——的基础上，给出一个解决方法，并提供一些初步的实证证据来支持这一新的理论。在第9.4节中，我们将讨论对对冲基金行业的监管进行改革的必要性，并仿照美国国家运输安全委员会（NTSB）对民航行业的监管，提出一个新颖的方法。

9.1　作为阿尔法的一个来源的风险管理

与股票、债券和共同基金等传统投资载体相比，对冲基金的风险/回报目标非常不同。绝大多数对冲基金投资者期望获取高收益，以便补偿他们承担的相应风险。或许是因为他们想当然地认为对冲基金的风险就是比较高的，因此关注积极型风险管理的对冲基金投资者似乎很少，对冲基金经理就更少了。对冲基金的投资者和经理们常常将风险管理视为一个次要的目标，将阿尔法或业绩视为主要的目标。

不过，如果说现代金融学曾经教给我们一个有生命力的理念的话，那就是风险和期望收益率之间的严格的权衡关系；因此，不能脱离一个而考虑另外一个。而且，正确的风险管理本身也可以是阿尔法的来源，这一点常常被人们所忽视。常言说得好："赚钱最好的方法之一就是别亏钱。"更正式地说，考虑一个基金经理的例子，他管理的基金的年期望收益率 $E[R]$ 是 10%，年波动率 $SD[R]$ 是 75%，这是一个业绩相当平庸的基金，对冲基金的投资者们很少会认真地考虑它。现在，假设该经理在其投资策略上附加了一个风险管理过程，消除了其收益率低于 -20% 的可能性。也就是说，在实施了这一风险管理之后，其收益率是 R^*，其中：

$$R^* = \max[R, -20\%] \tag{9.1}$$

在收益率服从对数正态分布的假设下，可以证明，R^* 的期望值 $E[R^*]$ 是 20.9%——通过截去 R 的分布的左半边中小于 -20% 的部分，该策略的期望收益率增加了一倍！在这一案例中，风险管理确实是阿尔法的一个重要来源。而且，R^* 的波动率 $SD[R^*]$ 是 66.8%，比 R 的波动率要小。因此，风险管理可以同时增加阿尔法，并降低风险。表 9—1 中列示了 $E[R]$、$SD[R]$ 和截尾水平取不同值时的 $E[R^*]$ 和 $SD[R^*]$，显示了风险管理对基金业绩潜在的、直接的影响。

当然，风险管理很少采取收益率保底这样的简单形式。的确，即便能够获得这种"投资组合保险"，它的成本通常也是相当高的，等价于一个为该投资组合的价值提供保险的看跌期权的期权费。例如，式（9.1）隐

表9—1　　　　风险管理的价值*

SD[R]	E[R]						E[R]					
	−5%	0%	5%	10%	15%	20%	−5%	0%	5%	10%	15%	20%
	κ = −50%						κ = −20%					
5%	−5.0%	0.0%	5.0%	10.0%	15.0%	20.0%	−5.0%	0.0%	5.0%	10.0%	15.0%	20.0%
	5.0%	5.0%	5.0%	5.0%	5.0%	5.0%	5.0%	5.0%	5.0%	5.0%	5.0%	5.0%
10%	−5.0%	0.0%	5.0%	10.0%	15.0%	20.0%	−4.8%	0.0%	5.0%	10.0%	15.0%	20.0%
	10.0%	10.0%	10.0%	10.0%	10.0%	10.0%	9.6%	9.9%	10.0%	10.0%	10.0%	10.0%
25%	−5.0%	0.0%	5.0%	10.0%	15.0%	20.0%	−1.6%	2.2%	6.3%	10.7%	15.4%	20.2%
	24.9%	25.0%	25.0%	25.0%	25.0%	25.0%	21.2%	22.3%	23.2%	23.9%	24.4%	24.7%
50%	−3.5%	1.0%	5.7%	10.4%	15.3%	20.2%	5.6%	8.6%	11.9%	15.4%	19.2%	23.1%
	48.3%	48.8%	49.2%	49.4%	49.6%	49.8%	41.6%	42.7%	43.8%	44.8%	45.7%	46.5%
75%	−0.5%	3.5%	7.8%	12.1%	16.6%	21.2%	12.0%	14.8%	17.8%	20.9%	24.3%	27.8%
	71.4%	72.0%	72.5%	73.0%	73.4%	73.7%	64.2%	65.0%	65.9%	66.8%	67.6%	68.5%
100%	2.5%	6.3%	10.3%	14.4%	18.7%	23.0%	17.3%	20.0%	22.9%	25.9%	29.1%	32.4%
	95.2%	95.7%	96.2%	96.7%	97.1%	97.5%	88.2%	88.8%	89.4%	90.0%	90.7%	91.4%
	κ = −40%						κ = −10%					
5%	−5.0%	0.0%	5.0%	10.0%	15.0%	20.0%	−4.6%	0.0%	5.0%	10.0%	15.0%	20.0%
	5.0%	5.0%	5.0%	5.0%	5.0%	5.0%	4.4%	4.9%	5.0%	5.0%	5.0%	5.0%
10%	−5.0%	0.0%	5.0%	10.0%	15.0%	20.0%	−3.1%	0.7%	5.2%	10.0%	15.0%	20.0%
	10.0%	10.0%	10.0%	10.0%	10.0%	10.0%	7.8%	8.9%	9.6%	9.9%	10.0%	10.0%
25%	−4.7%	0.1%	5.1%	10.0%	15.0%	20.0%	2.2%	5.1%	8.5%	12.3%	16.4%	20.8%
	24.5%	24.8%	24.9%	25.0%	25.0%	25.0%	18.3%	19.8%	21.1%	22.2%	23.1%	23.8%

续表

SD[R]	E[R] −5%	0%	5%	10%	15%	20%	E[R] −5%	0%	5%	10%	15%	20%
50%	−1.5%	2.6%	6.8%	11.3%	15.9%	20.6%	10.7%	13.2%	15.9%	18.9%	22.2%	25.7%
	46.6%	47.3%	47.9%	48.5%	48.9%	49.2%	38.7%	39.9%	41.0%	42.2%	43.3%	44.4%
75%	2.8%	6.4%	10.2%	14.2%	18.3%	22.6%	17.7%	20.2%	22.7%	25.5%	28.4%	31.5%
	69.3%	70.0%	70.7%	71.3%	71.9%	72.4%	61.5%	62.3%	63.2%	64.1%	65.0%	66.0%
100%	6.7%	10.2%	13.8%	17.5%	21.4%	25.4%	23.5%	25.9%	28.5%	31.2%	34.0%	37.0%
	93.0%	93.6%	94.2%	94.7%	95.3%	95.8%	85.7%	86.2%	86.8%	87.5%	88.2%	88.9%
κ = −30%							**κ = −5%**					
5%	−5.0%	0.0%	5.0%	10.0%	15.0%	20.0%	−3.0%	0.4%	5.0%	10.0%	15.0%	20.0%
	5.0%	5.0%	5.0%	5.0%	5.0%	5.0%	3.0%	4.4%	4.9%	5.0%	5.0%	5.0%
10%	−5.0%	0.0%	5.0%	10.0%	15.0%	20.0%	−1.0%	1.9%	5.7%	10.2%	15.0%	20.0%
	10.0%	10.0%	10.0%	10.0%	10.0%	10.0%	10.0%	10.2%	10.0%	9.6%	9.9%	10.0%
25%	−3.8%	0.7%	5.3%	10.2%	15.1%	20.0%	4.8%	7.3%	10.2%	13.5%	17.3%	21.4%
	23.4%	24.0%	24.4%	24.7%	24.9%	24.9%	16.8%	18.3%	19.7%	21.0%	22.1%	23.0%
50%	1.5%	5.1%	8.9%	12.9%	17.1%	21.5%	13.6%	15.8%	18.3%	21.1%	24.1%	27.3%
	44.3%	45.2%	46.1%	46.9%	47.6%	48.2%	37.2%	38.4%	39.6%	40.8%	41.9%	43.1%
75%	7.0%	10.2%	13.6%	17.1%	20.9%	24.8%	20.9%	23.1%	25.5%	28.0%	30.8%	33.7%
	66.8%	67.6%	68.4%	69.2%	69.9%	70.7%	60.1%	60.9%	61.8%	62.7%	63.7%	64.6%
100%	11.7%	14.7%	18.0%	21.4%	24.9%	28.5%	26.7%	29.0%	31.4%	34.0%	36.7%	39.5%
	90.7%	91.2%	91.9%	92.5%	93.1%	93.8%	84.4%	84.9%	85.5%	86.2%	86.9%	87.6%

注：* 服从对数正态分布的收益率 R 的期望值 $E[R]$、标准差 $SD[R]$ 和截断点 κ 取不同值时，$R^* = \max[R, \kappa]$ 的期望值 $E[R^*]$（各个第一行）（各个第二行）和标准差 $SD[R^*]$（各个第一行）（各个第二行）。

含的看跌期权的 Black-Scholes 期权费等于被保险的投资组合价值的
15.4%。① 但是这只是说明了风险管理的重要性和经济价值——根据
Black-Scholes 公式，以这种方式管理风险以便使年度业绩大于 - 20% 的能
力的价值为所管理资产的价值的 15.4%！事实上，一个经理的风险管理
过程越有效，它对阿尔法的贡献就越大。

9.2 风险偏好

从基金经理和投资者的角度来看，在任何涉及到对冲基金的投资过程
中，风险偏好都起着主要作用。对冲基金经理的报酬一般来自固定的管理
费和业绩提成费，如果不对这种非线性的支付方式进行适当的管理，就会
引起过度地承担风险的行为。对基金经理的报酬施加最低投资收益率
（hurdle rates）、历史最高业绩记录和其他非线性的约束，会导致事情变得
更加复杂，可能会对经理的投资决策带来重要影响，在极端情况下——如
在刚刚经历了大规模的损失之后——尤其如此。而且，鉴于对冲基金业绩
通常波动很大，因此经理每天面临的财务和心理压力非同小可，而这也会
招致损失。

同时，对于对冲基金的风险管理来说，投资者的风险偏好同样重要，
这是因为投资者的行为会严重影响经理的行为。如果"对冲基金投资者
就是游资"这一陈旧观念是正确的，则它会影响对冲基金经理所承担的
风险的类型。锁定期和赎回费是应付胆小心怯的投资者的典型方法，但是
在面临危机时，这些方法有时会使胆怯这种人性弱点②恶化为恐慌。具有
讽刺意味的是，虽然已经向个人投资者提供了许多方法——包括风险容忍
调查、"如果……那么……"这样的假设情景分析以及毕生理财软件——
来确定他们的风险偏好，但是这些方法对于帮助机构投资者确定他们整体
的风险偏好而言，实际上都不具备可比性。对于任意一个经理和咨询分析

---

① 假设该看跌期权的期限是 1 年，执行价格是 20% 价外的，年波动率是 75%，无风险收益
率是 5%。
② 原文是"太过人性化的倾向（all-too-human tendency）"，是指投资者容易受人性中的弱
点的影响——译者注。

师来说，这一挑战的难度之大可能都是令人望而却步的，但是如果不对一个投资者的风险偏好有着清楚的了解，就不可能正确地管理风险，或者制定出恰当的投资策略。

机构投资者几乎总是由少数个人所代表，这一事实使风险偏好更加难以被识别，这也正是引发这一挑战的原因。考虑一个例子，一个养老基金过去每年都能有 5% 的盈利，但是现在突然发现自己亏损了 3%。在面对盈利时，基金的投资委员会是保守的，因此会降低股票配置，以便维持已有的盈利；而在面对 3% 的亏损时，投资委员会则更加具有进攻性，希望通过较多地配置收益率较高的资产来弥补亏损，包括第一次涉足另类投资。作为其资金地位发生变动的结果，该养老基金的风险偏好发生了显著的变化，虽然学者们会对这种偏好的逆转是否理性产生争议，但是现实就是如此，必须明确地承认。通过更好地理解集体决策的动态过程及其所代表的风险偏好，机构投资者在处理市场条件所发生的不可避免的波动时就会更加熟练。

任何涉及到另类投资的完整投资过程，在确定对冲基金恰当的风险敞口时，都必须将投资者和经理双方的风险偏好考虑在内。在给定影响一个典型的对冲基金的风险的大小和变化的情况下，更重要的是要把"总风险管理的 3P"——价格、概率和偏好——整合进这一框架内。[①] 例如，Lo，Repin and Steenbarger（2005）描述了一系列被设计用来诱导投资者展示出其风险偏好和性格特征的调查问卷；在为期几周的时间内，这些问卷被用于一群日内交易者（当时他们正在积极地进行交易），目的是想把他们的风险和性格特征与交易业绩联系在一起。[②] 事实上，也可以为对冲基金经理和投资者开发出类似的特征描绘方法，并最终将其纳入到经理与投资者之间的讨论之中，以便降低双方出现不一致的期望的可能性。

风险偏好的重要性强调了对冲基金中人的因素，这是一类更宽泛的问题的一部分；这些问题通常被归入运营风险，包括诸如后台运营的可靠性、法律架构、会计和贸易协调、人员问题，以及公司的日常管理等组织

[①] 更深入的细节请参见 Lo（1999）。

[②] Lo 和 Repin 在网站 http：//www. risk-psychology. net 上提供了有关风险调查和刻画性格特征的工具，还可以参见 MacCrimmon and Wehrung（1986）。

方面的问题。在这些问题中，有很多无法进行定量分析，但是它们是真实存在的风险，不能视而不见，并且在决定基金业绩方面有时会迅速盖过市场风险。另类投资管理协会（Alternative Investment Management Association, AIMA, http://www.aima.org）等机构可以提供尽职调查问卷的样板，它们可以为检视运营风险提供的一个不错的起点。

9.3　对冲基金与有效市场假说

有效市场假说是现代经济学和金融学中最有影响力的思想之一，即认为市场价格已经理性而即时地体现了所有的信息。和现代经济学中的诸多思想一样，有效市场假说的起源可以追溯到 Paul Samuelson（1965），他的论文题目《被恰当预期的价格将服从随机波动之证明》简洁地概括了他的贡献。在一个信息有效的市场上，如果价格的变动已经被恰当地预期了，即如果所有市场参与者的信息和预期都已经充分地反映在价格的变动中，则价格变动必定是不可预测的。Roberts（1967）和 Fama（1970）通过给市场参与者可以获得的各种信息集设置结构，来使这一假说具备可操作性——这被概括在 Fama 的著名论文《价格充分反映了所有可得的信息》中。

市场有效这一概念与直觉存在着显著背离，且看似有点矛盾：市场越有效，这样的市场所产生的价格变动序列的随机性必定越强；在所有的市场中，最有效的市场上的价格变动完全是随机的、不可预测的。这当然不是自然的巧合，而是许许多多积极的参与者试图根据自己掌握的信息获取盈利而造成的直接结果。大批贪婪的投资者争先恐后地抓住自己拥有的即便是最小的信息优势，在这一过程中，他们把自己所拥有的信息融入市场价格之中，迅速地消除了这些驱使自己行动的盈利机会。如果这些事情是同时发生的——在一个由"无摩擦"的市场所组成的、不存在交易成本的、理想化的世界里，这些必定会同时发生——那么价格必定总能充分反映出所有可以获得的信息，在基于信息所进行的交易中不可能获得盈利（因为这种盈利已经被捕捉到了）。

对于对冲基金行业来说，EMH 具有特别重要的意义，因为对冲基金最初的吸引力就在于它们能获得较高的期望收益率，且在很多情况下具有较低的风险（用其与S&P500指数这样的宽基市场指数之间的相关系数来衡量）。如果EMH是正确的，则在对风险进行调整之后，应该不可能产生较高的期望收益率。例如，根据资本资产定价模型（CAPM），任何投资P的经过风险调整的期望收益率由该项投资的市场贝塔决定：

$$E[R_p] = R_f + \beta(E[R_m] - R_f) \qquad (9.2)$$

其中，R_f是无风险资产，例如美国国库券的收益率；$E[R_m]$是市场投资组合的期望收益率，通常用S&P500指数的收益率来近似代替。

但是，考虑一个基金XYZ的例子，XYZ是从Altvest数据库中抽出的一个活基金的化名，从1985年1月到2002年12月，它的年收益率的均值是12.54%，年收益率的标准差是5.50%（如图9—1所示）。假设在这一时期，无风险收益率是2.5%，市场风险升水是8%，则资本资产定价模型意味着XYZ的贝塔应该是：

$$\beta = \frac{E[R_{XYZ}] - R_f}{E[R_m] - R_f} = \frac{12.54\% - 2.5\%}{8\%} = 1.26$$

不过，用XYZ的收益率对S&P500指数的收益率进行简单的回归，得到β的估计值是-0.028，R^2是0.66%。换句话说，基金XYZ实际上并没有市场风险敞口，且在18年里具有不错的收益率和相当低的波动率。这怎么可能与EMH相一致呢？

有效市场理论的支持者们认为，CAPM并不是EMH的同义词，对冲基金投资的较高期望收益率可能是其收益率中包含的其他系统性风险因子，如流动性、波动性和尾部风险（请特别参见第1.1节和第1.2节的例子）的公平报酬。不过，即使把这些因子考虑在内，有一些基金仍然具有超额的期望收益率，这意味着，要么是模型错了，要么市场是无效率的。

其他人则认为，像XYZ这样的基金只是统计上的巧合，是样本选择和幸存者偏差的产物。换句话说，如果把一枚均匀的硬币抛上足够多的次数，最终连续20次正面朝上也是可能出现的（Lo and MacKinlay, 1990b; Lo, 1994）。这一观点的问题在于，在对冲基金行业存在的异常值为数不少，如复兴技术公司（Renaissance Technologies）、D. E. Shaw、索罗斯基金管理公司（Soros Fund Group）、Tudor投资公司、Caxton、高桥（Highbridge）和

Moore 等皆是如此。① 这意味着，要么是它们异常幸运，要么是某些对冲基金经理在攫取超额的、经风险调整的期望收益率方面极富天分。

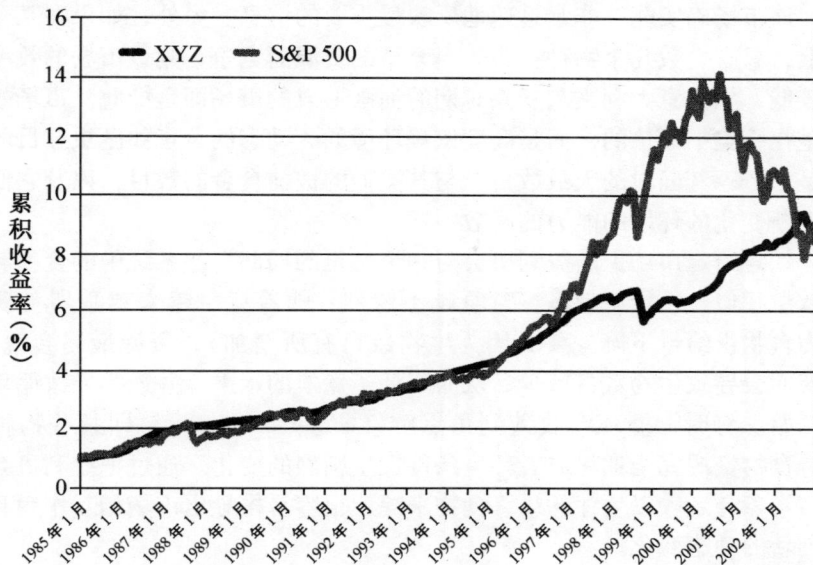

图9—1　基金 XYZ 和 S&P500 指数的累积总收益率（1985 年 1 月至 2003 年 1 月）
数据来源：Altvest.

对这个显而易见的矛盾的一个更加令人满意的解释，可以在适应性市场假说（AMH）中找到。它是 Lo（2004）提出的一个假说，用来代替 EMH；这一假说沿袭了 Bernstein（1998）；Farmer and Lo（1999）以及 Farmer（2002）的观点，把进化的原则应用于金融市场。环境条件与经济体——或者使用恰当的生物学术语：生态系统（ecology）——中的"物种"的数目和特征相结合所产生的信息，都反应在价格之中。这里所说的"物种"，指的是各种不同的市场参与者群体，每一个群体具有自身共同的行为方式。例如，养老基金可被视为一个物种，散户是另一个物种，做市商是第三个物种，对冲基金经理是第四个。如果有多个物种（或者

① 这里列的全是美国著名的对冲基金，后面4个的全称分别是 Tudor Investment Corp. , Caxton Associates, LLC, Highbridge Capital Management, LLC 和 Moore Capital Management LP——译者注。

一个具有众多个体的物种）在同一个市场上为了相当稀缺的资源而展开竞争，则该市场可能是高度有效的，如 10 年期美国中期国债市场即是如此，该市场确实能够非常迅速地反映最重要的信息。另外，如果在某个市场上，只有少数几个物种在为相当充裕的资源而竞争，则该市场的效率就会较低，如为意大利文艺复兴时期的油画形成的市场即是如此。市场效率不是在真空中评估的，而是高度依赖环境的、动态的，正如昆虫数目的增减是季节、其面对的天敌数目、与其类似的被捕食者的数目，以及它们适应不断变化的环境的能力的函数一样。

任意给定市场上的盈利机会与一个特定的局部生态系统中的食物和水的数量相似——资源越多，竞争越不惨烈。随着竞争越来越激烈（要么因为食物供给量下降，要么因为生物数目有所增加），资源最终会锐减，这转而会导致生物数目减少，从而降低了竞争的水平，并最终导致循环重新开始。有时，循环会收敛到角点解（corner solutions），即某些物种灭绝、食物资源完全耗尽或者环境条件发生剧烈的变化。通过把盈利机会视为市场参与者赖以生存的最终食物来源，很容易推导出市场相互作用和金融创新的动态变化。

在适应性市场假说下，会存在大量的行为偏差（behavioral bias）。这些偏差根源于在非金融领域里应用的经验推断方法（heuristics），并且它们的影响取决于具有这种偏差的个体的数量与采用更加有效的经验推断方法的竞争对手的数量之间的对比。在 1998 年秋天，某些投资者对流动性和安全性的渴求超过了试图从这些偏好中套利的对冲基金的数目，导致这些套利关系崩溃。不过，在 1998 年 8 月之前的年份里，固定收益相对价值型交易者从这种套利①活动中获利颇丰，这很可能是以表面上具有"不理性的"偏好的人的损失为代价的（实际上，这些偏好是一系列特定的进化力量塑造而成的，在其他情况下可能是相当理性的）。因此，在适应性市场假说下，随着商业条件、进入与退出行业的竞争者数目，以及可以获得的盈利机会的类型和大小的不断变化，投资策略经历着盈利与损失的循环。随着盈利机会的变动，受影响的个体数目也会随之变化。例如，在

---

① 这里的"套利"两个字是译者自己加的——译者注。

1998 年之后，由于完全倒闭、投资者赎回和新增基金不足，固定收益相对价值型对冲基金的数目急剧减少；但是，近年来，随着这种投资策略的业绩得到改善，许多基金又重出江湖了。

通过对 Lipper TASS 数据库中各种风格类型的对冲基金的出现和消亡进行分析，可以发现这些"个体数目的动态变化"的一个具体例子。表 9—2 列示了未经过滤的 Lipper TASS 数据库中，进入和退出全球宏观型、做多/做空股票对冲型和固定收益套利型的基金的数目。与表 2—5 一样，从 1994 年 Lipper TASS 数据库开始维护其死数据库起，才有"进入和退出"的数目变化。表 9—2 的最后一列列示了这三个类型中的每一个所对应的 CS/Tremont 风格指数的年度复合收益率。把指数收益率和年度淘汰率相比较，可以清楚地发现，业绩状况预示着未来进入和退出的基金数目，反之反是。例如，1995—1997 年对于全球宏观型来说是非常好的年份，指数收益率分别是 30.7%、25.6% 和 37.1%。因此，全球宏观型基金的数目从 1994 年底的 65 家增长到 1998 年底的 103 家，1998 年的淘汰率只有 8.8%，远远低于 1996 年的 20.0%，也就毫不奇怪了。但是，从 1998 年到 2000 年，全球宏观型指数只获取了比较低的收益率，分别是 -3.6%、5.8% 和 11.7%，而这一时期全球宏观型基金的淘汰率也从 1998 年的 8.8% 增长到了 2000 年的 31.1%。从 2000 年到 2002 年，随着收益率的改善，新的基金进入数据库，退出的基金较少，于是淘汰率再次下跌了。做多/做空股票对冲型和固定收益套利型也展现出了类似的模式。

表 9—2　　每年进入和退出 Lipper TASS 对冲基金数据库的 3 个
风格类型的基金数目（1994 年至 2007 年）

年份	年初既存基金数目	当年新进入的基金数	当年新退出的基金数	当年进入又退出的基金数	基金总数	淘汰率（%）	指数收益率（%）
全球宏观型							
1994	56	12	3	0	65	5.4	-5.7
1995	65	21	6	0	80	9.2	30.7
1996	80	14	16	4	78	20.0	25.6
1997	78	20	7	1	91	9.0	37.1
1998	91	20	8	2	103	8.8	-3.6
1999	103	15	15	1	103	14.6	5.8
2000	103	18	32	0	89	31.1	11.7
2001	89	18	13	0	94	14.6	18.4

续表

年份	年初既存基金数目	当年新进入的基金数	当年新退出的基金数	当年进入又退出的基金数	基金总数	淘汰率（％）	指数收益率（％）
2002	94	38	7	0	125	7.4	14.7
2003	125	41	10	1	156	8.0	18.0
2004	156	37	10	0	183	6.4	8.5
2005	183	43	29	1	197	15.8	9.2
2006	197	22	39	0	180	19.8	13.5
2007	180	7	13	0	174	7.2	9.0
做多/做空股票对冲型							
1994	198	58	3	0	253	1.5	-8.1
1995	253	80	9	0	324	3.6	23.0
1996	324	121	21	0	424	6.5	17.1
1997	424	130	22	3	532	5.2	21.5
1998	532	132	31	2	633	5.8	17.2
1999	633	178	47	3	764	7.4	47.2
2000	764	224	56	4	932	7.3	2.1
2001	932	225	99	2	1 058	10.6	-3.7
2002	1 058	179	118	4	1 119	11.2	-1.6
2003	1 119	212	110	3	1 221	9.8	17.3
2004	1 221	252	136	4	1 337	11.1	11.6
2005	1 337	221	166	4	1 392	12.4	9.7
2006	1 392	143	207	3	1 328	14.9	14.4
2007	1 328	24	119	0	1 233	9.0	9.0
固定收益套利型							
1994	23	16	0	0	39	0.0	0.3
1995	39	12	5	0	46	12.8	12.5
1996	46	16	4	0	58	8.7	15.9
1997	58	16	3	1	71	5.2	9.3
1998	71	15	14	0	72	19.7	-8.2
1999	72	13	8	0	77	11.1	12.1
2000	77	14	11	0	80	14.3	6.3
2001	80	23	6	0	97	7.5	8.0
2002	97	29	7	0	119	7.2	5.8
2003	119	57	6	0	170	5.0	8.0
2004	170	53	10	0	213	5.9	6.9
2005	213	31	29	1	215	13.6	0.6
2006	215	22	41	0	196	19.1	8.7
2007	196	7	10	0	193	5.1	1.7

　　淘汰率与业绩之间的这种关系并非巧合，而是对冲基金行业简单的商业动态变化的一个明证。一个风格类型获取了优异的业绩，就会导致对该类型的需求增加，而这会刺激新的该类型的基金的成立。在该类型中，基金的数目不断增加，或者说该类型中既存基金的资本的增加，意味着对于该部门的一组给定的盈利机会来说，收益率最终会下降。这种下降不可避免地导致资本的撤出，这转而意味着那些表现最差的基金——那些业绩最差、利润边际最低、最难存活的商业实体——将从群体中消失。

　　适应性市场假说对对冲基金行业有一些具体的含义。第一个含义是：与有效市场假说相反，在适应性市场假说中，套利机会是不时存在的。正如 Grossman and Stiglitz（1980）注意到的，如果没有这样的套利机会，就没有动力去收集信息，金融市场的价格发现功能将不复存在。从进化的角度来看，活跃的、流动性的金融市场的存在，意味着必定存在盈利机会。随着这些机会被利用，它们就消失了。但是，随着某些物种的灭亡、其他物种的诞生，以及制度和商业条件的变迁，又会不断地创造出新的盈利机会。有效市场假说预测市场具有必然向更有效率的方向发展的趋势；与此相反，适应性市场假说则隐含着更加复杂的市场动态变化，其中既伴随着周期循环，也伴随着趋势、恐慌、狂热、泡沫、崩溃以及在自然的市场生态系统中经常看到的其他现象。正如 Bernstein（1998）所建议的，这些动态变化为积极型管理提供了动机，还导致了 Niederhoffer（1997）所说的"食肉者"（carnivores）和"残骸分解者"（decomposers）的产生。

　　正如表 9—2 中基金进入和退出的动态变化所表明的，适应性市场假说的第二个含义是：投资策略也是有盈有亏的，在某些环境中表现优异，在其他环境中则表现差劲。在经典的有效市场假说下，竞争会消除套利机会，那种被设计来利用套利机会的投资策略最终会失去盈利机会；与此相反，适应性市场假说则意味着，这种策略的盈利性可能暂时会有所下降，但是一旦环境条件对此类交易有利，其盈利状况就会有所增长。风险套利型就是一个明显的例子，由于 2001 年以来投资银行业务逐渐减少，这一策略类型有几年一度没有盈利。但是，随着兼并和收购活动（M&A）重新变得活跃，风险套利型基金将再次受到投资者和投资组合管理者的青睐，就像今年已经发生的那样。通过计算 1871 年 1 月至 2003 年 4 月 S&P

综合指数（S&P Composite Index）月度收益率的一阶滚动相关系数 $\hat{\rho}_1$（如图 9—2 所示），可以发现一个更加令人感到惊讶的例子。作为一个衡量市场效率的指标（回忆一下，随机游走假说隐含着收益率是序列不相关的，因此理论上 ρ_1 应当等于 0），人们可能会预期 $\hat{\rho}_1$ 在样本的较早阶段取值较大，然后在近年来随着美国股市越来越有效率，$\hat{\rho}_1$ 的取值会逐渐变小。但是，图 9—2 清楚地表明，随着时间的推移，市场效率程度——用一阶自相关系数来表示——以一种周期模式变化，并且 1950s 的市场比 1990s 早期的市场更有效率！

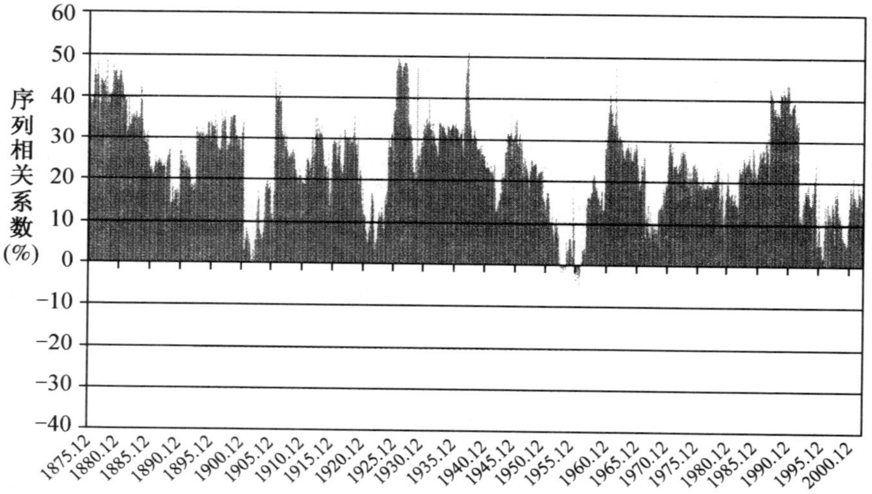

图 9—2　使用 5 年滚动窗口计算的 S&P 综合指数月度收益率的一阶自相关系数（1871 年 1 月至 2003 年 4 月）

有效市场假说在理论上并不排除这种周期性；但是在实践中，它迄今已有的实证应用都不考虑这种动态变化，而是代之以假设这是一个平稳的（stationary）世界，在这个世界里，市场永远处于均衡状态。平稳的有效市场假说与市场条件的明显变化之间日益扩大的鸿沟，无疑是促使 Bernstein（2003）批评战略性资产配置模型（strategic asset-allocation models）中的策略投资组合，并提出自己富有争议的建议——应该重新考虑战术性资产配置（tactical asset allocation）——的一个原因。

· 280 ·

　　适应性市场假说的第三个含义是：创新是生存的关键。经典的 EMH 认为，只要承担足够的风险，就能获取一定水平的期望收益率。适应性市场假说则意味着，风险/回报关系是随着时间不断变化的，获取前后水平一致的期望收益率的较好办法是适应不断变化的市场条件。如果投资经理能进化出适应各种环境条件的多重能力，他就不太可能在商业条件的迅速变化中被淘汰。我们应该考虑一下目前关于恐龙灭绝的理论（Alvarez，1997），并且问一下引起下一场金融危机的小行星①将会来自何方。

　　最后，适应性市场假说对所有金融市场参与者而言都有一个明确的含义：生存是唯一重要的目标。虽然利润最大化、效用最大化和一般均衡也是市场生态系统的重要方面，但是决定市场与金融技术进化的组织原则只是生存。

　　在对冲基金行业中，支持这些进化的基础并不仅仅是简单的投机。全球金融市场异常激烈的竞争、"最合适"的经理获得的巨额回报、较低的进入壁垒以及设立基金的最小固定成本意味着达尔文的自然选择原则——确切地说，是"最富有的人方能生存"——在决定一个成功的对冲基金的典型命运时是起作用的。总之，不成功的基金经理在遭受了一些损失之后，最终从人群中被淘汰掉了。

　　适应性市场假说这一新的范例目前尚在发展之中，当然还需要再进行大量的研究来使其在萨缪而森（Samuelson）的意义上"具有操作意义"。不过，显然，即便在这一早期发展阶段，一个不断进化的框架也能把有效市场理论与对冲基金行业之间的许多明显的矛盾协调起来。前者可被视为一个面对着不变的环境条件的群体所处的稳定状态的极限，后者则涉及到某些群体所特有的适应能力，这些适应能力有可能持续下去，也有可能持续不下去，这取决于经济体经历的特定的进化路径。通过把演绎和归纳推断相结合——例如，对金融市场中的进化动态进行理论分析，对进化的推动力进行实证分析以及对个人和群体层面的决策过程进行试验分析——可以推导出更多特定的含义，且目前也正在研究之中（进一步的讨论请参见 Lo，2004）。

----

　　① 美国国家科学院院士 Walter Alvarez 提出天体撞击导致地球环境破坏，从而致使恐龙以及大量其他物种灭绝的观点，具体见 Alvarez（1997）。该书中文版是：（美）沃尔特·阿尔瓦雷斯：《霸王龙和陨星坑：天体撞击如何导致物种灭绝》，马星垣、车宝印译，上海科技教育出版社，2001——译者注。

9.4 对对冲基金的监管

虽然 Lipper TASS 数据库提供了大量的统计信息，但是有关对冲基金清算方面的很多问题却比较缺乏。例如，与 Feffer and Kundro（2003）的研究中手工收集的样本不同，我们并不知道每一个死基金被清算的细节，因此也就无法说出宏观经济事件在决定一个对冲基金的命运的过程中是不是比运营风险更加重要。对冲基金行业缺乏历史透明度，加上它在很大程度上仍然不受监管的事实，意味着对对冲基金的清算进行综合的分析在近期是难以完成的。对冲基金行业、甚至一个特定的风格类型内部存在的巨大的异质性，使我们更加难以从现存的数据资源中做出明确的推断。

不过，我们还是有理由持谨慎乐观的态度。最近，从机构投资者——它们要求有较大的透明度才会做出委托——那里流入对冲基金行业的资产，正在使对冲基金变得更加普遍。监管环境也正在迅速改变。特别是，虽然美国证券交易委员会最初要求对冲基金依《1940 年投资顾问法》（第 203（b）（3）—2 规则）注册为投资顾问的尝试于 2006 年 6 月遭到华盛顿特区巡回上诉法庭的否决，[①] 但是 2007 年 5 月，有人提交了《对冲基金注册法案》（*Hedge Fund Registration Act*），且在不远的未来非常可能成为法律。[②] 依《1940 年投资顾问法》进行注册引起了相当大的争议，争论双方都有着令人信服的观点。虽然注册可能会为投资者提供一层额外的保护，但是注册成本也是巨大的——对于 SEC 和许多较小的对冲基金来

---

① 关于"第 203（b）（3）－2 规则"可以参见第 7 章的有关脚注——译者注。

② 2007 年 5 月 15 日，参议员 Charles Ernest Chuck Grassley 提交了一份名为《对冲基金注册法案》（*Hedge Fund Registration Act*）的草案，要求对冲基金在美国证券交易委员会（SEC）注册，但是这份草案影响不大。2009 年 1 月 27 日，众议员 Michael Capuano 和 Michael Castle 向众议院提交了一份名为《2009 年对冲基金顾问注册法案》（*Hedge Fund Adviser Registration Act of 2009*）的草案，目的是要"修改《1940 年投资顾问法》，删掉客户数目少于 15 个的投资顾问免于注册的规定"。两天后，即 1 月 29 日，Charles Grassley 和另一位参议员 Carl Levin 再次提交了一份名为《2009 年对冲基金透明度法案》（*Hedge Fund Transparency Act of 2009*）的草案，要求管理资产超过 3 000 万美元的私募基金的管理人向 SEC 注册。2009 年 7 月 15 日，奥巴马政府提出了名为《2009 年私募基金投资顾问注册法》（*Private Fund Investment Advisers Registration Act of 2009*）的草案。2009 年 10 月 1 日，众议员 Paul E. Kanjorski 提出了《私募基金投资顾问注册法》并于 10 月 27 日获得众议院通过。2009 年 11 月 10 日，参议院银行、住房和城市事务委员会主席 Christopher Dodd 公布了一份关于金融改革立法的建议草案，其中包含先前奥巴马政府金融监管改革白皮书中所设想的多个关键领域，其中包括一份拟议的《私募基金投资顾问注册法》。上述这些不同版本的草案各有特色，但出发点都是一样的，即对《1940 年投资顾问法》中的有关条款进行修订，限定对冲基金向 SEC 注册的条件，将对冲基金等纳入监管范围。虽然截至目前（2010 年 5 月 1 日）这些草案无一被批准成为法律，但是未来成为法律是必然的——译者注。

说都是如此——这很可能将这一生机蓬勃的行业扼杀致死。

另外，仅仅让对冲基金注册可能还不够，如果其目的是要保护广大公众并促进金融服务行业的长期健康发展的话，就更是如此。注册要求对冲基金定期向 SEC 填写特定的信息，并接受定期的现场检查，但是这些被要求提供的信息未必能解决这些基金给金融系统带来的主要问题：对冲基金参与了能造成金融市场不稳定并引发该行业发生普遍动荡的活动吗？1998 年 8 月，当俄罗斯政府债务违约引发了令许多对冲基金震惊的全球性资本避险抽逃时，这一问题第一次进入了公众的视野。这一市场上最重要的参与者之一长期资本管理公司（LTCM）在短短几周之内损失了它所拥有的数十亿美元资本的大部分。鉴于它的崩溃可能会引发其他主要金融机构接连倒闭，最终，纽约联储银行组织的一个财团接收了它。

对冲基金行业发生多米诺骨牌效应的可能性，是 LTCM 的崩溃给人们留下的最重要的启示之一。

在 1998 年 8 月之前，与股票市场崩盘、银行挤兑和恶性通货膨胀有关的全球金融系统的脆弱性——或者称为系统性风险——主要是中央银行行长和财政部长们考虑的问题。虽然这种事件很少发生，但是一般都已被人了如指掌了。正如 1997 年所发生的亚洲金融危机，当时杠杆过高的金融机构和脆弱的公司治理结构导致了一系列的货币贬值、股市崩盘，以及韩国、泰国、印度尼西亚和其他亚洲国家的债务违约事件。不过，随着 LTCM 的倒闭，出现了系统性风险的一个新的来源：对冲基金。鉴于人们对这些不受监管的实体知之甚少，因此对 1998 年 8 月的事件的一个自然的反应就是将它们纳入监管。然而，虽然关于 LTCM 的活动的特定信息——基金的杠杆率、可以获得的信贷额度（credit lines）的数目、这些信贷额度在极端市场条件下的脆弱性，以及其他基金持有类似头寸的程度——也许原本能够帮助监管者和投资者避免 1998 年所发生的令人震惊的损失，但是截至目前尚未要求注册投资顾问提供这些信息。

撇开要求对冲基金注册所带来的成本和益处不谈，要解决这些基金所引起的系统性风险这一较大的问题，显然需要一种不同的方法。我们特意提出如下两个创新：建立一个关于对冲基金和相关金融机构的比较详细的数据库，由 SEC 采集信息并实施维护；在 SEC 内设立一个独立的部门，专门负责实施司法鉴定，并在发生意外的对冲基金清算之后，向公众提供总结报告。

在没有数据的情况下，监管者实际上不可能对对冲基金行业进行任何有意义的监管。表明数据对监管的重要性的一个例子是事件分析，它是探究内部交易最有力的工具之一。在事件分析中，在关于股票的重大信息（material information）发布之前、之中和之后，都需要对股票价格走势的统计特性进行比较。在重大信息发布之前，股价走势异常有时表明发生了信息泄露，这可以随之通过比较仔细的调查来证实真伪。在没有历史价格数据的情况下，SEC 的执法司（Division of Enforcement）将无力同时对数千个公开交易的证券实施及时的监控，这使 SEC 在当前职员数目的限制下实际上不可能广泛地执行内部交易方面的法律。

监管者应该从所有对冲基金那里获取如下信息：月收益率、杠杆率、所管理资产的规模、费用、所交易的证券，以及所有的经纪、融资和信贷关系。另外，监管者应该从一级经纪人、银行和其他对冲基金同行那里采集类似的信息，以及关于这些金融机构的资本充足率的信息，因为在任何与对冲基金有关的系统性事件中，它们都可能成为第一批牺牲品。这些信息都应被记录存档，以便将来能够建立起一个完整的历史数据库，从而对每一个实体和整个对冲基金行业的动态变化进行跟踪和衡量。

当然，有一个与这种高度机密的数据有关的隐私问题必须得到正当的处理。共同基金这样的上市公司之所以会被要求披露大量的信息，是因为它们把自己的股份卖给了广大公众；与它们不同，对冲基金是私人合伙制的，只向有限的客户——一些自认为很精明，并且能够承担巨大的财务风险的投资者——募集股份。结果，愿意披露较多信息的经理可能会选择公开发行（例如，作为共同基金），而那些偏爱掩盖信息的则可能选择组织一个对冲基金。这种选项提供了较多的选择，以适应不同的偏好和市场，具有巨大的社会效益，故不应受到限制。

不过，就像美国各家银行与财政部货币监理署（Office of the Comptroller of the Currency）之间的关系所显示的那样，在保护所有有关当事人的机密的同时，采集并分析对冲基金数据是可能的。

除了作为存放对冲基金数据的仓库外，在通过调查并发布有关对冲基金清算的公开报告以便降低系统性风险的方面，SEC 还能起到更有价值的作用。虽然众多对冲基金的倒闭可能是因为共同的原因——杠杆过高、太过集中于一个投资组合、运营失败、证券欺诈或所管理资产的规模不足等——但是每一次清算都有自身独特的特点，都是对冲基金行业汲取教训和改进工作的一个机会。要找到一个为了提供更大的透明度和增进公共安全而专门建立的优秀的、切实有效的模式，我们只要看看美国国家运输安全委员会就可以了。

一旦有飞机失事，NTSB 就会立即召集一队工程师和航空安全专家，将他们派遣到失事地点进行彻底的调查，包括寻访目击者、仔细研究过去的飞行日志和维修记录、认真清查飞机残骸以便恢复飞行记录或"黑匣子"。而且，如果必要的话，还会把飞机碎片重新组装起来，以便确定引发飞机失事的根本原因。一旦这些工作完成之后，NTSB 就会发布一份报告，对专家组的调查结果进行总结，最后给出专门的建议，以避免未来再次发生此类事故。这一报告被输入一个可以查询的数据库之中，广大公众都可以查阅（http：//www. ntsb. gov/ntsb/query. asp），这一直是商业航空业得以保持令人赞叹的安全纪录的主要原因之一。

例如，目前，当气温接近冰点并在降雨或降雪时，常见的做法是在飞机即将起飞时往飞机上喷洒除冰剂。这一操作规程是在 1992 年 3 月 22 日美国航空公司的 405 航班坠毁之后才成为一项制度的。由于机翼上结冰，405 航班在升空之后就立刻失去升力而坠毁了，虽然在它离开登机口之前曾经喷洒过除冰剂，但是它因为航空管制而延误了起飞，当它冒着冰冷的雨水在跑道上等待起飞指令时，它的机翼再次结了冰。在 1993 年 2 月 17 日出版的《NTSB 空难报告》(*The NTSB Aircraft Accident Report*) ——该报告可以在多个网站上下载——中，有一份对 NTSB 的研究结果的严谨的总结（第 AAR－93/02 份报告，p. vi）：

国家运输安全委员会认为，发生这次空难的原因可能是民航行业和联邦航空管理局（Federal Aviation Administration）未能向机组人员提供在机身结冰的情况下与起飞延误相配合的操作规程、要求和标准，以及机组人员在对飞机除冰后又使其在雨中暴露了 35 分钟，且在尚未确定机翼是否再度结冰的情况下就做出了起飞的决定。机翼上再度结冰导致飞机在起飞之后失却升力并失去控制。另外，机组人员采取的操作规程不当和机组人员之间协调不足导致起飞速度低于规定的起飞速度，也导致了事故的发生。

本报告所提出的安全问题关注的是影响飞行的天气、美国航空公司的除冰规程、全行业在机身除冰方面的实践、影响飞行的航空管制问题、美国航空公司的起飞规程和起飞前规程，以及机组人员的资格和培训。此外，还分析了飞机对机场的影响、事故后的生存能力以及坠毁/起火/救援活动等。

感谢 NTSB 的第 AAR-93/02 份报告，当前的除冰规程无疑拯救了许多人的性命，但是这一专门的创新是用 405 空难中遇难的 27 条人命换来的。想象一下，如果 NTSB 并未对这一悲剧进行调查并给出具体的建议来防止悲剧重演，那么这 27 个人就白白丧命了。

当然，对冲基金的清算远没有这么悲惨，一般而言也不会闹出人命。但是，随着越来越多的养老基金开始对对冲基金进行配置，且随着对冲基金的日益"散户化"，对冲基金行业发生的损失可能会对个人投资者造成越来越大的影响，甚至还可能威胁到其退休后的财富状况和基本的生活水平。另外，正如 1998 年秋天 LTCM 的倒闭引发的一系列事件所表明的那样，不应该低估对对冲基金行业的一次全面冲击所带来的溢出效应。由于这些原因，一个由 SEC 发起设立的、致力于对对冲基金行业——更广泛地说，整个金融服务部门——所发生的"事故"进行调查、报告和记录归档的机构，将能获得显著的社会效益，就像 NTSB 极大地改善了全部飞机乘客的运输安全状况一样。SEC 可以建立一支经验丰富的专家团队——包括法务会计师、来自行业和学术界的金融工程师，以及证券代理人和税务律师等——让他们定期协同工作来对对冲基金的清算进行调查，借此可以迅速而准确地确定每次清算是如何发生的；其最终形成的报告，对于完善金融市场和避免未来发生本质上类似的清算来说，将是一个无价的思想源泉。①

在 SEC 内部设立一个类似 NTSB 的机构所需付出的成本并不低。目前 SEC 已经是人手不足，负担过度，如果再要求所有对冲基金都依《1940 年投资顾问法》而注册，则这种情况将会更加恶化。另外，在这些高度专业化的领域里，私人部门的诱惑使政府机构在吸引和留住专业人士方面面临着挑战。现在，在法务会计、金融工程和证券法方面训练有素的人士在华尔街获得的薪水远远高于政府所支付的薪金。虽然对于一个普通的 SEC 雇员来说，履行公民责任所带来的激励可能大于财务收益，但是把一个机构仅仅建立在利他主义的基础之上，是不现实的。

由 SEC 建立一个资本市场安全委员会（Capital Markets Safety Board），比对金融事故进行一次系统性分析所积累的有价值的教训和公开传播每年都研究多个案例的、经验丰富的专业人士提出的建议所带来的好处更大。但是它所带来的效益不仅仅是增加财富——这正是目前整个对冲基金行业正在竞争的东西——而且还将使金融市场更加稳定、流动性更大，并降低借款和贷款成本（这是系统性风险敞口降低所导致的结果），且因为提高了透明度、监管和最终提高了金融安全而使更多人有更多种投资选择，从而惠及众多散户。期望将市场崩盘、恐慌、崩溃和欺诈从资本市场上彻底地清除是不现实的，但是我们应该避免因为没有从这些事件中汲取教训而重蹈覆辙。

---

① 正如 1999 年 4 月发布的《对冲基金、杠杆率和长期资本管理公司的教训：总统金融市场工作小组报告》(*Hedge Funds , Leverage , and the Lessons of Long-Term Capital Management : Report of the President 's Working Group in Financial Markets*) 中所表明的，政府有时也会对重要的金融事件进行正式的调查。但是，这份报告是由不同机构撰写，然后再拼凑在一起的。在此之前，组员们未曾定期在一起对这种司法调查进行研究。由于有多个机构参与调查，又没有一个居中担当领导责任，因此管理成本较高。虽然金融服务部门所展开的任何调查可能都会涉及 SEC、商品期货交易委员会（CFTC）、美国财政部和美联储，且上述各机构之间应该加强合作，但是任命单个办公室来负责协调上述所有调查，并且在对金融事件进行司法调查时充当专家库，在运作上具有重要的优势。

10

定量型基金在 2007 年 8 月遭遇了什么？

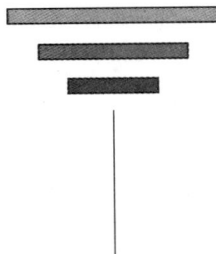

2007 年 8 月之前的几个月，全球金融市场处于动荡之中。在此期间，美国次级抵押贷款市场上爆发的事件给金融行业的各个方面都投下了不小的阴影。6 月份贝尔斯登（Bear Stearns）旗下的两个信贷策略基金濒临破产、[①] 7 月份 Sowood 资本管理公司在损失高达 50% 以上之后将投资组合出售给 Citadel 集团[②]，以及美国最大的住房抵押贷款机构——美国国家金融服务公司（Countrywide Financial）在 2007 年二、三季度所面临的日益严重的问题，都为 8 月份固定收益市场和信贷市场上进一步的动荡拉开了

---

① 是指当时美国第五大投资银行贝尔斯登旗下的高级结构化信贷策略基金（High-Grade Structured Credit Strategies Fund）和高级结构化信贷策略增强杠杆基金（High-Grade Structured Credit Strategies Enhanced Leveraged Fund）。它们的主要投资标的是担保债券凭证（Collateralized Debt Obligations，CDOs），在美国房价下跌和次贷危机爆发后损失惨重。尽管贝尔斯登承诺投入 32 亿美元来挽救这两个对冲基金，但仍无济于事。2007 年 7 月 31 日，这两个基金宣布已经申请破产。2008 年 3 月 19 日，贝尔斯登也宣布破产——译者注。

② Sowood 资本管理公司（Sowood Capital Management）是一家位于波士顿的对冲基金公司。2007 年 7 月底，该公司宣布由于 7 月份投资大幅亏损逾 50%，公司将关闭旗下两只基金。7 月 30 日，全球三大对冲基金之一、位于芝加哥的 Citadel 投资集团接管了 Sowood 旗下的信贷投资组合——译者注。

序幕。

　　但是，在 2007 年 8 月 6 日那一周，① 发生了一些不同寻常的事情。有几个大名鼎鼎的对冲基金在这一周遭受了前所未有的损失。不过，与贝尔斯登和 Sowood 的基金不同，这些对冲基金主要投资于场内交易股票，而不是次级抵押贷款或与信贷有关的（credit-related）证券。实际上，那些损失最惨重的基金当时大多都采用了做多/做空股票市场中性型策略（long/short equity market neutral strategies）——有时被称为统计套利型策略。根据其构建方法，这种基金没有显著的贝塔敞口，人们认为它们不会受大多数市场震荡的影响。但是，对于上述对冲基金所发生的损失来说，最不同寻常的一点是，遭受损失的几乎全部都是使用定量型策略的基金。在 8 月 7 日（星期二）和 8 月 8 日（星期三）这两天，虽然固定收益市场和股票市场波动相对都很小，并且其他所有类型的对冲基金都没有遭受大的损失，但是倚重模型的做多/做空股票型基金却损失惨重，几乎像激光制导一样精确。随后，在 8 月 9 日（星期四）这一天，随着 S&P500 指数下跌幅度几乎达到 3%，大多数市场中性型基金再次遭受损失，使人不得不对它们的市场中性地位产生怀疑。

　　到了 8 月 10 日（星期五），导致这些基金在之前损失惨重的股票价格开始反抽，显著地回复②，但是不够彻底。不过，面对 8 月 7、8、9 日三天内超过极端收益的所有标准统计门槛的、不断攀升的损失，许多遭受了损失的基金接连降低了风险敞口，结果使它们部分地错过了 8 月 10 日的回复，从而加剧了损失。随后，这场完美的金融风暴突然就销声匿迹了，就像它当初突然袭击定量型基金一样。至少是暂时地结束了。

　　在接下来的一周里，金融报刊调查了伤亡情况，报道称，那些在该行业的历史上具有最持续的盈利能力的定量型基金中，有一些在本月以来所

---

　　① 是指 2007 年 8 月 6 日（星期一）到 8 月 10 日（星期五）这一周——译者注。
　　② 将这里的"回复"（reversed）译做"反抽"似乎更为合适，译做"回复"是为了与术语"mean reversal"的通用译法"均值回复"相一致——译者注。

遭受的累积损失从 −5% 到 −30% 不等①。高盛的首席财务官 David Viniar 称"我们在连续几天里目睹了高达 25 个标准差的波动……在其他一些定量化的领域里，也一直存在一些问题，但是都无法与我们上周的经历相提并论（Thal Larsen，2007）。"

　　在 2007 年 8 月，定量型基金们到底遭遇了什么事情？

　　在本章中，我们试图通过研究过去 10 年和 2007 年 8 月期间，有关做多/做空股票型策略的盈利能力方面的一些间接证据，来探讨这一问题。我们模拟了一个特定的做多/做空股票策略的业绩，来看我们是否能够刻画出 2007 年 8 月 6 日这一周里的业绩波动状况，然后再使用这一策略对 2007 年 8 月和 1998 年 8 月所发生的事件进行对比。随后，我们转向研究来自 Lipper TASS 数据库的单个和总的对冲基金数据，以及 Credit Suisse/Tremont 对冲基金指数，以便更加广泛地了解做多/做空股票型策略在过去 10 年的演进情况。

　　根据这些实证研究结果，我们提出了下列尝试性猜想：

　　1. 定量型基金在 2007 年 8 月的第二周遭受的损失是一个或多个定量的股票市场中性型投资组合大规模而迅速的"平仓"（unwinding）所带来的暂时性价格冲击所引发的。价格冲击的这种速度和规模暗示着这种平仓可能是一个多重策略型基金或自营交易部门突然减仓（sudden liquidation）的结果。这种减仓也许是对为不断恶化的信贷投资组合补充保证金的通知做出的反应，也许是在当时的市场条件下所做的削减风险的决策引起的，也许是业务范围发生离散变动所导致的结果。

　　2. 8 月 7 日和 8 日的平仓引起的价格冲击导致一些其他类型——做多/做

---

　　① 例如，2007 年 8 月 10 日的《华尔街日报》报道说：

　　"交易收盘之后，身为近年来业绩记录最好的对冲基金公司之一的复兴科技公司（Renaissance Technologies Corp.）告诉投资者，其旗下一个重要的基金自进入 8 月份以来已经损失了 8.7%，且自 2007 年以来已经损失了 7.4%。另一家大型基金公司高桥资本管理公司（Highbridge Capital Management）告诉投资者，它的高桥统计机会基金（Highbridge Statistical Opportunities Fund）从 8 月 1 日到 8 月 8 日累计已经损失了 18%，且今年以来已经损失了 16%。8 月 1 日至 8 月 8 日，资产达 18 亿美元的、公开交易的高桥统计市场中性基金（Highbridge Statistical Market Neutral Fund）损失了 5.2%……一家位于纽约的、管理约 18 亿美元资产的定量型或称电脑驱动型对冲基金公司 Tykhe 资本（Tykhe Capital, LLC）旗下最大的对冲基金本月以来已经遭受了大约 20% 的损失……"（参见 Zuckerman，Hagerty and Gauthier-Villars，2007）。

　　另外，8 月 14 日的《华尔街日报》报道称高盛全球股票机会基金（Goldman Sachs Global Equity Opportunities Fund）"在上周至少损失了其价值的 30%（Sender，Kelly and Zuckerman，2007）"。

空型、130/30 型和只能做多型——的股票基金削减了它们的风险敞口或者"去杠杆化"，结果导致这些基金中的很多在 8 月 8 日和 9 日发生了更加严重的损失。

3. 平仓和去杠杆化行为主要发生在 8 月 7 日至 9 日，此后没再发生新的损失；8 月 10 日，发生了一次显著但并不彻底的回复。

4. 这一价格冲击模式意味着损失是 8 月 7 日和 8 日的一次突然的（也许还是被迫的）减仓带来的短期副作用，而不是做多/做空股票型策略所基于的经济驱动力出现了根本的或永久的崩溃所导致的。不过，这种步调一致的损失的确意味着在对冲基金行业的这一部门①存在着日益增长的共性（common component）。

5. 下列因子可能增大了这一明显的平仓所带来的损失的规模：（a）过去 10 年投向做多/做空股票型策略的资产规模，以及最近投向各种 130/30 型策略和其他积极拓展型策略的资产规模的迅速增长；（b）由于日益激烈的竞争、技术进步，以及诸如百分位报价改革、散户指令流的减少和股票市场波动性的降低这样的制度和环境变迁，导致定量化的股票市场中性型策略的盈利能力出现了系统性的下降；（c）在面临较低的盈利能力的情况下，为了维持对冲基金投资者所要求的期望收益率水平而采取的高杠杆；（d）历史上美国股票市场的流动性，以及人们对做多/做空股票型基金竞争的激烈程度（至少在 2007 年 8 月 6 日之前）普遍不甚清楚；（e）人们对信贷市场上与新的次级抵押贷款有关的问题的规模和爆发时间一无所知，导致了恐慌的氛围，几乎提高了所有市场上和所有风格类型的基金经理和投资者的风险敏感度。

6. 唯独定量型基金在 2007 年 8 月 6 日这一周蒙受损失这一事实，与其说与任何一种专门的定量算法的破产有关，还不如说是与一个或多个大型定量股票市场中性型投资组合明显的突然减仓有关。因为这种投资组合主要是由场内交易工具组成的，因此迅速平仓带来的价格冲击会立刻传导到其他基金，从而导致与最初平仓的投资组合所持证券重叠最多的那些投资组合遭受了最严重的损失。毫不奇怪，与最初平仓的投资组合所持证券

---

① 在本章中，作者有时用"部门"（sector）这个词来指代"策略类型"，这里的"这一部门"指的就是"做多/做空股票策略"——译者注。

重叠最多的投资组合，就是那些使用类似的方法——定量化的股票市场中性型方法——构造的投资组合。但是，这些投资组合通常是高度分散化的，在任意一天都持有几百种证券的头寸的事实意味着，平仓所带来的价格冲击的影响范围要广泛得多，已经对其他很多类型的投资组合产生了影响。

7. 我们的检验策略（test strategy）在 2007 年 8 月与 1998 年 8 月表现的差异、Lipper TASS 对冲基金数据库中基金数目和每个基金所管理资产的平均规模的增长、CS/Tremont 对冲基金指数之间的相关系数的绝对值的平均值的增长，以及采用与信贷有关的策略类型的对冲基金和自营交易部门的数量的增长，都意味着对冲基金行业的系统性风险在近年来已经上升了。

8. 次级抵押贷款和信贷部门正在暴露的问题可能会在流动性较大的对冲基金风格类型——例如，做多/做空股票型、全球宏观型和管理期货型等——中引发新的流动性冲击。不过，鉴于现在的市场参与者已经对这一行业的规模和一个做多/做空股票型投资组合的一次甩卖减仓（fire-sale liquidation）可能带来的价格冲击了解得越来越深入，因此在不久的未来，它给做多/做空股票型策略带来的冲击的严重性可能会有所降低。

我们首先要强调的是，上述这些猜想都是尝试性的，只是基于间接证据得出的。鉴于这些事件都是最近才发生的，因此也没有利用多少后见之明。考虑到这些原因，读者应该把本章视为一个不断完善的案例分析，而不是正式的学术研究。我们重点关注的是一个即时性相当高的课题，因此不能奢侈地拿出许多时间来进行多轮严格的复审和修改（通常只有这样做才能得出经久不衰的研究成果）。

不过，我们要指出学术研究与本章内容之间的另一处区别。对于那些悬而未决的问题，原创性的研究通常会给出新奇的答案。去回答一个其答案已经尽人皆知的问题，既没有什么用处，也没有什么好处。但是的确有人知道"2007 年 8 月定量型基金到底遭遇了什么事情"这个问题的答案，至少该行业一些曾在 2007 年 8 月直接卷入这些市场和策略的专业人士是知道的。

因此，我们从事的是一项奇怪的任务——试图去解释一个至少对某些读者来说并不需要解释的问题。作为一个案例分析,我们的努力甚至可能显得更具误导性,因为我们无法接触到任何第一手资料的来源:对冲基金、自营部门,以及它们的一级经纪人(prime brokers)和主要信贷合作方。由于显而易见的原因,这些资料源不能披露关于它们所用策略的任何信息——的确,对专有信息的任何披露显然都不符合其投资者或股东的最大利益。因此,我们不可能得到对 2007 年 8 月发生的事件进行盖棺定论性的研究所必需的信息。

正是由于对冲基金缺乏透明度,再加上对这一动态性行业及其公共政策的关注,促使我们承担起这一重任。鉴于涉足其中的对冲基金经理和投资者不能公布自己对 2007 年 8 月所发生的事件的观点,因此我们建议对定量的股票市场中性型策略进行一个简单的模拟,研究它的业绩表现,并且使用其他可以公开获得的对冲基金数据来帮助我们理解做多/做空股票型策略在这一充满挑战的时期内的表现。不过,我们承认,局外人是难以真正理解这一纷繁复杂的问题的,因此我们不打算毛遂自荐地充当这些定量型基金的新闻发言人。

因此,我们首先承认,鉴于我们能够获得并进行研究的数据非常有限,因此我们可能会错得离谱,并且提醒读者一定要对我们的分析持有适当的怀疑态度。虽然有些学者可能曾经警告说对冲基金行业的系统性风险一直在上升(例如,参见 Carey and Stulz, 2007),但是从来没有一个学术文献及时地对这种冲击发生的时间和方式做过任何预测。的确,从定义上看,一次真正的"冲击"是无法预测的。然而,我们希望我们的实证研究结果所隐含的这些尝试性的猜想和用于推导这些猜想的简单工具能够起到抛砖引玉的作用,以刺激人们——尤其是那些能够接触到数据的人——进行更多的研究,这也许能使我们对处于重压下的金融市场动态有更深入的理解。

在第 10.1 节中,我们将对术语问题进行简单的讨论;在第 10.2 节中,将描述一个特定的定量化检验策略,我们计划把它当做一个"显微镜",来对 2007 年 8 月 6 日至 8 月 10 日之间做多/做空股票型策略所受的影响进行研究。在第 10.3 节中,我们将证明,这一检验策略的确能够刻画出众多定量型基金在那一周所遭受的损失。在第 10.4 节中,通过将

2007 年 8 月和 1998 年 8 月的情况相比较，我们发现，虽然这两个时期存在诸多相似之处，但是也存在着一个显著的不同，而它可能是人们非常关心对冲基金行业当前的系统性风险水平的原因——我们的显微镜发现的不仅仅是一个出现在 1998 年 8 月的单一的压力信号，而是从那时起就一年甚似一年地发生着系统性的恶化，直到 2007 年 8 月发生了规模超常的损失。我们探查了各种来源，试图追查出这一令人惊诧的差异的根源。在第 10.5 节中，我们特别考虑了做多/做空股票型基金的资产和基金数目近乎指数式的增长、我们的检验策略的期望收益率在这些年来的长期下降，以及这两个事实所隐含的杠杆率的增长。在对杠杆率做出适当假设的前提下，我们得以对这一检验策略在 2007 年 8 月的业绩进行了更加贴近现实的模拟，并且在第 10.6 节中提出我们的平仓猜想（unwind hypothesis）。这一猜想依赖于"做多/做空股票型策略的流动性比市场参与者预期的要低"这一假设条件。在第 10.7 节中，我们估计了 Lipper TASS 数据库中的做多/做空股票型基金的粘滞性敞口。我们发现，有证据表明，过去两年以来，即便对冲基金行业中的这一曾经拥有高流动性的部门[①]也变得越来越缺乏流动性。在第 10.8 节中，我们研究了宽基的对冲基金指数之间的简单相关系数随着时间的推移所发生的变动，发现现在的对冲基金行业是一个比以前更加密切"连接"的网络。作为总结，我们将讨论定量型基金在 2007 年 8 月是否遭遇了失败这一比较笼统的问题（第 10.9 节）、我们所做的分析的一些局限性与可能的拓展（第 10.10 节），以及我们对对冲基金行业的系统性风险的展望（第 10.11 节）。

10.1　术语

对于经验丰富的对冲基金投资者和管理者来说，"统计套利型"、"定量股票市场中性型"和"做多/做空股票型"策略这几个术语之间存在着明确的区别。第一种类型指的是利用高超的技术来捕捉短期均值回复的策略，它涉及到大量的（数百到数千种，这取决于风险资本的金额）证券，

---

① 这里的"部门"指的是"做多/做空股票型策略"——译者注。

持有期非常短（以日计或以秒计），并涉及到到大量的计算、交易和信息技术基础设施。第二种类型的范围比较宽，涉及到更多种类的定量模型，其中有的模型采用较低的换手率，涉及到的证券较少，除了过去的价格外只需用要诸如会计变量、盈利预测和经济指标等较少的输入参数。第三种类型的范围最宽，包括任何采用卖空的股票型投资组合，这些组合可能是也可能不是市场中性的（许多做多/做空股票型基金是偏向做多的），可能是也可能不是定量的（基本面选股者有时会持有空头头寸来对冲他们的市场敞口，有时还会在走势不好的股票上赌上一把），在这些组合中，技术未必能够发挥重要的作用。在大多数对冲基金数据库中，不管是按资产规模算还是按基金数目算，该类型的都是迄今为止最大的单个类型。

最近出现了第四种类型，也就是 130/30 型，或者叫做积极拓展型策略。在这种策略中，一个基金，或者更一般地说，一笔（比如）100 万美元的资金包含在一组证券上持有的 130 万美元的多头头寸和在另一组证券上持有的 30 万美元的空头头寸。这种策略是对只能做多的基金的一个自然的拓展，其中只能做多的约束被适当地放松了。这种类型是当前机构资本管理公司中增长最快的；而且，由于这种投资组合的构建过程在设计上是相当倚重技术的，因此这种产品的经理主要是定量型的。

出于本章的目的考虑，我们有时会用做多/做空股票型来指代所有这些策略类型，原因包括如下几个方面：第一，这些看似大相径庭的方法现在开始出现重叠。现在，许多统计套利型基金为了提高能力而正在采用换手率较低的子策略（lower-turnover substrategies），而许多做多/做空股票型基金则（随着它们开发出越来越多的交易基础设施以及追求一致的收益率）已经转向采用换手率较高的子策略。这种自然而然的商业进程已经使做多/做空股票型策略所包含的各个子类别之间的差异逐渐变得模糊不清。第二，随着做多/做空股票型基金经理的数目越来越多，技术自然而然地开始起到更加重要的作用，即便对于基本面选股者来说亦是如此。他们发现，除非更加有效地利用自己的时间和技能，否则将无法扩大基金的规模。这些经理已经开始依赖那些可以提高其定性选股技能的股票筛选软件和投资组合构建工具，以及能更有效率地执行其买入指令的自动交易平台。这些新出现的工具使定量型基金从许多依基本面选股的基金中脱颖而出。的确，即便是只能做多的股票基金经理，也正在借助 130/30 型策略把规模高达数万亿美元的股票增强指数型基金转换为定量型基金。我们认为，前述四种投资类型都受到 2007 年 8 月 6 日至 10 日发生的事件的影响，这主要是因为它们的增长已经将其相互推向了对方的领域。相应地，在任意一个股票投资组合迅速平仓时，所有这四种类型的策略都可能通过某个渠道而受到影响。

因此，在本章剩下的内容中，我们将使用比较宽泛的术语 "做多/做空股票型" 来笼统地指代所有这些不同的类型，只有在需要的时候才进行更细致的区分。

10.2　对一个做多/做空股票型策略的剖析

为了评估 2007 年 8 月 6 日至 8 月 10 日之间发生的事件对做多/做空股票型投资组合的影响，我们考虑一个特定的投资策略，它最早是由 Lehmann（1990）和 Lo and MacKinlay（1990c）提出的，我们可以直接使用单个美国股票的收益率来进行分析。给定一组 N 个证券，考虑一个由金额相等的多头头寸和空头头寸所组成的做多/做空市场中性型股票策略。其中，在每一个调整间隔①内，多头头寸都由跑输基准的股票（收益率不如某些市场平均指数的股票）所组成，空头头寸都由跑赢基准的股票（收益率优于相同的市场平均指数的股票）所组成。具体来说，如果 ω_{it} 是 t 时刻证券 i 在投资组合中的权重，则对于某些 $k > 0$：

$$\omega_{it} = -\frac{1}{N}(R_{it-k} - R_{mt-k}), \quad R_{mt-k} \equiv \frac{1}{N}\sum_{i=1}^{N} R_{it-k} \tag{10.1}$$

注意，证券 i 在投资组合中的权重是其在 k 期之前跑赢基准的幅度的负数。因此，k 每取一个值就会得到一个多少有点不同的策略。出于研究目的的考虑，设 $k = 1$ 天。通过买入昨天跑输基准的股票、卖出昨天跑赢基准的股票，该策略积极地在所有 N 个股票会发生均值回复上下注，从

---

① 对投资组合中各个股票的权重进行两次调整之间的时间间隔称为调整间隔（rebalancing interval）。如每周五调整一次，则调整间隔就是一周；若每个交易日调整一次，则调整间隔就是一个交易日——译者注。

调整间隔内发生的回复上获取利润。因为这个原因,式(10.1)一直被称为反向交易策略(contrarian trading strategy),该策略从市场的过度反应——正收益之后跟着负收益,反之反是——中获利(更多的细节请参见附录 A.6)。

然而,反向交易策略的盈利能力的另一个来源是它们为市场提供了流动性这一事实。根据定义,跑输基准的股票就是那些收益率不如某些市场平均收益率的股票,这意味着这些股票之间存在着供求失衡的关系,即过度供给导致这些证券价格下跌,跑赢基准的股票则正好相反。反向交易者通过买入跑输基准的股票、卖出跑赢基准的股票,增加了对跑输基准的股票的需求,增加了对跑赢基准的股票的供给,因此消除了供求失衡。传统上,纽约证券交易所/全美证券交易所里的特许交易商(specialists)和纳斯达克市场上的交易商(dealers)等指定的做市商一直扮演着这样的角色,它们通过赚取买卖价差来获得补偿。但是过去 10 年来,对冲基金和自营交易部门开始与传统的做市商展开竞争,结果极大地增加了美国股市的流动性,同时也为自己和自己的投资者赚取了令人心动的收益率。

在向市场提供流动性的同时,反向交易策略还起到了降低市场波动性的作用,因为它通过卖出供不应求的股票、买入供大于求的股票,减少了价格的波动。因而,用于做市策略(market-making strategies)的资本金额的增长,是导致过去 10 年来美国股票市场的波动率呈长期下降趋势的一个可能的原因。一旦这种用于做市的资本从市场中撤出,波动率就会有所上升,就像过去几个月[1]已经发生的那样。

如果均值回复意味着反向交易策略是可以获利的,那么动量就意味着回复。Lo and MacKinlay(1990c)在收益率具有持续性,即收益率存在正的自相关性的情况下,证明反向交易策略(10.1)可能会得到负的利润。像其他做市策略一样,当价格出现趋势时,反向交易策略会遭受损失,这要么是因为存在私人信息(市场微观结构方面的文献将其称之为"逆向选择"),要么是因为出现了持续的减仓(在这种减仓中,做市商充当对家并在价格对减仓做出反应时蒙受损失)。因此,不管式(10.1)本身是

---

[1] 本章内容的原型 Khandani and Lo(2007)的第一稿是 2007 年 9 月 20 日完成的,最终稿是 2007 年 11 月 4 日完成的——译者注。

不是一个有趣的策略，它都可以充当多头和/或空头头寸的影响广泛的策略性减仓（broad-based strategy liquidations）的一个有价值的指标，我们在第 10.6 节还会再提及这个解释。

　　注意，式（10.1）的权重有一个特性，即它们的和为零，因此式（10.1）是"套利的"或"市场中性的"投资组合的一个例子，其多头头寸正好被空头头寸抵消。[①] 结果，因为不存在净投资，所以不能再用标准的方法来计算该投资组合的"收益率"。不过，在实践中，这种策略在任一有限时间段内的收益率，容易用该策略在这一时间段内的盈亏除以支持这些头寸所需的初始资本计算出来。例如，假设一个由 1 亿美元的多头头寸和 1 亿美元的空头头寸组成的投资组合在 1 天内赚取了 200 万美元的利润，该策略的收益率就是用 200 万美元除以支持 1 亿美元的多头/空头头寸所需的资本金额。在规则 T[②] 下，所要求的最小资本金额是 1 亿美元（经常将其称为 2∶1 杠杆，或者 50% 的保证金要求），因此该策略的收益率是 2%。不过，如果该投资组合的管理者是一个证券公司（broker-dealer），则就不适用规则 T 了（证券公司的资本充足问题由别的规则来监管），它可能会采用更高的杠杆率。例如，在某些条件下，只用 2 500 万美元就可能支持 1 亿美元的做多/做空投资组合——杠杆率是 8∶1，这意味着投资组合的收益率是 2/25 = 8%。[③] 因此，投资组合（10.1）投资的美元总额为 I_t，则它未使用杠杆时的（规则 T 下）投资组合收益率 R_{pt} 为：

---

　　① 这种策略被更准确地称为"美元中性"投资组合，因为美元中性未必意味着该策略也是市场中性的。例如，如果一个投资组合是做多 1 亿美元高贝塔的股票和做空 1 亿美元低贝塔的股票，那么该投资组合是美元中性的，但是会有正的市场贝塔敞口。在实践中，大多数美元中性的股票投资组合也被构建为市场中性的，因此这两个术语几乎可以相互替代使用，这是一种粗略的叫法，但常常是正确的。

　　② 美国联邦储备委员会制定的规则 T（Regulation T，或 RegT）是《美国联邦法规》（Code of Federal Regulations，CFR）第 12 篇第 II 章第 A 分节第 220 部分（Title 12，Chapter II，Subchapter A，Part 220）。它最主要的功能是对投资者从经纪人那里融资购买股票的保证金要求进行控制。从 1974 年以来，融资购买股票的初始保证金要求（initial margin requirement）被规定为 50%，但是规则 T 规定美联储有权改变这一比例。显然，如果将这一保证金要求的比率提高，则会降低潜在杠杆率水平与投资者的总购买力，从而降低金融体系的系统性风险；反之，则会提高投资者的购买能力和可以使用的杠杆率水平，从而提高金融体系的系统性风险。从 1974 年以来，虽然股票市场上不时会出现极端的价格波动，但是美联储从不认为应当对这一比率进行调整——译者注。

　　③ 杠杆率在技术上的定义——也是美国联邦储备体系（它负责为证券公司设定杠杆率约束）使用的唯一定义——是用多头头寸和空头头寸的绝对值之和除以资本额，因此

$$\frac{|\ \$\ 100\ |\ +\ |\ -\ \$\ 100\ |}{\$\ 25} = \$\ 8。$$

$$I_t \equiv \frac{1}{2} \sum_{i=1}^{N} |\omega_{it}|, \quad R_{pt} \equiv \frac{\sum_{i=1}^{N} \omega_{it} R_{it}}{I_t} \tag{10.2}$$

为了用一个受监管的杠杆因子 θ:1 来构建使用杠杆时的投资组合收益率 $L_{pt}(\theta)$，我们只需将式（10.2）乘以 $\theta/2$ 即可：[①]

$$L_{pt}(\theta) \equiv \frac{\frac{\theta}{2} \sum_{i=1}^{N} \omega_{it} R_{it}}{I_t} \tag{10.3}$$

Lo and MacKinlay（1990c）对反向交易策略未使用杠杆的收益率的情况（10.2）进行了细致的分析，追踪发现它的盈利能力来自个股收益率的均值回复，以及不同股票之间、不同时点之间的正的领先/滞后效应和交叉自相关系数。然而，这种分解与我们的目的关系不大，还不如就用式（10.1）作为研究 2007 年 8 月第二周市场事件对做多/做空股票型策略的影响的工具。为此，我们把这一策略应用于 1995 年 1 月 3 日至 2007 年 8 月 31 日芝加哥大学证券价格研究中心（CRSP）数据库中的全部股票的日收益率[②]，以及 10 个市值十等分组（market-cap deciles）中的股票。

在转向研究反向交易策略在 2007 年 8 月的业绩之前，我们先概括一下该策略的历史业绩，以便对它的性质有些直观的了解。表 10—1 列示了 1995 年至 2007 年之间，每个市值十等分组历年的平均市值和股票价格，[③]

---

① 注意规则 T 的杠杆率实际上是 2:1，这正是式（10.2），因此 θ:1 的杠杆率就等价于将其乘以 $\theta/2$。

② 特别指出，我们只使用了美国普通股（CRSP 股票编码（share code）是 10 和 11），这样就剔除了房地产投资信托基金（REITs）、美国存托凭证（ADRs）以及其他形式的证券，此外还剔除了那些价格在 5 美元以下和 2 000 美元以上的股票。为了降低市值等分组中不必要的换手率，我们每年只对市值十等分两次（分别在 1 月和 7 月的第一个交易日）。鉴于我们只能得到 2006 年 12 月 29 日之前的 CRSP 数据，因此 2007 年参与市值等分的股票是基于 2006 年 12 月 29 日的市值进行筛选的。至于 2007 年，我们使用从雅虎财经（finance. yahoo. com）上下载的经过调整的收盘价（adjusted closing prices），为 2006 年 12 月 29 日我们的 CRSP 证券空间中的股票构造了每天的收盘价对收盘价的收益率。在我们的 CRSP 证券空间中，有 135 个股票的价格（在雅虎财经上）找不到，这可能是因为它们的股票简称（ticker symbol）改变了，或者 CRSP 和雅虎里的股票简称不匹配。为了避免出现任何矛盾，我们还剔除了 34 个在 2006 年 12 月 29 日有 1 个以上的 CRSP 个股代码（PERMNO identifier）的股票。然后，把剩下的 3 724 个股票按市值等分成 10 组，并将其用于 2007 年的分析。另外，雅虎上经过调整的价格不包含红利，因此我们 2007 年的日收益率数据是价格收益率（price returns），而不是总收益率（total returns）。这种差异不会对我们的分析造成多大的影响。

③ 表 10—1 中列示的 2007 年的市值是基于截至 2006 年 12 月 29 日发行在外的股票计算出来的，应当被视为这些等分组中的平均市值的一个估计值。其中，"所有数目"那一列是每年我们的股票空间中股票数目的日度平均值。当股票面临破产、退市，或者 CRSP 股票编码从 10 或 11 变成其他任何股票编码（在 2007 年之前），或者突破了 5～2 000 美元这个价格区间时，则把这些股票从我们的空间中剔除掉。

表10—2列示了当将式（10.1）应用于市值等分组中的股票，以及我们样本中的全部股票时，式（10.1）的历年的日度收益率平均值。结果令人印象深刻。在样本的第一年，即1995年，该策略获得的日度收益率平均值是1.38%，即每年的收益率为345%（假设每年250个交易日）。当然，这一收益率是不现实的，因为它忽视了诸如交易成本、价格冲击、卖空约束等诸多市场摩擦以及其他制度限制。尤其是，调整间隔是一日，意味着要对这4 781个股票进行非常迅速的换手，而这在1995年是行不通的。不过，我们的目的是用这一策略来估算2007年8月的市场波动对该策略通常的业绩的影响，因此并不关心在实践中是否能够得到这一结果。

　　上述策略中的高换手率和为数众多的股票也凸显了技术在像式（10.1）这样的策略中的重要性，以及为什么采用此类策略的基金主要是定量型基金。对于投资组合的人类管理者和交易者来说，在不大量使用诸如自动交易平台、电子通讯网络和数学最优化算法等定量方法和技术工具的情况下，要想实施一个涉及到这么多证券和如此频繁的交易的策略，几乎是不可能的。的确，这种策略所享有的流动性中，有一部分——短暂的持有期、对交易信号的迅速执行，以及如此众多的证券的盈利能力的分散程度——与交易、投资组合构建和风险管理方面的技术进步有着直接的关系。难怪这一领域内最成功的基金一直都是计算机科学家、数学家和工程师设立的，而不是经济学家或基本面选股者设立的。

　　表10—2印证了做多/做空股票型基金经理很久之前就已经认识到的一种模式——盈利能力与市值之间的关系。市值较小的股票通常伴随着较为显著的效率缺失（inefficiencies），因此把反向交易策略应用于市值较小的等分组所获取的盈利，要比应用于市值较大的投资组合获取的盈利高得多。例如，1995年，该策略应用于市值最小的等分组时获取的日度收益率平均值是3.57%；相反，应用于市值最大的等分组时日度收益率平均值只有0.04%。当然，投资于市值较小的股票通常会带来较大的交易成本和价格冲击，因此实际盈利可能并不像数据所表现出来的那么诱人。盈利能力与交易成本之间显而易见的此长彼消的关系意味着，从实践的角度来看，投资于中等市值的等分组可能是最合适的，我们在下文中还会再次讨论这个猜测。

  表 10—2 还展示了日度收益率平均值长期下降的强烈趋势，这是许多做多/做空股票型基金经理和投资者已经注意到了的一个特点。在 1995 年，把反向交易策略应用于我们样本中所有股票获取的日度收益率平均值是 1. 38%，但是到 2000 年这一日度收益率平均值降到了 0. 44%，而 2007 年（截至 8 月 31 日）的日度收益率平均值是 0. 13%。彩图 10 展示了这一策略的期望收益率近乎单调的下降趋势，而这无疑反映了日益激烈的竞争、市场结构的变动、交易技术和电子连接的改善、采用这种策略的资产规模的增长，以及过去 10 年来美国股票市场波动性水平的相应降低。① 盈利能力的这种长期下降趋势对杠杆的使用有着重要的意义，我们将在第 10. 5 节讨论这一点。

  表 10—2 的第三部分列示了反向交易策略的日度收益率均值与标准差之比的年度化比率，其中年度化是将日度收益率均值与标准差之比乘以 $\sqrt{250}$ 得到的，这就是无风险利率为 0% 时的夏普比率，它是衡量该策略每单位风险的期望收益率的一个简单指标。虽然 1995 年 53. 87 的夏普比率似乎高得离谱，但是应该记住，这一策略要求 1995 年平均每天对由 4 781 个股票（见表 10—1）所组成的投资组合的权重进行调整。这种调整所需的交易成本是巨大的，但是如果有人有能力或技术从事范围如此广泛的做市行为，则超乎寻常的夏普比率也许并不是不可企及的。② 的确，给定价格发现的经济学原理，我们预期比较正常的做市行为（例如，特许交易商在纽约股票交易所获利）的夏普比率会相当高。因此，表 10—2 中的夏普比率可能多少有点被夸大（因为我们并未考虑交易成本），但是它们可能并不会差一个数量级那么大，并且其令人心动的水平为统计套利型策略在投资者和对冲基金经理中的风靡提供了一个解释。

---

  ① 股票市场做市利润通常与波动率水平正相关，大多数定量的股票市场中性型策略的收益率中都有显著的做市成分，尤其是交易频率较高的那些投资组合。
  ② 尤其是在 1995 年，大多数股票交易所中股票价格的最小变动金额是每股 12. 5 美分。虽然这对任何高换手率的策略来说似乎都是一个非常高的障碍，但是回想一下，反向交易策略常常是流动性的供给者。因此，它将赚取平均买卖价差，而不是支付买卖价差。

表10—1 市值十等分组中价格介于5～2 000美元之间的全部美国普通股（CRSP股票编码是10和11）历年的平均市值和股票价格（1995年1月3日至2007年8月31日）

按市值划分的十等分组

	最小的组	等分组2	等分组3	等分组4	等分组5	等分组6	等分组7	等分组8	等分组9	最大的组	全部	全部数目
第A部分：平均市值（百万美元）												
1995	17	34	57	86	127	190	305	556	1 269	8 250	1 121	4 781
1996	18	38	61	92	140	210	334	591	1 349	9 599	1 293	5 273
1997	22	47	74	109	164	248	407	708	1 539	12 401	1 628	5 393
1998	24	49	78	115	172	274	444	773	1 735	16 011	2 088	5 195
1999	23	50	83	126	200	310	507	905	2 086	22 002	2 764	4 736
2000	22	53	92	148	249	398	647	1 145	2 545	26 050	3 361	4 566
2001	25	60	106	181	288	440	723	1 268	2 863	26 007	3 348	3 782
2002	27	64	111	188	289	450	711	1 235	2 696	23 463	3 082	3 486
2003	31	73	130	213	327	498	795	1 371	2 951	24 185	3 146	3 376
2004	37	86	149	244	363	569	875	1 554	3 268	26 093	3 425	3 741
2005	40	97	171	266	408	651	1 026	1 772	3 811	28 164	3 741	3 721
2006	44	105	187	298	452	717	1 145	1 907	4 073	30 154	3 988	3 764
2007	47	109	195	313	472	739	1 188	2 120	4 387	33 152	4 363	3 623
第B部分：平均价格（美元）												
1995	11.07	11.55	13.37	14.84	16.96	18.90	22.54	26.49	32.45	45.14	21.55	4 781
1996	11.30	11.92	13.06	14.36	17.11	20.12	23.47	28.29	33.02	47.95	22.40	5 273
1997	12.39	13.33	14.42	15.88	18.52	22.21	26.20	31.07	36.52	52.16	24.56	5 393
1998	11.37	13.15	14.34	15.55	17.94	21.76	25.40	29.97	36.55	54.06	24.53	5 195
1999	10.31	11.79	12.87	14.14	16.58	21.01	24.13	31.62	36.99	54.04	23.80	4 736
2000	9.74	11.59	12.31	13.85	17.86	21.85	25.89	34.03	40.49	60.25	25.39	4 566
2001	11.34	13.10	13.56	15.47	18.47	20.70	25.37	31.47	34.96	42.71	23.04	3 782
2002	12.15	14.20	15.02	16.16	18.88	21.38	25.35	28.43	33.18	39.52	22.73	3 486
2003	13.65	15.56	16.55	17.15	19.89	21.25	26.12	28.53	33.86	41.83	23.61	3 376
2004	13.81	16.33	16.88	17.84	20.33	24.37	28.21	32.54	38.68	46.92	25.84	3 741
2005	13.48	16.40	16.34	18.01	20.84	25.01	29.25	38.51	42.50	51.14	27.42	3 721
2006	13.06	16.08	16.28	19.33	21.56	25.95	30.44	40.08	45.42	51.94	28.24	3 764
2007	12.61	15.18	16.75	18.30	22.32	27.32	30.30	38.70	48.70	56.56	28.94	3 623

表 10—2　把 Lo and MacKinlay（1990c）的反向交易策略应用于价格介于 5～2 000 美元之间的全部美国普通股（CRSP 股票编码是 10 和 11）和市值十等分组得到的历年年日度收益率均值、日度收益率标准差，以及年度化的夏普比率（1995 年 1 月 3 日至 2007 年 8 月 31 日）*

	最小的组	等分组 2	等分组 3	等分组 4	等分组 5	等分组 6	等分组 7	等分组 8	等分组 9	最大的组	全部
					按市值划分的十等分组						
					日收益率的均值						
1995	3.57%	2.75%	1.94%	1.62%	1.07%	0.61%	0.21%	-0.01%	-0.02%	0.04%	1.38%
1996	3.58%	2.47%	1.82%	1.34%	0.84%	0.52%	0.19%	-0.11%	-0.04%	0.02%	1.17%
1997	2.83%	1.94%	1.34%	1.02%	0.62%	0.28%	0.04%	-0.12%	0.06%	0.14%	0.88%
1998	2.38%	1.45%	1.11%	0.62%	0.29%	0.03%	-0.04%	-0.12%	0.03%	0.10%	0.57%
1999	2.56%	1.41%	0.82%	0.38%	-0.01%	-0.11%	-0.21%	-0.35%	-0.01%	0.06%	0.44%
2000	2.58%	1.59%	0.92%	0.14%	0.03%	-0.02%	-0.14%	0.16%	0.00%	0.03%	0.44%
2001	2.15%	1.25%	0.57%	0.24%	-0.01%	0.06%	0.13%	-0.10%	-0.11%	-0.11%	0.31%
2002	1.67%	0.85%	0.53%	0.29%	0.28%	0.26%	0.28%	0.20%	0.11%	0.09%	0.45%
2003	1.00%	0.26%	-0.07%	0.04%	0.11%	0.20%	0.18%	0.15%	0.04%	0.05%	0.21%
2004	1.17%	0.48%	0.31%	0.38%	0.25%	0.29%	0.22%	0.15%	0.05%	-0.01%	0.37%
2005	1.05%	0.39%	0.13%	0.11%	0.09%	0.11%	0.05%	0.08%	0.01%	0.02%	0.26%
2006	0.86%	0.26%	0.11%	0.06%	0.05%	-0.02%	-0.02%	0.05%	0.06%	0.00%	0.15%
2007	0.57%	0.09%	0.08%	0.18%	0.16%	-0.08%	0.04%	-0.04%	0.00%	-0.04%	0.13%
					日收益率的标准差						
1995	0.92%	0.88%	0.81%	0.82%	0.78%	0.77%	0.73%	0.67%	0.63%	0.65%	0.40%
1996	1.07%	1.00%	0.79%	0.81%	0.88%	0.84%	0.90%	0.90%	0.83%	0.73%	0.48%
1997	1.04%	0.98%	0.96%	0.96%	1.12%	1.00%	0.91%	0.99%	0.98%	0.77%	0.68%
1998	1.59%	1.67%	1.23%	1.22%	1.57%	1.25%	1.29%	1.43%	1.08%	1.00%	0.84%
1999	1.66%	1.82%	1.44%	1.44%	1.79%	1.57%	1.71%	1.70%	1.57%	1.07%	1.02%

续表

按市值划分的十等分组

	最小的组	等分组 2	等分组 3	等分组 4	等分组 5	等分组 6	等分组 7	等分组 8	等分组 9	最大的组	全部
2000	1.57%	1.69%	2.06%	1.89%	1.76%	2.15%	2.18%	2.29%	2.44%	2.56%	1.68%
2001	1.33%	1.26%	1.46%	1.62%	1.65%	1.64%	1.83%	1.91%	2.28%	2.29%	1.43%
2002	1.17%	0.89%	1.14%	1.07%	1.25%	1.11%	1.30%	1.42%	1.50%	1.50%	0.98%
2003	1.11%	0.81%	0.95%	0.89%	0.86%	0.81%	0.77%	0.76%	0.75%	0.56%	0.54%
2004	1.35%	1.01%	0.87%	0.76%	0.76%	0.78%	0.80%	0.74%	0.69%	0.57%	0.53%
2005	1.35%	0.80%	0.89%	0.70%	0.77%	0.77%	0.65%	0.73%	0.57%	0.56%	0.46%
2006	1.07%	0.90%	0.83%	0.84%	0.70%	1.07%	0.68%	0.68%	0.64%	0.61%	0.52%
2007	0.96%	1.02%	1.00%	0.99%	1.06%	1.44%	1.00%	0.87%	0.67%	0.56%	0.72%

年度化夏普比率（无风险收益率是 0%）*

	最小的组	等分组 2	等分组 3	等分组 4	等分组 5	等分组 6	等分组 7	等分组 8	等分组 9	最大的组	全部
1995	61.27	49.20	37.79	31.26	21.49	12.68	4.62	-0.22	-0.54	0.87	53.87
1996	53.08	39.12	36.27	26.10	15.17	9.85	3.38	-1.89	-0.69	0.36	38.26
1997	43.15	31.19	22.00	16.66	8.67	4.45	0.74	-1.88	0.95	2.79	20.46
1998	23.61	13.78	14.22	8.09	2.92	0.39	-0.54	-1.32	0.43	1.58	10.62
1999	24.32	12.25	9.05	4.22	-0.11	-1.08	-1.93	-3.23	-0.09	0.82	6.81
2000	25.96	14.91	7.04	1.18	0.31	-0.18	-1.04	1.14	0.01	0.21	4.17
2001	25.56	15.68	6.15	2.30	-0.05	0.57	1.09	-0.79	-0.79	-0.73	3.46
2002	22.54	15.10	7.30	4.28	3.57	3.68	3.38	2.24	1.13	0.98	7.25
2003	14.32	5.19	-1.11	0.63	1.94	3.91	3.64	3.09	0.89	1.33	5.96
2004	13.76	7.55	5.60	7.96	5.11	5.90	4.27	3.20	1.12	-0.33	11.07
2005	12.33	7.72	2.26	2.42	1.95	2.29	1.31	1.74	0.36	0.62	8.85
2006	12.72	4.49	2.08	1.18	1.14	-0.26	-0.56	1.08	1.60	-0.03	4.47
2007	9.40	1.45	1.33	2.93	2.40	-0.84	0.69	-0.74	-0.05	-1.03	2.79

注：* 夏普比率 = √250 × （日度收益率均值/标准差）。

10.3　2007 年 8 月发生了什么？

表 10—3 列示了把反向交易策略应用于我们整个股票空间和市值十等分组时，从 2007 年 7 月 30 日（星期一）到 2007 年 8 月 31 日（星期五）共五周内未使用杠杆的情况下的日度收益率。第二周中的三天——8 月 7 日、8 日和 9 日——的日收益率是异常值，分别是 −1.16%、−2.83% 和 −2.86%，因此三天内的累积收益率是 −6.85%。① 虽然这三天的累积收益率似乎不太显著——尤其是在经常发生波动的对冲基金行业——但是要注意，从表 10—2 中可知，这一反向交易策略在 2006 年的日度收益率的标准差是 0.52%。因此，如果假设日度收益率是独立同分布的，则 −6.85% 的累积收益率代表了 7.6 个标准差的亏损！② 而且，许多做多/做空股票型基金经理当时使用了杠杆（进一步的讨论请参见第 10.5 节），因此他们所实现的收益率被放大了好几倍。

令人感到好奇的是，上述亏损的大部分在 8 月 10 日（星期五）这天被收复了。当天，反向交易策略的获取收益率是 5.92%，这又是一个极端的异常值，高达 11.4 个标准差。实际上，该策略在 8 月 6 日这一周全周的累积收益率是 −0.43%，这样的周收益率从任何一方面来看都不是异常的。这一收复是暗示发生了一场流动性交易的信号。实际上，图 10—1 中绘制的该反向交易策略从 2007 年 1 月 3 日至 8 月 31 日的累积收益率曲线表明，在 8 月份的第二周，一个合理的、稳定的正向趋势被一个突兀的"倒钉子形"打断了，随后这一趋势似乎又延续了下去。7 月份后半个月和 8 月份前半个月纽约股票交易所交易量的增长以及该反向交易策略的累积收益率序列在 7 月份呈现出的一个小的"倒钉子形"，暗示我们减仓在 8 月 7 日 ~10 日之前的几周里可能已经开始了。在第 10.6 节，我

---

① 为了简便，我们使用算术复合法来计算这三天的累积收益率，当收益率数值在数量级上相对较小时，它是几何复合收益率的一个合理的近似，并且与实践中实施做多/做空股票市场中性型投资组合的常用方法也是一致的。
② 我们使用该策略在 2006 年而不是 2007 年的标准差作为比较的单位，是为了对 2007 年与之前的年份之间进行更纯粹的比较。尤其是，如果因为 2007 年发生了我们本章正在研究的这些现象而将其视为异常的一年，那么我们可以推测，相对于除 2007 年的业绩之外的其他一些基准来说，2007 年的业绩是异常的。

们将对这一解释进行深入讨论。

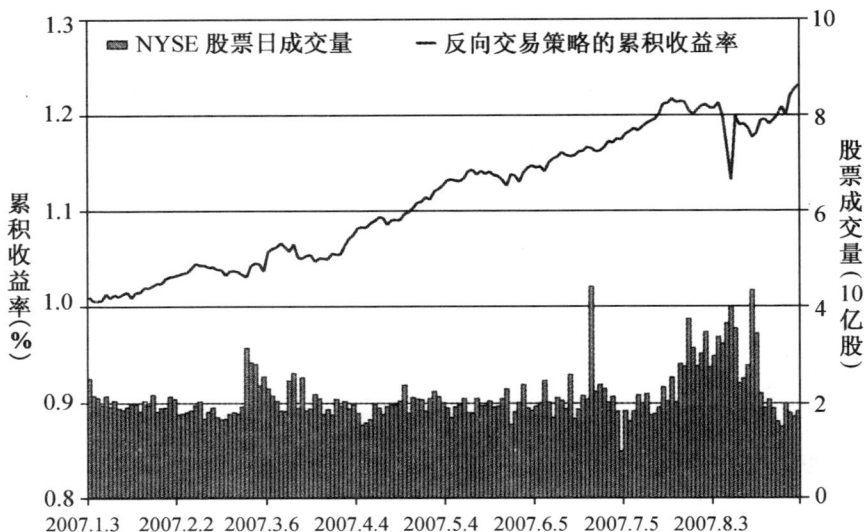

图 10—1　反向交易策略的累积收益率和纽约证券交易所每日的股票成交量
（2007 年 1 月 3 日至 8 月 31 日）

　　表 10—3 中各个十等分组的收益率表明，在某些中等市值的等分组中，8 月 7 日～9 日的亏损甚至更大一些。其中，等分组 3 在 7 日～9 日三天内的累计收益率是 −8.09%，等分组 4 的累积收益率是 −9.33%，等分组 5 是 −8.95%，等分组 8 则是 −8.81%。但是，与全部股票的情况一样，[①] 这些等分组投资组合的收益率在 8 月 10 日（星期五）迅速上升，大多数等分组都收复了大部分亏损。我们在第 10.6 节考虑对 8 月 7 日～9 日的损失情况的各种解释时，会再次讨论这个实证结果。

　　在 8 月 7 日和 8 日，除了定量的股票市场中性型基金之外，其他市场领域实际上并没有出现市场动荡的迹象，因此定量的股票市场中性型基金的这种损益情况令人感到迷惑不解。例如，表 10—4 列示了 2007 年 7 月 30 日至 8 月 31 日，涵盖各种广泛的资产族（股票、债券、货币、商品和

　　① 原文是"但是与主要策略（the main strategy）中的情况一样"，为了便于理解，这里做了修改——译者注。

表 10—3 把 Lo and MacKinlay (1990c) 的反向交易策略应用于价格介于 5～2 000 美元之间的全部美国普通股(CRSP 股票编码是 10 和 11)和市值十等分组得到的日度收益率(2007 年 7 月 30 日(星期一)至 2007 年 8 月 31 日(星期五))*

日期	星期	最小的组	等分组 2	等分组 3	等分组 4	等分组 5	等分组 6	等分组 7	等分组 8	等分组 9	最大的组	全部
					按市值划分的十等分组							
2007-07-30	星期一	-0.07%	0.02%	1.96%	-0.36%	0.07%	0.23%	0.26%	0.38%	0.51%	0.18%	0.44%
2007-07-31	星期二	0.19%	1.10%	0.28%	0.55%	-0.63%	0.02%	-0.80%	0.49%	-0.31%	0.06%	0.36%
2007-08-01	星期三	1.53%	0.45%	-1.39%	0.35%	0.95%	-0.88%	-0.71%	-0.63%	-2.02%	-0.22%	0.11%
2007-08-02	星期四	0.88%	-0.76%	-0.12%	-0.67%	0.94%	-2.70%	2.16%	1.53%	-0.74%	-0.19%	-0.30%
2007-08-03	星期五	-0.95%	-0.62%	-0.78%	0.06%	0.88%	0.01%	-0.62%	-1.09%	-0.57%	-0.68%	-0.02%
2007-08-06	星期一	-0.83%	-1.77%	-0.39%	-1.03%	1.37%	-1.37%	-1.19%	-0.72%	0.27%	0.77%	-0.50%
2007-08-07	星期二	0.75%	0.26%	-1.64%	-2.91%	-1.50%	-0.70%	0.36%	-1.02%	-1.72%	-0.67%	-1.16%
2007-08-08	星期三	0.88%	-1.33%	-2.59%	-3.65%	-4.27%	-2.16%	-2.23%	-3.46%	-1.26%	-1.48%	-2.83%
2007-08-09	星期四	0.91%	-1.86%	-3.87%	-2.77%	-3.18%	-3.95%	-3.27%	-4.33%	-2.58%	-1.31%	-2.86%
2007-08-10	星期五	-0.33%	3.65%	6.08%	7.90%	8.77%	7.67%	7.52%	6.70%	4.68%	2.39%	5.92%
2007-08-13	星期一	1.36%	-0.31%	-0.63%	-1.07%	-1.55%	-0.22%	-1.29%	-2.01%	-2.14%	-1.25%	-0.76%
2007-08-14	星期二	1.16%	0.91%	-0.26%	0.34%	0.56%	-0.28%	0.69%	-0.29%	0.16%	0.17%	0.08%
2007-08-15	星期三	0.88%	1.19%	-0.61%	-0.58%	-0.17%	-0.97%	-0.24%	-1.34%	-0.57%	-1.18%	-0.38%
2007-08-16	星期四	-1.26%	-0.54%	0.15%	-0.59%	-0.60%	-0.99%	-1.73%	-1.27%	0.27%	-1.83%	-0.81%
2007-08-17	星期五	3.57%	2.49%	0.10%	1.26%	1.33%	-0.52%	0.12%	-0.39%	0.31%	0.11%	0.38%
2007-08-20	星期一	3.75%	1.75%	0.35%	1.35%	0.51%	0.44%	1.22%	0.56%	0.39%	1.17%	1.14%
2007-08-21	星期二	1.24%	0.11%	0.01%	-0.45%	0.02%	-0.63%	-0.08%	-0.05%	0.19%	0.11%	0.06%
2007-08-22	星期三	-0.85%	-0.31%	-0.52%	-0.51%	-0.17%	-0.83%	-0.18%	-0.56%	0.39%	0.09%	-0.38%
2007-08-23	星期四	-0.03%	0.70%	0.70%	-0.16%	0.38%	1.04%	-0.07%	-0.33%	0.32%	0.31%	0.33%
2007-08-24	星期五	0.62%	-0.28%	-0.07%	0.23%	0.92%	-0.06%	0.39%	0.09%	-0.35%	0.61%	0.43%
2007-08-27	星期一	1.10%	0.70%	0.11%	0.20%	1.25%	-0.16%	-0.33%	0.71%	0.71%	0.03%	0.75%
2007-08-28	星期二	0.41%	0.32%	0.08%	-0.61%	-0.64%	-0.50%	1.42%	-0.44%	-0.47%	0.25%	-0.76%
2007-08-29	星期三	1.45%	0.08%	1.27%	2.08%	1.94%	-0.53%	-0.03%	1.60%	0.91%	0.98%	1.76%
2007-08-30	星期四	1.07%	0.04%	0.62%	0.40%	0.89%	0.10%	-0.08%	-0.04%	0.12%	-0.05%	0.50%
2007-08-31	星期五	1.69%	0.97%	0.95%	-0.55%	0.05%	0.52%	-0.08%	-0.67%	0.01%	0.14%	0.36%

注:* 为了读者阅读方便,表中第二列是译者自己加的——译者注。

表10—4　各种市场指数的日度收益率(2007年7月30日(星期一)至2007年8月31日(星期五))* †

日期	星期	S&P500 指数	S&P 小盘600 指数	MSCI 新兴市场指数	MSCI 全球(除美国)指数	Lehman 美国政府债券总指数	Lehman 美国全部高收益率公司债券指数	高盛商品指数	美元贸易加权指数	芝加哥期权交易所波动率指数(VIX)的变动
2007-07-30	星期一	1.03%	0.94%	0.87%	0.14%	-0.04%	0.18%	0.11%	-0.12%	-3.30
2007-07-31	星期二	-1.26%	-0.88%	1.67%	1.36%	0.17%	0.61%	1.18%	-0.10%	2.65
2007-08-01	星期三	0.73%	0.19%	-3.42%	-1.70%	0.04%	-0.15%	-1.34%	0.13%	0.15
2007-08-02	星期四	0.46%	0.98%	0.61%	0.62%	0.04%	0.53%	0.00%	-0.20%	-2.45
2007-08-03	星期五	-2.65%	-3.48%	-0.05%	-0.37%	0.29%	0.08%	-1.10%	-0.66%	3.94
2007-08-06	星期一	2.42%	1.35%	-1.99%	-0.57%	-0.14%	-0.29%	-2.76%	0.10%	-2.56
2007-08-07	星期二	0.62%	0.71%	0.45%	0.56%	-0.04%	0.38%	0.34%	0.28%	-1.04
2007-08-08	星期三	1.44%	1.52%	2.83%	1.88%	-0.48%	0.84%	-0.20%	-0.17%	-0.11
2007-08-09	星期四	-2.95%	-1.38%	1.28%	-1.52%	0.31%	-0.07%	-0.37%	0.54%	5.03
2007-08-10	星期五	0.04%	1.01%	-3.30%	-2.85%	0.07%	-0.29%	-0.03%	-0.12%	1.82
2007-08-13	星期一	-0.03%	-0.84%	1.01%	1.08%	0.04%	0.34%	0.27%	0.46%	-1.73
2007-08-14	星期二	-1.81%	-1.87%	-1.42%	-1.10%	0.23%	-0.10%	0.35%	0.54%	1.11
2007-08-15	星期三	-1.36%	-1.45%	-2.39%	-1.52%	0.15%	-0.56%	0.80%	0.41%	2.99
2007-08-16	星期四	0.33%	1.70%	-5.63%	-2.91%	0.58%	-0.59%	-3.01%	-0.11%	0.16
2007-08-17	星期五	2.46%	2.30%	0.12%	0.96%	-0.28%	0.24%	1.49%	-0.37%	-0.84
2007-08-20	星期一	-0.03%	0.30%	3.78%	1.23%	0.23%	0.24%	-1.65%	-0.03%	-3.66
2007-08-21	星期二	0.11%	0.21%	-0.18%	0.61%	0.24%	0.19%	-1.14%	0.11%	-1.08
2007-08-22	星期三	1.18%	1.19%	2.58%	1.27%	-0.16%	0.37%	0.04%	-0.30%	-2.36
2007-08-23	星期四	-0.11%	1.16%	1.76%	1.16%	-0.01%	0.22%	0.96%	-0.13%	-0.27
2007-08-24	星期五	1.16%	1.44%	0.44%	0.51%	-0.10%	0.04%	1.10%	-0.59%	-1.90
2007-08-27	星期一	-0.85%	-1.07%	1.90%	0.29%	0.23%	0.17%	0.28%	0.09%	2.00
2007-08-28	星期二	-2.34%	-2.70%	-0.85%	-1.26%	0.34%	-0.07%	-0.17%	0.02%	3.58
2007-08-29	星期三	2.22%	2.28%	-0.23%	0.04%	-0.09%	-0.06%	1.40%	-0.07%	-2.49
2007-08-30	星期四	-0.41%	-0.38%	1.31%	0.80%	0.29%	0.06%	0.15%	0.12%	1.25
2007-08-31	星期五	1.12%	1.28%	2.39%	1.58%	-0.16%	0.01%	0.48%	0.00%	-1.68

注：* 除了高盛商品指数(Goldman Sachs Commodities Index)和美元贸易加权指数(the Trade Weighted U. S. Dollar Index)来自全球金融数据库(Global Financial Database)外，其他所有数据都来自Datastream。表中所有数据用的都是总收益率指数，即包含了任何会增加投资者持有的这些指数的资产的价值的利息和红利。

† 为了读者阅读方便，表中第二列是译者自己加的。——译者注。

波动率）的 9 个主要的市场指数的日度收益率。从该图中，我们可以看出，在反向交易策略开始遭受严重损失的 8 月 7 日和 8 日，并没有发生异常的事件。在 8 月 9 日这一天，S&P500 指数的确下跌了 2.95%，VIX 指数则向上跳升了 5.03 个点，对这两个指数来说上述变化都是比较显著的变动。但是，这种变动既不能解释该周早些时候发生的亏损，也不能解释众多遵循市场中性型策略的股票对冲基金（即对 S&P500 指数实际上没有贝塔敞口，对波动率有正的敞口的基金）所蒙受的异常大的亏损。

对这些异常的收益率变动模式的最后一个解释是，正如在第 10.2 节曾讨论过的，它们是一场大规模的策略性减仓所引起的影响广泛的动量（broad-based momentum）① 所导致的结果；而且，当减仓开始时，减仓所驱动的动量引起了均值回复的强烈迸发，并导致了星期五的回复。我们在第 10.6 节研究了 1998 年 8 月与 2007 年 8 月之间的差异，以及这种差异对期望收益率和杠杆的影响之后，还会再次谈及这一解释。

10.4 2007 年 8 月与 1998 年 8 月的比较

一旦将反向交易策略在 2007 年 8 月第二周的业绩与其在 1998 年 8 月长期资本管理公司倒闭前后的业绩相比，2007 年 8 月第二周的业绩变动就显得更为显著了。1998 年 8 月 17 日，俄罗斯对外宣布其政府债务违约，引发了一场全球性的资本避险抽逃，拉宽了信贷利差（credit spread），而这又导致长期资本管理公司和其他固定收益套利型对冲基金及自营交易部门在随后的数日内蒙受了极大的损失。导致上述损失的特定机制——日益扩大的信贷利差带来追加保证金的通知，引起粘滞性投资组合平仓，结果导致了更大的损失并带来了更多的追加保证金的通知，最终造成了基金的崩盘——与 2007 年影响贝尔斯登和其他与信贷有关的对冲基金的次级抵押贷款问题实际上是一样的。

然而，1998 年 8 月与 2007 年 8 月之间有一个显著的差异。表 10—5 列示了反向交易策略式（10.1）在 1998 年 8 月和 9 月的日度收益率。数

---

① 为了便于理解，读者可以将这里的"动量（momentum）"一词视同"冲击"——译者注。

表10—5 把Lo and MacKinlay(1990c)的反向交易策略应用于价格介于5～2 000美元之间的全部美国普通股(CRSP股票编码是10和11)和市值十等分组得到的日度收益率(1998年8月3日(星期一)至1998年9月30日(星期三))†

		按市值划分的十等分组										全部
		最小的组	等分组2	等分组3	等分组4	等分组5	等分组6	等分组7	等分组8	等分组9	最大的组	
1998－08－03	星期一	3.35%	1.75%	1.68%	0.15%	3.25%	-0.33%	0.40%	0.06%	0.62%	0.16%	1.01%
1998－08－04	星期二	-0.29%	2.16%	1.64%	-1.35%	-1.18%	-0.51%	-0.82%	-0.07%	-1.22%	-0.16%	-0.18%
1998－08－05	星期三	2.75%	1.93%	0.68%	2.60%	2.04%	0.93%	-0.57%	0.38%	-0.59%	2.56%	1.27%
1998－08－06	星期四	2.25%	1.68%	2.01%	0.36%	0.17%	-0.33%	-1.35%	0.15%	0.85%	1.34%	0.66%
1998－08－07	星期五	3.05%	2.99%	0.79%	0.26%	-0.23%	0.03%	0.12%	0.39%	2.93%	-0.10%	0.67%
1998－08－10	星期一	3.48%	1.69%	1.53%	0.91%	0.48%	2.23%	1.03%	-0.23%	0.68%	0.27%	1.27%
1998－08－11	星期二	2.34%	1.72%	0.81%	-0.24%	0.60%	1.18%	-0.36%	0.79%	-0.29%	-0.14%	0.59%
1998－08－12	星期三	4.83%	2.88%	2.71%	1.31%	0.96%	0.58%	2.01%	0.93%	1.00%	0.68%	2.04%
1998－08－13	星期四	3.74%	2.24%	0.88%	2.72%	0.37%	0.39%	1.03%	0.48%	-0.11%	0.04%	1.33%
1998－08－14	星期五	2.25%	1.64%	3.57%	1.42%	-0.46%	-0.05%	0.66%	-0.07%	0.77%	-0.42%	0.94%
1998－08－17	星期一	2.46%	2.48%	1.81%	0.11%	-0.32%	1.66%	-0.01%	-0.80%	0.11%	0.49%	0.96%
1998－08－18	星期二	4.31%	1.85%	1.75%	3.86%	0.35%	-0.16%	-2.12%	0.03%	0.29%	0.12%	0.87%
1998－08－19	星期三	2.60%	2.15%	1.16%	0.45%	-0.65%	-0.36%	0.34%	-0.80%	0.06%	-0.13%	0.63%
1998－08－20	星期四	1.60%	3.04%	1.49%	0.42%	-0.64%	0.55%	0.87%	-0.61%	-0.55%	-1.47%	0.46%
1998－08－21	星期五	2.26%	4.06%	2.18%	1.79%	1.03%	-0.06%	-0.28%	-0.51%	0.06%	-0.36%	1.04%
1998－08－24	星期一	5.35%	1.84%	4.13%	0.63%	-0.83%	0.13%	-1.57%	-1.02%	-0.68%	0.73%	0.90%
1998－08－25	星期二	2.05%	2.19%	1.76%	0.85%	-0.45%	-0.34%	0.91%	-1.46%	-0.48%	-0.56%	0.36%
1998－08－26	星期三	4.02%	1.39%	1.78%	0.81%	-0.31%	0.06%	-0.43%	1.03%	-0.65%	-0.26%	0.61%
1998－08－27	星期四	1.69%	1.15%	0.24%	-1.16%	-2.02%	-0.47%	-1.54%	-1.91%	-0.63%	-2.20%	0.78%
1998－08－28	星期五	2.52%	2.29%	1.33%	1.35%	0.11%	1.12%	-1.29%	-1.32%	-1.18%	-0.36%	0.39%
1998－08－31	星期一	3.31%	1.79%	0.51%	-0.36%	-3.44%	-1.97%	-3.08%	-4.47%	-2.73%	-2.82%	-1.62%

续表

		最小的组	等分组 2	等分组 3	等分组 4	等分组 5	等分组 6	等分组 7	等分组 8	等分组 9	最大的组	全部
						按市值划分的十等分组						
1998－09－01	星期二	4.96%	4.42%	6.04%	4.67%	9.06%	6.68%	6.71%	6.67%	4.90%	6.10%	6.59%
1998－09－02	星期三	4.43%	2.74%	1.90%	0.82%	-1.33%	0.25%	0.86%	-0.39%	0.45%	0.33%	0.63%
1998－09－03	星期四	3.89%	3.78%	2.08%	2.09%	0.23%	-0.03%	0.79%	0.15%	0.51%	0.76%	1.41%
1998－09－04	星期五	5.10%	3.95%	2.09%	0.75%	-0.33%	-0.84%	-1.33%	-1.61%	-1.15%	-3.68%	0.26%
1998－09－08	星期二	3.53%	3.40%	3.82%	0.57%	0.60%	0.82%	1.35%	1.05%	0.97%	3.73%	2.08%
1998－09－09	星期三	1.99%	3.62%	1.38%	1.15%	1.12%	1.66%	1.70%	2.10%	2.32%	2.92%	2.42%
1998－09－10	星期四	4.26%	2.68%	0.08%	2.05%	0.96%	-0.27%	0.64%	-0.86%	-0.67%	-2.16%	0.29%
1998－09－11	星期五	3.34%	3.17%	2.15%	0.77%	0.20%	0.50%	-0.95%	1.28%	-0.18%	0.15%	1.24%
1998－09－14	星期一	3.53%	3.58%	1.54%	0.83%	-0.20%	-0.42%	-0.47%	-0.50%	0.02%	-0.23%	0.33%
1998－09－15	星期二	3.62%	2.36%	1.34%	0.77%	-0.17%	-0.98%	-0.52%	-1.15%	-0.95%	-0.63%	0.14%
1998－09－16	星期三	2.71%	3.33%	0.89%	1.48%	0.58%	0.83%	0.00%	0.05%	1.53%	-0.04%	1.01%
1998－09－17	星期四	3.70%	2.24%	1.54%	1.56%	-0.95%	0.23%	1.10%	-0.40%	-0.86%	0.38%	0.79%
1998－09－18	星期五	4.01%	3.94%	2.67%	1.27%	2.55%	1.20%	-1.17%	-1.41%	-0.51%	-0.45%	1.07%
1998－09－21	星期一	3.22%	1.28%	1.86%	-0.61%	-0.87%	-0.09%	-2.22%	1.08%	-0.47%	-0.32%	0.19%
1998－09－22	星期二	3.26%	2.15%	1.68%	1.76%	-0.21%	-0.16%	-0.62%	-2.06%	-1.46%	0.16%	0.42%
1998－09－23	星期三	4.24%	2.16%	0.78%	-1.66%	-0.34%	-2.33%	-3.08%	-3.27%	-0.60%	-0.42%	-0.71%
1998－09－24	星期四	2.54%	1.47%	3.13%	1.60%	0.63%	-0.38%	-0.06%	-0.27%	0.59%	1.63%	1.21%
1998－09－25	星期五	2.28%	3.27%	0.16%	0.86%	0.28%	-0.90%	-0.66%	0.67%	1.16%	0.36%	0.61%
1998－09－28	星期一	4.24%	1.24%	1.81%	2.64%	0.52%	-1.30%	0.47%	-1.58%	-0.59%	0.16%	0.60%
1998－09－29	星期二	2.75%	1.48%	-0.07%	0.81%	-0.83%	-1.61%	-1.58%	-0.83%	-1.19%	-0.83%	-0.29%
1998－09－30	星期三	2.98%	0.41%	0.33%	-0.96%	0.01%	-1.00%	-1.78%	-0.41%	-0.10%	-0.74%	-0.33%

注:* 涂有阴影的日期就其亏损发出投资者的第一封信是8月17日(俄罗斯政府债务违约)、8月21日(长期资本管理公司在一天内亏损5.5亿美元)、8月24日(媒体爆出关于长期资本管理公司的新闻)、9月3日(长期资本管理公司就其亏损发出致投资者的第一封信)至1998年8月3日(星期一)至1998年9月30日(星期三)。

†原文标题中是"1998年8月3日(星期一)至1998年9月30日(星期五)",有误,1998年9月30日是星期三。另外,为了方便读者,表中第二列是译者自己加的。——译者注。

据表明，固定收益市场上的震荡对我们的做多/做空股票型策略只有很小的影响或者没有影响。与 2007 年 8 月相反（当时对流动性的明显需求导致甩卖减仓，从反向交易策略的日度收益率中很容易观察到这一点），1998 年 8 月，固定收益套利领域对流动性的需求（这一需求是有大量文献记载的）没有对做多/做空股票型策略产生察觉得到的冲击。这是一个显著的差异，表明 2007 年金融市场的一体化程度比 1998 年要高一些。虽然这可被积极地视为金融市场与技术在不断进步的信号，但是与一体化的诸多好处相伴而来的还有成本，即一个部门发生的金融危机能够对其他几个部门产生很大的影响，亦即传染。

对于 1998 年 8 月与 2007 年 8 月之间的差异，有几个可能的解释。一个可能的解释是，在 1998 年，同时涉足固定收益套利型和做多/做空股票型策略的多重策略型基金和自营交易部门较少，因此当时日益恶化的固定收益套利型策略所引发的对流动性的需求没能轻易地溢出到做多/做空股票型投资组合。另一个可能的解释是，虽然采用做多/做空股票型策略尤其是市场中性统计套利型策略的投资组合在 1998 年 8 月迅速平仓了，但是采用这些策略的资本金额在当时尚未大到足以导致任何显著的震荡。第三种可能的解释是，在 1998 年，做多/做空股票型基金使用的杠杆没有 2007 年那么大。

在剩下的几节中，我们将论证指出，这三种解释都有一定程度的正确性。

10.5　总资产、期望收益率和杠杆

为了弄清近年来做多/做空股票型策略的竞争激烈程度，让我们考虑一下 Lipper TASS 对冲基金数据库中的做多/做空股票对冲型和股票市场中性型基金的数目和所管理资产的规模的增长速度。① Lipper TASS 数据库被分为两部分：死基金和活基金。如果截至截取样本的那一天，一个基金被认为是活动的，那么就将其记录在活数据库之中。一旦一个对冲基金决定

①　我们使用的是 2007 年 8 月 20 日 Lipper TASS 数据库的样本（snapshot），并且只考虑那些以美元来报告其所管理资产的规模（AUM）的基金。

不再报告其业绩、或者清盘、或者不再进行新的投资、或者被重组、或者与其他对冲基金合并,则该基金就被转移到死数据库中去。一个对冲基金只有在被列入活基金数据库之后,才能被列入死基金数据库之中。[1]

彩图 11 表明,做多/做空股票型对冲基金是数量最多的一类基金,在彩图 11 的最后几个月,在活数据库中有 600 多个这类基金。[2] 不过,在过去两年,股票市场中性型基金的数目明显迅速增长;在彩图 11 的最后几个月,活数据库中这种基金的数目略多于 100 个。我们把这两类基金放在一起考虑,用活数据库和死数据库中这两类基金所管理资产的总规模除以两类基金的总数目。从彩图 11 可以看出,从 1994 年以来,每个基金所管理资产的平均规模一直呈指数形式增长,从 1994 年 1 月的 6 200 万美元开始,增长到 2007 年 7 月的 2.29 亿美元。

这些资产没有反映资金向积极拓展型策略——如 130/30 型基金,它是机构资产管理行业增长最快的产品之一——的流入。最近发表的一份研究报告估计目前有 750 亿美元资金被用于这种策略,并且在 5 年内有望增长到 1 万亿美元(参见 Merrill Lynch, 2007)。虽然从构建情况来看,这种策略是净多头,但是它们持有的空头头寸多达其庞大的资产基础的 30%,因此对做多/做空股票型对冲基金有重要的影响。例如,由于 130/30 型策略的卖空增加,导致卖空"难以借到的"证券变得越来越难。现在,越来越多的证券变得"难以借到",空头头寸流动性不足,因此越来越有可能出现"轧空头"的现象。

当然,130/30 型策略卖空的证券有可能会被其他做多/做空股票型对冲基金做多,反之反是,这将提升流动性。但是,导致 130/30 型策略卖空一个证券的因素(例如,财务比率、价格模式、利空消息)可能会导致对冲基金也卖空。而且,130/30 型策略与生俱来的定量性特性导致其与定量的股票市场中性型策略之间产生了一个无法避免的共性

---

[1] 对冲基金向 Lipper TASS 和其他商业性对冲基金数据库报告业绩的自愿性特点显然会导致选择性偏差,因此在解读我们的结果时,应该牢记存在这一偏差。关于对冲基金数据库中的这一偏差和其他偏差所带来的影响的综合讨论,请参见 Agarwal and Naik (2005) 和 Fung and Hsieh (2006) 的综述性论文。
[2] 基金数目在彩图 11 中的最后一个月有所减少的现象,是 Lipper TASS 数据一个常见的特点,通常是由报告业绩的时滞所引起的,未必是因为这一类基金的数据真的减少了,因此对最后一两个月的数据应持不完全相信的态度。

（commonality）。例如，130/30 型基金经理和股票市场中性型基金经理都使用诸如 MSCI/BARRA、Northfield 信息系统（Northfield Information Systems）、套利定价模型（APT）等商业化的、基于因子的投资组合最优化模型，而这会使 130/30 型投资组合与股票市场中性型投资组合之间产生相同的公共风险敞口。

做多/做空股票型基金的数目与每个基金所管理资产的平均规模的同步增长，以及相关策略（如 130/30 型）的增长，意味着竞争越来越激烈，并且不可避免地降低了这些基金所采用的策略的盈利能力。这一影响在反向交易策略（10.1）的例子中得到了印证，如图 10—2 所示。随着做多/做空股票对冲型和股票市场中性型基金所管理资产总规模的增长，反向交易策略的日度收益率均值降低了，在 2007 年降到 0.13% 的低点；而在这一年，这两种类型的基金所管理资产的总规模达到前所未有的高点，在 2007 年初甚至超过 1 600 亿美元。

资金流入期望收益率日益下降的对冲基金策略，似乎是与直觉相反的。然而，回忆一下，表 10—2 中列示的和图 10—2 中绘制的日度收益率均值是基于不采用杠杆的收益率计算出来的。随着这些策略的收益率开始下降，对冲基金经理们普遍采用了更大的杠杆，以便维持投资者希望得到的期望收益率水平，尤其是当标的证券的波动率面临着（美国股票的波动率在这一时期所经历的那种）长期下降的趋势时。① 而且，由于许多对冲基金依赖于杠杆，因此它们的头寸规模通常比用于支持那些头寸的抵押品价值要大得多。杠杆具有放大镜的作用，能把小的盈利机会放大，但是也能把小的亏损放大。当市场价格的反向变动导致抵押品价值降低时，信贷就会被迅速撤走。随后，在短期内突然减持大量头寸还会导致广泛的金融恐慌，正如 1998 年 8 月俄罗斯政府债务违约之后所发生的那样。

为了弄清楚这一效应在做多/做空股票对冲型部门的显著程度，我们计算了 1998 年之后，反向交易策略每年为了获取与 1998 年的收益率水平相等的期望收益率所需要的杠杆率。换言之，我们要为杠杆率求一个 θ^*

---

① 实际上，有人会说，定量的股票市场中性型策略的增长促成了美国股票市场波动率的下降趋势。由于大多数这样的策略是基于均值回复的，因此它们趋向于降低市场的波动性而不是像动量策略那样增加市场的波动性。

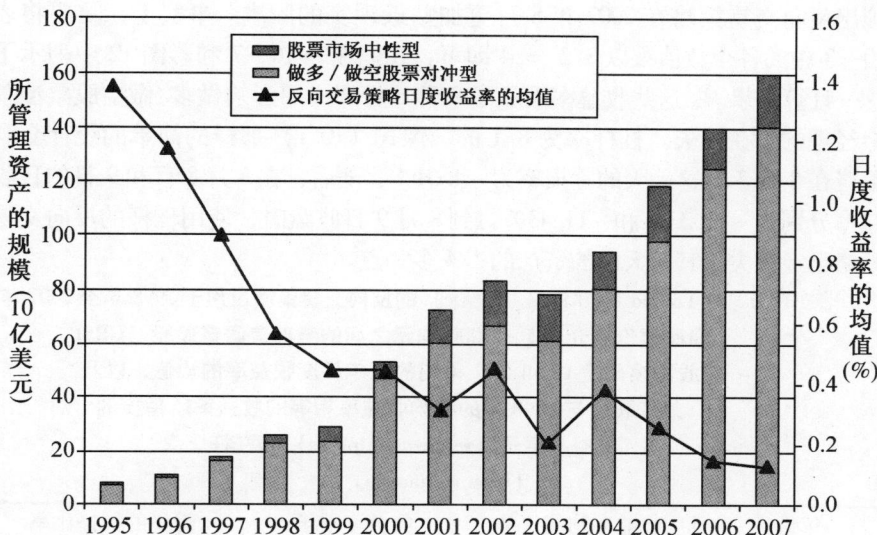

图 10—2　Lipper TASS 数据库中做多/做空股票对冲型和股票市场中性型基金每年年初
所管理资产的规模 (AUM) 和反向交易策略历年日度收益率的平均值
(1995 年 1 月 3 日至 2007 年 8 月 31 日)

注:反向交易策略的应用对象是股票价格介于 5~2 000 美元之间的全部美国
普通股 (CRSP 股票编码是 10 或 11)。

值,并要求它满足:

$$E[L_{pt}] \equiv \frac{\theta^*}{2}E[R_{pt}] = E[R_{p,1998}] \tag{10.4a}$$

$$\theta^* = \frac{2E[R_{p,1998}]}{E[R_{pt}]}, \ t = 1999,\dots,2007 \tag{10.4b}$$

其中,式 (10.4) 是由使用杠杆时的收益率定义式 (10.3) 推出的,
乘数 "2" 则来自杠杆率的定义,即将多头头寸与空头头寸之和 (在市场
中性型投资组合中,它们是相等的) 除以投资资本。表 10—6 表明,从
1998 年到 2007 年,反向交易策略一直存在着显著的 "阿尔法衰减",且
衰减幅度如此之大,以至于在 2007 年,为了获取与 1998 年的收益率相当
的期望收益率,几乎需要 9:1 的杠杆率!

现在我们可以使用表 10—6 表明的、2006 年的杠杆率 (近似是 8:1) 模

拟出反向交易策略在 2007 年 8 月更加贴近现实的版本。事实上，只要将表
10—3 中的各个数值乘以 8/2 = 4 即可，我们在表 10—7 和彩图 12 中列示了
这一计算结果。① 这些收益率展示了 8 月 6 日那一周影响做多/做空股票型基
金经理的潜在损失。杠杆率为 8∶1 的、像式（10.1）那样的简单的统计套利
策略在 8 月 7 日这一天的亏损率为 −4.64%，随后，在 8 月 8 日和 9 日的日收
益率分别为 −11.33% 和 −11.43%。到 8 月 9 日收盘时，使用杠杆的反向交易
策略已经损失了其三天前的资产的 1/4 多一点。

表 10—6　把 Lo and MacKinlay（1990c）的反向交易策略应用于 1998 年至 2007 年
　　　　　间股票价格介于 5～2 000 美元之间的全部美国普通股（CRSP
　　　　　股票编码是 10 和 11）得到的历年日度收益率的均值，以及
　　　　　为了获取与 1998 年的平均收益率相等的收益率所需要的
　　　　　收益率乘子（return multipliers）和杠杆比率
　　　　　（leverage factors）

年份	日度收益率均值（%）	收益率乘子	需要的杠杆比率
1998	0.57	1.00	2.00
1999	0.44	1.28	2.57
2000	0.44	1.28	2.56
2001	0.31	1.81	3.63
2002	0.45	1.26	2.52
2003	0.21	2.77	5.53
2004	0.37	1.52	3.04
2005	0.26	2.20	4.40
2006	0.15	3.88	7.76
2007	0.13	4.48	8.96

　　8 月 10 日，这一策略迅速"收复失地"，使用杠杆的反向交易策略的
收益率是 23.67%；对于那些对这两天异乎寻常的亏损规模和速度做出了
反应、在星期三和星期四已经削减了风险敞口的基金经理和投资者来说，
这是一个小小的安慰。那些具有坚强不屈的精神（和信贷额度来源）、
在全周自始至终保持仓位不变的经理和投资者全周的算术复合收益率是

---

①　我们使用 8∶1 的杠杆率而不是 2007 年的杠杆率，是为了反映投资者在 2006 年底的预期（这种
预期转而被投资组合经理纳入考虑范围）。尤其是，无论是投资者还是基金经理，在 2007 年初都不知道
该策略在 2007 年的日度收益率的平均值是多少。

表 10—7 把 Lo and MacKinlay(1990c)的反向交易策略有杠杆地应用于价格介于 5～2 000 美元之间的全部美国普通股（CRSP 股票编码是 10 和 11）和市值十等分组得到的日度收益率（2007 年 7 月 30 日（星期一）至 2007 年 8 月 31 日（星期五）），杠杆率是 8∶1，或称收益率乘子是 4*

日期	星期	按市值划分的十等分组										全部
		最小的组	等分组 2	等分组 3	等分组 4	等分组 5	等分组 6	等分组 7	等分组 8	等分组 9	最大的组	
2007-07-30	星期一	-0.28%	0.08%	7.85%	-1.43%	0.29%	0.91%	1.04%	1.51%	2.05%	0.71%	1.77%
2007-07-31	星期二	0.77%	4.41%	1.12%	2.20%	-2.53%	0.09%	-3.19%	1.94%	-1.23%	0.22%	1.46%
2007-08-01	星期三	6.10%	1.78%	-5.55%	1.39%	3.79%	-3.52%	-2.83%	-2.52%	-8.06%	-0.90%	0.43%
2007-08-02	星期四	3.54%	-3.04%	-0.46%	-2.68%	-3.77%	-10.79%	8.63%	6.12%	-2.97%	-0.77%	-1.22%
2007-08-03	星期五	-3.79%	-2.49%	-3.12%	0.24%	3.52%	0.05%	-2.49%	-4.35%	-2.29%	-2.74%	-0.10%
2007-08-06	星期一	-3.33%	-7.06%	-1.57%	-4.12%	5.47%	-5.47%	-4.75%	-2.86%	1.06%	3.08%	2.01%
2007-08-07	星期二	3.00%	1.03%	-6.55%	-11.65%	-6.01%	-2.79%	1.42%	-4.08%	-6.86%	-2.67%	-4.64%
2007-08-08	星期三	3.52%	-5.30%	-10.36%	-14.58%	-17.07%	-8.65%	-8.94%	-13.85%	-5.06%	-5.91%	-11.33%
2007-08-09	星期四	3.66%	-7.42%	-15.46%	-11.08%	-12.72%	-15.78%	-13.06%	-17.33%	-10.32%	-5.22%	-11.43%
2007-08-10	星期五	-1.32%	14.62%	24.32%	31.58%	35.08%	30.67%	30.07%	26.79%	18.73%	9.55%	23.67%
2007-08-13	星期一	5.42%	-1.24%	-2.53%	-4.26%	-6.20%	-0.88%	-5.15%	-8.04%	-8.58%	-4.99%	-3.05%
2007-08-14	星期二	4.65%	3.64%	1.53%	1.35%	-2.23%	-1.12%	-2.74%	-1.16%	0.66%	0.67%	-1.53%
2007-08-15	星期三	3.52%	4.74%	-2.42%	-2.33%	-0.69%	-3.89%	-0.97%	-5.36%	-2.29%	-4.73%	-3.24%
2007-08-16	星期四	-5.03%	-2.16%	0.59%	-2.36%	-2.39%	-3.95%	-6.94%	-5.08%	1.08%	-7.31%	
2007-08-17	星期五	14.30%	9.94%	0.41%	5.04%	5.32%	-2.07%	0.47%	-1.56%	1.24%	0.44%	1.53%
2007-08-20	星期一	15.02%	7.02%	1.42%	5.40%	2.03%	1.74%	4.88%	2.22%	1.57%	4.67%	4.58%
2007-08-21	星期二	4.98%	0.43%	0.02%	-1.80%	0.09%	-2.54%	-0.33%	-0.20%	0.74%	0.43%	0.24%
2007-08-22	星期三	-3.39%	-1.23%	-2.07%	-2.05%	-0.67%	-3.31%	-0.74%	-2.26%	1.57%	0.37%	-1.51%
2007-08-23	星期四	-0.14%	2.79%	-0.26%	-0.64%	1.51%	4.15%	1.04%	-1.33%	1.28%	1.23%	1.31%
2007-08-24	星期五	2.47%	-1.13%	-0.46%	0.92%	3.70%	-0.23%	0.29%	0.37%	-1.42%	2.43%	1.73%
2007-08-27	星期一	4.38%	2.80%	0.34%	0.78%	5.01%	-0.63%	1.58%	2.85%	2.84%	0.10%	2.99%
2007-08-28	星期二	1.64%	1.26%	-2.45%	-2.56%	-1.99%	-1.99%	-1.33%	-1.77%	-1.88%	0.99%	-3.04%
2007-08-29	星期三	5.79%	0.31%	5.07%	8.32%	7.75%	-2.14%	5.67%	6.39%	3.63%	3.94%	7.06%
2007-08-30	星期四	4.27%	0.16%	2.46%	1.61%	3.55%	0.41%	-0.11%	-0.16%	0.47%	-0.19%	2.01%
2007-08-31	星期五	6.75%	3.86%	3.80%	-2.21%	0.21%	2.08%	-0.32%	-2.68%	0.02%	0.58%	1.46%

注:* 为了读者阅读方便，表中第二列是译者自己加的。——译者注。

－1.72％，这从任何方面来看都不算一个异常的收益率。① 然而，在 8 月 6 日～9 日累积损失率高达 －25％ 的情况下，许多基金经理都不得不屈服了，被迫在星期五的回复到来之前降低了杠杆。

10.6 平仓猜想

具备了表 10—7 中那些从实证上来看比较合理的结果之后，现在我们可以就 2007 年 8 月发生的事件提出另外一些猜想，并把这些猜想合称为平仓猜想（unwind hypothesis）。

使用杠杆的反向交易策略在 8 月 7 日（星期二）亏损了 4.64％，并且在 8 月 8 日又亏损了 11.33％，这意味着一个或多个规模巨大的市场中性型股票投资组合突然减仓了。只有一次突然减仓才可能导致该策略在没有发生其他任何显著的市场波动时，亏损率接近 －5％。推断市场中性型基金当时正在减仓背后的逻辑是：在 8 月 7 日和 8 日，S&P500 指数和 MSCI 除美国外的全球指数（MSCI-ex-US）都是上涨的，因此这两天不可能有规模巨大的、偏向做多的基金在平仓。

这一亏损发生的时机——在一个对许多对冲基金策略来说都极具挑战性的月份过去之后不久——也是耐人寻味的。盯市计算投资组合的市值的正常程序一般要花去月底之后的几天时间，8 月 7 日～9 日可能是基金经理和投资者第一次被迫面对他们在 7 月份遭受的、与信贷有关的巨额亏损，这可能引起他们在这一阶段对其持有的流动性较大的投资（例如，他们的股票投资组合）进行最初的平仓。

星期二和星期三发生的巨额损失——我们的使用杠杆的反向交易策略累积损失率高达 －15.98％——几乎肯定影响了做多/做空股票型基金和其他某些定量的、只能做多的基金。特别是，如果我们的猜想是正确的，即 8 月 7 日和 8 日的亏损的确是大规模的股票市场中性型投资组合平仓所引

---

① 相应的全周几何复合收益率是 －5.52％，与算术复合收益相差甚远，这是 8 月 8 日—10 日收益率的数值较大所导致的。这一收益率当然不好，但是在当时的情况下，也不算糟糕。使用几何复合方法还是算术复合方法合适，取决于该策略是如何实施的——有的经理每天都对头寸进行调整，调整到在该月内有一个固定的、设想的做多/做空敞口，而不管日度的盈亏情况。在这种情况下，如果要从日度收益率中计算出的总的收益率，算术复合收益率更加合适。

起的, 则被用于组建这一投资组合的任何明确的因子, 都会给其他具有相同因子敞口的投资组合造成损失。例如, 如果一个进行平仓的投资组合恰好是做多低市盈率的股票、做空低股息率的股票, 则这一平仓行为将会导致低市盈率股票的价格下降, 低股息率股票的价格上升 (虽然这只是暂时的, 但也会产生一定的影响, 直到平仓结束)。在这一平仓过程中, 其他所有具有相同因子敞口的投资组合也将遭受损失。

其他基金具有相同的因子敞口的可能性有多大? 如果它们使用的定量化投资组合构建技术是相似的, 则它们将更多地、而不是更少地做出同一种判断, 因为这些技术都是以相同的历史数据为基础的, 它们将指向相同的、可以用以获利的、实证上的异像 (anomalies), 如价值升水 (value premium)、规模升水 (size premium)、一月效应 (the January effect)、6个月动量、一个月均值回复和盈利超预期等。而且, 众多定量化经理们对标准化的因子风险模型——如那些来自 MSCI/BARRA 的模型、Northfield 信息系统和套利定价模型等——的广泛使用, 几乎肯定会导致这些经理对这些分析平台中包含的风险因子持有共同的敞口。

但是, 更重要的是这样一个事实, 即这些实证规则中有很多——包括价值型/增长型特征、盈利质量和财务比率分析等依据基本面 "自下而上" 的估值方法——已经被整合进非定量化的股票投资过程。因此, 一个定量的股票市场中性型投资组合的突然减仓所产生的影响要广泛得多, 这种影响取决于这一投资组合特定的因子敞口。

表10—7 中包含了另一个与统计套利策略的平仓相一致的有趣模式——在8月7日和8日, 损失最为惨重的是一些中等市值的等分组投资组合 (等分组3~5 和等分组8 中每一个的累积损失率都比其他等分组大, 也比全部股票空间大)。给定将反向交易策略应用于等分组投资组合时得到的日度收益率均值的模式 (见表10—2), 对统计套利型基金来说最具吸引力的是中等市值的等分组投资组合。市值较大的等分组中的证券的盈利能力不够大, 而市值较小的等分组中的证券粘滞性太大, 难以进行大规模的交易, 因此规模较大的基金不会对它们感兴趣。

面对8月7日~8日发生的巨额损失, 遭受影响的基金中——包括市场中性型、做多/做空股票型、130/30 型和某些只能做多的基金——大多数可能在星期四开盘之前就已经通过减少敞口或去杠杆化而削减了风险，这样做要么是出于自愿，要么是因为它们超过了其一级经纪人和其他贷款人设定的贷款和风险限制。这样做是谨慎的，但不幸也是灾难性的。这么多股票基金经理未经刻意协调却同时削减风险的努力导致8月9日（星期四）又发生了损失，我们使用杠杆的反向交易策略的收益率是 -11.43％。但是在这一天，S&P500指数未能再次幸免于难，到星期四收盘时跌了 -2.95％，我们推测这部分地反映了偏向做多的和只能做多的基金经理削减风险的行为。①

到星期四收盘为止，平仓背后的经济力量显然被相反的力量抵消了——这要么是因为平仓和削减风险的行动已告结束，要么是因为其他市场参与者发现了（该周早些时候的迅速减仓引起的）显著的错误定价（misprices）——结果损失停止了。星期五的大幅回复——使用杠杆的反向交易策略在当日获取了23.67％的收益率——是最后一个证据，证明之前三天的损失是一次突然的减仓引起的，而不是做多/做空股票型策略的均衡收益率发生了任何基本面方面的变化引起的。如果当时发生的是后者，则可以推测其对价格水平的影响将会持久得多。

纯粹由流动性驱动的交易所引起的短期的、暂时性的价格冲击，是在买卖双方之间信息不对称的情况下市场均衡的一个经典结果。当大量证券迅速成交时，均衡价格的波动会加大，导致交易双方完成交易，并承担与他们不太清楚其真实价值的证券有关的风险。② 如果随后发现这些交易并非是基于信息进行的，而仅仅是由流动性所驱动的，则价格又会回到大宗交易发生之前的均衡水平。如果不确定性挥之不去，即不确定交易是信息驱动的还是流动性驱动的，则价格可能只会部分地回复到大宗交易发生之前的水平。价格发

---

① 8月10日（星期五）这一天，《华尔街日报》还把人们对次级抵押贷款市场的日益关心、法国巴黎银行（BNP Paribas）搁置对其旗下3个与抵押贷款有关的投资基金的赎回的举措以及欧洲央行和美国央行向货币市场注入现金视做星期四市场下跌的主要原因。参见 Zuckerman, Hagerty and Gauthier-Villars（2007）。

② 例如，关于不对称信息下均衡价格的动态理论，可以参见 Kyle（1985）；Easley and O'Hara（1987）；O'Hara（1995，第6章）和 Gennotte and Leland（1990）。关于大规模交易造成的价格冲击的实证证据，可以参见 Barclay and Litzenberger（1988）；Barclay and Warner（1993）；Chan and Lakonishok（1993，1995）和 Holthausen, Leftwich and Mayers（1987，1990）。具有讽刺意义的是，Gennotte and Leland（1990）的研究表明，投资组合保险和相关的对冲行为——包括类似反向交易策略的均值回复交易——会提高发生崩盘的可能性。

现过程的这种部分调整性质是应该进行"阳光"交易——预先宣布要进行一项大宗交易，以便表明自己是不具备专有信息（proprietary information）的流动性交易者，从而降低交易造成的价格冲击——的一个令人信服的原因（参见 Admati and Pfleiderer，1991 和 Gennotte and Leland，1990）。

8 月 10 日回复这一特定的动态变动有几种可能性。一种可能性是，到 8 月 9 日，平仓和随后削减风险的行为大多已经完成了，此举在之前三天引起的累积价格冲击将对那些损失最为惨重的做多/做空股票型策略发出更强的交易信号。[①] 在缺乏更大的、由平仓驱动的价格动量的情况下，在正常情况下能为做多/做空股票型策略赚取正的期望收益率的、股票的自然而然的均值回复倾向卷土重来。而且，随着把这种价格变动归咎于流动性交易的市场参与者所占的比例越来越大，前一日的平仓和削减风险行为所引起的价格冲击将自然而然地回复到一定程度。然而，由于并非人人都会得出相同的结论，并且 8 月 7 日—9 日降低杠杆率的行为导致做多/做空股票型策略在 8 月 10 日可以利用的资本金额较小，因此我们预期只会出现部分的回复。

另一个可能性是，8 月 7 日—9 日的价格冲击是如此严重，以至于引起了新进入市场的投资者的注意。他们认为纯粹是因为流动性紧张才导致 8 月 9 日的收盘价暂时偏离均衡；且他们能够获得大量的资金，抓住机会，在被人为压低（抬高）了的价格水平上买入（卖出）证券。这种交易方向与平仓方向相反的新资本的涌入能挽狂澜于既倒，结果对 8 月 10 日的回复起到了重要的支撑作用。

这两种可能性并不是互不相容的，但是它们都暗示着，做多/做空股票型策略的流动性不像我们过去想得那么大。另外，驱动这类策略的公共因子现在已经变成风险的重要来源；显然，Lo（2001）描述的"状态锁定"行为在做多/做空股票型策略领域能够引起的动荡，与在对冲基金行

---

① 例如，在反向交易策略式（10.1）的例子中，考虑证券 i 在日期 t 对组合利润的贡献 $\omega_{it}R_{it} = -R_{it}(R_{it-1} - R_{mt-1})/N$。假设在给定的投资组合权重 ω_{it} 下，这一头寸造成了异常大的损失，这意味着要么 $R_{it-1} > R_{mt-1}$ 且 R_{it} 是大的正值，要么 $R_{it-1} < R_{mt-1}$ 且 R_{it} 是绝对值大的负值。无论哪种情况，损失都是证券 i 的价格的持续性或动量引起的——损失越大，动量越大。这转而意味着，平均来说，由于 $\omega_{it+1} = -(R_{it} - R_{mt})/N$，并且 R_{mt} 的波动率比 R_{it} 小得多，因此在日期 $t+1$ 会持有与证券 i 的符号相同的、大得多的证券 i 头寸。因此，平均来说，大的损失会导致依据反向交易策略（10.1）下的赌注也越大。

业的其他领域能够引起的动荡一样多。为了证实这种可能性，我们接下来转向讨论专门衡量 Lipper TASS 数据库中的做多/做空股票型对冲基金的粘滞性的指标。

10.7　粘滞性敞口

做多/做空股票型基金的数目和每个基金所管理资产的规模迅速增长，加上现在每个基金所使用的杠杆率有可能提高（第 10.5 节），暗示着做多/做空股票型策略的流动性在过去 10 年有显著的降低。为了研究这种可能性，我们建议采用 Lo（1999）和 Getmansky，Lo and Makarov（2004）倡议的基金月度收益率的一阶自相关系数来衡量 Lipper TASS 数据库中的做多/做空股票对冲型和股票市场中性型基金的粘滞性敞口。具体来说，使用 Lipper TASS 数据库中每个基金的月度收益率，我们可以计算出：

$$\hat{\rho}_{1i} = \frac{(T-2)^{-1}\sum_{t=2}^{T}(R_{it}-\hat{\mu}_i)(R_{it-1}-\hat{\mu}_i)}{(T-1)^{-1}\sum_{t=1}^{T}(R_{it}-\hat{\mu}_i)^2}, \ \hat{\mu}_i \equiv T^{-1}\sum_{t=1}^{T}R_{it} \tag{10.5}$$

这就是基金 i 的收益率与其上月的滞后收益率之间的相关系数。Getmansky，Lo and Makarov（2004）证明，那些具有大的、正的 $\hat{\rho}_{1i}$ 的基金流动性常常较小，[1] 并且使用一个滚动窗口估计出各种资产收益率序列的这一自相关系数，就可以描述出这些资产的粘滞性风险的变动情况。

图 10—3 给出了自相关系数作为粘滞性的一个代理变量的一个令人惊讶的例子。该图绘制了 2004 年 8 月 9 日至 2006 年 11 月 9 日期间，将于 2007 年 3 月和 4 月到期的天然气期货合约之间的日度价格差的一阶差分

---

[1]　他们提供了一些理论和实证上的证据，但是基本的直觉是很直观的：在无摩擦的市场上，资产收益率具有大的、正的自相关系数往往表明信息缺乏效率，但是由于对冲基金策略通常是非常有效率的，因此对这种自相关性的唯一解释就是存在显著的市场摩擦，即粘滞性。例如，众所周知，居民房地产投资的历史收益率的自相关程度比相同样本期间内的 S&P500 指数的收益率要高得多。类似地，S&P500 期货合约的收益率的自相关性比 S&P500 指数本身的收益率的自相关性要小。在这两个例子中，都是流动性较大的工具的自相关性比流动性较小的工具的自相关性小，经济理性就是 Samuelson（1965）的观点——资产收益率的可预测性将被加以利用并消除，直到仅仅存在由市场摩擦引致的可预测性的程度——一个修正的版本。虽然居民房地产投资的收益率是高度可预测的，但是由于房地产交易存在成本、不能卖空房地产以及其他市场现实因素，要想将这种可预测性完全利用起来是不可能的。事实上，这种摩擦转而导致房地产投资信托应运而生，而这些信托证券——它们的流动性比它们所基于的标的资产的流动性要大得多——的收益率的自相关系数则小得多。

的 90 天滚动窗口自相关系数。2007 年 3 月和 4 月期货合约的价格差的一
阶差分序列是 Amaranth Advisors 涉足最深的策略之一的日度收益率的代理
变量，据说该公司在其于 2006 年 9 月倒闭之前就已经建立起了一个巨大
但缺乏流动性的头寸。[①] 图10—3 表明，在整个 2005 年，滚动自相关系数
一直在上升，在 2005 年 9 月和 10 月几乎突破了 95% 的置信区间，并在
2006 年 4 月 18 日突破了这一置信区间，然后待在这一置信区间之上，一
直到 2006 年 8 月 Amaranth 和其他同样建立了头寸的对冲基金被迫对这一
价格差交易进行平仓为止。

有了衡量基金 i 的粘滞性的指标 $\hat{\rho}_{1i}$ 之后，我们可以按照 Chan et al.
（2006，2007）的方法，即通过逐月计算 Lipper TASS 数据库中所有做多/
做空股票对冲型和股票市场中性型基金 i 的滚动窗口 $\hat{\rho}_{1i}$ 的均值和中位数，
来对做多/做空股票型基金的粘滞性敞口构建如下三个总体衡量指标：

$$\hat{\rho}_{at} \equiv \frac{1}{n} \sum_{i=1}^{n} \hat{\rho}_{1it} \text{（等权重均值）} \tag{10.6a}$$

$$\hat{\rho}_{bt} \equiv \sum_{i=1}^{n} \frac{\text{AUM}_{it}}{\sum_{j} \text{AUM}_{jt}} \hat{\rho}_{1it} \text{（资产加权均值）} \tag{10.6b}$$

$$\hat{\rho}_{ct} \equiv \text{中位数}（\hat{\rho}_{11t}, \ldots, \hat{\rho}_{1nt}）\text{（资产加权均值）} \tag{10.6c}$$

彩图 13 使用活数据库和死数据库中以美元报出所管理资产的规模[②]
且收益率至少有连续 60 个月无缺失值的、全部做多/做空股票对冲型和股
票市场中性型基金，绘制了从 1994 年 12 月到 2007 年 6 月期间，单个基
金收益率 60 个月滚动窗口自相关系数的等权重的均值、资产加权的均值
以及中位数。这三个序列展示的是相同的含义：从 2000 年以来，做多/做

---

①　Amaranth Advisors LLC 是美国一家大型对冲基金公司。截至 2006 年 8 月底，该基金公司
管理资产超过 95 亿美元，2006 年前 8 个月的盈利是 21.7 亿美元。但是 3 个星期后，即 2006 年 9
月 20 日，其创始人和首席执行官 Nicholas Maounis 宣布，截至 9 月 19 日其旗下的两只基金
Amaranth International 与 Amaranth Partners 因为投资失误产生超过 65% 的损失。产生这么大的损失
是因为 Amaranth Advisors 错误地豪赌能源商品。具体来说，从 2004 年以来，将于 2007 年 3 月和 4
月到期的天然气期货合约每年冬季的价格差要大于夏季的价格差，该基金公司利用这一经验于
2005 年从天然气市场上赚了 10 多亿美元。2006 年 9 月之前，该基金在天然气期货上投入了 30 多
亿美元，押注这一价格差将变大。但是，这一经验规律在 2006 年并未生效。2006 年 9 月初，
2007 年 3、4 月的期货合约价差为 2.60 美元，到 9 月 20 日左右已经跌至 0.7 美元左右，即相对
于 4 月合约来说，3 月合约的价格下跌得过快，因此一直在做多的 Amaranth Advisors 开始巨额亏
损。从 2006 年 9 月 21 日开始，Amaranth Advisors 被其他机构收购——译者注。
②　如果在任何给定的月份中，一个基金所管理资产的规模的数值缺失了，则使用与该月最
相邻的一个非缺失值来代替。

空股票对冲型和股票市场中性型基金总体的自相关性除了在 2004 年底有短暂的下降之外，一直是上升的，这意味着过去 6 年来，这一部门的流动性显著地下降了。①

　　当然，与其他许多策略类型如可转换套利型和新兴市场型相比，这两种类型中的粘滞性敞口的绝对水平还是要低得多（更多的细节请参见 Getmansky, Lo and Makarov, 2004 和 Chan et al., 2006, 2007）。但是，在对称基金行业的所有部门中，基金数量最多的部门以及传统上流动性最大的部门的自相关性一直在上升的事实，无疑是值得关注的。这是表明对冲基金行业的系统性风险最近在上升的又一个指标。

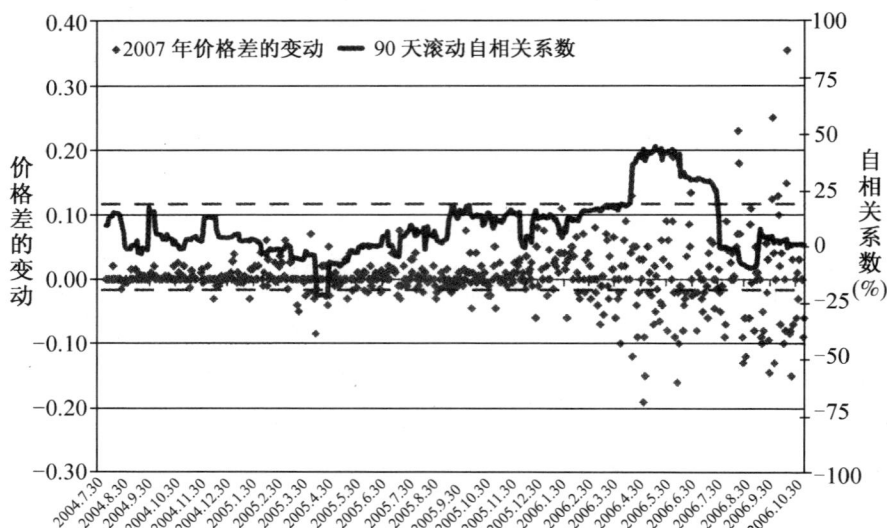

图 10—3　于 2007 年 3 月和 4 月到期的天然气期货合约的价格差的一阶差分，以及它们的 90 天滚动窗口一阶自相关系数 $\hat{\rho}_1$（2004 年 8 月 9 日至 2006 年 11 月 9 日）

　　注：点线表示在"不存在自相关性"的零假设下，滚动窗口自相关系数的两个标准差的置信区间。

---

　　①　尤其是，如果假设自相关系数在横截面上是独立同分布的，则 400 个 60 月滚动自相关系数的等权重均值的标准误差大约是 0.65%。因此，彩图 13 中最近一段时间的自相关系数的统计显著性是相当高的。具体的细节参见附录 A.7。

10.8　对冲基金行业的网络视角

　　萦绕着对冲基金行业的平仓现象的一个共同的主题是信贷和流动性。虽然对于对冲基金及其投资者来说，流动性和信贷是风险敞口的不同来源——一种可以不依赖另一种而独立存在——但是鉴于长期资本管理公司和其他许多固定收益相对价值型对冲基金在1998年8月遇到的问题，所以在大多数投资者心中，这两者并不好区分。最近的文献在对信贷和粘滞性风险建模方面已经取得了很大的进展，[①] 但是债权人/债务人关系、循环信贷协议以及其他财务关系形成的复杂网络大多尚未被梳理清楚。也许我们可以采用数理网络理论（mathematical theory of networks）方面最新发展起来的一些技术，为流动性、信贷敞口以及全球金融体系对特定冲击的稳健性构建系统性的衡量方法。Watts and Strogatz（1998）和Watts（1999）所考虑的"小世界"网络似乎是一个特别有前途的起点。不过，由于对冲基金行业缺乏透明度，因此我们无法直接采集估计"网络拓扑结构"（network topology）——它是这些技术的起点——所需要的数据。

　　衡量对冲基金行业的"关联度"（degree of connectedness）的变化的一个间接而粗略的方法，是计算各对冲基金指数之间的相关性的绝对值随着时间的推移所发生的变动情况。[②] 我们使用CS/Tremont构建的1994年4月至2007年6月的13个指数，[③] 把我们的全部样本期间分成两部分：

---

　　① 例如，参见Bookstaber（1999，2000，2007）；Getmansky, Lo and Makarov（2004）；Lo（1999，2001，2002）和Kao（2002）以及他们所引用的文献。

　　② 由于大多数对冲基金策略都涉及卖空一种或另一种证券，因此各种对冲基金收益率之间的相关系数可能是正值也可能是负值，并且不像只能做多的机构（例如，共同基金）的收益率之间的相关系数那样受到诸多约束。另外，由于在我们的讨论中，关联度可以意味着高的正相关或高的负相关，因此在这一分析中，我们集中关注相关系数的绝对值。

　　③ 具体来说，我们使用的是CS/Tremont的可转换套利型指数、偏向卖空型指数、新兴市场型指数、股票市场中性型指数、事件驱动型指数、固定收益套利型指数、全球宏观型指数、做多/做空股票型指数、管理期货型指数、事件驱动多重策略型指数、濒危证券型指数、风险套利型指数和多重策略型指数。这些类型的定义可以参见附录A.2，关于它们的构建方面的更多具体信息可以参见 www.hedgeindex.com。除了多重策略型指数是从1994年4月开始的外，其他所有指数都是从1994年1月开始的。

1994年4月至2000年12月和2001年1月至2007年6月，然后估计出这两部分中两两指数之间的相关系数，[①] 并进行比较。如果在样本期间的前半部分，多重策略型和新兴市场型之间的相关系数的绝对值是7%，而在样本期间的后半部分，多重策略型和新兴市场型之间的相关系数的绝对值是52%（事实也是如此），那么就表明这两种类型之间的关联度提高了。

图10—4用图形描绘了两个子样本中的这一网络，其中使用粗线来表示相关系数的绝对值大于50%，而用细线来表示相关系数的绝对值介于25%~50%之间，如果相关系数的绝对值小于25%，则没有连线。对于前一个子样本，我们分别在包含1998年8月和剔除1998年8月的情况下估计出相关系数，这两者之间的差异是令人惊讶的。在剔除1998年8月的情况下，相关系数大幅下降，考虑到当时长期资本管理公司倒闭事件影响的广度和深度，这并不令人感到吃惊。但是，如果将两个子样本期间进行比较就会发现，在后一个子样本中，相关系数的绝对值显著地上升了。显而易见，对冲基金行业各个部门之间的关联度变得更加紧密了。

表明这种关联度度提高了的最显著的指标，或许是如下的事实，即多重策略型指数与其他几乎每一个指数之间现在都更加高度地相关，这表明有大量资产流入了对冲基金行业。这一相关系数的提高与"做多/做空股票型部门之外的力量可能引起了2007年8月统计套利型策略的平仓"这一猜想也是一致的。1998年8月，多重策略型基金当然受到了其持有的、不断恶化的固定收益套利头寸的影响，并且为了满足给为固定收益头寸追加保证金的通知，它们中有许多无疑降低了其所持有的统计套利投资组合的仓位。但是，由于多重策略型基金在1998年的市场力量并不像它们今天的市场力量这么强大，因此当时它们与其他策略类型之间的相关性也不像今天这么大。

---

① 原文是"两两指数在这前后两部分之间的相关系数"（we compare their estimated pairwise correlations between the first and the second halves of our total sample period……），有误，"between"应为"in"——译者注。

表 10—8 对两个相关系数矩阵进行了更加详细的比较。我们用后一个子样本的相关系数矩阵的绝对值减去前一个子样本的相关系数矩阵的绝对值，因此表中的正值表示在后一样本期间内，相关系数的绝对值上升了，并且，如果超过 20% 就用加粗字体来表示以更加醒目。表 10—8[①] 印证了图 10—4 中的模式：在后一个样本中，各种不同的对冲基金策略类型之间的相关系数的绝对值的确上升了。

为了描述 CS/Tremont 指数之间的相关系数结构的这些动态变化，我们在图 10—5 中绘制出了包含 1998 年 8 月和剔除 1998 年 8 月的情况下，这些指数之间的 36 个月滚动窗口相关系数的绝对值的均值和中位数。[②] 该图表明，最近几年来，尤其是 2004 年以来，这些指数之间的相关系数的绝对值的均值和中位数一直在平稳地上升。1998 年 8 月对这些相关系数的巨大影响表明，在对冲基金行业，有可能发生影响整个系统的事件。

对冲基金指数收益率之间的相关系数上升至少有两个可能的原因：对冲基金对诸如 S&P500 指数、美国 10 年期国债、美元指数等标准因子的敞口有所上升，以及一些比较复杂的渠道（例如，通过多重策略型基金和自营交易部门形成的流动性和信贷关系）导致各对冲基金类型之间的联系更加紧密了。不幸的是，由于无法从对冲基金及其债权人、债务人那里取得更加详细的数据，因此我们无法将这两个来源区分开来。

---

① 原文是"表 10—4"，有误——译者注。
② 在这里，我们之所以使用了比较短的滚动窗口，是因为与用于估计彩图 13 中的滚动窗口相关系数的单个基金的收益率相比，指数的收益率中的噪音较少。

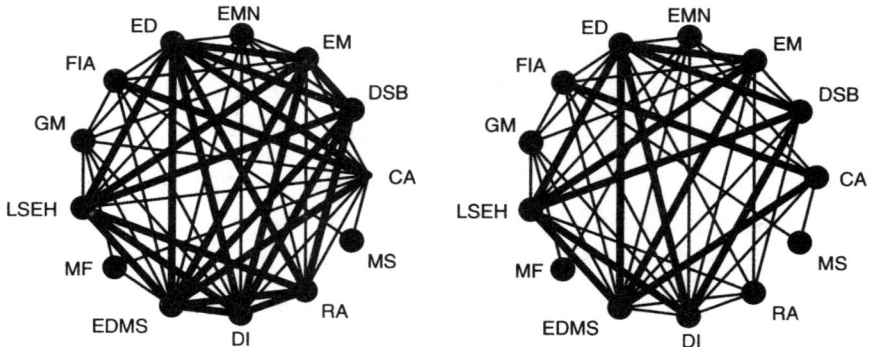

(a) 1994 年 4 月到 2000 年 12 月，包含 1998 年 8 月（左边）与不包含 1998 年 8 月（右边）

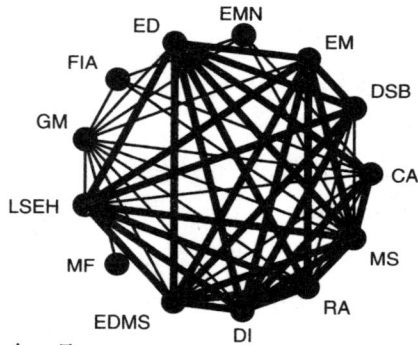

(b) 2001 年 1 月到 2007 年 6 月

图 10—4　在两个子样本期间（1994 年 4 月至 2000 年 12 月和 2001 年 1 月至 2007 年 6 月）13 个 CS/Tremont 对冲基金指数之间的相关系数的网络图

　　注：粗线表示相关系数的绝对值大于 50%，细线表示相关系数的绝对值介于 25%～50% 之间，没有连线则表示相关系数的绝对值小于 25%。其中，CA ＝可转换套利型，DSB ＝偏向卖空型，EM ＝新兴市场型，EMN ＝股票市场中性型，ED ＝事件驱动型，FIA ＝固定收益套利型，GM ＝全球宏观型，LSEH ＝做多/做空股票对冲型，MF ＝管理期货型，EDMS ＝事件驱动多重策略型，DI ＝濒危证券指数，RA ＝风险套利型，MS ＝多重策略型。

表 10—8　使用最近的数据（2001 年 1 月至 2007 年 6 月）和较早的数据（1994 年 4 月至 2000 年 12 月）计算的、CS/Tremont 对冲基金指数的相关系数矩阵系数的绝对值的比较*

包含 1998 年 8 月时

	可转换套利型	偏向卖空型	新兴市场型	股票市场中性型	事件驱动型	固定收益套利型	全球宏观型	做多/做空股票型	管理期货型	事件驱动多重策略型	濒危证券型	风险套利型	多重策略型
可转换套利型													
偏向卖空型	-1%												
新兴市场型	-24%	3%											
股票市场中性型	-4%	-35%	-6%										
事件驱动型	-7%	-6%	-10%	-33%									
固定收益套利型	-38%	2%	-25%	32%	-18%								
全球宏观型	11%	4%	-2%	-6%	1%	-14%							
做多/做空股票型	6%	-12%	11%	-15%	4%	-5%	-14%						
管理期货型	-18%	-15%	-9%	-18%	-16%	-1%	15%	20%					
事件驱动多重策略型	-14%	0%	-11%	-25%	3%	-25%	-13%	10%	-16%				
濒危证券型	1%	-11%	-10%	-40%	-3%	-9%	-2%	-7%	-12%	1%			
风险套利型	-3%	-5%	6%	-7%	0%	-5%	12%	12%	-23%	-2%	3%		
多重策略型	**31%**	**46%**	**45%**	**16%**	**69%**	**-3%**	**34%**	**69%**	**19%**	**67%**	**57%**	**53%**	

不包含 1998 年 8 月时

	可转换套利型	偏向卖空型	新兴市场型	股票市场中性型	事件驱动型	固定收益套利型	全球宏观型	做多/做空股票型	管理期货型	事件驱动多重策略型	濒危证券型	风险套利型	多重策略型
可转换套利型													
偏向卖空型	17%												
新兴市场型	-9%	14%											
股票市场中性型	2%	-31%	1%										
事件驱动型	5%	7%	0%	-33%									
固定收益套利型	-37%	3%	-20%	34%	-19%								
全球宏观型	15%	11%	1%	9%	-8%	3%							
做多/做空股票型	21%	-7%	20%	-10%	10%	2%	11%						
管理期货型	-8%	-2%	-3%	-27%	3%	4%	8%	15%					
事件驱动多重策略型	-2%	19%	0%	-21%	10%	-26%	-14%	19%	25%				
濒危证券型	20%	3%	5%	-39%	4%	-4%	2%	3%	-13%	25%			
风险套利型	15%	11%	25%	1%	23%	5%	21%	27%	-6%	20%	32%		
多重策略型	**27%**	**47%**	**46%**	**15%**	**63%**	**-4%**	**34%**	**67%**	**18%**	**60%**	**54%**	**53%**	

注：* 前一个子样本（1994 年 4 月至 2000 年 12 月）的相关系数矩阵分别是在包含和不包含 1998 年 8 月的情况下估计出来的。

在对相关系数随时间的推移所发生的变动进行解释时，有一个细节问题，即这种变动有可能是由波动率的变动引起的，而不是由收益率的协方差的变动引起的。从系统性风险敞口的角度来看，这一差别可能不是特别重要，因为变量 X 和 Y 之间的相关系数的上升——不管这种上升是源自分子的增大还是分母的缩小——确实意味着这两个变量对每单位 $\sigma_x\sigma_y$ 的协动性（comovement）变大了。例如，假设变量 X 的波动率突然下降，但是 X 和 Y 之间的协方差保持不变，则 X 和 Y 之间的相关系数的绝对值就会上升。相关系数的绝对值的这种上升并非是虚假的，而是在 X 和 Y 之间的协方差保持不变时 X 的波动率下降所带来的直接结果，并且，这些事实结合在一起，的确意味着变量 X 和 Y 之间的关系变得更加"显著"了——这里的显著性以 $\sigma_x\sigma_y$ 为单位来衡量。[①] 然而，从构建投资组合的角度来看，相关系数的上升未必意味着投资组合风险的上升，这只是因为投资组合的收益率的方差等于组成投资组合的所有资产的收益率两两之间的协方差的加权和。具体来说，如果在所有资产的收益率两两之间的协方差都保持不变的条件下，所有资产的收益率的波动率都下降了，则意味着投资组合的收益率的波动率也降低了，虽然此时两两资产的收益率之间的相关系数的绝对值上升了（因为资产收益率的波动率降低了）。[②]

彩图 14 绘制了 1996 年 12 月至 2007 年 6 月，CS/Tremont 多重策略型指数与其他 CS/Tremont 策略类型指数之间的 36 个月滚动窗口协方差。其中，多重策略型指数与做多/做空股票型和股票市场中性型指数之间的滚动协方差用粗线表示。另外，还将 1998 年 8 月之后的 36 个月窗口用点线表示，以便强调这一时间段对我们的滚动估计值的影响。这些曲线表明，在 20 世纪 90 年代，多重策略型与其他部门的协方差之间的差异相当大，并且噪音很多；但是在最后 7 年，除了与偏向卖空型之间的协方差外（这是在预料之内的），与其他各个类型之间的协方差一直在向一起聚集，并且具有向上的趋势。

[①] 特别地，回忆一下，相关系数的分子即协方差是交叉乘积 $(X_t-\mu_x)(Y_t-\mu_y)$ 的期望。如果仅仅因为单位的改变（例如，用原始收益率而不是收益率的百分点数）而引起 σ_x 降低，则 $(X_t-\mu_x)$ 同样也会降低，结果相关系数不变。因此，如果 σ_x 发生变动时，$(X_t-\mu_x)$ 没有发生相应的变动，则可以称变量 X 和 Y 之间的关系确实发生了变化。

[②] 前面两句话中的"收益率"这个词都是译者自己加的——译者注。

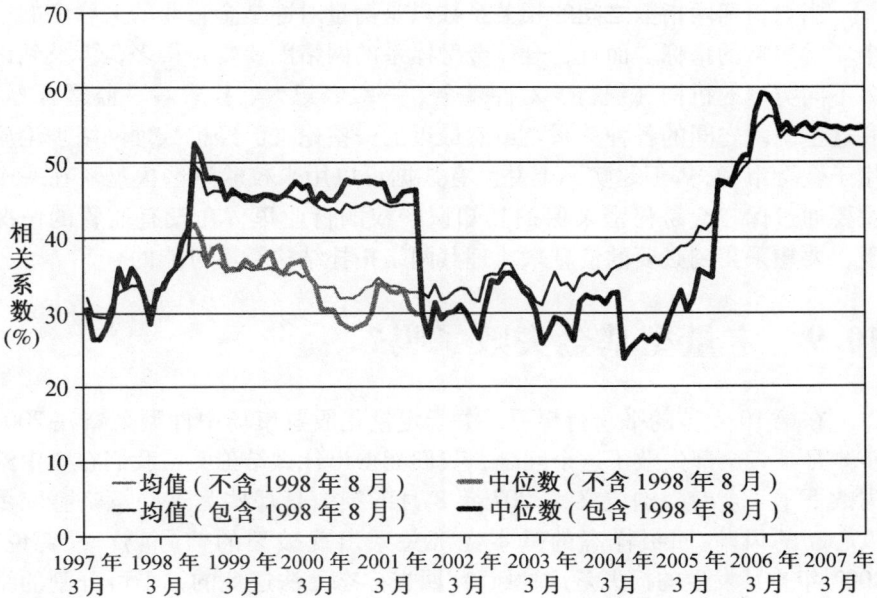

图 10—5　CS/Tremont 对冲基金指数之间的 36 个月滚动窗口相关系数的绝对值的
均值和中位数（1997 年 3 月至 2007 年 6 月）

　　值得注意的是，在 20 世纪 90 年代，多重策略型和偏向卖空型之间没
有稳定为负的协方差，与样本后半部分的负协方差相比尤其显眼。对于这
一变化的一个解释是，在 20 世纪 90 年代，多重策略型中未持有大量股票
头寸，但是这种情况在过去 7 年来已经发生了改变，这同 1999 年以来多
重策略型与两个股票型指数①之间的协方差呈现出的上升态势是一致的。

　　当然，过去 7 年来，美国股票市场的波动率已经降低了，因此多重策
略型指数与两个股票型指数之间的相关系数之所以会有所上升，大部分是
因为分母变小了，而不仅仅是因为分子变大了。但是这两种变化对对冲基
金行业的系统性风险都有重要的影响，因此不应该对其视而不见或置若
罔闻。

——————

　　①　根据上下文，这两个股票型指数指的是做多/做空股票对冲型和股票市场中性型——译
者注。

当然，两两指数之间的相关系数只是衡量对冲基金行业的关联度的一个非常粗略的指标。而且，全球金融体系的网络图要复杂得多，涉及到许多不同类型的机构（银行、对冲基金、一级经纪人、投资者、监管者等）和这些组织之间的各种关系。虽然最近的一些论文已经把数理网络理论应用于金融市场，[①] 但是实际上并没有数据可以用来校验这些模型。在一个主要通过保守交易秘密来保护其知识产权的行业里，在没有监管的情况下，要想采集到必要的信息来梳理其网络拓扑结构是不可能的。

10.9 定量型基金失败了吗？

在第 10.6 节的平仓猜想下，关于定量化股票市场中性型策略在 2007 年 8 月是否全部失败了这个问题，我们能得出什么结论呢？我们在心中给失败下了一个专门的定义：2007 年 8 月的损失是那些为这些策略赚取令人心动的风险/回报样态的基本经济关系出现破裂的信号吗？或者说，2007 年 8 月发生的损失是这种风险/回报样态无法避免的、不可分割的结果吗？

一个富有建设性的思想实验是，考虑一个市场中性型投资组合，该组合持有那些 CUSIP 代码[②]是奇数的美国股票的多头头寸，持有那些 CUSIP 代码是偶数的美国股票的空头头寸。假设这样一个投资组合策略非常流行，不少大型对冲基金已经实施了这一策略。现在想象一下，这些大型对冲基金中的一个因为面临某种流动性冲击而决定清空其所持有的头寸。无论这一投资组合在正常情况下的期望收益率是多少，在一场迅速而大规模的平仓过程中，所有这类投资组合都会遭受损失，且损失的大小与平仓的规模和速度直接成比例。另外，很容易看出这种平仓行为是如何给其他类型的投资组合——例如，只能做多那些 CUSIP 代码是素数的证券的投资组合，以及只能卖空那些 CUSIP 代码能被 10 整除的证券的偏向卖空

---

① 例如，参见 Allen and Gale（2000）；Freixas, Parigi and Rochet（2000）；Furfine（2003）；Boss et al.（2004）；Degryse and Nguyen（2004）；Upper and Worms（2004）和 Leitner（2005）。
② 由美国统一证券识别委员会（Committee on Uniform Securities Identification Procedures, CUSIP）编制的、用来识别美国有价证券的代码——译者注。

者——造成损失的。如果一个投资组合的规模足够大，并且是基于一个足够流行的、被广泛采用的策略构建的，那么即便是对它的一小部分头寸平仓，也会雪崩似地引发一场严重的市场震荡。

因此，人们很容易草率地得出 2007 年 8 月发生的事件与定量化投资的功效并非特别相关的结论，并认为这些损失更可能是定量构建的投资组合甩卖减仓的结果，而不是定量方法本身的特定缺陷所导致的。就这方面而言，定量的股票市场中性型基金经理在 2007 年 8 月遭遇的震荡类似于美国股民在 1987 年 10 月、固定收益套利型基金经理在 1998 年 8 月、与次级抵押贷款有关的经理在 2007 年、日本房地产投资者在 20 世纪 90 年代、网络股股东在 2000 年 3 月以及荷兰郁金香球茎投资者在 1637 年 2 月遭遇的那些震荡。① 2007 年 8 月发生的事情并不新鲜，可能只是被资本出于流动性和安全性的考虑而做出的避险抽逃不时打断的、风险承担的投机主义 (risk – taking opportunism) 的常见动态变动。

然而，一个成功的投资策略应该包含对破产风险的评估，并且应该对风险进行恰当的管理。而且，原则上，在必须在风险和回报之间进行权衡的情况下，应把尾部风险的大小与策略的期望收益率联系起来。因此，断言"除了面临 25 个标准差的事件外，该策略是成功的"，是不诚实的做法。在这种事件会以很小的概率发生的情况下，我们只能总结说，要么现实中收益率的分布是非常高峰厚尾 (leptokurtic)，要么标准差是随时间变动的，不时会出现尖峰。

特别地，正如 Montier (2007) 观察到的，在某些市场上——尤其是那些最近因为大量资产流入而变得生机勃勃的市场上——风险已经变得"内生了"，这是那些规模最大的投资者不能再假设波动率和价格冲击的历史估计值是衡量当前的风险敞口的精确指标的原因之一。实际上，内生性是尽人皆知的不完全竞争理论所阐明的一个古老的经济学概念——如果一个经济体或一群相互协调的经济体大到足以通过自身的行为单方面地影响价格，则在完全竞争理论下推导出来的微观经济学的标准预测就不再成立了。类似地，如果某个投资组合的策略是如此流行，以至于它的减仓能

---

① 这些震荡的回复所需时间长短的差异似乎与标的工具的流动性和所卷入的特定策略参与的广度有关。这一引人入胜的模式值得进一步研究，这也是我们正在进行的研究方向之一。

够单方面地影响它所面临的风险，那么基本风险模型的标准工具——例如，在险价值和正态分布——就不再成立了。就这方面而言，定量模型可能因为没能充分地反映出它们的风险敞口的内生性而在 2007 年 8 月遭遇了失败。给定对冲基金行业的规模和相互关联度，我们可能需要更加复杂的分析方法来为隐含在当前市场动态变化中的反馈机制建模。

例如，从纯粹统计的角度来看，一个给定的策略被迫减仓带来的唯一威胁应当是提高全部这类策略的理论波动率，并且标的资产的粘滞性越大，可能发生的减仓的规模也就越大，则波动率上升的幅度也就越大。但是理论波动率是观察不到的，必须进行估计，这是问题的关键：如果历史业绩纪录中不包含一个极端事件的观测值，则仅仅基于这一纪录构建的统计估计量就无法反映出这种事件发生的可能性。而且，根据定义，尾部事件很少发生，因此为这种事件构建的任何统计估计量都将建立在非常小的样本上，因此具有大的估计误差。

因此，2007 年 8 月所发生的事件为改进衡量与管理风险的定量方法提供了一些参考。最重要的教训之一是，需要有衡量粘滞性风险的指标，并且波动率不足以作为衡量风险的指标，对于像定量的股票市场中性型——该策略的做市特征趋向于熨平市场波动，结果得到较小的波动率估计值，这种较小的波动率估计值被用来证明使用较高的杠杆率是有道理的——这样的相对价值型策略来说尤其如此。在 2007 年 8 月的案例中，为了对该部门的基金经理所面临的风险进行宽泛的评估，Lipper TASS 数据库中的做多/做空股票型和股票市场中性型策略的因子估计值和粘滞性敞口估计值可被视做对传统的风险衡量指标的补充。如果我们能够开发出一个更好的框架和一组分析方法来衡量金融市场上的粘滞性敞口与其他风险敞口——或许可以沿着 Gennotte and Leland（1990）；Lo（1999，2001，2002）；Getmansky，Lo and Makarov（2004）；Getmansky，Lo and Mei（2004）和 Chan et al.（2006，2007）的思路进行——那么将来我们或许可以降低流动性事件所带来的冲击。

另外一个重要的问题是投资期限（investment horizon）在 2007 年 8 月的市场反应中所起的作用。那些在月内削减风险的短线投资者损失最为惨重，而许多长线投资者则在该月获取了正的收益率，这种差异值得进一步加以研究。一个与此相关的问题是，那些买卖能够连续地盯市的场内交易证券的策略，与那些买卖其价值不能经常观测到的柜台合约和高度粘滞性的证券的策略之间的差异。这种差异可以很好地解释为什么 2007 年 8 月之后发生的事件与 1998 年 8 月的不同。一个可能的解释是，由于粘滞性资产的价值无法经常估算，这使投资组合的经理得到了一定程度上的灵活性，而场内交易证券则不具备这一点。这种灵活性来自这样一个事实：一级经纪人和其他贷款人提供的信贷额度常常取决于相应的抵押品的价值，抵押品价值的任何重大变化都会带来追加保证金的通知，并最终引起信贷减少或抽逃。根据定义，与难以估算其价值的证券所组成的投资组合相比，由能够连续地盯市的证券组成的投资组合的追加保证金的通知会来得更加频繁。① 我们猜想定量投资组合在 8 月 10 日迅速回复的主要原因是所涉及到的证券大多是场内交易股票，因此，价格发现机制使市场参与者能更好地理解 8 月 7 日 ~ 9 日发生的损失的动态情况。如果我们推断的 2007 年 8 月的平仓涉及到粘滞性柜台合约，则发生的损失可能会比当时大得多，且任何回复都将花费更长的时间才能实现。

虽然市场参与者无疑将从 2007 年 8 月的事件中汲取教训，并改进他们的策略和风险管理协议，但是这种改进不可能彻底地消除未来再次发生市场震荡的可能性。诸如 2007 年 8 月那样的事件，可能是定量的股票市场中性型策略本身固有的特点。实际上，这些策略在 2007 年 8 月的盈亏情况与一组含义更加宽泛的做市策略和相对价值型策略的盈亏情况是一致的：在大多数时候获取小的、但是稳定的正收益率，偶尔会发生持续时间较短的重大损失。这种风险/回报样态对那些了解尾部风险的本质并且能够承受不可避免的小概率事件的投资者来说相当具有吸引力。例如，下面两个赌博，哪个更好？

$$G_1 = \begin{cases} \$ 75\ 000 & \text{概率是 } 50\% \\ \$ 25\ 000 & \text{概率是 } 50\% \end{cases}$$

---

① 例如，假设某个投资组合的价值下降 20% 或 20% 以上就会引来追加保证金的通知。如果这一投资组合包含有连续按市价计算价值的场内交易证券，则资产第一次下降 20% 会引起信贷的损失，即便投资组合的价值在到达这一临界水平时立刻就急速地回升了。另外，如果投资组合中包含每个月仅仅估算一次价值的柜台合约，则追加保证金的通知到来的频率就要低得多。

$$G_2 = \begin{cases} \$\ 100\ 000 & \text{概率是}\ 98\% \\ -\ \$\ 1000\ 000 & \text{概率是}\ 2\% \end{cases}$$

　　第一个赌博需要承担较小的损失风险（最坏的情况是得到 25 000 美元），但是期望收益是 50 000 美元，低于第二个赌博的 78 000 美元的期望收益。第二个赌博几乎肯定能获得比第一个更高的收益，但是有较小的概率会发生非常严重的损失。关于哪一个更好，并没有标准的答案——最优的选择完全取决于个人的风险偏好（参见 Lo，1999）。

　　一个真实的例子是巨灾保险行业，在这个行业中，保险公司习以为常地投注对抗尾部事件，并且在大多数情况下，它们都能从被保险人那里获得稳定的现金流。然而，偶尔，当灾难不期而至时，它们会遭受巨额损失，但是它们已经拨备了充足的资本，因此这种事件一般不会引发该行业的普遍动荡。在一种情况下，巨灾保险行业会出问题，即当竞争太激烈[①]导致保险费下降的压力很大，以至于一些保险公司无法弥补其成本时；也就是说，它们资本不足，不能在一次尾部事件中幸免于难。在这种情况下，对巨灾保险的需求不能支持过度的供给，一次尾部事件的发生会引发行业性的动荡，其中只有资本最为充足的保险公司才能幸存下来。发生这种动荡之后，保险费会有所上升，给剩下的竞争者创造了良好的盈利机会，这转而会吸引新的保险公司进入该行业，循环将再次开始。事实上，这种保险循环与定量的股票市场中性型基金行业之间的对应并非只是巧合。[②]

　　给定其他基金经理和经纪商的行为，那么一个经理或一级经纪商是否应该降低杠杆率？关于此，还有一个竞争和策略的因素。如果我们都赞同降低杠杆率，以便降低被动减仓导致发生大规模的市场震荡的可能性，那么每个经理和一级经纪商都有动力偏离这一共识，并在其他人削杠杆时增加杠杆，以便从中渔利。在缺乏强制性的合作机制的情况下，这种共识

---

　　①　原文是"when there is too much capital"（当资本太多），根据上下文，这里的"资本"（capital）应为"竞争"（competition），因此应该是"当竞争太激烈时"（when there is too much competition）——译者注。
　　②　然而，一个重要的不同是，巨灾保险行业的风险是外生地决定的，因此在这一行业中，波动性的最初来源是可以获得的风险资本。对于对冲基金策略来说，风险和风险资本都是内生的，并且是被一起决定的，这大大地增加了动态变化的复杂性。

是不稳定的，在实践中不可能达成。① 实际上，由于对冲基金行业缺乏透明度和协调机制，并且业绩与在行业内的生存能力有着密切的关系，因此竞争压力会导致经理和一级经纪商为了获取更高的收益率而在"军备竞赛"中增加杠杆。

这一观点为 Farmer and Lo（1999）和 Lo（2004，2005）提出的适应性市场假说提供了更多的支持。在适应性市场假说中，金融市场并非总是有效的，而是一个由竞争、冲突和自然选择共同决定市场价格和成交量的动态变动的场所。对冲基金资产的增长、新的对冲基金数目的增长、杠杆率的明显提高，以及对冲基金产品与服务的增长都是残酷无情地寻找投资业绩和经济收益（这是生存本能）的最新证明。随着某个策略类型变得越来越"拥挤"——指相对于每单位风险所带来的收益率来说，配置了过多的资本——资本就离开这个部门，去寻找更加有吸引力的风险/回报样态。因此，这种行为改善了剩下的竞争者所面临的风险/回报样态，而这又会吸引新的资本加入，再开始新的循环。

在竞争者数目不断变动的生态模型中，这种循环是司空见惯的；适应性市场假说就是这一框架在投资者、基金经理和贷款人数目方面的一个应用。如果将 2007 年 8 月的事件视为一次失败，那么它败就败在没能认识到所有类型的投资策略随着时间的推移似乎都不可避免地会出现盈利与损失的循环。但是，期望单个的市场参与者能够识别并避免这样的循环，不仅是不现实的，而且是违背基本的经济学理论的。在缺乏任何进行协调的理由的情况下，市场参与者将会追求自身的福利最大化，而这样做意味着每个参与者都会将其投资极限推进到所有投资机会的经风险调整的期望收益率都相等的那一个点上。每个参与者都必须在只具备关于其他市场参与者的投资性质和程度的有限信息的条件下，估计各投资策略的风险/回报样态，并且决定所配置资本的适当水平。由于这种估计容易出错，因此损失和盈利的自然反馈——损失会刺激行动，盈利会导致自满——意味着会

---

① 更加正式地说，它们不是纳什均衡，并受难于"囚徒困境"。参见 Luce and Raiffa（1957）。而且，在金融危机时期，正如 1998 年 8 月和 2007 年 8 月发生的那样，Brunnermeier and Pedersen（2005）提出的"劫掠者交易"（predatory trading）发生的可能性变大了；在这些情况下，在 Montier（2007）的意义上，风险变得内生了。

出现策略的盈亏起伏和资本的周期性流动。

此外，还有一个悬而未决的问题，即近年来，投资者是否真正理解并且偏爱承担定量的股票市场中性型策略的特定风险？虽然今天只有"合格的投资者"有意购买对冲基金，但是无处不在的委托财务管理意味着2007年8月发生的动荡的影响可能已经溢出到了不那么精明的投资者的养老基金和其他退休资产。这种类型的溢出效应是否是恰当的，涉及到与受托人在养老基金管理中所隐含的家长主义作风有关的一系列复杂问题。即便在一个养老金计划的参与者的风险偏好和财务目标相差巨大的情况下，养老金计划的发起人也能够做出符合所有参与者的"最佳利益"的决策吗？不幸的是，对于这一争论，我们除了承认它对"定量的股票市场中性型基金经理是否应该在2007年8月之前削减风险水平？"这一问题有意义外，再无其他观点。如果所有三方利益相关者——基金经理、投资者和贷款人——都清楚风险状况，并且愿意承担风险，那么就可以把2007年8月所发生的损失仅仅视为运营成本（cost of doing business）；否则，2007年8月的事件表明这一行业发生了另一种失败。

10.10　局限性与拓展

虽然第10.6节的平仓猜想似乎与我们的实证结果一致，但我们还是要强调：我们的全部推断都是间接的、尝试性的，并且由于这些事件刚刚发生，因此我们也无法利用什么"后见之明"。我们既不具备与2007年8月受到影响的诸多对冲基金的运作有关的内部信息，也接触不到一级经纪商的记录、交易记录或行业杠杆率数据。因此，在解读我们对8月6日至10日发生的事件的学术观点时应当谨慎，并持恰当的怀疑态度。

尤其是，我们的实证发现仅仅是基于一个非常简单的、应用于美国股市的策略得到的，它或许能够代表某些短期市场中性均值回复型策略，但是不可能代表同时涉足美国股票、外国股票与其他证券的更广泛的定量的做多/做空股票型策略。例如，我们把这一简单的策略无差别地应用于美国证券的一个不加区分的空间，除了过去的收益率之外不使用其他因子，也不考虑执行成本（execution costs）或经风险调整的收益率贡献。显然，此时这一检验策略就失去了做多/做空股票型基金的许多其他性质。如果继续使用显微镜来类比，就相当于我们仅仅使用了一个放大倍率相当有限的透镜来观察 2007 年 8 月的事件。如果使用具有不同放大倍率的多个透镜进行更为细致的分析，无疑能得到有关这些事件的、更加复杂的、也更加精确的结果。例如，反向交易策略不包含任何基于因子的选择方法（factor-based section algorithms），因此它的业绩也许不能清楚地反映出基于因子构建的投资组合的平仓行为。

更重要的是，即便我们的猜想——8 月 7 日的损失引发了平仓——是正确的，但对于引起这一平仓的终极原因，我们仍然不甚清楚。人们容易草率地得出结论，认为是一个多重策略的自营交易部门在次级抵押贷款上的敞口上升，导致它通过减持自己持有的大多数流动性头寸（如一个统计套利组合）来降低杠杆率，因此引发了 8 月 7 日的损失，这一损失又雪崩似地引起随后的亏损。然而，另一种可能的情况是，几个定量的股票市场中性型基金经理在 8 月初认为：在与信贷有关的投资组合面临的那么多问题出现之后，谨慎的做法是降低杠杆率。他们因此降低了杠杆率，但是没有意识到采取这一策略的基金是如此众多，以至于他们的减仓所带来的价格冲击会如此严重。一旦发生了这种价格冲击，其他采用类似策略的基金对其所遭受的损失做出反应，决定也削减风险，这引发了一种"死循环"——在 1998 年 8 月，当基金经理们为了满足追加保证金的通知而试图将其持有的固定收益套利型头寸平仓时，我们曾见识过这种死循环。

从我们局外人的角度不可能弄清 8 月 7 日的最初损失是不是被动减仓或主动削减风险所引起的。但是，在市场上没有任何实质性消息的情况下，一个流动性与做多/做空股票型策略差不多的策略类型整个都遭受了如此严重的损失，意味着当前的流动性水平比我们过去认为的要低。另外，我们从 2007 年 8 月的事件中汲取的教训是：做多/做空股票型策略之间的共性比我们过去预期的要多。这种共性可能还比较宽泛，正如所有的 CS/Tremont 对冲基金指数在 2007 年 8 月都遭受了损失这一事实所暗示的那样（见表 10—9）。

我们对 Lipper TASS 对冲基金数据库的使用可能也存在一些缺点。Lipper TASS 数据库中包含的全部都是自愿被纳入数据库的基金，它们没有定期地或准确地报告自身业绩的法律义务。实际上，许多备受瞩目的、在 2007 年 8 月出现在报刊头条新闻中的基金经理并未被包括在 Lipper TASS 数据库中，虽然我们希望该数据库包含对冲基金行业中的一个没有偏差的基金横截面，但却无法确保它是具有代表性的。[1] 而且，因为我们无法从对冲基金或其一级经纪商那里取得直接的信息，所以我们所做的所有推断都是间接的。因此，除了认为经验事实与我们的猜想似乎暂时是一致的之外，我们不敢对自己的结论给予更多的肯定。

表 10—9　　CS／Tremont 对冲基金指数在 2007 年 8 月的收益率

指数/子策略类型	2007 年 8 月的收益率（%）
Credit Suisse／Tremont 对冲基金指数	− 1. 53
可转换套利型	− 1. 08
偏向卖空型	− 1. 14
新兴市场型	− 2. 37
股票市场中性型	− 0. 39
事件驱动型	− 1. 88
濒危证券型	− 1. 73
多重策略型	− 2. 03
风险套利型	− 0. 65
固定收益套利型	− 0. 87
全球宏观型	− 0. 62
做多／做空股票对冲型	− 1. 38
管理期货型	− 4. 61
多重策略型	− 1. 40

数据来源：www. hedgeindex. com.

最后，我们猜测各种策略和资产族的减仓可能开始得更早一些。[2] 例

---

[1]　参见 Agarwal and Naik（2005）和 Fung and Hsieh（2006）对对冲基金行业及各种对冲基金数据库的缺陷的精彩综述。
[2]　是指比 8 月 6 日更早一些——译者注。

如，图 10—1① 表明反向交易策略在 2007 年 7 月的后半个月有一个较小的倒钉子形；在这一时期，纽约证券交易所的日成交量有所上升，并延续到8 月份的前半个月。随着次级抵押贷款市场上的问题在基金经理和投资者心中变得越来越突出，其他流动性较大的投资类型，如全球宏观型、管理期货型和货币型策略，可能在 7 月和 8 月也发生了类似的平仓行为。例如，推测各种货币之间的"套息交易（carry trade）"活动在 2007 年 7 月和 8 月也有一定程度的平仓，导致一些全球宏观型和货币交易型（currency trading fund）基金遭受了损失。显然，我们的做多/做空股票型显微镜无法观察到货币型策略中发生的动荡，但是如果对套息交易进行一个简单的模拟——类似于我们对反向交易策略所做的模拟——就能够相当清楚地揭示最近几个月外汇市场上的动态变化。的确，对所有对冲基金类型模拟的一系列策略可以发挥一种多倍率显微镜的功能，即具有多个透镜和放大倍率，可以用来研究整个金融市场的活动。我们计划在未来的研究中进行这样的拓展。

10.11　对未来的展望

在本章中，我们通过间接的方法讨论，得出结论认为 2007 年 8 月6 日~10 日发生的事件有可能是一个或多个大型做多/做空股票型投资组合迅速平仓所导致的，而这一平仓的始作俑者最有可能是一个定量的股票市场中性型投资组合。这一平仓造成了雪崩式的效应，最终扩散到更加广泛的范围，影响到了做多/做空股票型、130/30 型、其他积极拓展型以及某些只能做多的投资组合（那些主要基于定量化选股方法和系统性的投资组合构建方法建立起的投资组合）。截至 8 月 9 日，这一平仓和去杠杆化的过程结束了；8 月 10 日，那些受到影响的投资组合和策略经历了一次显著的但不彻底的回复。

在牢记着第 10.10 节的告诫的前提下，我们从前文的间接推断中得出三个笼统的结论：

---

① 原文是"图 10—2"，有误，应当是"图 10—1"——译者注。

第一个结论是，1998 年 8 月发生的事件与 2007 年 8 月发生的事件在全球金融体系的关联度方面存在重要的差异。1998 年 8 月，俄罗斯政府债务违约引发了资本避险抽逃，而这种资本抽逃最终导致 LTCM 和其他许多固定收益套利型基金呜呼哀哉。由于俄罗斯政府债务与一些最成功的固定收益套利型基金所持有的非常多样化的投资组合之间在本质上是无关的，因此即便经验最丰富的投资者也没能躲过这一系列事件的突然袭击。类似地，一些经验最为丰富的定量的股票市场中性型基金经理也没能躲过2007 年 8 月发生的一系列事件的突然袭击。但是 2007 年 8 月的事件或许远比 1998 年 8 月的事件重要，因为它第一次提供了证据，证明金融体系的某个角落——可能是次级抵押贷款部门或相关的信贷市场——出现的问题能够如此直接地影响到另一个完全不相关的角落：做多/做空股票型策略。这正是数理网络理论中所描述的那种"捷径"（short-cut），正是这种捷径导致了 Watts（1999）所说的"小世界现象"的产生。在这种"小世界"中，网络的一个部分发生的小的随机冲击也会迅速地传遍整个网络。

通过 2007 年 8 月事件得出的第二个结论是，Hasanhodzic and Lo（2007）所描述的"对冲基金贝塔"概念现在已经变成现实。做多/做空股票型策略的整个类别在 2007 年 8 月如此密切地同损同盈，意味着在这一类别中存在某些公共因子。虽然还需要进行更深入的研究才能识别这些因子（例如，流动性、波动性、价值型/成长型），但是对于它们的存在，现在是毋庸置疑的了。这令人回想起只能做多的指数型基金行业的演进过程。该行业有组织地兴起的原因是，大多数机构投资者意识到他们投资的是非常相似的投资组合，而这种投资组合的预期收益率中的一大部分可被消极地因而更加低成本地获得。当然，对冲基金贝塔的复制技术还处于萌芽期，大多未经过检验，但是其知识框架（intellectual framework）已经得到了良好的发展，并且一些著名的证券公司和资产管理公司现在正在提供这种复制的第一代产品。如果对做多/做空股票型策略的需求继续增长，则投入该策略的资产规模的日益增长，将促使它自身的、能够被衡量的、能够与基准比较的、能够被管理的并最终能够被消极地复制的公共因子应运而生。

最后，2007 年 8 月发生的事件对对冲基金行业的监管的改革有一些启示。最近发生在监管机构与立法机构之间的争论，都是围绕着对冲基金在《1940年投资顾问法》下的注册问题展开的。在要求对冲基金注册方面虽然有一些令人信服的理由，但这些理由一般都集中在对投资者的保护上，而对投资者进行保护的确是推动《1940年投资顾问法》通过的主要力量。但是，对投资者的保护并不与系统性风险直接相关，解决投资者保护问题的最佳办法对于降低系统性风险来说未必是最优的。尤其是，注册并不能解决对冲基金给全球金融体系带来的系统性风险，并且当前没有一个监管机构受命对于对冲基金部门的这种风险进行监控，至于管理那就更少了。① 给定对冲基金在金融市场上发挥的作用——作为重要的流动性和信贷提供者——可知它们现在给经济带来了外部性，且这种外部性不再是可以忽略不计的。

从这一方面说，对冲基金正在变得更像银行。银行业受到如此严格的监管的原因就是，银行不管成功与否都会产生巨大的社会外部性。但是与银行不同的是，对冲基金能在很短的时间内做出撤走流动性的决定，虽然这有时可能是有益的（如果发生得很少且是随机发生的话），但是如果这种情况发生在错误的时间、错误的部门，则整个对冲基金部门协调一致地撤走流动性将对金融体系的稳定性造成灾难性的后果。

我们的这种观点，并不是在批评对冲基金行业；相反，对冲基金行业通过提供流动性、参与价格发现、改进风险转移，以及挖掘有别于传统来源的期望收益率来源而创造了巨大的经济和社会效益。如果对冲基金提高了系统性风险，则与之相关的问题是"提高了多少？"和"收益是大于风险的吗？"没人会认为全球金融体系的系统性风险的最优水平是零。但是，风险多大算最优的或是可以接受的？

解决这一问题的第一步，是更好地理解系统性风险发生的可能性和近因，我们无法对我们不能衡量的东西进行管理。Getmansky，Lo and Mei

---

① 有不少机构已经积极地参与到解决对冲基金行业的系统性风险的工作中去了，包括美国联邦储备体系（尤其是纽约联储银行和联储委员会）、美国财政部货币监理署（the Office of Comptroller of the Currency）、国际货币基金组织、美国证券交易委员会、财政部和总统工作小组。然而，这些机构中没有一个机构对很大程度上不受监管的对冲基金行业具有任何监管权力，甚至不能从对冲基金及其信贷合作方那里获得必要的数据来计算直接衡量系统性风险的指标。甚至非常具有影响力的纽约联储银行也主要是通过道义的劝告来发挥自己的影响力的。

（2004）提出的为资本市场建立一个类似于美国国家运输安全委员会（NTSB）的组织的建议，是一个可能的起点。设立一个"资本市场安全委员会"（Capital Markets Safety Board），由它建立一个由法务会计师、律师和金融工程师组成的、经验丰富的专门团队，来对金融部门的系统性风险的各个方面进行监控，对每一次金融风暴进行研究，并开发出改进我们的方法和模型的指导性意见，这或许可以成为一个比注册更好的、直接处理对冲基金行业系统性风险的方法。

　　第二次世界大战之后，一群具有社会责任心的物理学家一起创立了《原子科学家公报》（*Bulletin of Atomic Scientists*）来促进公众对于发生核灾难的可能性的了解。为了展示他们对当期警报状态的评估，他们设立了一个"末日时钟"来指示我们与"午夜"即核毁灭的接近程度。① "末日时钟"最早于1947年被设定在午夜之前7分钟，此后随着我们接近或远离核灾难的边缘，时钟的指针被不时地拨动，1953年曾经被拨到午夜前2分钟，1993年曾经被拨到午夜前17分钟。假设我们为对冲基金行业给全球金融体系带来的影响设立一个"末日时钟"，并在1998年8月将其拨到午夜前5分钟，在1999年1月拨到午夜前15分钟，则我们目前对于对冲基金行业的系统性风险所处状态的展望是：现在大约在午夜11点51分。

　　目前，虽然金融市场似乎暂时稳定下来了，但是时钟仍在往前走。

---

① 具体来说，"《原子科学家公报》的末日时钟表示人类与灾难性破坏——比喻为午夜——的接近程度，并且监控人类可以用以毁灭自己的手段。这些手段首要的是核武器，但是也包括能够造成无可挽回的破坏的、改变气候的技术、生命科学的新进展和纳米技术"。更多的信息可以参见 www.thebulletin.org。

附　　录

本附录中包括全书中使用的 Lipper TASS 数据库和 CS/Tremont 数据库对对冲基金类型所下的定义（第 A.1 节和第 A.2 节）、第 4 章的 Loeb 价格冲击函数（price - impact function）的 Matlab 源代码（第 A.3 节）、第 6 章 AP 分解中使用的广义矩估计量的推导（第 A.4 节）、第 8 章的整合的对冲基金投资过程中的一些技术性比较强的问题（第 A.5 节）、第 10 章中对 Lehmann（1990）和 Lo and Mackinlay（1990）讨论的反向交易策略的一个更加详细的阐释（第 A.6 节），以及第 10.7 节中对总体自相关系数（aggregate autocorrelations）的渐近标准误差的一个推导（第 A.7 节）。

A.1　Lipper TASS 数据库对对冲基金类型所下的定义

下面是从 Lipper TASS 数据库的文件中直接引用的、对每个类型的描述，这些描述界定了 Lipper TASS 在把某个对冲基金归入 17 个类型中的某一个时所遵循的标准。

股票对冲型（Equity Hedge）

这种方向型策略（Directional Strategies）涉及在到市场的多方和空方都进行股票投资。它的目标并非是为了达到市场中性。基金经理能够从价值型股票转到成长型股票，从小市值股票转到中等市值乃至大市值股票，从净多头头寸转到净空头头寸。基金经理可能使用期货和期权进行对冲。它投资的重点可能是特定区域（如做多/做空美国或欧洲的股票）或者特定部门（如做多和做空高科技股或医疗保健类股票）。做多/做空股票型基金（Long/short equity funds）倾向于建立并持有比传统股票型基金更加集中的投资组合。美国股票对冲基金、欧洲股票对冲基金、亚洲股票对冲基金和全球股票对冲基金都是重点关注特定区域股票的对冲基金。

偏向卖空型（Dedicated Short Bias）

偏向卖空的基金经理对大多数股票和衍生品都持有空头头寸。如果一个对冲基金要被划为这一类型，那么其投资组合的做空偏差（short bias）必须一直大于零。

固定收益方向型（Fixed Income Directional）

这种方向型策略只定向地投资于固定收益市场。

可转换套利型（Convertible Arbitrage）

识别这种策略的依据是它在一个公司的可转换证券上进行对冲投资。这种对冲基金的一个典型的投资方式是做多一个公司的可转换债券，同时做空该公司的普通股。这种策略的头寸经过设计，能在市场波动中保住本金，同时从固定收益证券和卖空股票中获取利润。

事件驱动型（Event Driven）

这种策略被定义为一种"特殊情形"下的投资，这种投资是为了捕捉到一个重要的、即将来临的公司事件——例如，兼并（merger）、企业重组、清算、破产或改组——所导致的价格变动。事件驱动策略下面又分三个常用的子类型：风险（并购）套利型、濒危的/高收益证券型

（distressed/high yield securities） 以及 D 项规则型 （Regulation D)①。

非方向型/相对价值型 （Non Dirctional/Relative Value）

这种投资策略是为了利用股票和/或固定收益市场的效率缺失，通常涉及到在同一个国家同时做多和做空规模相同的、相互匹配的市场投资组合。市场中性的投资组合被设计为要么是贝塔中性的，要么是货币中性的，或者二者兼而有之。

全球宏观型 （Global Macro）

全球宏观型对冲基金的经理在世界上任何一个主要的资本市场或衍生品市场持有多头和空头头寸。这些头寸反映了他们对市场总体方向——它受经济大趋势和/或重大事件的影响——的看法。这种基金的投资组合可能包括股票、债券、外汇和以现金或衍生工具的形式出现的商品。此类基金大多在全球配置资金，既在发达国家投资，也在新兴市场投资。

自然资源型 （Natural Resources）

这一交易策略关注的是全球的自然资源。

杠杆货币型 （Leveraged Currency）

这一策略投资于全球的货币市场。

管理期货型 （Managed Futures）

这种策略投资于全球的金融期货市场、商品期货市场和外汇市场。它的基金经理常常被称为商品交易顾问 （commodity trading advisors, CTAs)。它的交易准则通常是系统性的或相机抉择的。系统性交易者倾向于使用价格和某些市场特有的信息 （通常是技术方面的） 来做出交易决策，相机抉择的基金经理则依据一种判断准则来做出决策。

新兴市场型 （Emerging Markets）

这种策略在全球的新兴市场上进行股票或固定收益证券投资。

房地产型 （Property）

这种策略关注的投资重点是房地产。

---

① D 项规则：由美国证券交易委员会 （SEC） 制定，并于 1982 年开始实施的关于私募证券发售的规则，又称为"避风港" （safe harbor)。该规则对私募证券发售过程中的各种行为及资格做了详细规定，如不能有一般性劝诱行为 （general solicitation） 或广告，发行人应注意确保证券的购买者不是"承销商"等。照此规定发行的证券可免于按《1933 年证券法》进行注册——译者注。

基金中的基金（Fund of Funds）

一个"多重经理"（multi manager）基金会利用两个或更多个交易顾问或对冲基金的服务，交易经理为了基金的利益而把资金配置在它们身上。

A.2 CS/Tremont 数据库对对冲基金类型所下的定义[①]

下文描述了 CS/Tremont 数据库划分的对冲基金类型，CS/Tremont 数据库为它们编制了指数；这些内容是直接从 CS/Tremont 的网站（www.hedgeindex.com）上摘录下来的。

可转换套利型（Convertible Arbitrage）

识别这种策略的依据是它投资于一个公司的可转换证券。这种对冲基金的一个典型投资方式是做多一个公司的可转换债券，同时做空该公司的普通股。这种策略的头寸经过设计，能在市场波动中保住本金，同时从固定收益证券和卖空股票中获取利润。

偏向卖空型（Dedicated Short Bias）

这种策略维持净空头头寸，这和纯粹的空头敞口截然不同。偏向卖空的基金经理对大多数股票和衍生品都持有空头头寸。如果一个对冲基金要被划为这一类型，那么其投资组合的做空偏差必须一直大于零。

新兴市场型（Emerging Markets）

这种策略在全球的新兴市场上进行股票或者固定收益证券投资。因为

[①] Credit Suisse/Tremont 指数团队有一个中文网站（繁体）是 http：//www.hedgeindex.com/hedgeindex/zh/default.aspx？cy＝USD。在该网站上，它将自己的名称翻译为"瑞士信貸/Tremont對冲基金指數"，并将其编制的各个指数分别译为：可換股套戥（Convertible Arbitrage）、股票放空（Dedicated Short Bias）、新興市場（Emerging Markets）、股票市場中立（Equity Market Neutral）、事件導向（Event Driven）、財困證券（Distressed）、多重策略（Multi-Strategy）、風險套戥（Risk Arbitrage）、固定收益套戥（Fixed Income Arbitrage）、全球宏觀（Global Macro）、股票對冲（Long/Short Equity）、管理期貨（Managed Futures）、多重策略（Multi-Strategy）。这显然是按照香港的学术习惯翻译的，与内地通用的译法不同。我们在本译本中采用自己的译法。另外，2010 年 6 月 22 日，瑞士信贷集团（Credit Suisse Group）和道琼斯指数公司签署了一项协议，约定双方在对冲基金指数计算领域进行合作，并把以前的指数名称"瑞信/Tremont 对冲基金指数"（Credit Suisse/Tremont Hedge Fund Indexes）改成了"道琼斯瑞信对冲基金指数"（Dow Jones Credit Suisse Hedge Fund Indexes）——译者注。

许多新兴市场既不允许卖空，又没有可行的期货或其他衍生品可供对冲，所以新兴市场型基金的投资往往采用一种只做多头的策略。

股票市场中性型（Equity Market Neutral）

这种投资策略是为了发掘股票市场的效率缺失，通常涉及在同一个国家同时做多和做空规模相同的、相互匹配的股票投资组合。市场中性的投资组合被设计为要么是贝塔中性的，要么是货币中性的，或者二者兼而有之。经过精心设计的投资组合通常控制了行业、部门、市值和其他风险敞口。为了提高收益率，还经常使用杠杆。

事件驱动型（Event Driven）

这种策略被定义为一种"特殊情形"下的投资，这种投资是为了捕捉到一个重要的、即将来临的公司事件——例如，兼并、企业重组、清算、破产或者改组——所导致的价格变动。事件驱动策略下面又分三个常用的子类型：风险套利型、濒危证券型和多重策略型（multi‑strategy）。

风险套利型（Risk Arbitrage）

该类型的投资专家对一次兼并或收购所涉及到的两家公司同时持有多头头寸或空头头寸。风险套利者的典型做法是买入被收购的公司的股票，卖空收购方的股票。其主要风险是交易风险，即并购交易以失败告终的风险。

濒危证券型（Distressed）

该类型的对冲基金经理们投资于那些处于财务困境和濒临破产的公司的债券、股票或贸易索赔权（trade claims）。这些需要采取法律行动或进行重组以便重新焕发生机、实现财务稳定的公司的证券一般折价比较严重，因此当基金经理们感觉情况将发生逆转时，会被吸引前来投资。基金经理们还可以在一个公司的资本结构内部持有套利头寸，典型的做法是通过买入优先债务（senior debt tier），并卖空普通股，希望从两种资产的价差变动中牟取收益。

多重策略型（Multi-Strategy）[1]

这种类型指的是那些有多重投资主题的对冲基金，包括风险套利型、

---

[1] CS/Tremont 的事件驱动型策略下面包括三个子策略，即风险套利型、濒危证券型、多重策略型。因此，这里的"多重策略型"严格地说应该被称为"事件驱动多重策略型"，以便与下文的另一个"多重策略型"相区别——译者注。

濒危证券型，有时候还包括其他类型，比如投资于那些从私人资本市场上赚钱的微型市值和小市值上市公司。这种对冲基金的经理经常会根据市场机会在不同策略之间转移资产。

固定收益套利型（Fixed Income Arbitrage）

固定收益套利者着眼于密切相关的付息证券之间的价格异常变动所产生的利润。此种类型的基金经理大多在全球范围内进行交易，目标是在波动性较低的情况下获取稳定的收益。这种类型的策略包括利率互换套利、美国和非美国政府债券套利、远期收益率曲线套利和抵押贷款支持证券套利。抵押贷款支持证券市场主要在美国，是一个柜台交易市场，并且特别复杂。

全球宏观型（Global Macro）

全球宏观型对冲基金经理在世界上任何一个主要的资本市场或衍生品市场都持有多头和空头头寸。他们的这些头寸反映了他们对于市场总体方向——它受经济大趋势和/或重大事件的影响——的看法。这种基金的投资组合可能包括股票、债券、外汇以及现金或衍生工具。此类基金大多在全球配置资金，既在发达国家投资，也在新兴市场投资。

做多/做空股票型（Long/Short Equity）

这种方向型策略在市场的多方和空方都进行股票投资。它的目标并非是为了实现市场中性。基金经理能够从价值型股票转到成长型股票，从小市值股票转到中等市值乃至大市值股票，从净多头头寸转到净空头头寸。基金经理可能使用期货和期权进行对冲。它投资的重点可能是特定区域（例如，做多/做空美国或欧洲的股票）或特定部门（例如，做多和做空高科技股或医疗保健类股票）。做多/做空股票型基金倾向于建立并持有比传统股票型基金更加集中的投资组合。

管理期货型（Managed Futures）

这种策略投资于全球的金融期货市场、商品期货市场和外汇市场。它的基金经理常常被称为商品交易顾问。它的交易准则通常是系统性的或相机抉择的。系统性交易者倾向于使用价格和某些市场特有的信息（通常是技术方面的）来做出交易决策，相机抉择的基金经理则依据一种判断准则来做出决策。

多重策略型（Multi-Strategy）

多重策略型对冲基金的特征是，它们有能力在几种不同的传统对冲基金投资准则之间动态地配置资本。对多种策略的使用和根据市场机会在不同策略之间重新配置资本的能力，意味着这种对冲基金难以被划分到任何一个传统的类型之中。多重策略型还包括那些采用单一策略的、但不属于前述任何一种类型的对冲基金。

A.3　用 Matlab 编写的 Loeb 函数 tloeb

function tloeb

% Loeb（1983）的价差/价格成本（spread/price cost）的默认值
b = 50;

%市值的变动范围
xi = [0.01 10 25 50 75 100 500 1 000 1 500 3 000];

% 大额成交规模（block size）的变动范围，单位是千美元
yi = [0.01 5 25 250 500 1 000 2 500 5 000 10 000 20 000];

% Loeb（1983，表 II）最初的流动性衡量指标
zi = [17.3 17.3 27.3 43.8 NaN   NaN   NaN   NaN   NaN   NaN   ;
       8.9   8.9   12.0 23.8 33.4 NaN   NaN   NaN   NaN   NaN   ;
       5.0   5.0   7.6   18.8 25.9 30.0 NaN   NaN   NaN   NaN   ;
       4.3   4.3   5.8   9.6   16.9 25.4 31.5 NaN   NaN   NaN   ;
       2.8   2.8   3.9   5.9   8.1   11.5 15.7 25.7 NaN   NaN   ;
       1.8   1.8   2.1   3.2   4.4   5.6   7.9   11.0 16.2 NaN   ;
       1.9   1.9   2.0   3.1   4.0   5.6   7.7   10.4 14.3 20.0 ;
       1.9   1.9   1.9   2.7   3.3   4.6   6.2   8.9   13.6 18.1 ;

```
        1.1   1.1   1.2   1.3   1.7   2.1   2.8   4.1   5.9   8.0    ;
        1.1   1.1   1.2   1.3   1.7   2.1   2.8   4.1   5.9   8.0    ];
nx = size（xi, 2）; ny = size（yi, 2）;
```

% 由矩阵 zi 中沿着市值（mcap）维度上最后一个非 NaN 的数据点的序号组成的数组 nonnan =［4 4 5 6 7 8 9］;

% 处理矩阵 zi 中的 NaN

% 对各列进行循环计算
```
for i = 1: size（xi, 2）−3
```

```
    % 最后一个非 NaN 的数据点
    f = nonnan（i）;
    for j = f + 1: 1: ny
        % 基于简单的线性外推的 Loeb 成本
        % 从最后一个数据点（end points）开始
        zi（i, j）=zi（i, f）+ （zi（i, f）−zi（f−1））＊（yi（j）
                −yi（f））／（yi（f）−yi（f−1））;

        % 如果成本大于 50%，则设定其上限为 b = 50%
        if zi（i, j）> 50; zi（i, j）=b; end;

        % 如果交易规模大于市值的 20%（而非 T. Loeb 最初设定的
        5%），则仍令 zi 等于 NaN
        if（yi（j）／1 000）>0.2 ∗ xi（i）; zi（i, j）= NaN; end;
    end
end
```

zi

```
% 生成可以被 MATLAB 接受的数组以便绘制三维图形
for i = 1: ny
    for j = 1: nx
        x (i, j)  =  (xi (j));
        y (i, j)  =  (yi (i));
        z (i, j)  = zi (j, i);
    end
end


% 确定内插值的最大、最小值
maxx = max (xi); minx = min (xi); maxy = max (yi); miny = min (yi);

% 每个方向上的插值节点（nodes）数目
N = 40; dx = (maxx - minx) /N; dy = (maxy - miny) /N;

% 通过内插得到的数组

for i = 1: N
    for j = 1: N
        x1 (i, j)  = xi (1)  + dx * j;
        y1 (i, j)  = yi (1)  + dy * i;
    end
end


% 绘制出经过拓展之后的 Loeb 函数
mesh ( (x1), (y1), interp2 (x, y, z, x1, y1,' linear'))
view (30, 50); colormap (jet); grid on; xlabel (' 市值 [ $ 1 000 000]',' 
FontSize', 8); ylabel (' 交易规模 [ $ 1 000]',' FontSize', 8)
zlabel (' 价差/价格成本 [%]');
```

% title（'Loeb（1983）的总价差/价格成本'）；

print － depsc p：\\msl\\tloeb. eps

A. 4　AP 分解的广义矩估计量

记第 t 期的投资组合权重和收益率向量 $[\omega_{1t} \cdots \omega_{nt} \quad R_{1t} \cdots R_{nt}]'$ 为 $\mathbf{X}_t$，并且令 $\{\mathbf{X}_t\}$ 是一个满足如下条件的随机过程：

（H1）$\{\mathbf{X}_t : t \in (-\infty, \infty)\}$ 是平稳的和遍历的。

（H2）$\boldsymbol{\gamma}_o \in \Gamma$ 是 $\mathfrak{R}^k$ 的一个开子集。

（H3）$\forall \boldsymbol{\gamma} \in \Gamma$，$\varphi(\cdot, \boldsymbol{\gamma})$ 和 $\varphi_{\boldsymbol{\gamma}}(\cdot, \boldsymbol{\gamma})$ 是 Borel 可测的，并且对于所有的 $\mathbf{X}$，$\varphi_{\boldsymbol{\gamma}}(\mathbf{X}, \cdot)$ 在 Γ 上是连续的。

（H4）$\varphi_{\boldsymbol{\gamma}}$ 在 $\boldsymbol{\gamma}_o$ 处是一阶矩连续的；$\mathrm{E}[\varphi_{\boldsymbol{\gamma}}(\mathbf{X}, \cdot)]$ 存在，有限，且满秩。

（H5）令 $\varphi_t \equiv \varphi(\mathbf{X}_t, \boldsymbol{\gamma}_o)$ 且 $v_j \equiv \mathrm{E}[\varphi_0 \mid \varphi_{-1}, \varphi_{-2}, \cdots] - \mathrm{E}[\varphi_0 \mid \varphi_{-j-1}, \varphi_{-j-2}, \cdots]$，并且假设：

　　　　$(i)\,\mathrm{E}[\varphi_0 \varphi'_0]$ 存在且有限；

　　　　$(ii)\,\mathbf{v}_j$ 依均方收敛到 0；

　　　　$(iii)\,\sum_{j=0}^{\infty} \mathrm{E}[\mathbf{v}'_j \mathbf{v}_j]^{1/2}$ 是有限的；

　　　　这意味着 $\mathrm{E}[\varphi(\mathbf{X}_t, \boldsymbol{\gamma}_o)] = 0$。

（H6）记 $\frac{1}{T} \sum_{t=1}^{T} \varphi(\mathbf{X}_t, \boldsymbol{\gamma}) = 0$ 的解为 $\hat{\boldsymbol{\gamma}}$。

在这些假设条件下，Hansen（1982）证明：

$$\sqrt{T}(\hat{\boldsymbol{\gamma}} - \boldsymbol{\gamma}_o) \overset{a}{\sim} \mathcal{N}(0, \mathbf{V}_{\boldsymbol{\gamma}}), \mathbf{V}_{\boldsymbol{\gamma}} \equiv \mathbf{H}^{-1} \boldsymbol{\Sigma} \mathbf{H}^{-1}{}' \tag{A.1}$$

其中，$\mathbf{H} \equiv \lim_{T \to \infty} \mathrm{E}\Big[\frac{1}{T} \sum_{t=1}^{T} \varphi_{\boldsymbol{\gamma}}(X_t, \boldsymbol{\gamma}_o)\Big]$ （A.2）

$$\boldsymbol{\Sigma} \equiv \lim_{T \to \infty} \mathrm{E}\Big[\frac{1}{T} \sum_{t=1}^{T} \sum_{s=1}^{T} \varphi(X_t, \boldsymbol{\gamma}_o) \varphi(X_s, \boldsymbol{\gamma}_o)'\Big] \tag{A.3}$$

且，$\boldsymbol{\varphi}_\gamma(R_t, \gamma)$ 表示 $\boldsymbol{\varphi}(R_t, \gamma)$ 对 γ 的导数。[1] 具体来说，令 $\boldsymbol{\varphi}(R_t, \gamma)$ 表示如下的向量方程：

$$\boldsymbol{\varphi}(\boldsymbol{\omega}_t, \mathbf{R}_t, \gamma) \equiv [\ \omega_{1t} - \mu_{\omega_1} \cdots \omega_{nt} - \mu_{\omega_n}\ R_{1t} - \mu_1 \cdots R_{nt} - \mu_n\ ]' \tag{A.4}$$

其中，$\gamma \equiv [\mu_{\omega_1} \cdots \mu_{\omega_n}\ \mu_1 \cdots \mu_n]'$。

γ 的广义矩估计量 $\hat{\gamma}$ 由下式的解隐含地给出：

$$\frac{1}{T} \sum_{t=1}^{T} \boldsymbol{\varphi}(\boldsymbol{\omega}_t, \mathbf{R}_t, \gamma) = 0 \tag{A.5}$$

由上式可以得到式（6.30）给出的标准估计量 $\bar{\omega}_i$ 和 $\bar{R}_i$。对于式（A.4）中的矩条件，$\mathbf{H}$ 由下式给出：

$$\mathbf{H} = -\mathbf{I} \tag{A.6}$$

其中，$\mathbf{I}$ 是一个（$2n \times 2n$）的单位矩阵。

因而，用 detla 方法：

$$\sqrt{T}(\hat{\theta} - \theta) \overset{a}{\sim} \mathcal{N}(0, V_{\text{GMM}}), V_{\text{GMM}} = \frac{\partial g}{\partial \gamma} \Sigma \frac{\partial g}{\partial \gamma'} \tag{A.7}$$

可以得到 $V_\gamma = \Sigma$ 和积极型比率估计量 $\hat{\theta}$ 的渐近分布。

其中，$\partial g / \partial \gamma$ 由 $\dfrac{\partial g}{\partial \gamma} = [\mu_1 \cdots \mu_n\quad \mu_{\omega_1} \cdots \mu_{\omega_n}]$ (A.8)

给出。把 $\hat{\gamma}$ 代入式（A.8），可以得到 $\partial g / \partial \gamma$ 的一个估计量，而且，使用 Newey and West（1987）的估计步骤，可以得到 Σ 的一个估计量：

$$\widehat{\Sigma} = \widehat{\Omega}_0 + \sum_{j=1}^{m} \omega(j, m)(\widehat{\Omega}_j + \widehat{\Omega}'_j), m \ll T \tag{A.9}$$

$$\widehat{\Omega}_j \equiv \frac{1}{T} \sum_{t=j+1}^{T} \boldsymbol{\varphi}(R_t, \hat{\gamma}) \boldsymbol{\varphi}(R_{t-j}, \hat{\gamma})' \tag{A.10}$$

$$\omega(j, m) \equiv 1 - \frac{j}{m+1} \tag{A.11}$$

其中，m 是截断滞后阶数（truncation lag）。为了保证一致性，它必须满足条件：随着 T 无界地增长，$m/T \to \infty$。然后，可以构造出 V_{GMM} 的一个估计量如下：

---

[1]　参见 Magnus and Neudecker（1988）中关于向量函数对向量和矩阵的导数的专门定义和约定。

$$\widehat{V}_{\text{GMM}} = \frac{\partial g(\hat{\gamma})}{\partial \gamma} \widehat{\Sigma} \frac{\partial g(\hat{\gamma})}{\partial \gamma'} \tag{A.12}$$

A.5 有约束的最优化

为了解决如下的最优化问题：

$$\text{Min } \{\boldsymbol{\omega}\} \frac{1}{2} \boldsymbol{\omega}' \boldsymbol{\Sigma} \boldsymbol{\omega} \tag{A.13}$$

服从约束：

$$\boldsymbol{\omega}' \boldsymbol{\mu} \geqslant \mu_o \tag{A.14}$$

$$\boldsymbol{\omega}' \boldsymbol{\iota} = 1 \tag{A.15}$$

我们定义拉格朗日函数：

$$\mathcal{L} = \frac{1}{2} \boldsymbol{\omega}' \boldsymbol{\Sigma} \boldsymbol{\omega} + \lambda(\mu_o - \boldsymbol{\omega}' \boldsymbol{\mu}) + \xi(1 - \boldsymbol{\omega}' \boldsymbol{\iota}) \tag{A.16}$$

由它可以得到下列一阶条件：

$$\frac{\partial \mathcal{L}}{\partial \boldsymbol{\omega}} = 0 = \boldsymbol{\Sigma} \boldsymbol{\omega} - \lambda \boldsymbol{\mu} - \xi \boldsymbol{\iota} \tag{A.17}$$

$$\frac{\partial L}{\partial \gamma} = 0 = \mu_o - \boldsymbol{\omega}' \boldsymbol{\mu} \tag{A.18}$$

$$\frac{\partial \mathcal{L}}{\partial \lambda} = 0 = 1 - \boldsymbol{\omega}' \boldsymbol{\iota} \tag{A.19}$$

解式（A.17）求出 $\boldsymbol{\omega}$，可以得到最小方差投资组合，它是两个拉格朗日乘子的函数：

$$\boldsymbol{\omega}^* = \lambda \boldsymbol{\Sigma}^{-1} \boldsymbol{\mu} + \xi \boldsymbol{\Sigma}^{-1} \boldsymbol{\iota} \tag{A.20}$$

把式（A.18）、（A.19）与（A.20）结合起来可以明确地解出拉格朗日乘子：

$$\lambda = \frac{\mu_o A - B}{D}, \xi = -\frac{\mu_o B - C}{D} \tag{A.21}$$

其中，$A \equiv \boldsymbol{\iota}' \boldsymbol{\Sigma}^{-1} \boldsymbol{\iota} > 0 \tag{A.22}$

$$B \equiv \boldsymbol{\iota}' \boldsymbol{\Sigma}^{-1} \boldsymbol{\mu} \tag{A.23}$$

$$C \equiv \boldsymbol{\mu}' \boldsymbol{\Sigma}^{-1} \boldsymbol{\mu} > 0 \tag{A.24}$$

$$D \equiv AC - B^2 > 0 \tag{A.25}$$

A.6　一个反向交易策略

考虑 N 个证券，它们在第 t 期的收益率 $[R_{1t} \cdots R_{Nt}]'$ 是一个 $N \times 1$ 的向量，记为 $\mathbf{R}_t$。为了方便，维持如下的假设：

（A1）$\mathbf{R}_t$ 是一个联合协方差平稳（jointly covariance-stationary）的随机过程，期望为 $\mathrm{E}[\mathbf{R}_t] = \boldsymbol{\mu} \equiv [\mu_1\mu_2\cdots\mu_N]'$，自协方差矩阵为 $\mathrm{E}[(\mathbf{R}_{t-k} - \boldsymbol{\mu})(\mathbf{R}_t - \boldsymbol{\mu})'] = \boldsymbol{\Gamma}_k$。其中，因为 $\boldsymbol{\Gamma}_k = \boldsymbol{\Gamma}'_{-k}$，所以我们取 $k \geqslant 0$，这样做并不丧失一般性。[①]

本着几乎所有反向交易策略所秉承的精神，考虑在时间 t 买入在时间 $t-k$ 跑输的股票，在时间 t 卖出在时间 $t-k$ 跑赢的股票，这里所说的跑赢与跑输是相对于市场的等权重收益率而言的。更加正式地，如果用 $\omega_{it}(k)$ 表示在时间 t 证券 i 在投资组合中所占的比例，令：

$$\omega_{it}(k) = -\frac{1}{N}(R_{it-k} - R_{mt-k}), i = 1, \cdots, N \tag{A.26}$$

其中，$R_{mt-k} \equiv \sum_{i=1}^{N} \dfrac{R_{it-k}}{N}$ 是等权重的市场指数。

根据其构建原理，$\boldsymbol{\omega}_t(k) \equiv [\omega_{1t}(k)\omega_{2t}(k)\cdots\omega_{Nt}(k)]'$ 是一个"美元中性"或者"套利"的投资组合，因为所有权重之和为 0。这些权重没有自然尺度（natural scale），因为权重的任意倍数之和仍然是 0。因此，最方便的做法是把权重定义为在每一种证券上持有的实际美元头寸。在这种情况下，在时间 t 持有的总的美元投资多头（或空头）头寸由 $I_t(k)$ 给出，

$$其中，I_t(k) \equiv \frac{1}{2} \sum_{i=1}^{N} |\omega_{it}(k)| \tag{A.27}$$

由于投资组合中的各个权重，和市场指数收益率与各证券收益率之差成比例，因此，在时间 $t-k$ 正向地偏离市场较大的证券，在时间 t 的投资

[①]　采用假设（A1）是为了方便记述，因为联合协方差平稳使我们可以从 $\boldsymbol{\mu}$ 和 $\boldsymbol{\Gamma}_k$ 这样的总体矩中消除时间标记；在更弱的假设"$\mathbf{R}_t$ 是一个弱相关的、异质分布的向量（weakly dependent heterogeneously distributed vector）"下，我们得到的结果的定性特征并不改变。这只需要把期望换成恰当定义的时间平均（time averages）的相应概率极限即可。参见 Lo and MacKinlay（1990c）所做的进一步讨论。

组合中将会有更负的权重，反之反是。设计这样一个投资策略，是为了利用股票市场上的过度反应，但是 Lo and MacKinlay（1990c）证明，过度反应并非是反向投资策略能够盈利的唯一原因。特别是，他们证明，如果收益率具有正的交叉自相关性的存在，那么即使单个证券的收益率是序列独立的，平均来说，一个收益率回复策略（return-reversal strategy）也会获得正利润。股票市场过度反应，即单个证券收益率负自相关性的存在，提高了收益率回复策略盈利的可能性，但它并不是这种策略赚取正的期望收益率的必要条件。

由于这种策略具有线性的特点，因此它的统计特性特别容易推导。例如，Lo and MacKinlay（1990c）证明这一策略在时间 t 的盈亏函数由下式给出：

$$\pi_t(k) = \boldsymbol{\omega}'_t(k)\mathbf{R}_t \tag{A.28}$$

把式（A.28）重新排列并取期望，可以得到下式：

$$E[\pi_t(k)] = \frac{\boldsymbol{\iota}'\boldsymbol{\Gamma}_k\boldsymbol{\iota}}{N^2} - \frac{1}{N}\text{trace}(\boldsymbol{\Gamma}_k) - \frac{1}{N}\sum_{i=1}^{N}(\mu_i - \mu_m)^2 \tag{A.29}$$

上式表明，反向投资策略的期望利润是收益率的均值、方差和自协方差的一个显函数。关于这种策略的统计特性的更多细节，和它的历史收益率的一个实证分析，请参见 Lo and MacKinlay（1990，1999）。

A.7 总体的自相关系数的统计显著性

为了估计第 10.7 节的总体自相关系数（aggregate autocorrelations）的统计显著性，回忆一下，在"不存在自相关性"的零假设下，自相关系数 $\hat{\rho}_{1i}$ 是渐近正态的，均值是 0，方差是 $\sigma_\rho^2 \equiv \frac{1}{T}$。因此，我们可以用通常的方法推导出自相关系数的均值 $\hat{\rho}$ 的渐近方差：

$$\text{Var}\left[n^{-1}\sum_{i=1}^{n}\hat{\rho}_{1i}\right] = n^{-2}\boldsymbol{\iota}'\boldsymbol{\Omega}\boldsymbol{\iota} \tag{A.30}$$

其中，$\boldsymbol{\Omega}$ 是由 n 个一阶自相关系数组成的向量 $[\hat{\rho}_{11} \cdots \hat{\rho}_{1n}]'$ 的协方差矩阵。

如果我们假设 $\hat{\rho}_{1i}$ 是无自相关性的，则 Ω 是一个对角阵，各个 $\frac{1}{T}$ 在对角线上。因此，$\hat{\rho}$ 的渐近方差和标准误差是：

$$\text{Var}[\hat{\rho}] \approx \frac{1}{nT}, \text{SE}[\hat{\rho}] \approx \frac{1}{\sqrt{nT}} \tag{A.31}$$

对于 $n = 400$ 和 $T = 60$，$\hat{\rho}$ 的标准误差是 0.65%，因此，"不存在自相关性"的零假设上下两个标准差的置信区间是 $[-1.3\%, +1.3\%]$，图 10—3[①] 中样本的大部分显然都违背了这一点。

---

① 原文是"图 5—4"，有误，应该是"图 10—3"——译者注。

参考文献

Acharva, V. , and L. Pedersen, 2002, "Asset Pricing with Liquidity Risk," Unpublished Working Paper, London Business School.

Ackermann, C. , McEnally, R. , and D. Ravenscraft, 1999, " The Performance of Hedge Funds: Risk, Return, and Incentives", *Journal of Finance* 54, 833-874.

Admati. A. , and P. Pfleiderer, 1991, "Sunshine Trading and Financial Market Equilibrium," *Review of Financial Studies* 4, 443-481.

Agarwal, A. , Daniel, N. , and N. Naik, 2004, "Flows, Performance and Managerial Incentives in Hedge Funds", Georgia State University Working Paper.

Agarwal, V. , and N. Naik, 2000a, "Performance Evaluation of Hedge Funds with Buy-and-Hold and Option-Based Strategies," Hedge Fund Centre Working Paper No. HF-003, London Business School.

Agarwal, V. , and N. Naik, 2000b, "On Taking the 'Alternative' Route:

The Risks, Rewards, and Performance Persistence of Hedge Funds," *Journal of Alternative Investments* 2, 6-23.

Agarwal, V., and N. Naik, 2000c, "Multi-Period Performance Persistence Analysis of Hedge Funds Source," *Journal of Financial and Quantitative Analysis* 35, 327-342.

Agarwal V., and N. Naik, 2000d, "Generalized Style Analysis of Hedge Funds," *Journal of Asset Management* 1, 93-109.

Agirwal, V., and N. Naik, 2004, "Risks and Portfolio Decisions Involving Hedge Funds," *Review of Financial Studies* 17, 63-98.

Agarwal, V., and N. Naik, 2005, "Hedge Funds," *Foundations and Trends in Finance*, 1.

Aiyagari, R., and M. Gertler, 1991, "Asset Returns with Transaction Costs and Uninsured Individual Risk," *Journal of Monetary Economics* 27, 311-331.

Allen, F., and D. Gale, 2000, "Financial Contagion," *Journal of Political Economy* 108, 1-33.

Alvarez, W., 1997, *T. Rex and the Crater of Doom*. Princeton, NJ: Princeton University Press.

Amenc, N., El Bied, S., and L. Martinelli, 2003, "Predictability in Hedge Fund Returns," *Financial Analysts Journal* 59, 32-46.

Amenc. N., and L. Martinelli, 2002, "Portfolio Optimization Allocation Decisions," *Journal of Alternative Investments* 5, 7-20.

Amihud, Y., and H. Mendelson, 1986a, "Asset Pricing and the Bid-Ask Spread," *Journal of Financial Economics* 17, 223-249.

Amihud, Y, and H. Mendelson, 1986b, "Liquidity and Stock Returns," *Financial Analysts Journal* 42, 43-48.

Amin, G., and H. Kat, 2003a, "Hedge Fund Performance 1990-2000: Do the Money Machines Really Add Value?" *Journal of Financial and Quantitative Analysis* 38, 251-274.

Amin, G., and H. Kat, 2003b, "Welcome to the Dark Side: Hedge Fund

Attrition and Survivorship Bias over the Period 1994-2001," *Journal of Alternative Investments* 6, 57-73.

Amin, G. , and H. Kat, 2003c, "Stocks, Bonds, and Hedge Funds," *Journal of Portfolio Management* 29, 113-119.

Andersen, T. , Bollerslev, T. , and F. Diebold, 2004, "Parametric and Nonparametric Volatility Measurement," in L. Hansen and Y. Aït-Sahalia, eds. , *Handbook of Financial Econometrics*. Amsterdam: North-Holland.

Ang, A. , and G. Bekaert, 2004, "How Regimes Affect Asset Allocation," *Financial Analysts Journal* 60, 86-99.

Armistead, L. , 2004, "Dalman Stakes His Own Cash on Hedge Fund," *UK Sunday Times*, Business Section, October 10.

Arnott, R. , and W. Wagner, 1990, "The Measurement and Control of Trading Costs," *Financial Analysts Journal* 46, 73-80.

Arnott, R. , Hsu, J. , and P Moore, 2005 "Fundamental Indexation," *Financial Analysts Journal* 61, 83-99.

Asness, C. , Krait, R. , and J. Liew, 2001, "Do Hedge Funds Hedge?" *The Journal of Portfolio Management* 28, 6-19.

Atchison. M. , K. Butler, and R. Simonds, 1987, "Nonsynchronous Security Trading and Market Index Autocorrelation," *Journal of Finance* 42, 111-118.

Atkins, T. , and S. Hays, 2004, "Worries Rise About Indebted Funds of Hedge Funds," *Reuters*, October 15.

Atkinson, C. , and R. Wilmott, 1995, "Portfolio Management with Transaction Costs: An Asymptotic Analysis of the Morton and Pliska Model," *Mathematical Finance*, 357-367.

Bagehot, W. (a. k. a. Jack Treynor), 1971, "The Only Game in Town," *Financial Analysts Journal* 22, 12-14.

Baquero, G. , Horst, J. , and M. Verbeek, 2005, "Survival, Look-Ahead Bias and Persistence in Hedge Fund Performance," *Journal of Financial and Quantitative Analysis* 40, 493-517.

Barclay, M. , and J. Warner, 1993, "Stealth Trading and Volatility: Which Trades Move Prices?" *Journal of Financial Economics* 34, 28 1-306.

Barclay, M. , and R. Litzenberger, 1988, "Announcement Effects of New Equity Issues and the Use of Intraday Price Data," *Journal of Financial Economics* 21, 71-100.

Bares, R, Gibson, R. , and S. Gyger, 2001, "Style Consistency and Survival Probability in the Hedge Funds' Industrial," unpublished working paper.

Bares, R, Gibson, R. , and S. Gyger, 2003, "Style Consistency and Survival Probability in the Hedge Funds Industry," University of Zurich Working Paper.

Beneish, M. , 2001, "Earnings Management: A Perspective," *Managerial Finance* 27, 3-17.

Berk, J. , and R. Green, 2002, "Mutual Fund Flows and Performance in Rational Markets," Unpublished Working Paper.

Bernstein, R, 1998, "Why the Efficient Market Offers Hope to Active Management," in *Economics and Portfolio Strategy*, October 1. New York: Peter Bernstein.

Bertsimas, D. , Hummel, P. , and A. Lo, 2000, "Optimal Control of Execution Costs for Portfolios," *Computing in Science & Engineering* 1, 40-53.

Bertsimas, D. , and A. Lo, 1998, "Optimal Control of Execution Costs," *Journal of Financial Markets* 1, 1-50.

Bhargava, R. , Bose, A. , and D. Dubofsky, 1998, "Exploiting International Stock Market Correlations with Open-End International Mutual Funds," *Journal of Business, Financial and Accounting* 25, 765-773.

Bhattacharva, S. , and P. Pfleiderer, 1985, "Delegated Portfolio Management," *Journal of Economic Theory* 36, 1-25.

Bickel, R. , and K. Doksum, 1977, *Mathematical Statistics: Basic Ideas and Selected Topics.* San Francisco: Holden-Day.

Billingslev, P. , 1968, *Convergence of Probability Measures.* New York:

John Wiley&Sons.

Black, F. , 1986, "Noise," *Journal of Finance* 41, 529-544.

Bodurtha, S. , and T. Quinn, 1990, "Does Patient Program Trading Really Pay?" *Financial Analysts Journal* 46, 35-42.

Bookstaber, R. , 1999, "A Framework for Understanding Market Crisis," *in Risk Management: Principles and Practices.* Charlottesville, VA: Association for Investment Management and Research.

Bookstaber, R. , 2000, "Understanding and Monitoring the Liquidity Crisis Cycle," *Financial Analysts Journal*, 17-22.

Bookstaber, R. , 2007, "A Demon of Our Own Design. " *Markets, Hedge Funds, and the Perils of Financial Innovation.* Hoboken, NJ: John Wiley & Sons.

Boss, M. , Elsinger, H. , Summer, M. , fand S. Thurner, 2004, "Network Topology of the Interbank Market," *Quantitative Finance* 4, 677-684.

Boudoukh, J. , Richardson, M. , Subrahmanyam, M. , and R. Whitelaw, 2002, "Stale Prices and Strategies for Trading Mutual Funds," *Financial Analysts Journal* 58, 53-71.

Boyson, N. , 2002, "How Are Hedge Fund Manager Characteristics Related to Performance, Volatility and Survival?" Ohio State University Working Paper.

Brinson, G. , Hood, R. , and G. Beebower, 1986, "Determinants of Portfolio Performance," *Financial Analysts Journal* 42, 39-44.

Brinson, G. , Singer, B. , and G. Beebower, 1991, "Determinants of Portfolio Performance II: An Update," *Financial Analysts Journal* 47, 40-48.

Brockwell, P. , and R. Davis, 1991, *Time Series: Theory and Methods,* Second Edition. New York: Springer-Verlag.

Brooks, C. , and H. Kat, 2002, "The Statistical Properties of Hedge Fund Index Returns and Their Implications for Investors," *Journal of Alternative Investments* 5 (2), 25-44.

Brown, S. , and W. Goetzmann, 2003, "Hedge Funds with Style," *Journal of Portfolio Management* 29, 101-112.

Brown, S. , Goetzmann, W. , and R. Ibbotson, 1999, "Offshore Hedge Funds: Survival and Performance 1989-1995," *Journal of Business* 72, 91-118.

Brown. S. , Goetzmann, W. , Ibbotson, R. , and S. Ross, 1992, "Survivorship Bias in Performance Studies," *Review of Financial Studies* 5, 553-580.

Brown, S. , Goetzmann, W. , and B. Liang, 2002, "Fees on Fees in Funds of Funds," *Yale Working Paper* No. 02-33.

Brown, S. , Goetzmann, W. , and J. Park, 2000, "Hedge Funds and the Asian Currency Crisis," *Journal of Portfolio Management* 26, 95-101.

Brown, S. , Goetzmann, W. , and J. Park, 2001a, "Conditions for Survival: Changing Risk and the Performance of Hedge Fund Managers and CTAs. " Yale School of Management Working Paper No. F-59.

Brown, S. , Goetzmann, W. , and J. Park, 2001b, "Careers and Survival: Competition and Risks in the Hedge Fund and CTA Industry," *Journal of Finance* 56, 1869-1886.

Brunnermeier, M. , and L. Pedersen, 2005, "Predatory Trading," *Journal of Finance* 60, 1825-1863.

Campbell, J. , Lo, A. , and C. MacKinlay, 1997, *The Econometrics of Financial Markets*. Princeton, NJ: Princeton University Press.

Carey, M. , and R. Stulz, eds. , 2007, *The Risks of Financial Institutions*. *Chicago*, IL: University of Chicago Press.

Carpenter, J. , 2000, "Does Option Compensation Increase Managerial Risk Appetite?" *Journal of Finance* 55. 2311-2331.

Carpenter, J. , Dybvig, P. , and H. Farnsworth, 2001, "Portfolio Performance and Agency," Unpublished Working Paper, Stern School of Business, New York University.

Carpenter, J. , and A. Lynch, 1999, "Survivorship Bias and Attrition Effects in Measures of Performance Persistence," *Journal of Financial Economics* 54, 337-374.

Cecchetti, S. , and N. Mark, 1990, "Evaluating Empirical Tests of Asset Pricing Models," *American Economic Review* 80, 48-51.

Chalmers, J. , Edelen, R. , and G. Kadlec, 2001, "On the Perils of Security Pricing by Financial Intermediaries: The Wildcard Option in Transacting Mutual-Fund Shares," *Journal of Finance* 56, 2209-2236.

Chan, L. , and J. Lakonishok, 1993, "Institutional Trades and Intra-Day Stock Price Behavior," *Journal of Financial Economics* 33, 173-199.

Chan, L. , and J. Lakonishok, 1995, "The Behavior of Stock Prices Around Institutional Trades. " *Journal of Finance* 50, 1147-1174.

Chan, N. , Getmansky, M. , Haas, S. , and A. Lo, 2006, "Do Hedge Funds Increase Systemic Risk?" *Federal Reserve Bank of Atlanta Economic Review* Q4, 49-80.

Chan, N. , Getmansky, M. , Haas, S. , and A. Lo, 2007, "Systemic Risk and Hedge Funds," in M. Carey and R. Stulz, eds. , *The Risks of Financial Institutions and the Financial Sector.* Chicago: University of Chicago Press.

Chandar, N. , and R. Bricker, 2002, "Incentives, Discretion, and Asset Valuation in Closed-End Mutual Funds," *Journal of Accounting Research* 40, 1037-1070.

Chevalier, J. , and G. Ellison, 1997, "Risk Taking by Mutual Funds as a Response to Incentives," *Journal of Political Economy* 105, 1167-1200.

Chordia, T. , Roll, R. , and A. Subrahmanyam, 2000, "Commonality in Liquidity," *Journal of Financial Economics* 56, 3-28.

Chordia, T. , Roll, R. , and A. Subrahmanyam, 2001, "Market Liquidity and Trading Activity Source," *Journal of Finance* 56, 501-530.

Chordia, T. , Roll, R. , and A. Subrahmanyam, 2002, "Order Imbalance, Liquidity, and Market Returns," *Journal of Financial Economics* 65, 111-130.

Chordia, T. , Subrahmanyam, A. , and V. Anshuman, 2001, "Trading Activity and Expected Stock Returns," *Journal of Financial Economics* 59, 3-32.

Cohen, K., Hawawini, G., Maier, S., Schwartz, R., and D. Whitcomb, 1983a, "Estimating and Adjusting for the Intervalling-Effect Bias in Beta," *Management Science* 29, 135-148.

Cohen, K., Hawawini, G., Maier, S., Schwartz, R., and D. Whitcomb, 1983b, "Friction in the Trading Process and the Estimation of Systematic Risk," *Journal of Financial Economics* 12, 263-278.

Cohen. K., Maier, S., Schwartz, R., and D. Whitcomb, 1979, "On the Existence of Serial Correlation in an Efficient Securities Market," *TIMS Studies in the Management Sciences* 11, 151-168.

Cohen, K., Maier, S., Schwartz, R., and D. Whitcomb, 1981, "Transaction Costs, Order Placement Strategy and Existence of the Bid-Ask Spread," *Journal of Political Economy* 89, 287-305.

Cohen, K., Maier, S., Schwartz, R., and D. Whitcomb, 1978, "The Returns Generation Process, Returns Variance, and the Effect of Thinness in Securities Markets," *Journal of Finance* 33, 149-167.

Cohen, K., Maier, S., Schwartz, R., and D. Whitcomb, 1986, *The Microstructure of Securities Markets.* Englewood Cliffs, NJ: Prentice Hall.

Collins, B., and F. Fabozzi, 1991, "A Methodology for Measuring Transaction Costs," *Financial Analysts Journal* 47, 27-36.

Constantinides, G., 1986, "Capital Market Equilibrium with Transaction Costs," *Journal of Political Economy* 94 (4), 842-862.

Cox, D., and E. Snell, 1989, *The Analysis of Binary Data*, Second Edition. London: Chapman and Hall.

Cremers, J., Kritzman, M., and S. Page, 2004, "Optima l Hedge Fund Allocations: Do Higher Moments Matter?" Revere Street Working Paper Series, Financial Economics 272-13.

Cuneo, L., and W. Wagner, 1975, "Reducing the Cost of Stock Trading," *Financial Analysts Journal* 26, 35-44.

Davis, M., and A. Norman, 1990, "Portfolio Selection with Transactions Costs," *Mathematics of Operations Research* 15, 676-713.

Degryse, H. , and G. Nguyen, 2004, "Interbank Exposures: An Empirical Examination of Systemic Risk in the Belgian Banking System," Working Paper, Belgian National Bank No. 2004-04.

Demsetz, H. , 1968 , "The Cost of Transacting," *Quarterly Journal of Economics* 82, 35-53.

Dimson, E. , 1979 , "Risk Measurement When Shares are Subject to Infrequent Trading," *Journal of Financial Economics* 7, 197-226.

Dumas, B. , and E. Luciano, 1991, "An Exact Solution to a Dynamic Portfolio Choice Problem under Transactions Costs," *Journal of Finance* 46 (2), 577-595.

Easley, D. , and M. O'Hara, 1987, "Price, Trade Size, and Information in Securities Markets," *Journal of Financial Economics* 19, 69-90.

Edwards, F. , and M. Caglayan, 2001, "Hedge Fund and Commodity Fund Investments in Bull and Bear Markets," *The Journal of Portfolio Management* 27, 97-108.

Elton et al. 2003, "Incentive Fees and Mutual Funds," *Journal of Finance* 58, 779-804.

Engle, R. , 2002, "Dynamic Conditional Correlation-A Sample Class of Multivariate GRACH Models," *Journal of Business and Economic Statistics* 20, 339-350.

Epps, T. , 1976, "The Demand for Brokers' Services: The Relation Between Security Trading Volume and Transaction Cost," *Bell Journal of Economics* 7, 163-196.

Fama, E. , 1970, "Efficient Capital Markets: A Review of Theory and Empirical Work," *Journal of Finance* 25, 383-417.

Farmer, D. , and A. Lo, 1999, "Frontiers of Finance: Evolution and Efficient Markets," *Proceedings of the National Academy of Sciences* 96, 9991-9992.

Farmer, D. , 2002, "Market Force, Ecology and Evolution," *Industrial and Corporate Change* 11, 895-953.

Feffer, S. , and C. Kundro, 2003, "Understanding and Mitigating Operational

Risk in Hedge Fund Investments," Working Paper, The Capital Markets Company Ltd.

Fisher, J. , Gatzlaff, D. , Geltner, D. , and D. Haurin, 2003, "Controlling for the Impact of Variable Liquidity in Commercial Real Estate Price Indices," *Real Estate Economics* 31, 269-303.

Fisher, J. , Geltner, D. , and R. Webb, 1994, "Value Indices of Commercial Real Estate: A Comparison of Index Construction Methods," *Journal of Real Estate Finance and Economics* 9, 137-164.

Fisher, L. , 1966, "Some New Stock Market Indexes," *Journal of Business* 39, 191-225.

Freixas, X. , Parigi, B. , and J. Rochet, 2000, "Systemic Risk, Interbank Relations and Liquidity Provision by the Central Bank," *Journal of Money, Credit and Banking* 32, 611-638.

Fung, W. , and D. Hsieh, 1997a, "Empirical Characteristics of Dynamic Trading Strategies: The Case of Hedge Funds," *Review of Financial Studies* 10, 275-302.

Fung, W. , and D. Hsieh, 1997b, "Investment Style and Survivorship Bias in the Returns of CTAs: The Information Content of Track Records," *Journal of Portfolio Management* 24, 30-41.

Fung, W. , and D. Hsieh, 1999, "A Primer on Hedge Funds," *Journal of Empirical Finance* 6, 309-31.

Fung, W. , and D. Hsieh, 2000, "Performance Characteristics of Hedge Funds and Commodity Funds: Natural Versus Spurious Biases. " *Journal of Financial and Quantitative Analysis* 35, 291-307.

Fung, W. , and D. Hsieh, 2001, "The Risk in Hedge Fund Strategies: Theory and Evidence from Trend Followers," *Review of Financial Studies* 14, 313-341.

Fung, W. , and D. Hsieh, 2002a, "Asset-Based Style Factors for Hedge Funds," *Financial Analysts Journal* 58, 16-27.

Fung, W. , and D. Hsieh, 2002b, "Benchmarks of Hedge Fund Performance:

Information Content and Measurement Biases," *Journal of Alternative Investments* 58, 22-34.

Fung, W., and D. Hsieh, 2006, "Hedge Funds: An Industry in Its Adolescence," *Federal Reserve Bank of Atlanta Economic Review* Q4, 1-34.

Furfine, C., 2003, "Interbank Exposures: Quantifying the Risk of Contagion," *Journal of Money, Credit and Banking* 35, 111-128.

Gammill, J., and A. Pérold, 1989, "The Changing Character of Stock Market Liquidity," *Journal of Portfolio Management* 15, 13-18.

Garman, M., and J. Ohlson, 1981, "Valuation of Risky Assets in Arbitrage-Free Economies with Transactions Costs," *Journal of Financial Economics* 9, 271-280.

Gennotte, G., and H. Leland, 1990, "Market Liquidity, Hedging, and Crashes," *American Economic Review* 80, 999-1021.

Getmansky, M., 2004, "The life Cycle of Hedge Funds: Fund Flows, Size and Performance," unpublished working paper, MIT Laboratory for Financial Engineering.

Getmansky, M., and A. Lo, 2003, "A System Dynamics Model of the Hedge Fund Industry," unpublished working paper, MIT Laboratory for Financial Engineering.

Getmansky, M., Lo, A., and I. Makarov, 2004, "An Econometric Analysis of Serial Correlation and Illiquidity in Hedge-Fund Returns," *Journal of Financial Economics* 74, 529-609.

Getmansky, M., Lo, A., and S. Mei, 2004, "Sifting Through the Wreckage: Lessons from Recent Hedge-Fund Liquidations," *Journal of Investment Management* 2, 6-38.

Glosten, L., and L. Harris, 1988, "Estimating the Components of the Bid/Ask Spread," *Journal of Financial Economics* 21, 123-142.

Glosten, L., and P. Milgrom, 1985, "Bid, Ask, and Transaction Prices in a Specialist Market with Heterogeneously Informed Traders," *Journal of Financial Economics* 13, 71-100.

Goetzmann, W. , Ingersoll, J. , and S. Ross, 2003, "High-Water Marks and Hedge Fund Management Contracts," *Journal of Finance* 58, 1685-1718.

Goetzmann, W. , Ingersoll, J. , Spiegel, M. , and I. Welch, 2002, "Sharpening Sharpe Ratios," National Bureau of Economic Research Working Paper No. W9116.

Goetzmann, W. , Ivkovic, Z. , and G. Rouwenhorst, 1999, "Day Trading International Mutual Funds: Evidence and Policy Solutions," *Journal of Financial and Quantitative Analysis* 36, 287-309.

Goetzmann, W. , and N. Peles, 1997, "Cognitive Dissonance and Mutual Fund Investors," *Journal of Financial Research* 20, 145-158.

Goodwin, T. , 1993, "Business-Cycle Analysis with a Markov-Switching Model," *Journal of Business and Economic Statistics* 11, 331-339.

Graham. J. , and C. Harvey, 1997, "Grading the Performance of Market Timing News-letters," *Financial Analysts Journal* 53, 54-66.

Granger, C. , 1980, "Long Memory Relations and the Aggregation of Dynamic Models," *Journal of Econometrics* 14, 227-238.

Granger, C. , 1988, "Aggregation of Time Series Variables-A Survey," Federal Reserve Bank of Minneapolis Institute for Empirical Macroeconomics, Discussion Paper 1.

Greene, J. , and C. Hodges, 2002, "The Dilution Impact of Daily Fund Flows on Open-End Mutual Funds," *Journal of Financial Economics* 65, 131-158.

Greenspan, A. , 1998. "Statement before the Committee on Banking and Financial Services, U. S. House of Representatives," *Federal Reserve Bulletin* 84, 1046-1050.

Gregoriou, G. , 2002, "Hedge Fund Survival Lifetimes," *Journal of Asset Management* 3, 237-252.

Grinold, R. , and R. Kahn, 2000, *Active Portfolio Management: A Quantitative Approach for Producing Superior Returns and Controlling Risk.* New York: McGraw-Hill.

Gromb, D. , and D. Vayanos, 2002, "Equilibrium and Welfare in Markets with Financially Constrained Arbitrageurs," *Journal of Financial Economics* 66, 361-407.

Grossman, S., 1976, "On the Efficiency of Competitive Stock Markets Where Trades Have Diverse Information," *Journal of Finance* 31, 573-585.

Grossman, S. J., and G. Laroque, 1990, "Asset Pricing and Optimal Portfolio Choice in the Presence of Illiquid Durable Consumption Goods," *Econometrica* 58, 25-52.

Grossman, S., and J. Stiglitz, 1980, "On the Impossibility of Informationally Efficient Markets," *American Economic Review* 70, 393-408.

Gruber M., 1996, "Another Puzzle: The Growth in Actively Managed Mutual Funds," *The Journal of Finance* 51, 783-810.

Gyourko, J., and D. Keim, 1992, "What Does the Stock Market Tell Us About Real Estate Returns?" *AREUEA Journal* 20, 457-486.

Hamilton, J., 1989, "A New Approach to the Economic Analysis of Nonstationary Time Series and the Business Cycle," *Econometrica* 57, 357-384.

Hamilton, J., 1990, "Analysis of Time Series Subject to Changes in Regime," *Journal of Econometrics* 45, 39-70.

Hamilton, J., 1996, "Specification Testing in Markov-Switching Time Series Models," *Journal of Econometrics* 70, 127-157.

Hansen, L., 1982, "Large Sample Properties of Generalized Method of Moments Estimators," *Econometrica* 50, 1029-1054.

Harvey, A., 1981, *Time Series Models*. New York: John Wiley & Sons.

Hasanhodzic, J., and A. Lo, 2007, "Can Hedge-Fund Returns Be Replicated?: The Linear Case." *Journal of Investment Management* 5, 5-45.

Hasbrouck, J., and R. Schwartz, 1988, "Liquidity and Execution Costs in Equity Markets," *Journal of Portfolio Management* 14, 10-16.

Haugh, M., and A. Lo, 2001, "Asset Allocation and Derivatives," *Quantitative Finance* 1, 45-72.

Hausman, J., Lo, A., and C. MacKinlay, 1992, "An Ordered Probit

Analysis of Transaction Stock Prices." *Journal of Financial Economics* 31, 319-379.

Healy, R., and J. Wahlen, 1999, "A Review of the Earnings Management Literature and Its Implications for Standard Setting," *Accounting Horizons* 14, 365-383.

Heaton, J., and D. Lucas, 1996, "Evaluating the Effects of Incomplete Markets on Risk Sharing and Asset Pricing." *Journal of Political Economy* 104, 443-487.

Hendricks, D., Patel, J., and R. Zeckhauser, 1997, "The J-Shape of Performance Persistence Given Survivorship Bias," *Review of Economics and Statistics* 79, 161-170.

Henriksson, R., 1984, "Market Timing and Mutual Fund Performance: An Empirical Investigation." *Journal of Business* 57, 73-96.

Henriksson, R., and R. Merton, 1981, "On Market Timing and Investment Performance II: Statistical Procedures for Evaluating Forecast Skills," *Journal of Business* 54, 513-533.

Hermdorf, N., 1984, "A Functional Central Limit Theorem for Weakly Dependent Sequences of Random Variables," *Annals of Probability* 12, 141-153.

Holmstrom, B., and J. Tirole, 2001, "LAPM: A Liquidity-Based Asset Pricing Model," *Journal of Finance* 57, 1837-1867.

Holthausen, R., Leftwich, R., and D. Mayers, 1987, "The Effect of Large Block Transactions on Security Prices: A Cross-Sectional Analysis," *Journal of Financial Economics* 19, 237-267.

Holthausen, R., Leftwich, R., and D. Mayers, 1990, "Large Block Transactions, the Speed of Response, and Temporary and Permanent Stock-Price Effects," *Journal of Financial Economics* 26, 71-95.

Horst, J., Nijman, T., and M. Verbeek, 2001, "Eliminating Look-Ahead Bias in Evaluating Persistence in Mutual Fund Performance," *Journal of Empirical Finance* 8, 345-373.

Howell, M. J. , 2001, "Fund Age and Performance," *Journal of Alternative Investments*, 4 (2), 57-60.

Huang, M. , 2003, "Liquidity Shocks and Equilibrium Liquidity Premia," *Journal of Economic Theory* 109, 104-129.

Ibbotson Associates, 2004, *Stocks, Bonds, Bills, and Inflation* 2004 *Yearbook*. Chicago: Ibbotson Associates.

Ineichen, A. , 2001, "The Myth of Hedge Funds: Are Hedge Funds the Fireflies Ahead of the Storm?" *Journal of Global Financial Markets*, 2 (4), 34-46.

Ingersoll, J. , 1987, *Theory of Financial Decision Making*. Totowa, NJ: Rowman & Littlefield.

Ippolito R. , 1992, "Consumer Reaction to Measures of Poor Quality: Evidence from the Mutual Fund Industry," Journal of Law and Economics 35, 45-70.

Jen, P. , Heasman, C. , and K. Boyatt, 2001, "Alternative Asset Strategies: Early Performance in Hedge Fund Managers. " Internal Document, Lazard Asset Management, London (http: //www. aima. org) .

Jensen, M. , 1968, "The Performance of Mutual Funds in the Period 1945-1964," *Journal of Finance* 23, 389-416.

Jensen, M. , 1969, "Risk, the Pricing of Capital Assets, and the Evaluation of Investment Performance," *Journal of Business* 42, 167-247.

Jobson, J. , and R. Korkie, 1980, "Estimation for Markowitz Efficient Portfolios," *Journal of the American Statistical Association* 75, 544-554.

Jobson, J. , and R. Korkie, 1981, "Performance Hypothesis Testing with the Sharpe and Treynor Measures," *Journal of Finance* 36, 889-908.

Kadlec, G. , and D. Patterson, 1999, "A Transactions Data Analysis of Nonsynchronous Trading," *Review of Financial Studies* 12, 609-630.

Kaminsi, K. , and A. Lo, 2007, "When Do Stop-Loss Rules Stop Losses?" unpublished working paper, MIT Laboratory for Financial Engineering.

Kandel, S. , and R. Stambaugh, 1991, "Asset Returns and Intertemporal Preferences, *Journal of Monetary Economics* 27, 39-71.

Kao, D. , 2000 , "Estimating and Pricing Credit Risk: An Overview," *Financial Analysts Journal* 56 , 50-66.

Kao, D. , 2002 , "Battle for Alphas: Hedge Funds versus Long-Only Portfolios," *Financial Analysts Journal* 58 , 16-36.

Kaplan, S. , and A. Schoar, 2003 , "Private Equity Performance: Returns, Persistence and Capital Flows," MIT Sloan School of Management Working Paper.

Keim, D. , and A. Madhavan, 1997 , "Transactions Costs and Investment Style: An Inter-Exchange Analysis of Institutional Equity Trades," *Journal of Financial Economics* 46 , 265-292.

Klein, R. , and V. Bawa, 1976 , "The Effect of Estimation Risk on Optimal Portfolio Choice," *Journal of Financial Economics* 3 , 215-231.

Klein, R. , and V. Bawa, 1977 , "The Effect of Limited Information and Estimation Risk on Optimal Portfolio Diversification," *Journal of Financial Economics* 5 , 89-111.

Kramer, D. , 2001 , "Hedge Fund Disasters: Avoiding the Next Catastrophe," *Alternative Investment Quarterly* 1 , 5.

Kraus, A. , and H. Stoll, 1972 , "Price Impacts of Block Trading on the New York Stock Exchange," *Journal of Finance* 27 , 569-588.

Kyle, A. , 1985 , "Continuous Auctions and Insider Trading," *Econometrica* 53 , 1315-1336.

Leamer, E. , 1978 , *Specification Searches*. New York: John Wiley & Sons.

Leibowitz, M. , 2005a, "Allocation Betas," *Financial Analysts Journal* 61 , 70-82.

Leibowitz, M. , 2005b, "Alpha Hunters and Beta Grazers," *Financial Analysts Journal* 61 , 32-39.

Leibowitz, M. , and A. Bova, 2007 , "Gathering Implicit Alphas in a Beta World," *Journal of Portfolio Management* 33 , 10-21.

Leibowitz, M. , and B. Hammond, 2004 , "The β-Plus Measure in Asset Allocation," *Journal of Portfolio Management* 30 , 26-36.

Leinweber, D. , 1993, "Using Information from Trading in Trading and Portfolio Management," in K. Sherrerd, ed. , *Execution Techniques*, *True Trading Costs*, *and the Microstructure of Markets*. Charlottesville, VA: Association for Investment Management and Research.

Leinweber, D. , 1994, "Careful Structuring Reins in Transaction Costs," *Pensions and Investments* July 25, 19.

Leitner, Y. , 2005, "Financial Networks: Contagion, Commitment, and Private Sector Bailouts." *Journal of Finance* 60, 2925-2953.

Leroy, S. , 1973, "Risk Aversion and the Martingale Property of Stock Returns," *International Economic Review* 14, 436-446.

Liang, B. , 1999, "On the Performance of Hedge Funds," *Financial Analysts Journal* 55, 72-85.

Liang, B. , 2000, "Hedge Funds: The Living and the Dead," *Journal of Financial and Quantitative Analysis* 35, 309-326.

Liang, B. , 2001, "Hedge Fund Performance: 1990-1999," *Financial Analysts Journal* 57, 11-18.

Liang, B. , 2003, "The Accuracy of Hedge Fund Returns," *Journal of Portfolio Management* 29, 111-122.

Lillo, F. , Farmer, D. , and R. Mantegna, 2003, "Master Curve for Price-Impact Function," *Nature* 421, 129-130.

Lintner, J. , 1965, "The Valuation of Risky Assets and the Selection of Risky Investments in Stock Portfolios and Capital Budgets," *Review of Economics and Statistics* 47, 13-37.

Liu, J. , and F. Longstaff, 2000, "Losing Money on Arbitrages: Optimal Dynamic Portfolio Choice in Markets with Arbitrage Opportunities," unpublished working paper, Anderson Graduate School of Management, UCLA.

Lo, A. , 1994, "Data-Snooping Biases in Financial Analysis," in H. Russell Fogler, ed. , *Blending Quantitative and Traditional Equity Analysis*. Charlottesville, VA: Association for Investment Management and Research.

Lo, A. , ed. , 1997, *Market Efficiency: Stock Market Behavior in Theory and Practice*, Volumes I and II. Cheltenham, UK: Edward Elgar Publishing.

Lo, A. , 1999, "The Three P's of Total Risk Management," *Financial Analysts Journal* 55, 87-129.

Lo, A. , 2001. "Risk Management for Hedge Funds: Introduction and Overview," *Financial Analysts Journal* 57, 16-33.

Lo, A. , 2002, "The Statistics of Sharpe Ratios," *Financial Analysts Journal* 58, 36-50.

Lo, A. , 2004, "The Adaptive Markets Hypothesis: Market Efficiency from an Evolutionary Perspective. " *Journal of Portfolio Management* 30, 15-29.

Lo, A. , and C. MacKinlay, 1988, "Stock Market Prices Do Not Follow Random Walks: Evidence from a Simple Specification Test," *Review of Financial Studies* 1, 41-66.

Lo, A. , 2005, "Reconciling Efficient Markets with Behavioral Finance: The Adaptive Markets Hypothesis," *Journal of Investment Consulting* 7, 21-44.

Lo, A. , and C. MacKinlay, 1990a, "An Econometric Analysis of Nonsynchronous Trading," *Journal of Econometrics* 45, 181-212.

Lo, A. , and C. MacKinlay, 1990b, "Data Snooping Biases in Tests of Financial Asset Pricing Models," *Review of Financial Studies* 3, 431-468.

Lo, A. , and C. MacKinlay, 1990c, "When Are Contrarian Profits Due to Stock Market Overreaction?" *Review of Financial Studies* 3, 175-206.

Lo, A. , and C. MacKinlay, 1999, *A Non-Random Walk Down Wall Street*. Princeton, NJ: Princeton University Press.

Lo, A. , H. Mamaysky, and J. Wang, 2004, "Asset Prices and Trading Volume under Fixed Transactions Costs," *Journal of Political Economy* 112, 1054-1090.

Lo, A. , Petrov, C. , and M. Wierzbicki, 2003, "It's 11 PM-Do You Know Where Your Liquidity Is? The Mean-Variance-Liquidity Frontier," *Journal of Investment Management* 1, 55-93.

Lo, A. , Repin, D. , and B. Steenbarger, 2005, "Fear and Greed in Financial

Markets: An Online Study," *American Economic Review* 95, 352-359.

Lo, A., and J. Wang, 2000, "Trading Volume: Definitions, Data Analysis, and Implications of Portfolio Theory," *Review of Financial Studies* 13, 257-300.

Lo, A., and J. Wang, 2006, "Trading Volume: Implications of an Intertemporal Capital Asset Pricing Model," *Journal of Finance* 61, 2805-2840.

Lochoff, R., 2002, "Hedge Funds and Hope," *The Journal of Portfolio Management* 28, 92-99.

Loeb, T., 1983, "Trading Cost: The Critical Link between Investment Information and Results," *Financial Analysts Journal* 39, 39-44.

Lucas, R., 1978, "Asset Prices in an Exchange Economy," *Econometrica* 46, 1429-1446.

Luce, R., and H. Raiffa, 1957, *Games and Decisions: Introduction and Critical Survey*. New York: John Wiley & Sons.

MacCrimmon, K., and D. Wehrung, 1986, *Taking Risks*. New York: Free Press.

MacKenzie, D., 2003, "Long-Term Capital Management and the Sociology of Arbitrage," *Economy and Society* 32, 349-380.

Maddala, G., 1983, *Limited-Dependent and Qualitative Variables in Econometrics*. Cambridge, UK: Cambridge University Press.

Magnus, J., and H. Neudecker, 1988, *Matrix Differential Calculus: With Applications in Statistics and Economics*. New York: John Wiley & Sons.

Markowitz, H., 1952, "Portfolio Selection," Journal of Finance 7, 77-91.

McDonough, W, 1998, "Statement before the Committee on Banking and Financial Services, U. S. House of Representatives," Federal Reserve Bulletin 84, 1050-1054.

Merrill Lynch, 2007, "Building the Organization to Support 130/30," Global Markets and Investment Banking, fourth quarter.

Merton, R., 1973, "An Intertemporal Capital Asset Pricing Model,"

Econometrica 41, 867-887.

Merton, R., 1981, "On Market Timing and Investment Performance I: An Equilibrium Theory of Value for Market Forecasts," *Journal of Business* 54, 363-406.

Metzger, L., and the IAFE Investor Risk Committee, 2004, "Valuation Concepts for Investment Companies and Financial Institutions and Their Stakeholders," Investor Risk Committee White Paper, International Association of Financial Engineers.

Michaud, R., 1989, "The Markowitz Optimization Enigma: Is 'Optimized' Optimal?" *Financial Analysts Journal* 45, 31-42.

Michaud, R., 1998, *Efficient Asset Management: A Practical Guide to Stock Portfolio Optimization and Asset Allocation.* Boston: Harvard Business School Press.

Modigliani, F., and L. Modigliani, 1997, "Risk-Adjusted Performance," Journal of Portfolio Management Winter, 45-54.

Montier, J., 2007, "The Myth of Exogenous Risk and the Recent Quant Problems," http://behaviouralinvesting.blogspot.com/2007/09/myth-of-exogenous-risk-and-recent-quant.html.

Morton, A. J. and S. R. Pliska, 1995, "Optimal Portfolio Management with Fixed Transaction Costs," *Mathematical Finance* 5, 337-356.

Nagelkerke, N., 1991, "A Note on a General Definition of the Coefficient of Determination," *Biometrika* 78, 691-692.

Newey, W., and K. West, 1987, "A Simple Positive Definite Heteroskedasticity and Autocorrelation Consistent Covariance Matrix," *Econometrica* 55, 703-705.

Niederhoffer, V., 1998, *The Education of a Speculator*, New York: John Wiley & Sons.

O'Hara, M., 1995, *Market Microstructure Theory.* Cambridge, MA: Blackwell Publishers, Inc.

Pastor, L., and R. Stambaugh, 2003, "Liquidity Risk and Expected Stock

Returns," *Journal of Political Economy* 111, 642-685.

Pérold, A., 1988, "The Implementation Shortfall: Paper versus Reality," *Journal of Portfolio Management* 14, 4-9.

Pérold, A., 1999, "Long-Term Capital Management, L. P. (A-D)," Harvard Case Study. Boston: Harvard Business School Press.

Pérold, A., and R. Salomon, 1994, "The Right Amount of Assets under Management," *Financial Analysts Journal* May-June, 31-39.

President's Working Group on Financial Markets, 1999, *Hedge Funds, Leverage, and the Lessons of Long-Term Capital Management*: Report of the President's Working Group on Financial Markets (April 28).

Richardson, M., and J. Stock, 1989, "Drawing Inferences from Statistics Based on Multiyear Asset Returns," *Journal of Financial Economics* 25, 323-348.

Roberts, H., 1967, "Statistical Versus Clinical Prediction of the Stock Market," unpublished manuscript, Center for Research in Security Prices, University of Chicago, May.

Ross, S., 1976, "The Arbitrage Theory of Capital Asset Pricing", *Journal of Economic Theory* 13, 341-360.

Ross, S., and R. Zisler, 1991, "Risk and Return in Real Estate," *Journal of Real Estate Finance and Economics* 4, 175-190.

Rubinstein, M., 1976, "The Valuation of Uncertain Income Streams and the Pricing of Options," *Bell Journal of Economics* 7, 407-425.

Sadka, R., 2003, "Momentum, Liquidity Risk, and Limits to Arbitrage," unpublished working paper, Kellogg Graduate School of Management, Northwestern University.

Samuelson, P., 1938, "A Note on the Pure Theory of Consumers Behavior," *Economica* 5, 61-71.

Samuelson, P., 1941, "Conditions That the Roots of a Polynomial Be less than Unity in Absolute Value," *Annals of Mathematical Statistics* 45, 689-693.

Samuelson, P., 1948, "Consumption Theory in Terms of Revealed

Preference," *Economica* 15, 243-253.

Samuelson, P., 1965, "Proof That Properly Anticipated Prices Fluctuate Randomly," *Industrial Management Review* 6, 41-49.

Samuelson, P., 1969, "Lifetime Portfolio Selection by Dynamic Stochastic Programming," *Review of Economics and Statistics* 51, 239-246.

Schneeweis, T., and R. Spurgin, 1996, "Survivor Bias in Commodity Trading Advisor Performance" *Journal of Futures Markets* 16, 757-772.

Scholes, M., and J. Williams, 1977, "Estimating Betas from Nonsynchronous Data," *Journal of Financial Economics* 5, 309-328.

Schwartz, R., and D. Whitcomb, 1988, *Transaction Costs and Institutional Investor Trading Strategies*. Monograph Series in Finance and Economics 1988-2/3, New York: Salomon Brothers Center for the Study of Financial Institutions, New York University.

Schwert, G., 1977, "*Stock Exchange Seats as Capital Assets*," *Journal of Financial Economics* 4, 51-78.

Sender, H., Kelly, K., and G. Zuckerman, 2007, "Goldman Wagers on Cash Infusion to Show Resolve." *Wall Street Journal* (Eastern edition), August 14, p. A. 1.

Shanken, J., 1987, "Nonsynchronous Data and the Covariance-Factor Structure of Returns," *Journal of Finance* 42, 221-232.

Sharpe, W., 1964, "Capital Asset Prices: A Theory of Market Equilibrium under Conditions of Risk," *Journal of Finance* 19, 425-442.

Sharpe, W., 1966, "Mutual Fund Performance," *Journal of Business* 39, 119-138.

Sharpe, W., 1991, "The Arithmetic of Active Management," *Financial Analysts Journal* 47, 7-9.

Sharpe, W., 1992, "Asset Allocation: Management Style and Performance Measurement," *Journal of Portfolio Management* 18, 7-19.

Sharpe, W., 1994, "The Sharpe Ratio," *Journal of Portfolio Management* 21, 49-58.

Sherrerd, K. , ed. , 1993, *Execution Techniques*, *True Trading Costs*, *and the Microstructure of Markets.* Charlottesville, VA: Association for Investment Management and Research.

Shleifer, A. , and R. Vishny, 1997, "The Limits of Arbitrage," *Journal of Finance* 52, 35-55.

Sirri, E. , and P. Tufano, 1998, "Costly Search and Mutual Fund Flows," *The Journal of Finance* 53, 1589-1622.

Spurgin, R. , 2001, "How to Game Your Sharpe Ratio," *The Journal of Alternative Investments* 4, 38-46.

Stoll, H. , 1993, *Equity Trading Costs.* Charlottesville, VA: Association for Investment Management and Research.

Terhaar, K. , Staub, R. , and B. Singer, 2003, "Appropriate Policy Allocation for Alternative Investments," *Journal of Portfolio Management* 29, 101-110.

Thal Larsen, P. , 2007, "Goldman Pays the Price of Being Big," *Financial Times*, August 13.

Tini, S. , 1972, "The Economics of Liquidity Services," *Quarterly Journal of Economics* 86, 79-93.

Treynor, J. , 1965, "How to Rate Management of Investment Funds," *Harvard Business Review* 43, 63-75.

Treynor, J. , 2005, "Why Market-Valuation-Indifferent Indexing Works," *Financial Analysts Journal* 61, 65-69.

Treynor, J. , and F. Black, 1973, "How to Use Security Analysis to Improve Portfolio Selection. " *Journal of Business* 46, 66-86.

Treynor, J. , and K. Mazuy, 1966, "Can Mutual Funds Outguess the Market?" *Harvard Business Review* 44, 131-163.

Tuckman, B. , and J. Vila, 1992, "Arbitrage with Holding Costs: A Utility-Based Approach," *Journal of Finance* 47, 1283-1302.

Turner, C. , Stanz, R. , and C. Nelson, 1989, "A Markov Model of Heteroskedasticity, Risk, and Learning in the Stock Market," *Journal of Financial Economics* 25, 3-22.

Upper, C. , and A. Worms, 2004, "Estimating Bilateral Exposures in the German Interbank Market: Is There a Danger of Contagion?" *European Economic Review* 48, 827-849.

Varian, H. , 2006, "Revealed Preference," in M. Szenberg, L. Ramrattan, and A. Gottesman, eds. , *Samuelsonian Economics and the Twenty-First Century*. Oxford, UK: Oxford University Press.

Vayanos, D. , 1998, " Transaction Costs and Asset Prices: A Dynamic Equilibrium Model," *Review of Financial Studies* 11, 1-58.

Vayanos, D. , and J. L. Vila, 1999, "Equilibrium Interest Rate and Liquidity Premium with Transaction Costs," *Economic Theory* 13, 509-539.

Wagner, W. , 1993, " Defining and Measuring Trading Costs," in K. Sherrerd, ed. : *Execution Techniques*, *True Trading Costs*, *and the Microstructure of Markets*. Charlottesville, VA: Association for Investment Management and Research.

Wagner, W. , and M. Banks, 1992, "Increasing Portfolio Effectiveness via Transaction Cost Management", *Journal of Portfolio Management* 19, 6-11.

Wagner, W. , and M. Edwards, 1993, "Best Execution," *Financial Analyst Journal* 49, 65-71.

Watts, D. , 1999, *Small Worlds: The Dynamics of Networks between Order and Randomness*. Princeton, NJ: Princeton University Press.

Watts, D. , and S. Strogatz, 1998, "Collective Dynamics of 'Small-World' Networks," *Nature* 393, 440-442.

Weisman, A. , 2002, "Informationless Investing and Hedge Fund Performance Measurement Bias," *The Journal of Portfolio Management* 28, 80-91.

White, H. , 1984, *Asymptotic Theory for Econometricians*. New York: Academic Press.

Wiltard, G. , and P. Dybvig, 1999, "Empty Promises and Arbitrage," *Review of Financial Studies* 12, 807-834.

Working, H. , 1960, "Note on the Correlation of First Differences of Averages in a Random Chain," *Econometrica* 28, 916-918.

Zuckerman, G. , Hagerty, J. , and D. Gauthier-Villars, 2007, "Impact of Mortgage Crisis Spreads; Dow Tumbles 2. 8% As Fallout Intensifies; Moves by Central Banks," *Wall Street Journal* (Eastern edition), August 10, P. A. 1.